Fassade der Kathedrale von Reims (vgl. Kap. „Gotik")

Clemens Jöckle • Christopher Kerstjens

BAUSTILE
der Weltarchitektur

Das Standardwerk der Baukunst
von der Antike bis zur Gegenwart

Konzeption:
Lothar Altmann

Gondrom

Nachweis für Farbtafeln:

Alle Bildvorlagen stammen vom Archiv für Kunst und Geschichte GmbH, Berlin
Karten von Felix Amode, München

Sonderausgabe für Gondrom Verlag GmbH, Bindlach
© 2001 by I.P. Verlagsgesellschaft,
International Publishing GmbH, Germering/München
Satz und Gestaltung: Vollnhals Fotosatz, Mühlhausen/Ndb.

ISBN 3-8112-1876-X

INHALT

Turmbau zu Babel, Stich von Matthäus Merian, 1625

ALTER ORIENT

In Mesopotamien, dem Land zwischen den Strömen, jenem fruchtbaren Gebiet zwischen Euphrat und Tigris, bildeten sich die ersten bäuerlichen Kulturen noch während des Mesolithikums heraus. Dort finden sich erste Spuren menschlicher und damit zivilisatorischer Architektur, nämlich Reste einfacher Bauernhäuser und als Spuren der Besiedlung Keramikfunde in sich immer verfeinernder Technik. Die Hochkulturen dagegen wurden von größeren Stämmen und Völkern getragen, die am Ende der vorgeschichtlichen Zeit unter einer zentralen Leitung das Land bewirtschafteten.

3200 v. Chr. siedeln in Mesopotamien die Sumerer, Akkader, Assyrer und Babylonier, in Nordmesopotamien finden sich die Churriter und Mitanni, in Kleinasien die Hethiter, Phrygier und Lyder. Palestina wird von den Philistern, Phöniziern und Juden besiedelt. Im Iran leben die Meder und Perser.

Auf den Leistungen dieser Hochkulturen beruht die gesamte Entwicklung der Zivilisation. Hauptkennzeichen sind wirtschaftliche, kulturelle und politische Zentralisierung in Städten, eine oft mit weiträumigen Bewässerungssystemen ausgestattete Landwirtschaft, eine erste Differenzierung der Gewerbe und der Handel mit landwirtschaftlichen Produkten. Damit verbunden bilden sich gesellschaftliche Schichtungen wie die Kaste der Schreiber oder eine Priesterhierarchie heraus. Es entstehen erste Schrift- und Zahlensysteme, die Berechnung des Kalenders mit Hilfe der Astronomie entwickelt sich, ebenso gehört zu den bedeutenden Erfindungen das Rad, der Pflug und die Töpferscheibe.

Die Architektur bildet in diesen frühen Hochkulturen Formen für die verschiedenen Aufgaben der sich allmählich differenzierenden Gesellschaft aus. Sie repräsentiert in den einzelnen Stilen und Typen den Entwicklungsstand der jeweiligen Kultur. Architektur nimmt so die Rolle der die Geschichte als steinernes Zeugnis dokumentierenden Form an.

Die Sumerer schaffen im Süden die erste Hochkultur. Durch ihre Einwanderung entsteht eine ständige Rivalität zwischen einzelnen Städten und Reichen. Wichtige Zentren sind die Stadtstaaten Uruk, Ur, Eridu, Nippur, Kisch und Lagasch. Staatsform ist eine Art religiös bestimmter „Staatssozialismus" mit Priesterkönigen und Tempelwirtschaft.

Unter dem Druck der semitischen Zuwanderer verlagert sich das Zentrum der Macht auf das politische Königtum, das unter den Akkadern zur Regierungsform des Despotismus übergeht. Hier entsteht die Vorstellung des Weltherrschertums.

Die weitere Geschichte Mesopotamiens steht unter der ständigen Rivalität zwischen Assyrern und Babyloniern, die ihre Blütezeit unter Hammurabi (1728–1686 v. Chr.) und Nebukadnezar (625–539 v. Chr.) haben. Die Assyrer haben überragende Herrscher in Assurnasirpal II., Sargon II. und Assurbanipal, die den Machtbereich bis an die Grenzen Ägyptens ausdehnen können. Das Perserreich wird zum Zerstörer und zugleich zum Nachfolger der beiden Hochkulturen.

Die Bautypen beruhen auf den klimatischen Bedingungen des Landes. Sakralbau, Palast und Stadtmauer sind die wichtigsten Bauaufgaben der mesopotamischen Architektur. Die Stadtmauer von Jericho ist bereits für das 7. Jahrtausend v. Chr. nachgewiesen. In Mesopotamien gilt die Mauer von Uruk (zwischen 2880–2400) als ältestes Beispiel, das dem sagenhaften König Gilgamesch als Werk zugewiesen wird. Im 6. Jahrhundert entsteht der fünffache Mauerring um den Palast des Nebukadnezar in Babylon.

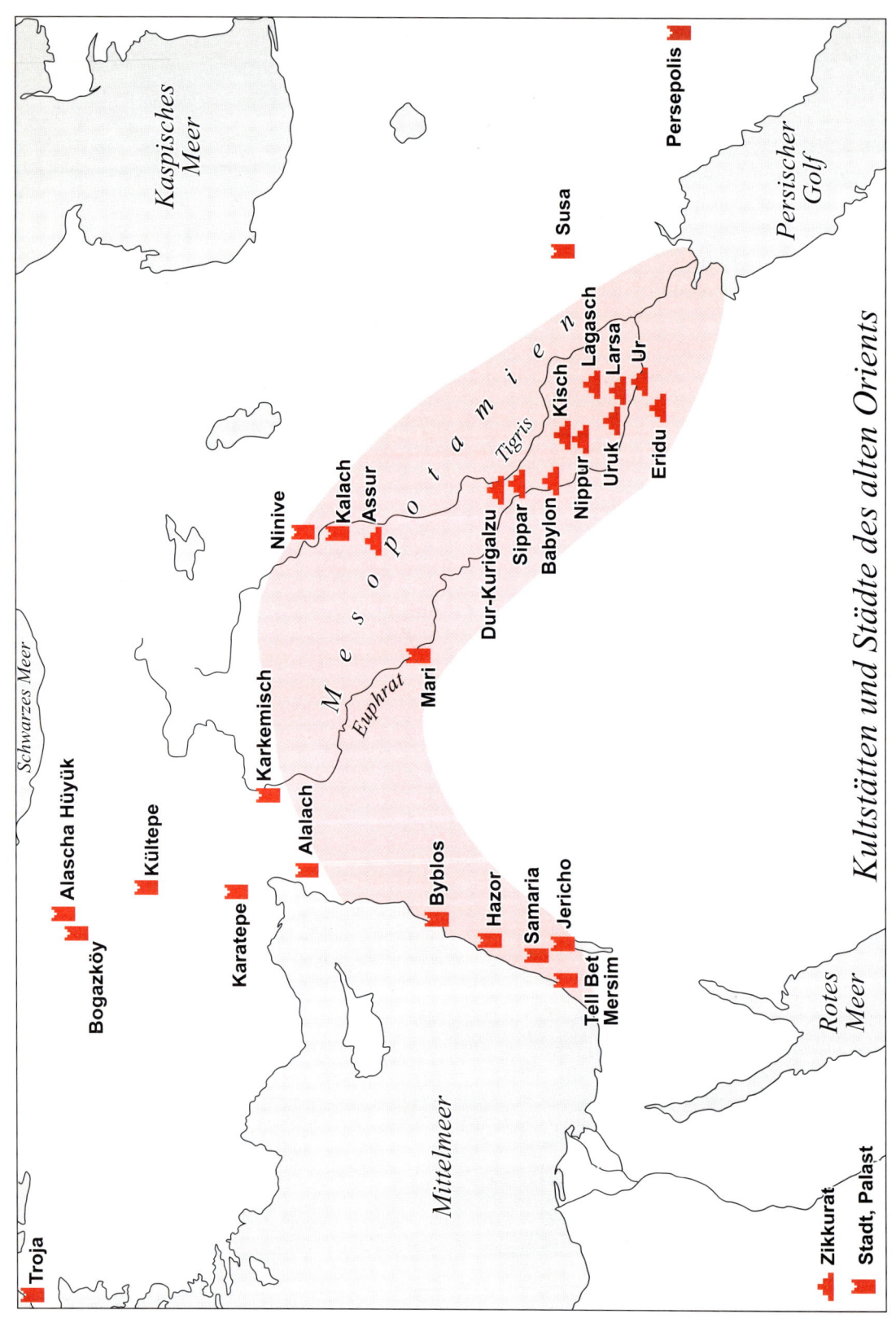

Kultstätten und Städte des alten Orients

Kaspisches Meer

Persepolis

Persischer Golf

Susa

Mesopotamien

Lagasch
Larsa
Kisch
Ur
Nippur
Uruk
Eridu

Tigris

Assur
Kalach
Ninive

Dur-Kurigalzu
Sippar
Babylon

Euphrat

Mari

Karkemisch

Schwarzes Meer

Alascha Hüyük

Kültepe

Bogazköy

Karatepe

Alalach

Byblos

Hazor
Samaria
Jericho

Tell Bet
Mersim

Mittelmeer

Troja

Rotes
Meer

Zikkurat

Stadt, Palast

Der Palast entwickelt sich bis zur Größe eines eigenen Stadtteils. Sein wichtigstes Gebäude ist das Hofhaus, dessen Prototyp gleichsam in Ur um 2500 v. Chr. ausgebildet worden ist. Die anderen Gebäude des Palastbezirkes erweisen sich als Additionen und monumentale Steigerungen dieses Hofhauses.

Tempel sind die ältesten Bauaufgaben der frühen Hochkulturen. Erste Vorläufer gibt es bereits im 4. Jahrtausend v. Chr., die charakteristischen Tempelstädte entstehen in der Urukzeit. Hier kann die erste durchgeformte Monumentalarchitektur der Menschheitsgeschichte, die auf uns gekommen ist, festgestellt werden. Einen Höhepunkt bilden die Hochterrassen und Tempeltürme im neusumerischen Reich während der so genannten 3. Dynastie in Ur (2130–2015). Den glänzendsten Stufenturm besaß Babylon, es ist der in der Bibel zum Symbol der Sprachverwirrung gewordene Turmbau zu Babel.

Die Bautechnik war ebenfalls vom Boden her bestimmt. Das Schwemmland zwischen den Strömen hatte nur Schilf, Lehm und Sand, während Holz und Naturstein importiert werden mussten. Infolgedessen dominierten die Ziegeltechnik und der Mauermassenbau. Dicke fensterlose Mauern bilden kubische Formen aus. Innenhöfe, Dachterrassen, aber auch eine plastische Gliederung der Wände und farbige Glasuren, mit denen vor allem die Babylonier und Assyrer ganze Gebäude und auch die Stadtmauern verblenden. Dabei verwenden sie bevorzugt textile Muster von Wandbehängen und übersetzen sie in die Verblendtechnik (Ischtar-Tor in Babylon).

Zeittafel

El-Obed-Zeit 3500–3200	erste Kultbauten
Urukzeit 3200–2800	Tempelterrassen
Ur I Frühdynastische Zeit 2800–2400	Stadtmauern, Paläste
Akkadische Zeit 2400–2230	Paläste als quadratische Gesamtanlagen
Ur III 2130–2015	Zikkurate, Breitcellentempel, Hofhäuser
Altbabylonisches Reich 2015–1560	Stadtmauer von Babylon
Mittelbabylonisches Reich 1350–1035	Wandmalerei, Doppeltempel, Weltenherrscherpaläste
Neuassyrisches Reich 900–612	Reliefkunst, regelmäßiger Städtebau, Paläste, Zikkurate
Neubabylonisches Reich 625–519	gigantische Bautätigkeit, Turm von Babel
Persisches Reich 539–330	Paläste in Persepolis, Susa, Ekbatana

Tempel in Eridu

Eridu ist der Tradition nach die älteste heilige Stadt im südlichen Mesopotamien (spätes 5. bis frühes 4. Jahrtausend). Dort erhebt sich über einer Ziegelplattform ein aus Lehmziegeln errichteter Tempel (vor 3500). Am Beginn des Baus stand eine winzige Kapelle von 3 qm Größe, die aber als Hauptelemente bereits einen Altar und einen kleinen davor aufgestellten Opfertisch ausweist. Spätere Generationen verlängerten das Heiligtum in 18 Bauschichten. Die Unterbauten wurden so allmählich zu Hochterrassen, Vorläufern der Zikkurat genannten Türme. Aus der VI. und VII. Schicht der späten Obed-Zeit ist die Behandlung der Außenfassaden überliefert. Mit ihrem Wechsel von Pfeilern und Ni-

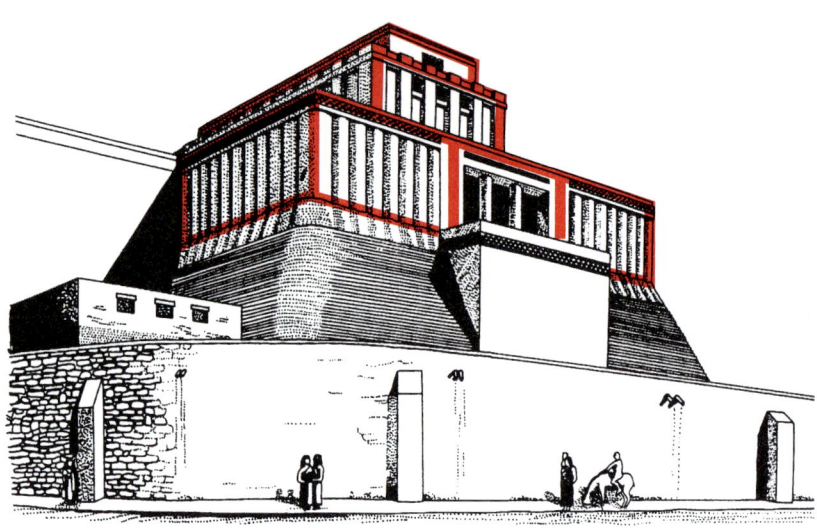

schen erinnert sie einerseits an die Schilfbauweise der Vorfahren, andererseits nahm diese Gestalt die Rolle eines archaischen Prototyps für einen Tempel an. Stützpfeiler werden zum bestimmenden Merkmal der Kultbauten Mesopotamiens.

Assur, Wohnhaus unter dem Sin-Samas-Tempel: akkadisch um 2350/2200 v. Chr.

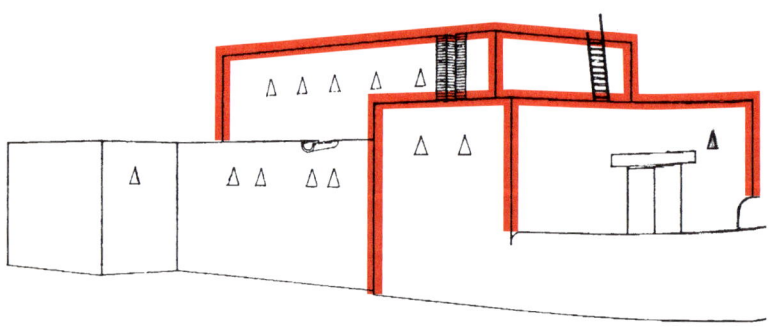

Die Raumfolge dieses Wohnhauses ist typisch für die späteren vornehmen Wohnhäuser. Ein Empfangsraum (1) mit kleiner Nebenkammer öffnet sich zum Vorhof und leitet zum Hauptwohn- und auch Arbeitsraum (2) über. Die nördlichen Seitenräume waren für die Familie bestimmt. Die Suite des Hausherrn umfasst den Wohnraum (3) und die anschließenden Kammern, die nördliche enthält eine Lehmbank, wohl die Schlafstätte, an der Südseite befand sich ein Bad.

Die Rekonstruktion des Äußeren zeigt einen längs gestreckten kubischen, flach gedeckten Baukörper mit seitlich risalitartig vorspringenden Anbauten. Die Belichtung erfolgte durch unterhalb der Decke verlaufende fensterartige Durchbrüche. Wahrscheinlich waren die Wände weiß getüncht.

Die Zikkurat von Ur (um 2100 v. Chr.)

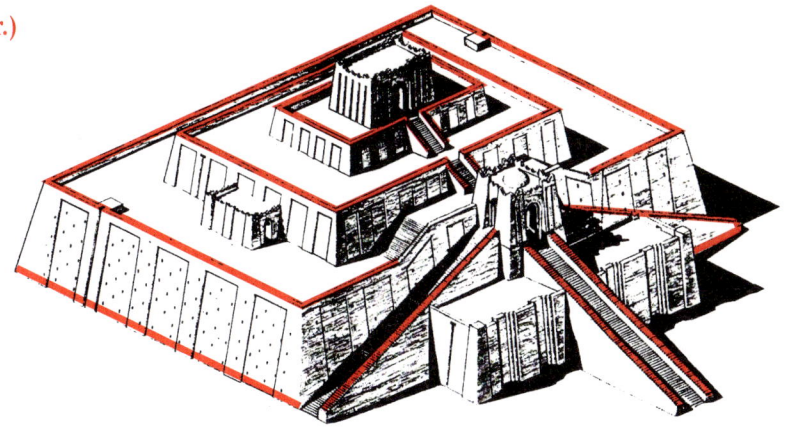

Im Stadtgebiet von Uruk lag eine Siedlung der späten Obed-Zeit, in der eine Terrasse angelegt worden war, welche von Anfang an einen Tempel getragen hat. Ähnlich wie in Eridu wurde dann im Laufe der Zeit Terrasse um Terrasse darüber gelegt. Die untere Terrasse umfasst ein Rechteck von 52 x 56 m Seitenlänge und 15 m Höhe und ist übereck zu den vier Winden (den Himmelsrichtungen) ausgerichtet Auf ihr liegen zwei kleinere Terrassen. Auf der dritten Terrasse erhebt sich der Tempel für den Stadtpatron von Ur, den Mondgott Nanna. Das Kernstück ist die quer zur Hauptachse ausgerichtete Cella mit dem Götterbild in einer Nischen-Rückwand. Den Kernraum umläuft in der Regel entweder ein Gang oder eine Raumflucht. Das Allerheiligste wird so von der Außenwelt dreifach abgeschottet. Vor dem Eingang in der Mitte verläuft eine monumentale dreiteilige Freitreppe, deren drei Läufe sich unter einem Torbau treffen. Nur der mittlere Lauf wird zum Tempel weiter fortgesetzt. Bastions-artige Vorterrassen sind in den Winkeln des Treppenlaufs zur Abstützung vorgebaut.

Die Zikkurat selbst steht in einem Hof. Ihre theologische Bedeutung ist nicht restlos geklärt. Die Treppen sind wohl als symbolische Verbindungen zum Himmel zu deuten, während der Tempel nicht nur dem Opferkult, sondern wohl auch nach Herodot der rituellen Hochzeit der Götter untereinander diente. Der Bau umfasst zum ersten Mal eine Baumasse, die von der Vertikalen und nicht von der Horizontalen bestimmt wird. Außerdem nimmt seine Gestalt zeichenhaften Charakter an und ist nicht von der Funktion allein bestimmt.

> ### Zikkurat
>
> *Die mesopotamischen Sakraltürme werden Zikkurate genannt. Darunter versteht man die durch Terrassen mehrstufige Tempelarchitektur, die sich im babylonischen, sumerischen, assyrischen und elamitischen Götterkult entwickelt hat. Ende des 4. Jahrtausends v. Chr. entstanden einstufige Hochtempel, auf dessen Terrasse der Kultbau stand. Die endgültige Form erhielt die Zikkurat in der 2. Hälfte des 3. Jahrtausends in den Städten Ur, Obed, Eridu, Nippur und Umma. Von Ziegelmauern eingefasst, ragten die mehrstufigen Bauwerke 20 m in die Höhe und konnten über eine Rampentreppe betreten werden. Ihre Fassaden waren mit Risaliten gegliedert, die Mauern dabei geböscht. Die Außenwände waren mit gebrannten Ziegeln umkleidet, das Innere bestand aus ungebrannten Lehmziegeln, unterbrochen von Schilflagen und Bitumenschichten.*

Ur, heiliger Bezirk, Grundriss, neusumerisch um 2100 v. Chr.

Orientiert man sich an der Ruine der Zikkurat, so umgibt sie ein heiliger Bezirk (1) mit dem an der Südostecke gelegenen Gerichtsgebäude (3), dem „Gipar" genannten Haus der Priesterinnen (2), dem Schatzhaus oder Ganunmah (4) und dem Palast, dem so genannten Ehursanga (5). An der Südostecke sind Königsgräber angelegt (6).

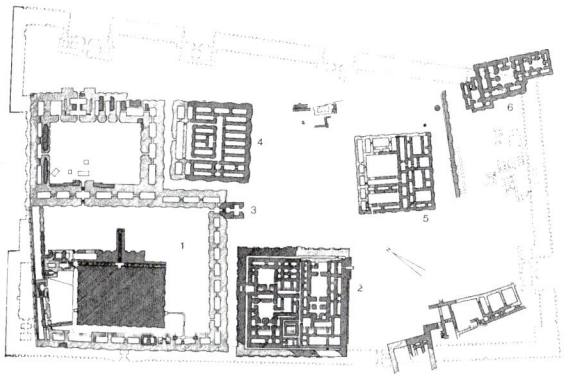

Rekonstruktion des Tempels der Ischtar-Kititum in Neribtum (Ischtali) um 1850/1750 v. Chr.

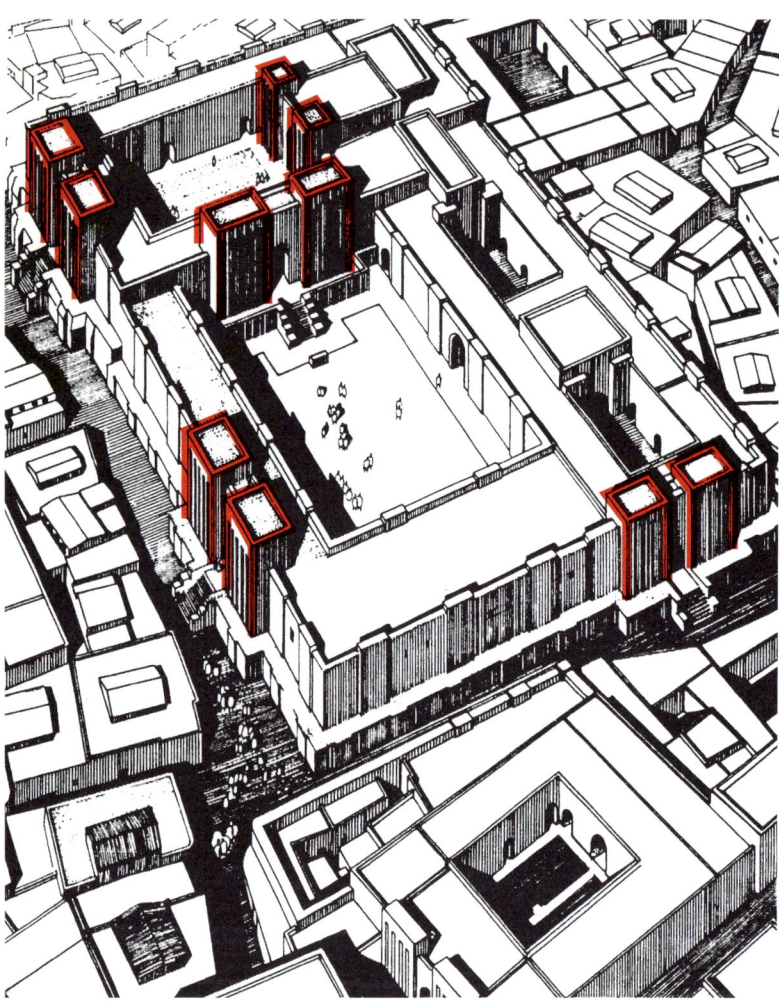

Der Tempelbezirk kann durch Ziegelstempel gut datiert werden, er wurde von den babylonischen Königen Ibiq-adad und Ibalpi-el erbaut. Drei Freitreppen führen vom Vorplatz zu den pylonenartig überhöhten Außentoren. Eine weitere Treppe im Inneren steigt vom großen Hof zum höher gelegenen Vorhof des Hauptheiligtums aus, das der Ischtar-Kititum geweiht war. Durch dieses Tor haben die Kultdiener den Tempelvorhof betreten. Die Kultnische des Tempels wird von zwei Pfeilern flankiert. Über eine Seitenkammer der Cella war die dahinter angeordnete Schatzkammer zugänglich.

Elsnunna (Tell Asmar), Audienzhalle des Naram-sin, altbabylonisch um 1820 v. Chr.

Das Gebäude besteht aus einer Breitraumcella, die von außen alle charakteristischen Elemente eines babylonischen Tempels aufweist: eine Turmfront, die entsprechenden Abstufungen der Tür- und Nischenlaibungen sowie eine lebhaft bewegte Wandgliederung.

Rekonstruktion der Stadt Assur, mittelassyrisch 13. und 12. Jh. v. Chr.

Der Städtebau der Assyrer strebt eine strenge Gesetzmäßigkeit an und demonstriert seine Herkunft aus der Praxis des Militärstaates. Eindrucksvoll ist die immer wieder überbaute Tempelgruppe am nördlichen Hochufer. Die Gebäude erweisen sich als Hürdenhäuser der babylonischen Form und als Mittelsaalhäuser. Dabei ist der Innenhof frei zu denken, aber vermutlich umlief ihn eine Galerie auf vorkragenden Konsolen.

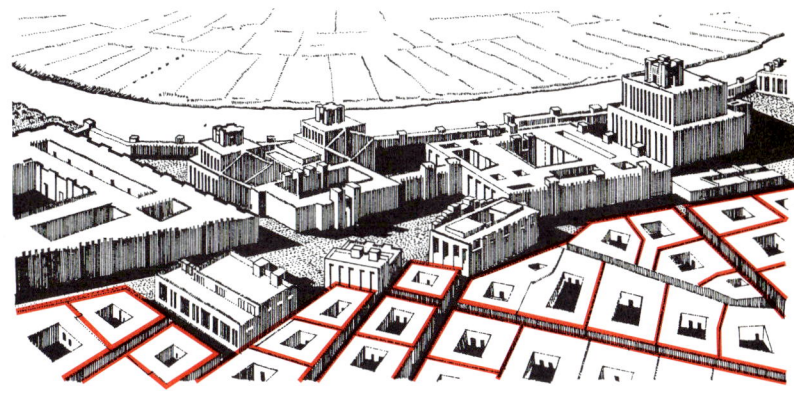

Dur-Sarrukin, Palast Sargons II., Thronsaalfassade: mittleres Portal, Rekonstruktion um 705 v. Chr.

An den Laibungen des Thronsaals mit den Ausmaßen 10,5 x 46 m stehen große Lamassu-Figuren von 5,60 m Höhe.

Dur-Sarrukin, Torumrahmung aus glasierten Ziegeln am nordwestlichen Portal

Auch hier ist ein geflügeltes Mischwesen als Genius im Befruchtungsgestus, schreitend in einer Prozession oder auch huldigend mit dem Eintretenden zugewandten Gesicht dargestellt.

Dur-Sarrukin (Horsabad), Palast Sargons II., neuassyrisch um 705 v. Chr.

Im Zuge des nordwestlichen Abschnittes der Stadtmauer liegt der Palast auf einer Terrasse von gleicher Höhe wie die Mauer und springt zu kleineren Teilen über diese vor. Der Hauptzugang zum Palast führt von Südosten auf einer Rampe (A) durch ein monumentales Tor in den Babanu (B), an dessen Rückseite sich nicht wie erwartet der Thronsaal anschließt, sondern sich Wohnungen befinden. Der Thronsaal öffnet sich vielmehr auf einen dritten Hof. Auf dem Areal findet sich ein luxuriöses Badezimmer, aber auch entsprechende Wirtschaftsgebäude und kleinere Tempel sind vorhanden.

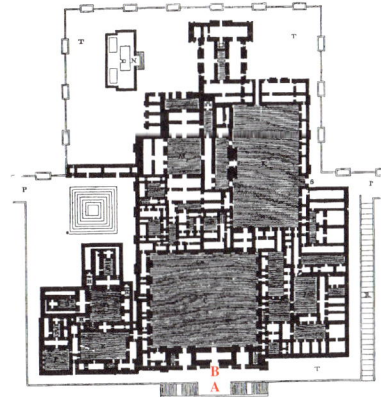

Lamassu-Figuren

Darunter versteht man Mischwesen mit bärtigen Köpfen, die die Eingänge assyrischer Paläste und Tempeltore flankierten. Hier sind sie als geflügelte Stiere mit menschlichen Gesichtern und hohen Götterkronen dargestellt. Sie gelten als Wächter gegen das Eindringen böser Mächte. Ursprünglich weiblich gedacht besaßen sie als männliches Gegenstück den Schedu.

Babylon, Wohnhausrekonstruktion 7./6. Jh. v. Chr.

Dieses Haus wurde nach Grabungsbefunden rekonstruiert und zeigt die je nach Nutzung unterschiedliche Größe und Höhe der Räume. Die Fassadengliederung entstand, weil die verschiedenen Richtungsverläufe der Straße durch den Mauerverband ausgeglichen worden sind. Der südliche Teil barg einst eine Färberei, die lang gestreckten Räume verbanden Wohnhaus und Werkstatt miteinander.

Uruk (Warka), Zikkurat, Rekonstruktion, neubabylonisch um 700 v. Chr.

Die neubabylonische Zeit begann nach der Zerstörung von Ninive 612 v. Chr. und dem Zusammenbruch des assyrischen Reiches, als Babylon von der neubabylonischen Dynastie wieder aufgebaut und auch in anderen Städten des Machtgebietes gebaut worden war. Zeugnis dafür ist die Zikkurat von Uruk. Diese Zikkurat hat ihre früheste Form deswegen bewahrt, weil sie keine Stufen wie andere besessen hat. In die Winkel zwischen Mittel- und Seitentreppe des Turmes sind zwei Tempel gesetzt, die von dem chaldäischen König Marduk-apla-iddina II. von Babylon errichtet worden sind. Nach dessen Vertreibung hat Sargon II. die Anlage vollendet. Wieder sind die typischen Breitraumcellen vorhanden, die Titelgottheiten sind nicht überliefert.

Babylon, sog. Südburg, hängende Gärten, spätbabylonisch 1. Hälfte 6. Jh. v. Chr.

Die „hängenden Gärten" waren Teil des Palastes von König Nebukadnezar, haben aber nichts mit dem 7. Weltwunder, den hängenden Gärten der Semiramis zu tun, die in Assur 810-806 v. Chr. anstelle ihres Sohnes regierte. Der König dürfte hierbei auch weniger an seine Damen gedacht haben, die zu diesem Ort durch vier Höfe, davon ein öffentlicher, hätten gehen müssen, als vielmehr an den

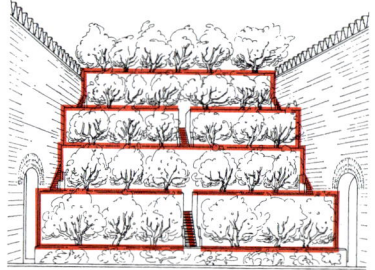

Schutz seiner Schätze; denn die Gärten ließ er über seiner Schatzkammer anlegen. Was zur Sicherheit dienen sollte, wurde mit seltenen Pflanzen besetzt, so dass ein gewisser Exotismus sichtbar war, der sich auch in der musealen Sammlung von Kunstwerken aller Zeiten zeigte.

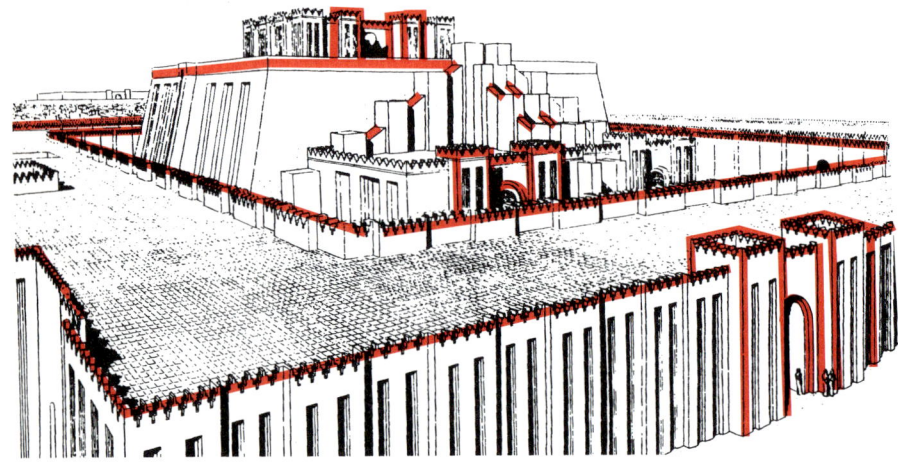

Hattusa, Tempel I mit Magazinanbauten

Der zur hethitischen Hochkultur zählende Tempel I von Hattusa (Bogazkoy) war Mittelpunkt der alten Hauptstadt des Hethiterreiches. Den Tempel betritt man durch eine Toranlage im Südwesten und gelangt so in einen rechteckigen Hof (1). Gegenüber bildet eine Pfeilerhalle das Gegenstück zu den beiden sich anschließenden Cellae (2) und ihren Nebenräumen. Hier standen wahrscheinlich Statuen des Wettergottes und der Sonnengöttin, wie Keilschriftfragmente nahelegen. In der östlichen Cella ist die Basis für das Kultbild noch vorhanden. Den Tempel umgaben zweigeschossige Magazine, die Keilschrifttafeln und Pithoi für Getreide und Lebensmittel enthielten.

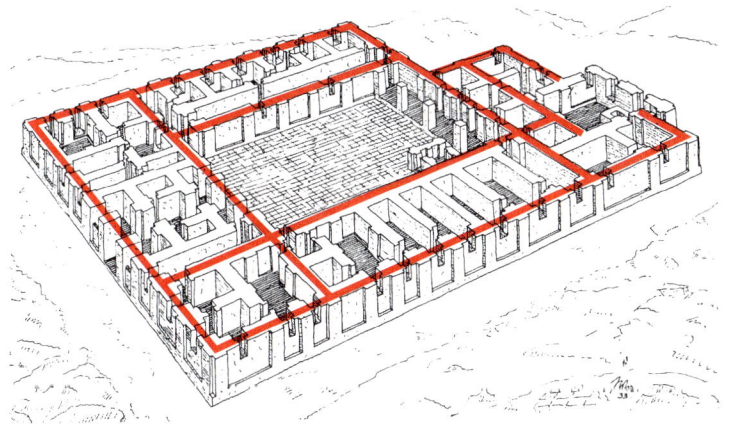

Hattusa, Königsburg, Zeit des hethtitischen Großreiches 13. Jh. v. Chr.

Bis zur Erweiterung des Stadtgebietes durch die Oberstadt lehnte sich die Burg an die Stadtmauern. Unter den Großkönigen Hattusili III. und Tuthalija IV. wurden beide Städte systematisch ausgebaut, dabei ein Tor (I) in die Stadtmauer unmittelbar neben dem Haupttor (II) eingefügt. Entsprechend den unterschiedlichen Höhenverhältnissen reihen sich die Gebäude an aufeinander folgende Höfe an, die von Pfeilerhallen begrenzt werden. Dabei nimmt der an den mittleren Hof (V) angebaute Audienzsaal (D) mit seinem quadratischen Grundriss eine besondere Stellung ein. Ein Tontafelarchiv (A) war ebenso vorhanden wie kleinere Tempelbauten (C). Ziel dieser Baumeister war es, einen Palast durch eine Abfolge von Höfen, Hallen und Gebäuden zu einem geordneten System zusammenzuschließen.

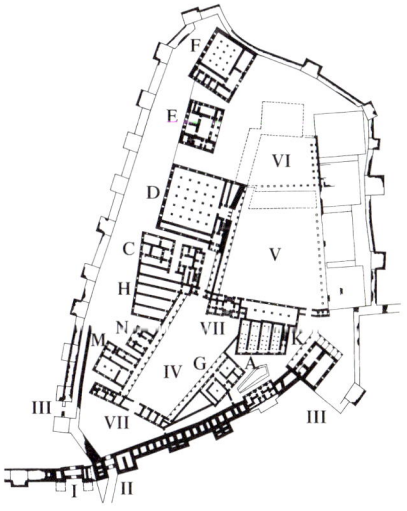

Guzana (Tell Halaf), Tempelpalast des Kapara, späthethitisch 2. Hälfte 9. Jh. v. Chr.

Der Burgberg wurde mit einem rechteckigen Mauerzug befestigt und birgt im Inneren weitläufige Palastanlagen. Die Rekonstruktion zeigt, dass hier eine Kombination aus Tempel und Palast entstanden war. Er öffnet sich nach Norden über eine Vorhalle, die von zwei Türmen flankiert wird. Daran schließt sich der 8 x 36 m umfassende Hauptraum an. Geflügelte Sphingen schmücken die Laibung des Durchgangs, dessen Torsturz statt Pfeilern drei Götterfiguren tragen. Gerade der Bauschmuck führt zur Annahme der Doppelfunktion, zumal auf der Terrasse zusätzlich ein Altar aufgestellt war.

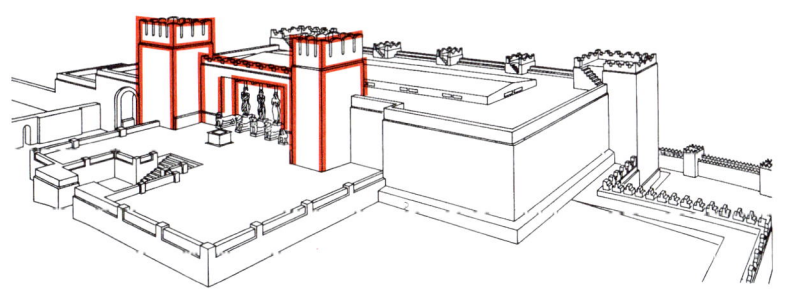

Säulen aus den Palästen zu Persepolis

Ihre Basen haben die Gestalt umgestülpter, mit herabfallenden, spitz zulaufenden Blättern dekorierter Kelche. Die schlanken 19 m hohen Schäfte sind vielfach und

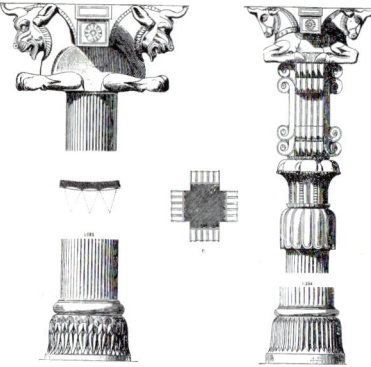

engspurig kanneliert. Als Kapitell finden sich mit dem Rücken aneinander stoßende Vorderkörper von Löwen, deren eines Ohr auffallend als Einhorn ausgebildet ist und mitten auf der Stirn sitzt, oder von Stieren.

Feuerturm von Rakschi-Rustem 2. Jh. v. Chr.

Ein Feuerturm wie der von Raschi-Rustem geht aus dem Mazdaismus hervor. Das Problem der Dachdeckung wurde mit Hilfe der Entwicklung einer Trompenkuppel gelöst.

Persepolis, Audienzhalle des Dareios und Xerxes

Als 539 v. Chr. der Perserkönig Kyros II. Babylon eroberte, wurden die Länder Mesopotamiens Provinzen des Perserreiches, dessen Residenzen im iranischen Hochland lagen. Persepolis wurde unter Dareios I. begonnen und stellt die glanzvollste Palastanlage des Perserreiches dar. Die Anordnung der Gebäude mit Freitreppen und Prunktoren entspricht dem Zeremoniell nationaler Festfeiern. Zwei parallel angeordnete Baugruppen mit gleichartigen Hauptgebäuden bilden im Westen die Audienzhalle und im Osten den hundertsäuligen Thronsaal. Die Apdana genannte Audienzhalle versucht durch sorgfältigen Eklektizismus aus allen Traditionen des Vielvölkerreiches Persien einen neuen großpersischen Nationalstil zu schaffen.

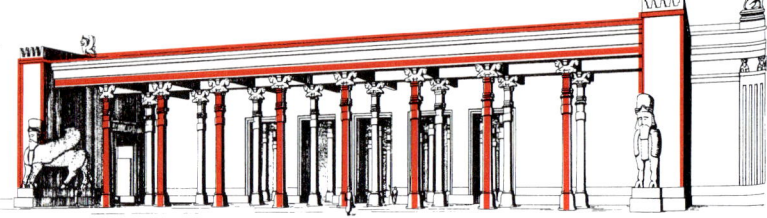

Grab des Kyros in Pasargadä, um 530 v. Chr.

Kyros aus dem Geschlecht der Achmeniden begründete eine Tradition besonders gestalteter Königsgräber. Für sich ließ er den tempelförmigen Grabbau auf einem ausladenden Stufenunterbau errichten. Das auffällige Giebeldach wurde von nordischen Eindringlingen übernommen.

ALTES ÄGYPTEN

Ägypten wird vom Nil bestimmt, der auf einer Länge von mehr als 1000 km das Land durchfließt. Sein Tal ist als schmale Fruchtzone (schwarze Erde) in die Wüstentafel Nordafrikas eingegraben. Erst im Delta des Flusses weitet sich das Land. Längs seines Laufes schafft der Fluss durchgängig gleiche Lebensbedingungen.

Das Südland Oberägypten besitzt seinen Schwerpunkt in Theben, das Nordland Unterägypten umfasst das Delta mit zahlreichen Städten, unter denen Memphis und Tauris hervorragen. Die unterschiedlichen Traditionen der beiden Siedlungsbereiche zeigen sich in den grundverschiedenen Bestattungssitten. In Oberägypten begrub man die Toten abseits der Siedlungen im trockenen Sand der Wüstenränder, indem man einen Hügel über der Grube aufschüttete. Die Toten wurden mit Grabbeigaben, wie ihren Waffen, ihrem Schmuck sowie mit Speise und Trank ausgerüstet. In Unterägypten gelangten die Toten in die Obhut der erhöht angelegten Siedlungen. Da sie in den Häusern bestattet worden waren, blieben sie mit den Lebenden in enger Beziehung. Wichtig war aber die Vorstellung vom Weiterleben nach dem Tode.

Die Landwirtschaft – Ägypten war eine der Kornkammern der Alten Welt – war abhängig vom Sommerhochwasser des Nils und dessen organisierter Verteilung. Bergwerke, Steinbrüche, Schiffswerften und Papiermühlen waren Staatsbetriebe. Spezialwerkstätten des Handwerks konzentrierten sich auf die großen Baustellen an den Pyramiden, Tempeln und Palästen.

Die ägyptische Gesellschaft war streng hierarchisch aufgebaut. Die politische Macht lag im Palast des Königs, des Pharao, dem göttliche Verehrung und Vollmachten zuteil wurden. Die Führungsschicht bildeten Großgrundbesitzer, hohe Staatsbeamte und Priester. Die Priesterschaft hatte den Dienst des an Jahreszeiten und Tagesablauf orientierten Kultes zu leisten, die zu den Heiligtümern gestifteten Ländereien und Erträge zu verwalten, ferner Archive, Bibliotheken, Schulen und Werkstätten zu betreiben. Darunter rangierte die umfängliche Beamtenschaft mit den Schreibern und der Handwerkerstand. Die breite Masse des Volkes setzte sich aus Kleinbauern zusammen. Die Religion war von Vorstellungen des Polytheismus geprägt. Die Götter wurden in verschiedensten Erscheinungsformen verehrt. Sie bildeten eine große Familie. Der Pharao lenkte als Sohn der Götter zu seiner Lebenszeit die Geschicke des Landes und stieg nach seinem Tod zum ewigen Gott auf.

Die Architektur war Staatsangelegenheit. Dem Baumaterial war jeweils eine an der Bauaufgabe, für die es ausschließlich verwendet werden durfte, orientierte symbolische Bedeutung zugewiesen. So wurden Palastanlagen und Profanbauten ausschließlich aus Lehmziegeln und Holz errichtet, Symbol der Zeitlichkeit. Tempel und Grabanlagen sind aus Naturstein gebaut; dahinter verbirgt sich das Symbol der ewigen Dauer.

Die Städte der Frühzeit entstanden als befestigte Plätze oder als Residenzen der Territorialfürsten. Tragende Ideen und ein durchgestaltetes planerisches Konzept weist erstmals Memphis auf, dessen Stadtmauer dem sagenhaften König Menes zugeschrieben wird, aber wohl unter Mitwirkung der Priesterschaft des Gottes Ptah und des Oberarchitekten Imhotep in der Regierungszeit des Pharao Djoser angelegt worden ist. Die ägyptische Stadt ist nach den vier Himmelsrichtungen geplant, mit der Nord-Süd-Achse als Naturachse und der Ost-West-Achse als Sonnenlauf, nach der die Heiligtümer ausgerichtet wurden. Regelmäßige Rechtecke und rechtwinkliges Straßennetz kennzeichnen die Stadt, in deren Zentrum die Heiligtümer und Paläste den Schwerpunkt bilden. Immer aber gehört ein Wasserlauf in Gestalt eines Kanals oder eines Teiches mit wohltuender Auswirkung auf das Stadtklima dazu.

Theben war im Mittleren und Neueren Reich Hauptstadt und bis zur Spätzeit Sitz des Gottes

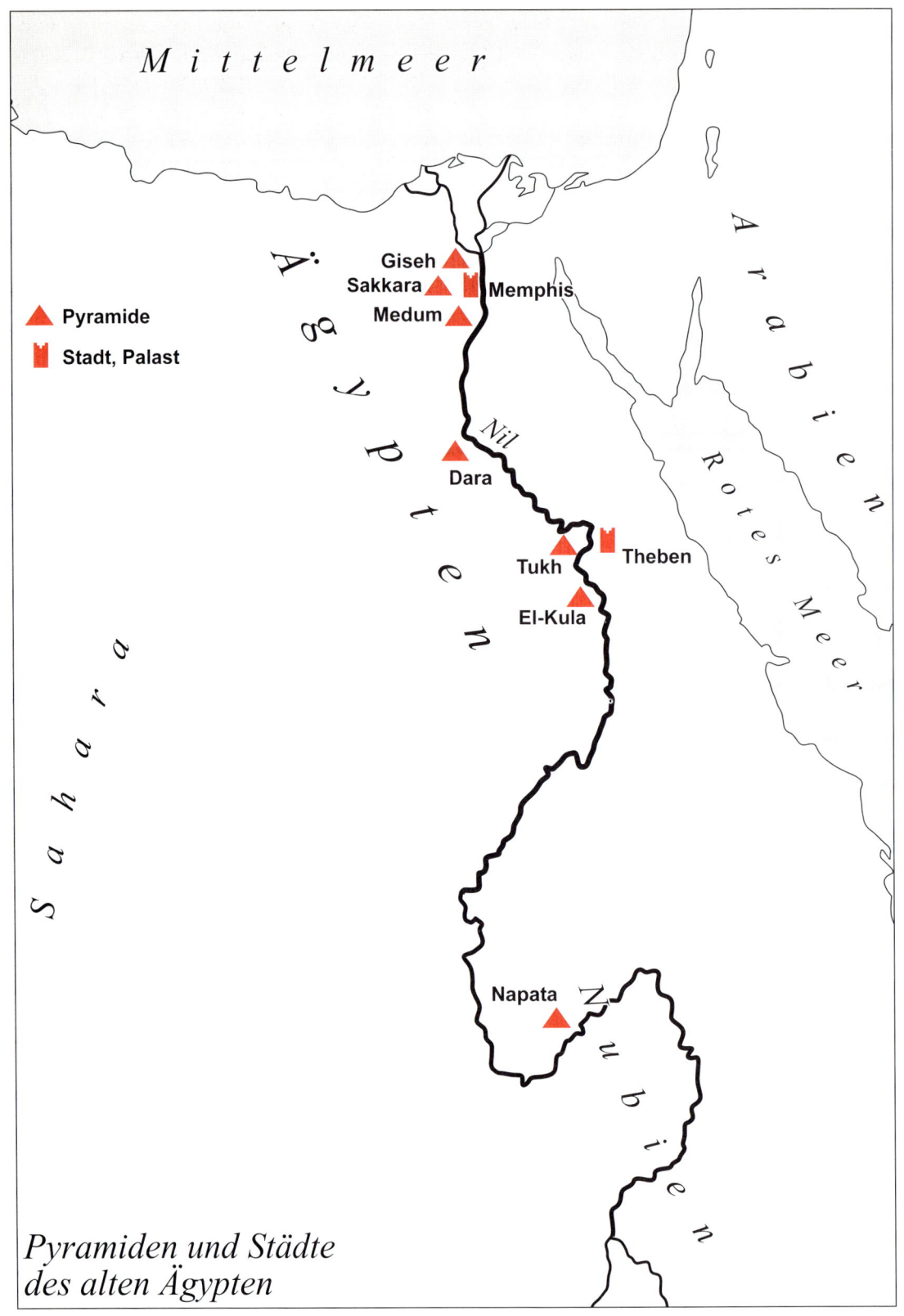

*Pyramiden und Städte
des alten Ägypten*

Amun. Als „hunderttoriges Theben" wird die Stadt in der Dichtung besungen. Das Zentrum der Stadt war mit einer eigenen Mauer umgeben. Die einzelnen Bauten waren in Parkanlagen eingefügt. Die Mittelachse der Stadt bildete ein Kanal. Ein künstlicher Nilarm führt zu einem Hafen. Dort erbaute sich Amenophis III. seinen Palast. Die Palast-, Sakral- und Verwaltungsbauten bildeten eine lockere Einheit.

Zu den besonderen Bauaufgaben zählten die Paläste. Charakteristisch für diese Bauten sind die bis in die Spätzeit immer hoch unter dem Dach angebrachten Gitterfenster. Demgegenüber gewinnen der Sakralbau und die Grabbauten ihre eigene Gestalt. Der ägyptische Tempel entwickelte sich von einem kleinen, aus Holz und Lehm gefertigten Schrein in der vordynastischen Epoche zu den Pyramidentempeln im Alten Reich. Es handelt sich dabei um strenge Richtungsbauten, deren Achse bis in das Heiligtum geführt wurde. Sie bestehen aus den Eingangspylonen mit Tor, einer zum Hof hin geöffneten Vorhalle, dem Hypostyl und dem Tempelinneren mit der Kammer im Mittelpunkt. Dabei bewirken die Raumanordnungen einen lebendigen Rhythmus von Enge und Weite.

Da der Totenkult den Hauptbestandteil der Religion bildete, kam es zur Monumentalisierung der Gräber mit Mastaba und Pyramide, die aus einfachen geometrischen Formen aufgebaut sind.

Zeittafel

Altes Reich 2700–2100	große Mastabas aus Lehmziegeln, Übergang zum Steinbau bei Sakralbauten, Djoser- Komplex, Pyramiden u.a. von Gizeh
Zwischenzeit 2130–2040	Felsengräber der Gaufürsten
Mittleres Reich, 12. Dynastie 2040-1785	Totentempel des Mentuhotep, Tempel von Karnak
Zwischenzeit 1650–1551	Felsengräber, Einführung des Rades
Neues Reich, 18.- 20. Dynastie 1551–1075	Totentempel der Hatschepsut, Luxor, Abu Simbel, Kolossalplastik, Papyrosmalerei
Zwischenzeit 1075–715	Fortführung der Bautätigkeit
Spätzeit 715–330	Gründung von Alexandria, Tempel von Edfu

Sakkara, Rekonstruktion der Stufenpyramide des Königs Djoser

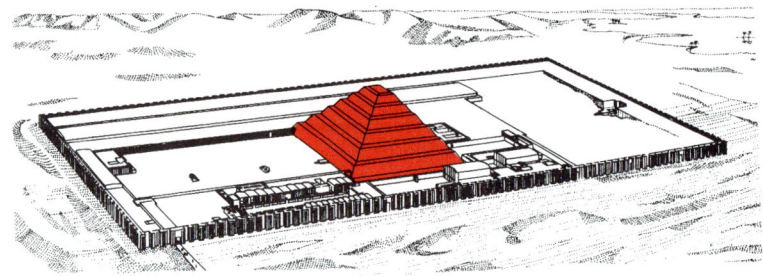

Die Stufenpyramide entwickelte sich, indem mehrere rechteckige Mastabas, also eigentlich Einzelgräber, aufeinander gesetzt worden sind. Der Stufenbau König Djoser war auf rechteckiger Grundfläche errichtet. Ihr Architekt war Imhotep, der Kanzler und Baumeister des Königs. Sein Bauwerk wurde zum Symbol einer Epoche, es markiert den Beginn der Entwicklung zur eigentlichen Pyramide aus der vierseitigen Mastaba. Sakkara ist die Totenstadt gegenüber der Hauptstadt Memphis.

Schematische Zeichnung: Entstehung der Pyramide aus der Mastaba

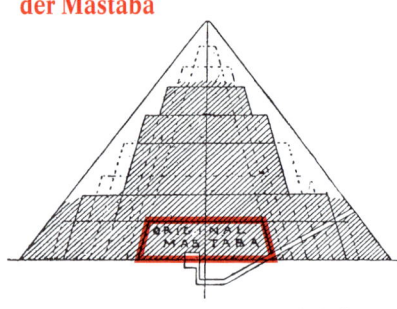

Anhand der Zeichnung wird deutlich, dass eine Pyramide aus einfachen geometrischen Grundformen aufgebaut ist; ihre Grundfläche ist das Quadrat, ihre Spitze der Endpunkt der daraufstehenden Mittelsenkrechten, die vier Seitenflächen bilden gleichschenklige Dreiecke. Die klassische Form der Pyramide ist das Resultat eines langwierigen Abstraktionsprozesses.

Grabbezirk des Djoser, 3. Dynastie 2600 v. Chr.

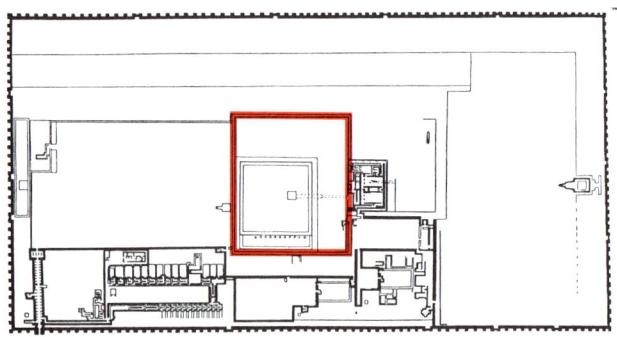

Die wichtigste architektonische Neuerung im Alten Reich betraf die Entwicklung der Pyramide. Am Übergang von der III. zur IV. Dynastie wandelten sich die Anlagen der königlichen Grabanlagen grundlegend. Der Tod des Königs wird vermutlich unter dem Einfluss der Auferstehung des Gottes Osiris zum mythischen Schicksal. Die dazu erforderlichen Kultanlagen für die Bestattungsfeiern wurden auf einer Prozessionsbühne angelegt, die in der Grabkammer im Inneren der Mastaba endete. Dieser Grabbezirk fasst die bisherigen technischen und formalen Möglichkeiten der ägyptischen Architektur zusammen und schafft durch experimentelles Erproben die Grundlage für die weitere architektonische Entwicklung.

Gruppe von Mastabas

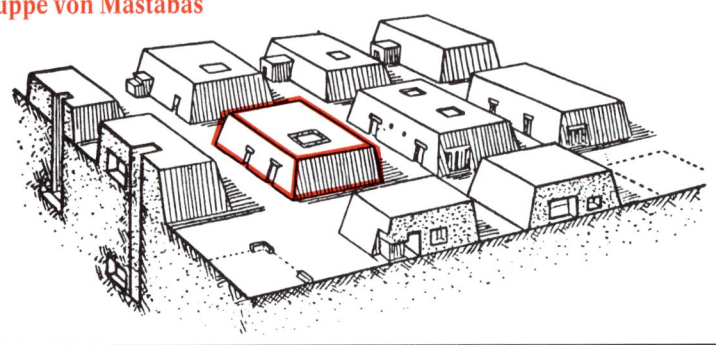

Mastaba

Dieser Ziegelbau über dem Grab eines hohen Hofbeamten bildet die Form eines lang gestreckten Bankgrabes (daher die Bezeichnung). Abgedeckt ist er durch ein flaches oder auch flach gewölbtes Dach. Die Wände sind senkrecht oder geböscht und aus Lehmziegeln gebildet. Die Mastaba blieb den vornehmen Toten vorbehalten.

Schematische Konstruktion einer Pyramide

Die Technik des Pyramidenbaus entwickelt sich als Kombination aus Horizontal- und Vertikal- schichten. In der Struktur ist das Ganze einer Zwiebel vergleichbar: Um den konischen inneren Kern (a) lagern sich nahezu senkrechte Mauerschalen (b). Ihre geringe Nei- gung genügt, um die Resultierenden aus den vertikalen und horizonta- len Kräften überwiegend gegen den Kern und nur teilweise gegen den Untergrund wirken zu lassen. So hält sich die Masse selbst fest. Der Aufbau in getrennten Schichten ermöglicht den Ausgleich der Spannungen und Senkun- gen innerhalb des Ma- terialberges.

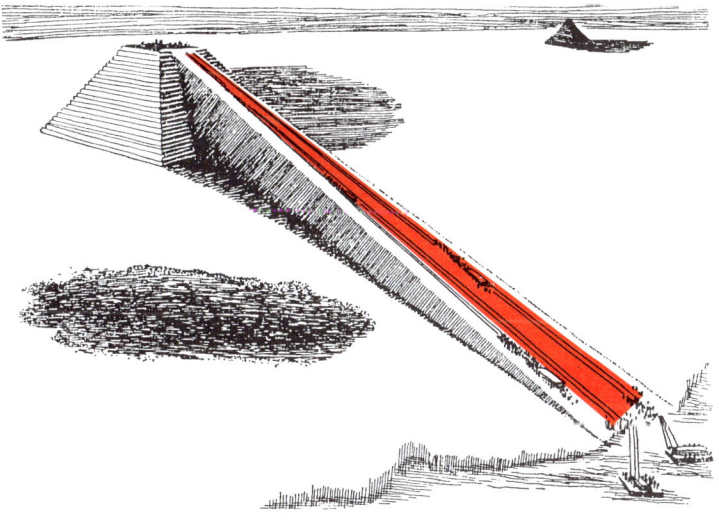

Die schiefe Ebene an den Pyramiden

Da die Ägypter das Rad nicht kannten, außer Hebel und Walze nur die schiefe Ebene besaßen, mussten sie selbst die größten Steinblöcke mit Hebelkraft auf der schiefen Ebene an Ort und Stelle bringen. Die Ausdehnung der schiefen Ebene nahm mit der Höhe der Pyramide zu und wurde nach deren Fertigstellung beseitigt.

Kölner Dom und Cheops- pyramide zum Vergleich

Bei der Errichtung der Cheopspy- ramide, die mit ihren 146 m den Kölner Dom fast erreicht, mussten 2,5 Millionen Kubikmeter Felsblö- cke aus den arabischen Gebirgen herbeigeschafft werden.

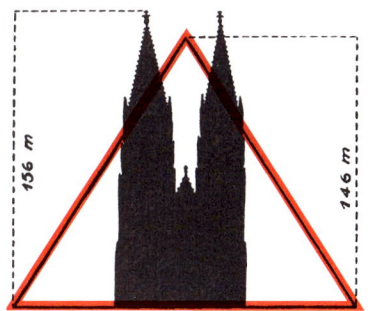

Steinmetzen am Werk

Mit Holzschlegeln und Kupfermei- ßeln bearbeiteten die Steinmetzen die Felsbrocken. Die Zeichnung ist eine Wiedergabe von Ausschnitten aus Wandmalereien im Grab des Rekhamara von Theben, des letz- ten Kanzlers des König Thutmosis II., entstanden nach 1445 v. Chr.

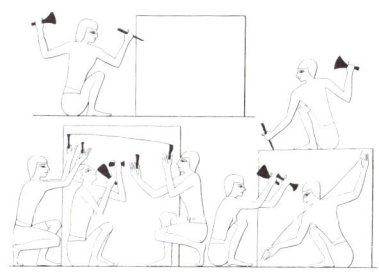

Ziegelbau

Gerade die ineinander greifenden Arbeitsvorgänge zeigen die perfekte Organisation, die auf den Baustel- len in Ägypten anzutreffen war. Dies reicht vom Lehmschürfen, Reinigen und Formen bis hin zum Transport und zur Verarbeitung.

Querschnitte der Pyramiden von Medum, Chefren und Cheops

Die drei Pyramiden entstanden um 2600–2500 v. Chr. In Medum entstand zunächst ein Stufenbau, der dann mit dreieckigen Mantelflächen zur heutigen Form gebracht worden ist. Die Pyramiden von Giseh haben durch einen steileren Neigungswinkel von 51° 52' einen deutlichen Höhenzuwachs erhalten. Dies kann auch mit theologischen Vorstellungen begründet werden, da die entscheidenden Impulse vom Kult des Sonnengottes Re von Heliopolis ausgegangen sind.

Pyramide von Medum

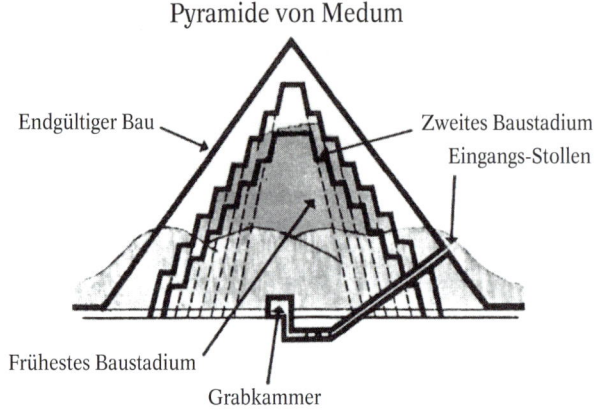

Pyramide des Chefren

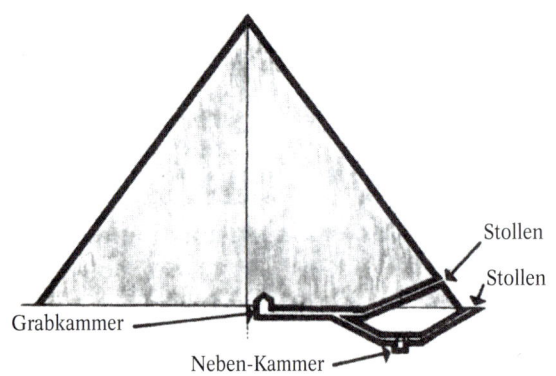

Die Pyramide des Cheops

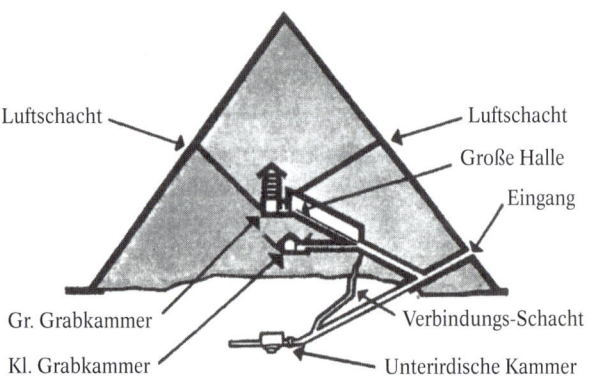

Pyramide

Die Pharaonen türmten Pyramiden über ihrem künftigen Grab auf. Die Architektur einer Pyramide kann als Symbol eines Bündels von Sonnenstrahlen angesehen werden, auf dem der Ka (Seele, schöpferische, geistige Kraft) des Königs zur Sonne aufsteigen kann. Eine Besonderheit stellen Scheintüren dar sowie die seitliche Abknickung der inneren Wegführung, die zur höchsten Raffinesse vervollkommnet wird.

Querschnitt durch die Knickpyramide von Daschur

Die Knickpyramide ist eine der beiden Steinpyramiden des Königs Snofru aus der IV. Dynastie. Vom Eingang gelangt man zur Grabkammer in der Basis der Pyramide. Die Knickpyramide wechselt auf halber Höhe ihren Neigungswinkel von 54° auf 43°. Erst als es in der benachbarten Pyramide, der Roten Pyramide, gelingt, den Neigungswinkel durchgängig beizubehalten (bei 43° 30'), ist das endgültige Pyramidenbauprinzip gefunden.

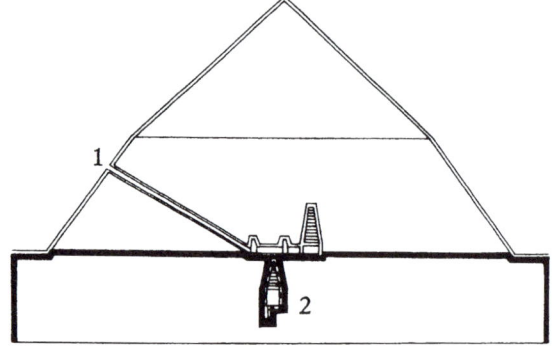

Sphinx

Dieses liegende Fabelwesen besitzt eine aus Löwenkörper und menschlichem Kopf zusammengesetzte Gestalt. Vermutlich diente sie als Wächterfigur, die in Gizeh die Züge von König Chefren tragen soll.

Im antiken Griechenland wurde der ägyptische männliche Sphinx zur weiblichen Figur umgestaltet und galt als Todessymbol.

In der romanischen Kunst des Mittelalters taucht sie als apotropäisches oder dämonisches Mischwesen in der Kathedralpalstik wieder auf.

Plan der Totenstadt von Gizeh

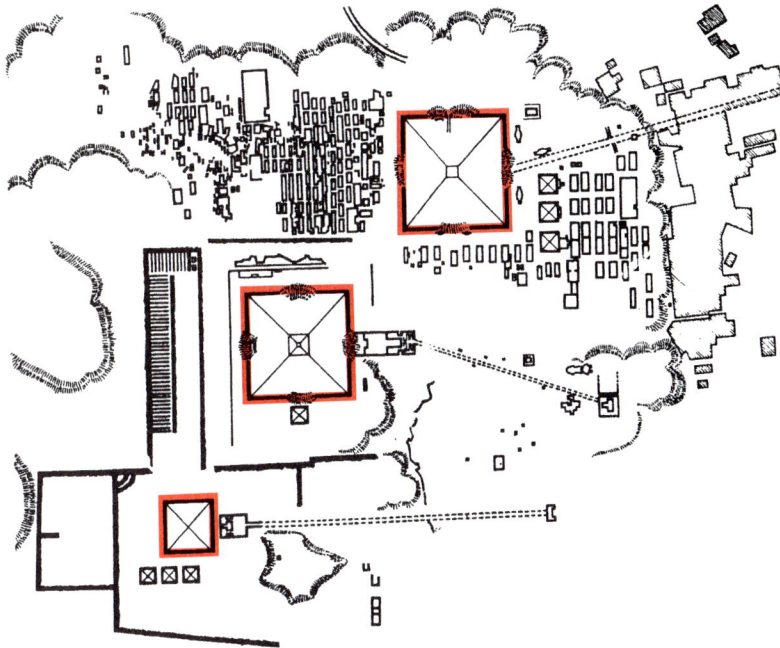

Historische Ansicht des Sphinx aus dem 19. Jahrhundert

Archäologen erklettern den Sphinx von Giseh über Leitern, um ihn zu vermessen.

Unten ist die Pyramide des Mykerinos, in der Mitte die des Chefren mit der erhaltenen Rampe zum Taltempel und zum Sphinx, oben die von zahlreichen Mastabas umgebene Cheopspyramide. Tal und Totentempel besitzen die gleiche Raumabfolge.

Totenstadt von Abusir mit den Pyramiden des Ne-User-Re, Neferirkare und Shaure

Alle drei Pyramiden wurden in der V. Dynastie nach einem einheitlichen Plan errichtet. Lediglich ihre Maße wurden verändert. Die Grabkammer befindet sich nun in der Pyramide, nicht mehr im Fundament.

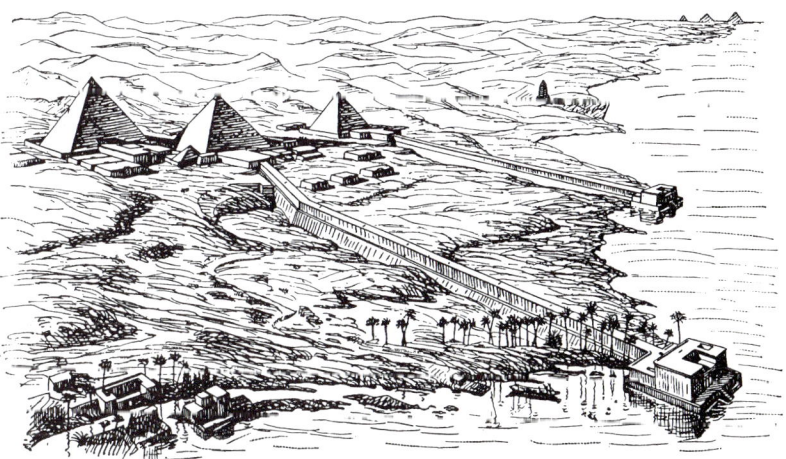

Bezirk des Hatschepsut-Tempels in Deir-el-Bahari, dahinter der Tempel von Mentuhotep I.

Der Totentempel des Mentuhotep, erbaut im Mittleren Reich, vereinigt die Pyramide als Zentrum eines Terrassenbaues mit den Säulenhallen. Daneben wird 500 Jahre später im Neuen Reich von Königin Hatschepsut durch ihren Lieblingsarchitekten Senmut die Terrassenanlage geschaffen. Die Reihe der drei von Säulengängen umsäumten Terrassen führen zum Allerheiligsten, das in den Felsen gehauen ist.

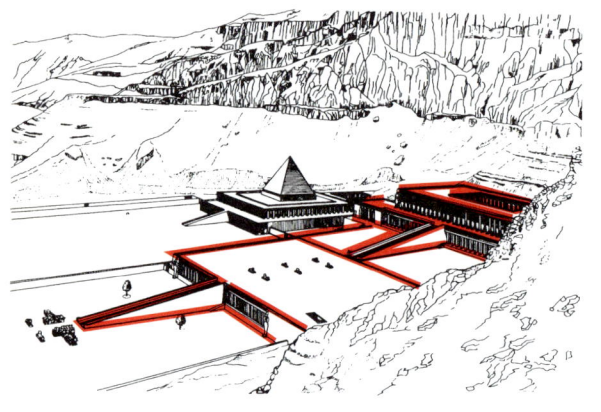 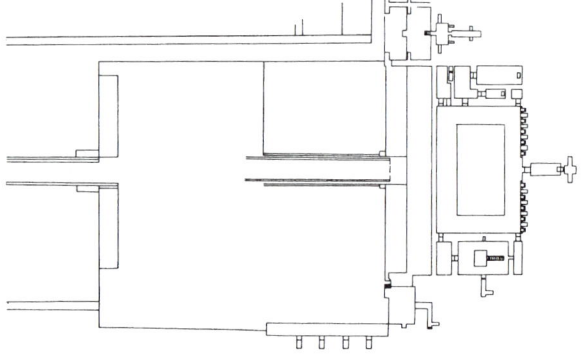

Modell des Hauses eines Adligen in Echet-Aton

Die Adeligen der ägyptischen Bevölkerung leben in geräumigen Hofhäusern, die sich aus ländlichen Gehöften entwickelt haben. Wichtig ist die Kernzone mit dem Haus des Herrn, dem seitlich das Haus der Frau angegliedert ist. Gerade die Folge von breiter Halle und tiefem Gemach wird auch für den Sakralbau übernommen.

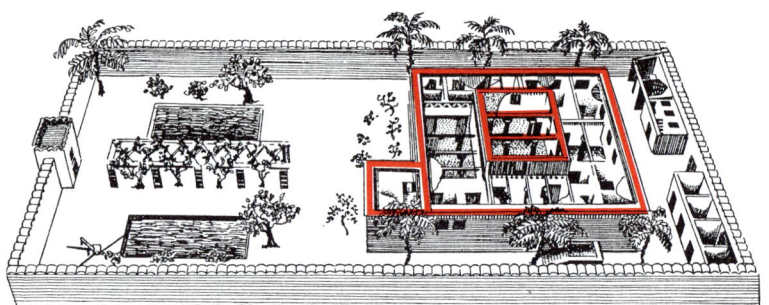

Karnak, Weiße Kapelle des Sesostris I., 12. Dynastie um 1942 v. Chr.

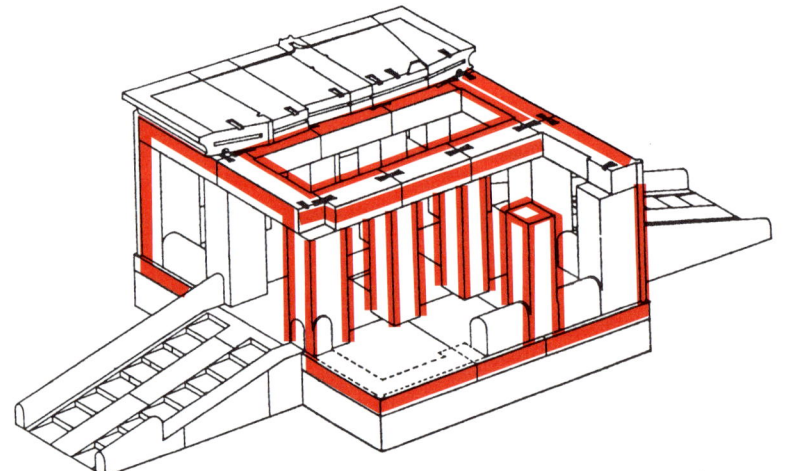

Die aus feinem weißen Kalkstein errichtete Weiße Kapelle ist die älteste bisher bekannte Anlage des Mittleren Reiches. Ihr Vorbild muss in den baldachinartigen Konstruktionen angenommen werden, die außerhalb der Tempel über Prozessionsstraßen errichtet worden sind, damit dort Kultbilder für die notwendigen Riten aufgestellt werden konnten.

Grundriss des Großen Amon-Tempels in Karnak

Das Tempelschema wird hier vervielfacht und steigert sich zur Riesengröße. In der Hauptachse folgen sechs Pylonpaare. Zwischen Pylon II und III wird unter den Ramessiden der große Hypostyl eingebaut. Der Hof ist mit zwei Obelisken besetzt.

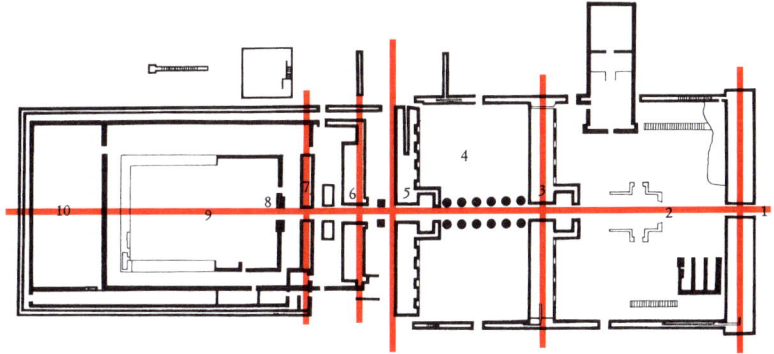

1 Eingang und Erster Pylon
2 Kiosk des Taharka
3 Zweiter Pylon
4 Großer Säulensaal
5 Dritter Pylon
6 Vierter Pylon
7 Fünfter Pylon
8 Sechster Pylon
9 Heiligtum
10 Festsaal des Königs Thutmosis III.

Die großen Pylonen von Karnak

Der zweitürmige Pylon ist für die monumentalen Eingänge der von Mauern umschlossenen Tempelanlage seit Beginn des Neuen Reiches charakteristisch. Ihr Ursprung ist von der überhöhten Frontmauer großer Höfe mit dazwischenliegendem niedrigen Eingangstor abzuleiten. Die Pylone geben der Tempelfront eine Akzentuierung und verleihen den Anlagen ihre einzigartige Monumentalität. Gleichzeitig drücken sie die Idee der Abwehr feindlicher Mächte vom Tempeleingang aus.

Karnak, Querschnitt durch den großen Säulensaal des Amon-Tempels, 18. und 19. Dynastie

Die insgesamt 144 mit Reliefdarstellungen verzierten Säulen umschließen einen Hof, während dahinter sich ein strenger Richtungsbau verbirgt. Der Tempel wird im Laufe vieler Jahrhunderte zum Reichsheiligtum ausgebaut.

Ägyptische Säulen

Beliebt sind in der ägyptischen Architektur in allen Epochen Säulen mit Attributen aus der Pflanzenwelt. Dabei werden die Wasserpflanzen Lotus und Papyros bevorzugt. Die Bündelsäulen stilisieren frühere Dekorationssäulen und werden in zwei Varianten verwendet, als Knospensäule und als offener Kelch.

Papyrosbündelsäulen mit Knospenkapitell aus Luxor und Theben, Papyrossäule mit offenem Kelch, Ziersäule (18. Dynastie)

Tempel von Luxor

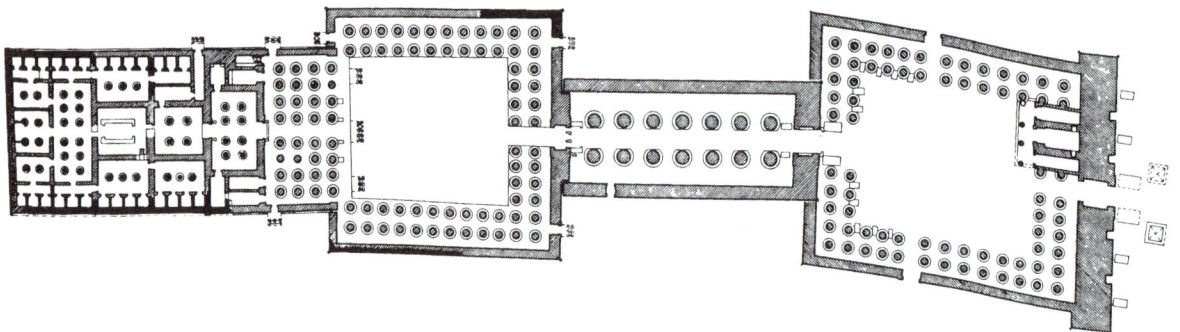

Ein besonderes Wegenetz verbindet den großen Amun-Tempel in Karnak mit seinen Nebenheiligtümern und dem Tempel von Luxor in Form breiter Sphinx-Alleen. Der Tempel ist ein Werk König Amenophis III. und nach einheitlichem Plan erbaut worden. Ohne Beispiel in der ägyptischen Kunst ist die lang gestreckte offene Halle mit in zwei Reihen errichteten Papyrus-Säulen. Dieser Bau bildete die Empfangshalle für den König und die Götterbarken.

Tempel des Horus in Edfu

Dieser Tempel wurde seit 237 unter den Ptolemäern errichtet. Den kräftig ausladenden Pylonen folgt der Säulenhof. An seiner Rückseite liegt die Vorhalle mit hohen steinernen Schranken.

Tempel der Hathor in Dendera

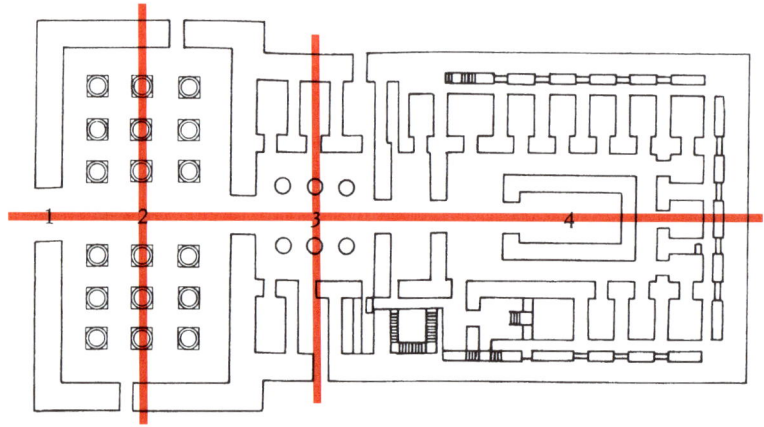

Dieser Tempel wurde um 80 v. Chr. begonnen. Der Bau steigerte sich vom innen gelegenen Allerheiligsten (4) zum Großen Säulensaal (2). Die Folge der Räume entspricht dem Tempel von Edfu. Eine Ziegelmauer umgibt den gesamten Tempelbezirk.

1 Eingang
2 Säulenhalle
3 Saal des Erscheinens
4 Allerheiligstes

ANTIKES GRIECHENLAND

In der vielgestaltigen Küsten- und Inselwelt um das kretische und ägäische Meer entstehen frühe europäische Hochkulturen. Die Einheit der Ägäis wird bestimmt von den gleichen klimatischen Verhältnissen, aber auch der Lebensweise und der Religion. Allerdings entwickeln sich in den vielfältigen, räumlich getrennten Einzellandschaften unterschiedliche Gesellschaftsordnungen. Die ägäische Urbevölkerung lebt noch auf präkeramischer Stufe. Die Bronzezeit verändert die politische und wirtschaftliche Struktur. Das wichtigste Zentrum der frühen Bronzezeit (2600–2000 v. Chr.) ist Troja. Die minoische Kultur entwickelt aus der Zusammenführung orientalischer und ägyptischer Elemente einen eigenen Stil. Wichtigstes Merkmal sind die großen Palastbauten, nach denen die einzelnen Epochen benannt werden. Die ältere Palastzeit (2000–1700 v. Chr.) wird mit dem Palast von Knossos, der als Urbild des Labyrinthes gilt, identifiziert. Die jüngere Palastzeit beginnt um 1700, nachdem vermutlich ein Erdbeben die älteren Palastanlagen zerstört hat. Die Wände werden nun mit Malereien geschmückt. Die Nachpalastzeit währt von 1400 bis 1200 v. Chr. und markiert den Niedergang der minoischen und den Aufstieg der mykenischen Kultur.

Die mykenische Kunst setzt mit dem Auftreten der Achäer im späteren Griechenland um 1400 v. Chr. ein und endet mit der dorischen Einwanderung um 1150 v. Chr. Damit beginnt auch die Eisenzeit in der Ägäis. Bestimmend für die Architektur werden zyklopische Mauern, die Burgen befestigen, und die Entwicklung des Megaron, eines längs gerichteten Raumes mit Vorhalle. Das Löwentor von Mykene mit seinen in Relief gearbeiteten Löwen belegt, dass es zu dieser Zeit Bauplastik gab.

Die griechische Kunst folgt um 1000 v. Chr. auf die mykenische und währt bis etwa 100 v. Chr.

Hier lässt sich eine kontinuierliche Entwicklung in vier Zeitabschnitten feststellen. Die geometrische Kunst (1050–700 v. Chr.) entwickelt sich aus der mykenischen Kunst des Festlandes. Ihre Bezeichnung erhielt sie von den linearen Mustern auf keramischen Gefäßen, die umlaufende Streifen und Mäander aufweisen. Am Ende der Bronzezeit besetzen die dorischen Stämme im Laufe ihrer Wanderung große Teile des griechischen Festlandes. Es entstehen neue Sozialordnungen, vor allem die Polis, der kleine autarke Stadtstaat. Stadtmauern werden zum Symbol und zur Garantie der wehrhaften Verteidigung dieses neuen urbanen Selbstbewusstseins. Die archaische Kunst (700–500 v. Chr.) kennzeichnen monumentale Zeugnisse der Baukunst, die fast ausschließlich der Allgemeinheit gilt. Aufwändige Privatbauten bleiben bis in die klassische Zeit verpönt. Die höchste architektonische Aufgabe sieht man seit dem 8. Jh. v. Chr. im Tempelbau. Ab Mitte des 6. Jh. ist der dorische Baustil voll ausgebildet, wie der Artemistempel auf der Insel Korfu oder der Apollontempel von Korinth zeigen. In den griechischen Kolonien Kleinasiens entsteht der ionische Stil seit dem späten 7. Jh. v. Chr. Als das bedeutendste Bauwerk in dieser Ordnung gilt der Artemistempel in Ephesus. Gleichzeitig markiert der archaische Stil den Beginn der monumentalen Steinplastik.

Die klassische Epoche der griechischen Kunst währt zwischen 500 und 300 v. Chr. Hier werden die Proportionen und Formen vervollkommnet. Um 400 entsteht das korinthische Kapitell. Herausragendes Monument dieser Epoche ist der Parthenontempel in Athen. Im Zeitalter des Perikles (448–431 v. Chr.) erringt diese Polis ihre Vormachtstellung in Griechenland. Die Agora von Athen wird zum wichtigsten öffentlichen Platz in Attika. Noch folgt ihr Erscheinungsbild keiner Planungsidee, sondern offenbart die Dynamik eines Entwicklungsprozesses. Regelhafter Städte-

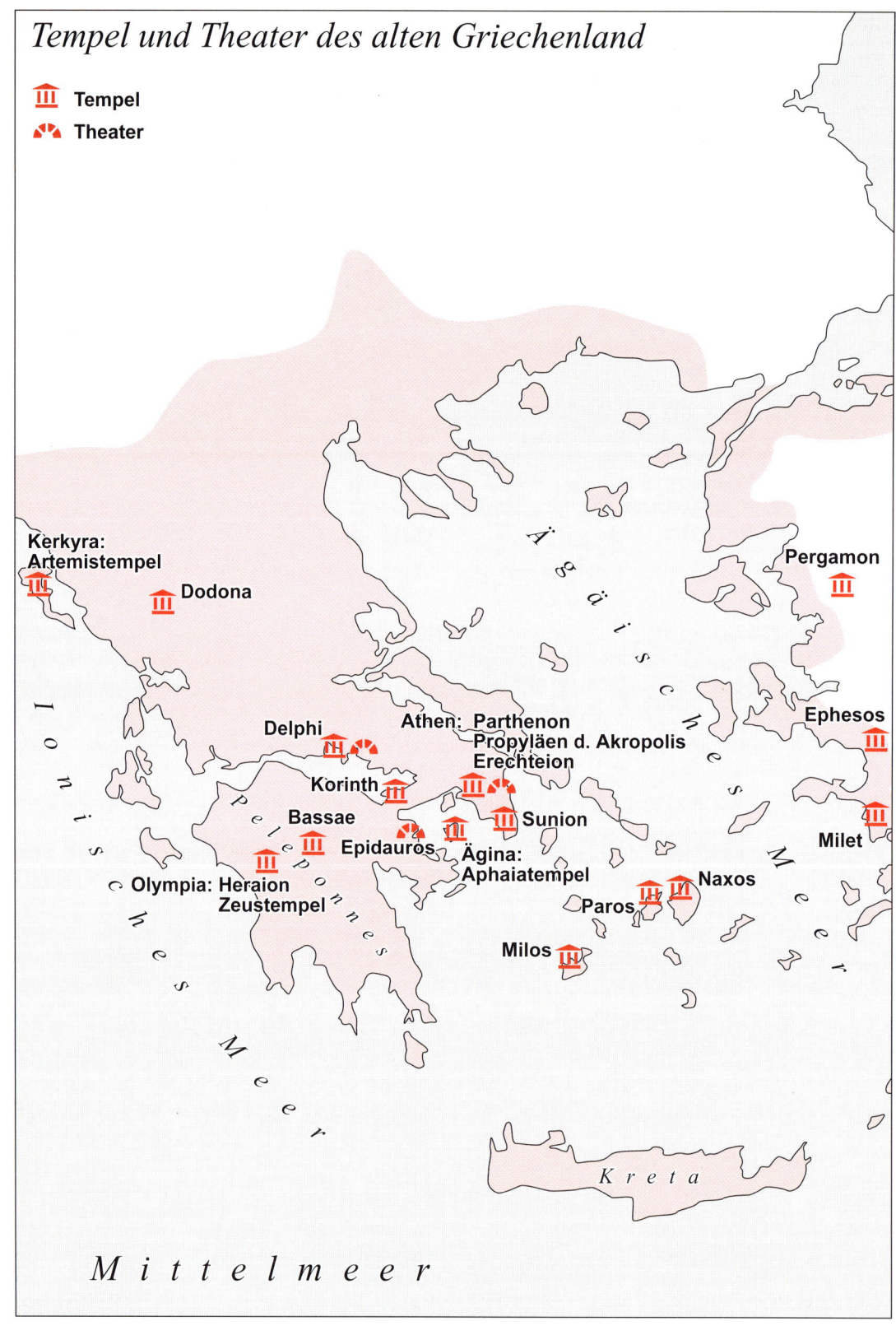

Tempel und Theater des alten Griechenland

🏛 **Tempel**

🎭 **Theater**

**Kerkyra:
Artemistempel**

Dodona

Pergamon

Ä g ä i s c h e s   M e e r

Delphi

**Athen: Parthenon
Propyläen d. Akropolis
Erechteion**

Ephesos

Korinth

Bassae

Sunion

Milet

Epidauros

**Ägina:
Aphaiatempel**

I o n i s c h e s

P e l o p o n n e s

**Olympia: Heraion
Zeustempel**

Naxos

Paros

Milos

M e e r

K r e t a

M i t t e l m e e r

bau erfolgt im Rasternetz, wie zum Beispiel in Milet. In der Skulptur löst man sich von der archaischen Starrheit und beginnt, die Anatomie des menschlichen Körpers genau zu studieren. Hierfür ist Polyklet ein charakteristischer Künstler, neben Lysippos, Myron, Phidias oder Praxiteles.

Die hellenistische Kunst (300 v. Chr. bis 100 n. Chr.) entsteht, als Alexander der Große durch Eroberungen sein Reich bis in den vorderen Orient ausdehnt. Dadurch wird auch dort die griechische Architektur prägend, empfängt aber ebenso neue Impulse. Die Baukunst kennzeichnen Formen, die nicht mehr tektonisch gefordert sind, sondern alleine der Dekoration dienen. Auch eine Vermischung von Säulenordnungen kommt auf. Prachtvolle Repräsentationsbauten entstehen. Unter städtebaulichen Aspekten werden Hauptachsen und Dominanten angelegt, es kommt zu einer perspektivisch angeordneten Steigerung der unter ästhetischen Gesichtspunkten gruppierten Bauwerke. Bäder, Parks, Theater und Bibliothek werden neue Bauaufgaben.

Zeittafel

Frühe Bronzezeit 2600–2000 v. Chr.	Megaron, Burg, Troja
Mittlere Bronzezeit 2000–1600 v. Chr.	Paläste, Megaron, Labyrinth, Kuppelgräber, Knossos
Späte Bronzezeit 1600–1100 v. Chr.	Megaron als dominierender Typ, Festungsbau
Archaische Zeit 700–500 v. Chr.	Ringhallentempel aus Holz, dorische und ionische Ordnung, Korfu, Paestum
Klassische Zeit 500–330 v. Chr.	Großbauten auf der Akropolis in Athen, Tempel des klassischen Typs
Hellenismus 330 v. Chr.–100 n. Chr.	Großaltäre, Bibliotheken, Theater, Zweckbauten

Ovalhaus in Khamaizi, Ostkreta

Beim Bau der Wohnhäuser werden in Kreta die Grundelemente des Wohnens ohne starres Schema kombiniert. Die Häuser sind meist zur Hauptwindrichtung hin ausgerichtet, Außerdem besteht ein konstruktiver Zusammenhang zwischen Umfassungs- und räumlichen Trennmauern. Das Ovalhaus in Khamaizi stammt aus mittelminoischer Zeit. Die Grundrissform passt sich der Umgebung der Hügelkuppe an. Radial geführte Mauern, Abrundungen an den Engstellen und hakenförmige

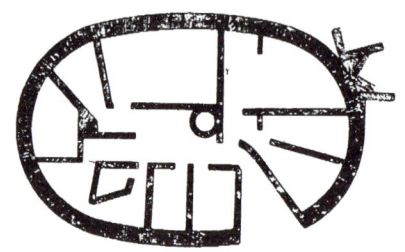

Mauerendungen gliedern den Komplex in Wirtschaftsräume im Osten und zwei Gruppen mit Schlaf- und Wohnräumen nördlich und südlich eines Lichthofes. Das Haus kann in die Anfänge des 2. Jahrtausends v. Chr. datiert werden.

Grundriss des Palastes von Knossos

Knossos war die erste Großstadt am Mittelmeer; damals löste die kretische Flotte die kykladische in der Seeherrschaft ab. Der Palast von Knossos (22000 qm) wurde seit 1700 v. Chr. errichtet. Er gleicht in seinem unüberschaubaren Zusammenschluss zahlreicher ungleicher Gebäude, die unregelmäßig um einen großen Innenhof angelegt sind, den mesopotamischen Palästen. Man glaubt, das Urbild des alten minoischen Labyrinthes vor sich zu haben. Der Palast hatte fünf Aufgaben zu erfüllen: Er war Regierungssitz des Königs und damit politisches Zentrum mit Gerichtshof, Staatskasse und Arsenal; er war Sammelstelle binnenländischer Erzeugnisse und damit Wirtschaftszentrum, Markt und Tauschplatz; er diente als Veranstaltungsort von Festen und Spielen und war Sitz des Priesterkönigs sowie Stätte göttlicher Erscheinungen (Epiphanien) mit Altären und Kulträumen. Als Wohnsitz des Fürsten existieren hier auch prunkvolle Privaträume. Die Planung erfolgte von innen nach außen.

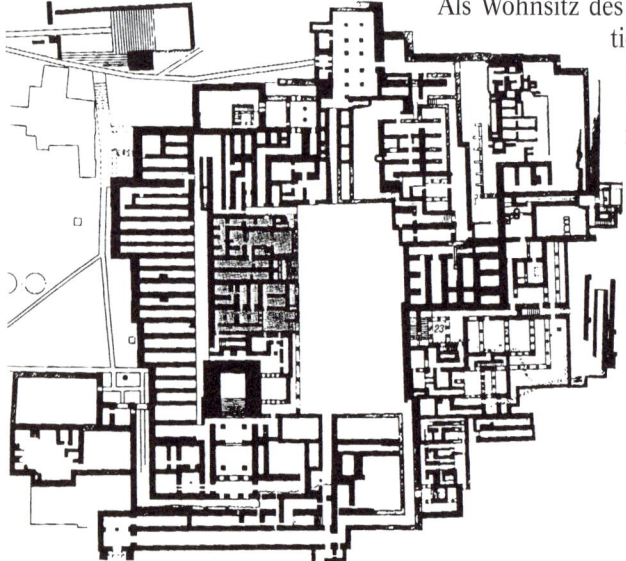

Minoische Säulen

Die minoische Säulenordnung ergänzt die einfachen Pfeilerstellungen. Ihr Hauptelement ist eine Holzstütze mit nach unten verjüngtem Schaft, der auf eine runden oder eckigen Steinplatte ruht. Der Kopf der Stütze besteht aus einer ausladenden Deckplatte (Abacus). Auf dem Unterzug liegen Deckenhölzer oder Gesimse. Den oberen Abschluss bilden oft hoch aufragende Stierhörner.

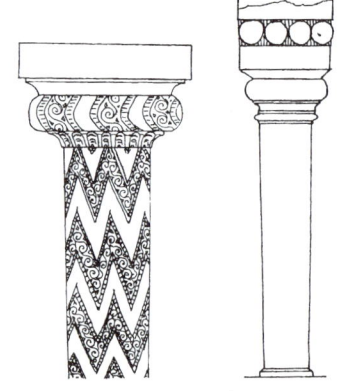

Wandgemälde im Palast von Knossos

Die Wände der Gesellschaftsräume bestanden aus bemaltem Stuck. Sie zeigen geometrische Formen und Architekturmalerei meist in kräftigen Farben und Kontrasten (rot/schwarz/gelb), aber auch bewegte Szenen, beispielsweise wie Jungen und Mädchen über wilde Stiere hinwegspringen.

Löwentor in der Burg von Mykene

Die mykenischen Burgen sind die Gegenstücke zu den minoischen Palästen. Sie schließen sich aber im Gegensatz zu diesen nach Außen hin ab. Riesenhafte Blöcke bilden die Mauer. Im zyklopischen Mauerwerk werden die Steine ohne Zurichtung

aufeinander getürmt. Beim polygonalen Mauerverband wurden die Blöcke durch Behauen in Form von Vielecken gebracht. Im Löwentor des Palastes von Mykene zeigt sich die Größe der damaligen Kunst. Auf schweren Steinpfosten ruht als Türsturz ein gigantischer Quader. Über ihm ist zur Entlastung des Sturzes ein Dreieck aus der Mauer ausgelassen. Diese Aussparung wurde mit einer Reliefplatte von zwei eine Säule flankierenden Löwen ausgefüllt.

Schatzhaus des Atreus

Bei den monumentalen mykenischen Kuppelgräbern zeigt sich der Aufbau aus der hügelförmigen Kreisform, dem Tumulus mit der Kragkuppel, als technische Lösung der Einwölbung und der gemauerte Gang, der Dromos, als Zugangsweg, Die Bienenkorbform der Kuppel war schon in Vorderasien und auf der Insel Zypern üblich. Die Toten wurden unter der Kuppel mit Grabbeigaben in Schächten beigesetzt. Das Schatzhaus des Atreus in Mykene ist die vollkommenste Anlage seiner Art.

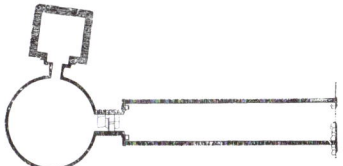

Gewölbter Gang in der Burgmauer von Tiryns

Der Gang erweist sich als charakteristisch für die mykenischen Gewölbebildungen. Ihre spitzbogige Form entstand dadurch, daß die Baumeister die Steinlagen nach oben hin immer weiter vorkragen ließen, bis sie sich im Scheitel berührten, und dann deren Innenkanten abgeschlugen, so daß die Rundung eines scheinbaren Gewölbes entstand.

Rekonstruktion des mykenischen Megarons von Eleusis

Säulenordnungen griechischer Tempel

1 Krepis, Stylobat
2 attische Basis
3 Säulenschaft mit Kanneluren
4 Kapitell
   4a Abakus
   4b Echinus
   4c ionische Voluten mit
      Akanthusblättern
5 Architrav oder Epistyl
6 Triglyphe
7 Metope
8 Relieffries
9 Zahnschnitt
10 Geison
11 Sima
   11a Wasserspeier

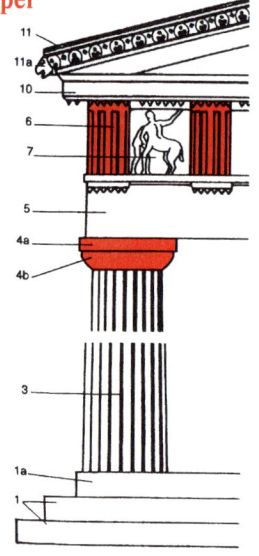 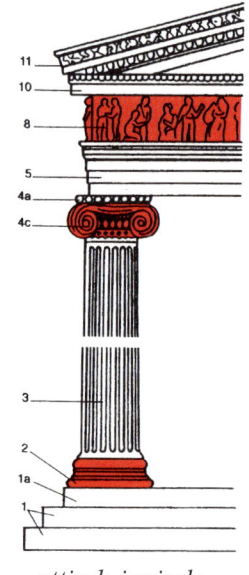 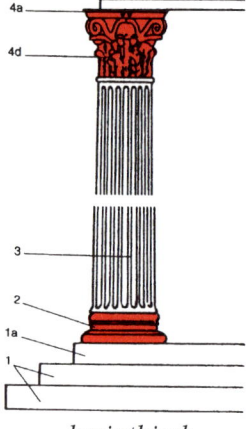

dorisch   attisch-ionisch   korinthisch

Schema der antiken Tempelformen

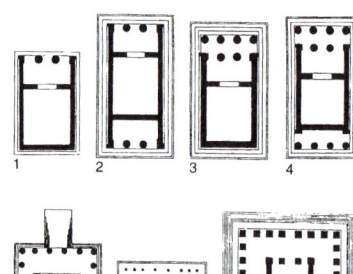

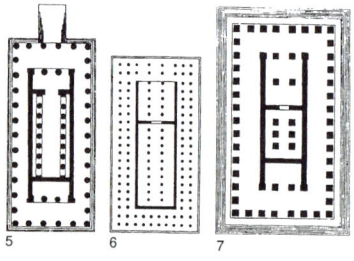

1 Antentempel
2 Doppelantentempel
3 Prostylos
4 Amphiprostylos
5 Peripteros
6 Dipteros
7 Pseudodipteros

Artemistempel auf Korfu

In der Nähe von Paläopolis auf Korfu wurde zu Beginn des 6. Jh. v. Chr. der Artemistempel errichtet. Er weist eine Peristasis von 8 x 17 Säulen auf, deren Kapitelle zu den ausgewogensten ihrer Zeit gehören. Der Frontgiebel hat bereits seine plastische Funktion erhalten.

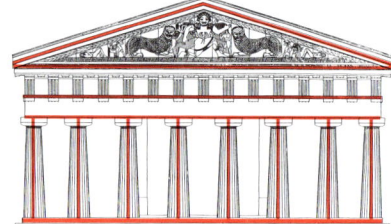

Der griechische Tempel

Die einfachste Form ist der aus dem Megaron entwickelte Antentempel. Er besteht aus einer Cella, die das Kultbild birgt und nur von den Priestern betreten werden durfte. Die Längsmauern der Cella sind an einer Front vorgezogen und besitzen Anten (Seitenmauern), zwei eingestellte Säulen vor der Front ermöglichen einen Vorraum. Wird der Vorraum an der Rückwand des Tempels wiederholt, handelt es sich um einen Doppelantentempel.
Der Prostyl-Tempel unterscheidet sich vom Antentempel durch eine viersäulige Tempelfront. Wiederholt sich die Säulenreihe an der Rückseite, spricht man von einem Amphiprostylos. Die Cella, Pronaos und Opisthodomos vollständig umlaufende Säulenreihe kommt kurz vor der Mitte des 7. Jh. auf und wird Peripteros genannt. Auf dem griechischen Festland sind die Tempel in der dorischen Ordnung errichtet. Eine Sonderform ist der Dipteros, der einen doppelten Säulenkranz aufweist. Der Pseudodipteros verzichtet auf die innere Säulenreihe.

Die Akropolis von Athen

Aus der attischen Ebene erhebt sich inmitten der Stadt Athen der hoch aufragende Felsenhügel, den seit dem 12. Jh. v. Chr. die Festung (Akropolis) beherrscht. Ende des 6.Jh. verliert sie ihren Festungscharakter und wird endgültig zum zentralen Heiligtum Attikas. Athena wird in den Tempeln der Akropolis in mehrfacher Gestalt verehrt. Ihr Geburtsfest Ende Juli wurde seit 566 alle vier Jahre in großen Panathenaien gefeiert.

Form und Anlage der Heiligtümer wechselten im Laufe der Geschichte. Nachdem alle Bauten 480 v. Chr. durch die Perser vollständig zerstört worden sind, kommt es zu einer Neuordnung der Heiligtümer. Die Planung unter Perikles durch die Baumeister Iktinos und Mnesikles prägt das heutige Bild der Anlage. Sie wird beherrscht von den drei Hauptbauwerken mit annähernd parallelen Achsen, dem Parthenon, dem Erechtheion und den Propyläen (Torbauten).

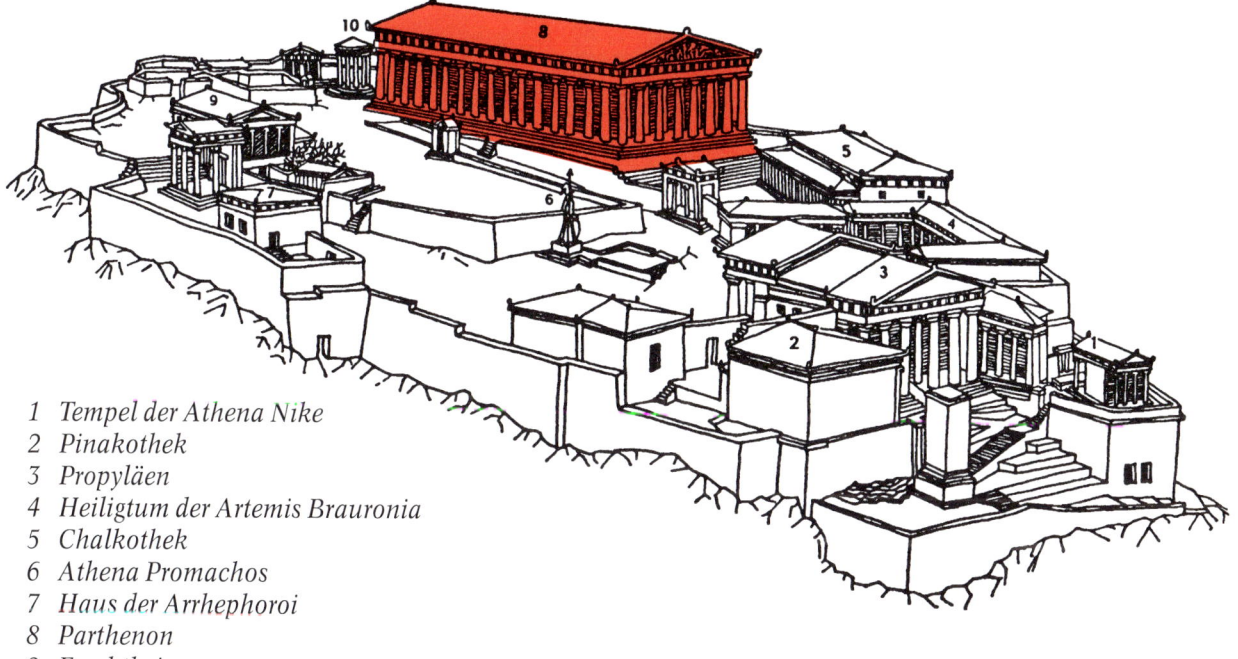

1 Tempel der Athena Nike
2 Pinakothek
3 Propyläen
4 Heiligtum der Artemis Brauronia
5 Chalkothek
6 Athena Promachos
7 Haus der Arrhephoroi
8 Parthenon
9 Erechtheion
10 Tempel der Roma und des Augustus

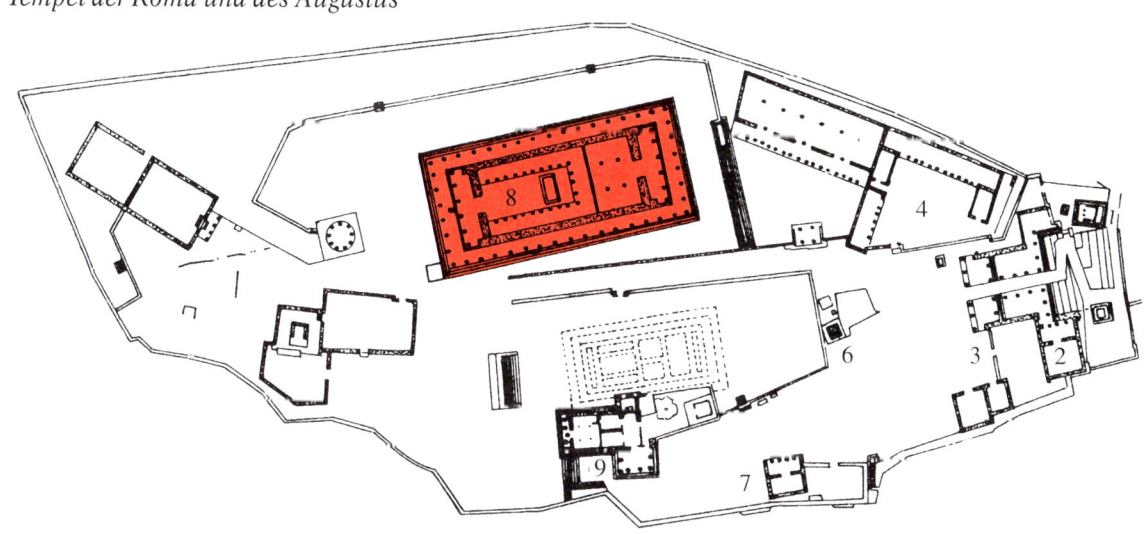

Parthenon, Athen, Längsschnitt und Grundriss

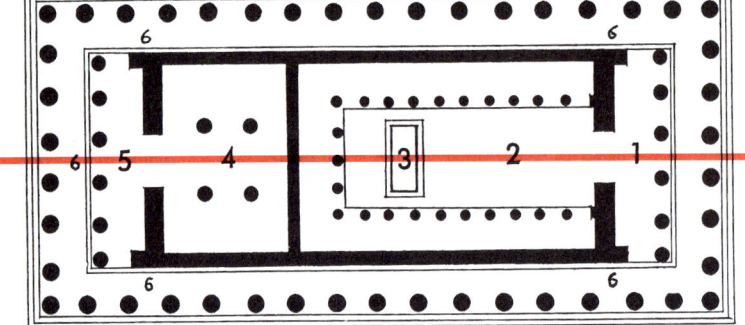

1 Pronaos (Eingangshalle)
2 Cella
3 Athenastatue des Phidias
4 Parthenon
5 Opisthodomos
   (rückwärtige Vorhalle)
6 Figurenfries der Cella-Wand

Rekonstruktion der Cella des Parthenon

Eine zweistöckige Säulenreihe umgibt das monumentale Kultbild der Athena Parthenos des Bildhauers Phidias

Westgiebel des Parthenon (Rekonstruktion)

Der Streit zwischen Athene und Poseidon um das attische Land war Thema des Westgiebels.

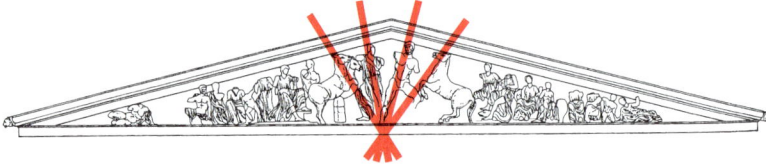

Ostgiebel des Parthenon (Rekonstruktion)

Im Ostgiebel war die Geburt der Athene aus dem Haupt des Göttervaters Zeus im Beisein der olympischen Götter dargestellt.

Parthenon

Dieser Hauttempel der Athener Akropolis ist das Resultat einer Reihe von Kompromissen zwischen zwei sich widersprechenden Forderungen. Iktinos musste die Anlage vergrößern, ohne die Interkolumnien (Säulenabstände) erweitern zu können, weil er sonst die festgelegten Proportionen verändert hätte, die durch die Säulendurchmesser festgelegt waren. So benutzte er den ungewöhnlichen Rhythmus von acht Säulen an der Vorderseite (statt sechs) und 17 an den Längsseiten (statt 16). Die Breite des Umgangs wurde geschmälert, um die Cella vergrößern zu können. Durch geschickte Berechnung gelang es dem Architekten die entsprechenden Volumina festzulegen. Die inneren Räume wurden dann nach den Wünschen des Bildhauers Phidias gestaltet, denn der architektonische Wert des Parthenon wird durch den plastischen Schmuck erhöht. Die Themen der Reliefs sind der legendären Geschichte Athens gewidmet.

Eierstab

Der Eierstab ist eine Zierleiste an antiken Bauten, bei der sich senkrecht stehende, ovale (eierförmige) und spitzblättrige Gebilde abwechseln.

Sima

Unter Sima versteht man die Rinnleiste an Gesimsen antiker Gebäude. An den Tempeln war sie meist mit löwenköpfigen Wasserspeiern verziert. Ihre Ornamente können als Blattstab, als abgesetztes Wellenschema und als Ranke gebildet sein.

Blattstabsima

Abgesetztes Wellensima

Rankensima

Menschliche Figuren als architektonische Stützen

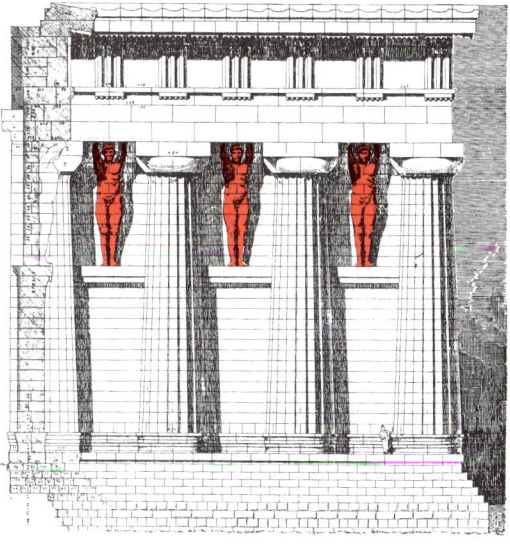

Die Herme war ein Kultmal, das aus einem viereckigen Schaft mit aufgesetztem männlichen, in der Regel bärtigem, frontal blickendem Gesicht bestand. Ursprünglich dem Gott Hermes geweiht und an Flurgrenzen und Hauseingängen aufgestellt, diente die Herme bald als Stützpfeiler und Schmuckmotiv innerhalb der Architektur.

Die Karyatide ist eine bekleidete Frauenstatue, die anstelle einer Säule als Gebälkträger dient. Im Erechtheion (begonnen um 420 v. Chr.), das alle Neuerungen der Architektur des 5. Jh. v. Chr. vereint, zeigt der Südportikus – eine Treppe bergend, die zum Grabmal des Kekrops, des legendären Königs von Athen, führte – die kräftigen Koren mit gewelltem Haar unter einem ionischen Zahnschnittgebälk.

Atlanten, nach dem Titan Atlas benannt, der in der griechischen Mythologie das Himmelsgewölbe stützt, tragen an Tempeln, wie hier dem Zeustempel in Akragas, das Gebälk.

Akanthus, Architekt. Ornament, dessen Form sich von den Blättern der im Mittelmeerraum beheimateten Akanthus-Pflanze herleitet.

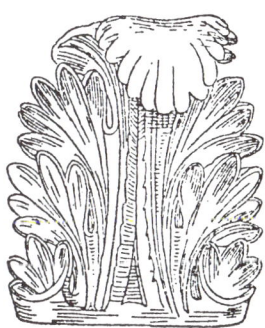

Festplatz von Olympia, rekonstruiertes Schaubild und Lageplan

Zum Rang eines panhellenischen Heiligtums stieg Olympia auf. Das Pelopion (Ehrenmal des Pelops) bildete die Keimzelle innerhalb des heiligen Hains. Kultisches Zentrum war der große Aschenaltar des Zeus. Drei Ringhallentempel stehen seitlich ohne direkten Bezug als selbständige Einheiten in dem Hain. Ihre Parallelanordnung greift die Schatzhausstraße mit ihren gereihten Giebelfronten auf. Im 4. Jh. v.Chr. erhält der Hain eine Mauer, die das Gelände für die olympischen Wettkämpfe ausgrenzt.

Philippeion   Heraion   Exedra des Herodes Atticus und Pelopion   Terrasse der Schatzhäuser   Zeustempel

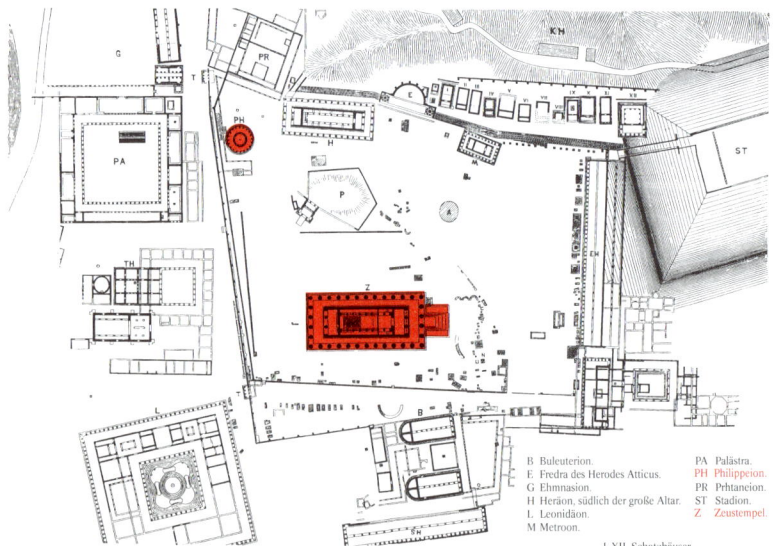

B Buleuterion.
E Fredra des Herodes Atticus.
G Ehmnasion.
H Heräon, südlich der große Altar.
L Leonidäon.
M Metroon.

PA Palästra.
PH Philippeion.
PR Prhtaneion.
ST Stadion.
Z   Zeustempel.

I–XII Schatzhäuser.

Olympia, Zeustempel, Querschnitt mit Kultbild

Der Tempel des Zeus (um 470 – 456 von Libon von Elis gebaut) bildet nicht den geometrischen Mittelpunkt des heiligen Bezirks, beherrscht ihn aber. Von hier aus präsidierte Zeus dem Wagenrennen des Pelops, der gleichzeitig die Hand der Hippodameia und die Herrschaft über Elis gewann. Der Grundriss des Tempels ist nach allen Seiten symmetrisch aufgebaut. Die Proportionsverschiebung zwischen Peristasis und Naos lässt die Seitenschiffe als schmale Fluchten längs der Wände der Cella laufen und bringt so eine gewisse Richtungsbauweise ein, während die Ringhalle von zentralisierenden Baugedanken bestimmt ist.

Olympia, Philippeion

Das Philippeion wurde um 338 v. Chr. von Philipp II. errichtet und diente als eine Art Heroon der makedonischen Königsfamilie, die sich mit diesem Bau selbst unter die olympischen Götter stellte. Auf einer dreistufigen Krepis umschließt eine Peristasis von 18 Säulen in ionischer Ordnung die kreisrund angelegte Cella.

Ephesus, Gymnasion

Der Begriff für das Gebäude leitet sich von gymnos = nackt ab und meint eine Schule mit Laufbahnen (a), Bädern (c, d) und Hörsälen (b), die mit einer Ringerschule, der Palästra, verbunden sind. Alle Säle öffnen sich mit Säulenstellungen zu einem Peristyl. Die Stätte dient der Ertüchtigung und Ausbildung von Knaben.

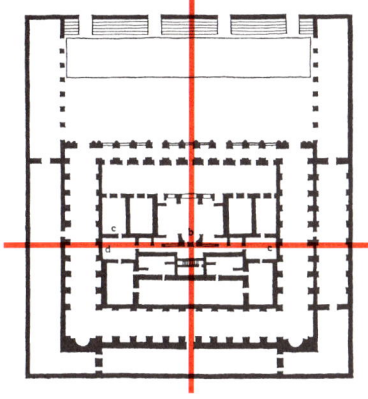

Theater von Epidauros

Das im 3. Jh. erbaute Theater von Epidauros wurde wegen seiner Vollkommenheit und seiner Akustik viel gerühmt. Dem Konstruktionsschema liegt ein regelmäßiges Fünfeck zugrunde, das dem Kreis der Orchestra einbeschrieben ist. Eingeteilt ist es in zwölf Segmente. 34 Stufenringe umfasst der Zuschauerraum.

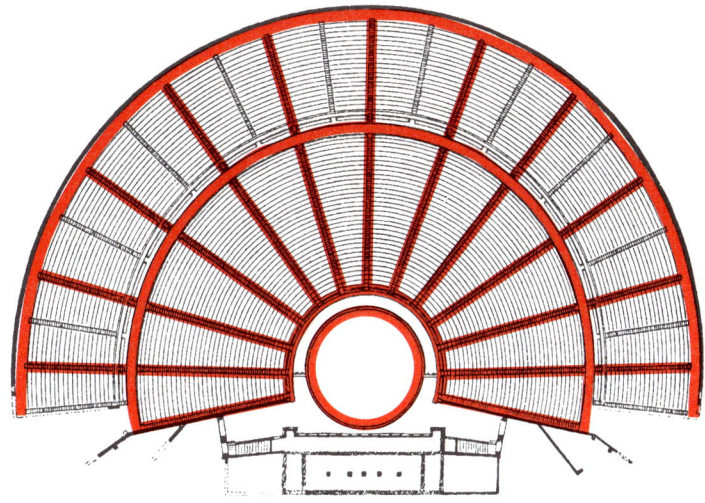

Artemision in Ephesus

Das Artemision von Ephesus wurde vor 546 v. Chr. begonnen. Zuvor war hier die Göttin Artemis unter freiem Himmel verehrt worden. Baumeister Chersiphron und sein Sohn Metagenes aus Kreta errichteten diesen größten Tempel der griechischen Welt. Sein Vorbild hatte er im Heraion von Samos. Kern des Heiligtums ist der dachlose Sekos, ein ummauerter Hof, in dem Altar und Kultschrein stehen.

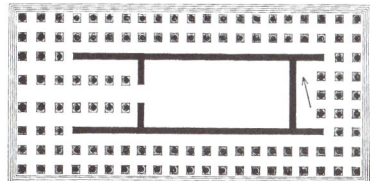

Rekonstruktion der Südwestecke, Grundriss

Das griechische Theater

ist eine religiöse Stätte. Aus der Vereinigung von Kult und Spiel erwuchsen die literarischen Gattungen des Dramas, der Tragödie und der Komödie. Die Idealform des Theaters erreichten die Griechen durch Konzentration auf die Hauptform und durch Geometrisierung. Das Zentrum bildet die kreisrunde Orchestra (Tanzplatz), hinter der sich die Skene (der Bühnenraum) anschließt. Auf der Gegenseite schmiegt sich die in Stufen ansteigende Zuschauertribüne im Halbrund an. Das Theater nimmt in der griechischen Architektur mit seiner Autonomie gegenüber der Natur eine Gegenposition zum Tempel ein, der das Organische der Natur in eine abstrakte Sprache umgesetzt hat.

Das Mausoleum von Halikarnassos

Ein charakteristisches Beispiel für einen monumentalen Grabbau liefert das Mausoleum in Halikarnassos aus dem 4. Jh. Über einem quadratischen Unterbau erhebt sich die von 36 hohen Säulen umstellte Cella. Statt eines Daches schloss sich eine Steinpyramide an, welche ein Quadriga bekrönte. Auch zwischen den Säulen standen Figuren. Der Architekturtypus wird nach König Mausolos, einem Satrapen Persiens, benannt, der sich hier den Prototyp eines Prachtgrabmals hatte errichten lassen.

Burg von Pergamon in Rekonstruktion

Als Beispiel für eine Residenzstadt des Hellenismus kann Pergamon dienen, das unter den Diadochen Alexanders des Großen Hauptstadt des Reiches der Attaliden wird. In der Siedlung entstehen verschiedene Zentren: Auf dem Hügel erhebt sich die Burg, in der Ebene liegt der Kult- und Kurplatz des Heiligtums des Asklepios. Die Architektur selbst löst sich allmählich vom strengen Formenkanon. Im Steilhang spannt sich in einem Bogen die Theaterterrasse, an die sich Hallen und Tempel anschließen. Gerade die Terrassen, vom gegenüberliegenden Ufer des Selinus aus gesehen, boten eine eindrucksvolle Kulisse.

Milet, Buleuterion um 160 v. Chr., Grundriss und rekonstruierte Innenansicht

Unter Buleuterion versteht man das Rathaus einer griechischen Stadt. Für die Versammlungen besaß es einen Saal mit halbrund nach hinten ansteigenden Sitzreihen sowie eine Vorhalle und einen Vorhof. Es lag meist an der Agora, dem Marktplatz.

Stadtplan von Milet

Der regelhafte Städtebau hat sich zunächst in Ionien entwickelt und lässt sich im 7. Jh. in Smyrna und Milet nachweisen. Diese Stadt wuchs nicht um einen historischen Kern. Die Flächen des Kriegs- und des Handelshafens wurden zwi-

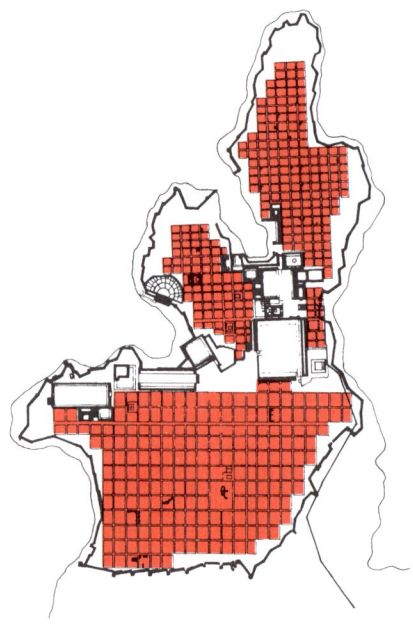

schen den Wohnvierteln ausgespart. Öffentliche Gebäude konnten so an den funktionell besten Stellen zu gegebener Zeit eingefügt werden. Der Prozess der Stadtwerdung erstreckte sich über 200 Jahre.

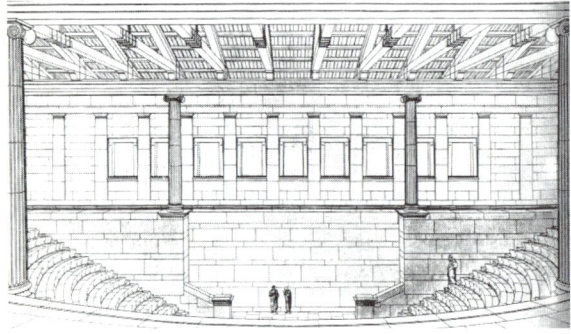

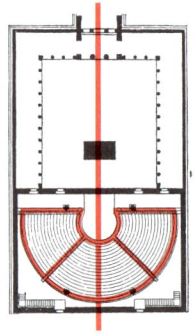

RÖMISCHES REICH

Zwei Lehrmeistern verdankt die römische Kunst einen Teil ihrer Größe, den Etruskern, von denen die römischen Baumeister technische Konstruktionen übernahmen, und den Griechen, die den Römern ihre künstlerische Formensprache vermittelten. Die Etrusker waren vermutlich aus dem Osten eingewandert. Nach ihnen ist die Landschaft der Toscana benannt. In ihrer Totenstadt Cerveteri fanden sich Sarkophage mit Deckeln,auf denen die Verstorbenen als lebensgroße Tonfiguren abgebildet sind. An derartigen Beispielen zeigt sich der hohe Kulturstand dieses Volkes. Es besaß auch Baumeister, die zum Beispiel, wie uns Vitruvius Pollo berichtet, den echten Bogenbau beherrschten. Hierbei werden Steine oder Ziegel keilförmig in Halbkreisform vermauert. Auch konnten sie Tonnengewölbe durch Hintereinanderreihung von Bögen errichten.

Die Anfänge der römischen Baukunst waren dagegen primitiv. Ovale Hütten aus Holz, Flechtwerk und Stroh fanden sich in den frühesten Siedlungsschichten des Palatin. Das Dorf war mit Gräben und Palisadenzäunen von den Feldern der Umgebung geschieden. Als sich Ende des 6. Jh. die Römer von der Königsherrschaft befreiten und die Vormundschaft der Etrusker abschütteln konnten, setzte die unaufhörliche Expansion des Stadtstaates Rom ein. Staatsform wurde die Republik. In konsequenter Machtpolitik wurden die verschiedenen Stämme durch Bündnisse oder Gewalt befriedet. Die Griechen wurden politisch niedergerungen, doch ihr kulturelles Potential machten sich die Römer zunutze. Allmählich wurde ganz Italien „romanisiert". Im weltpolitischen Entscheidungskampf gegen Karthago öffneten sich die Römer den Weg zum ganzen Mittelmeerraum. Schließlich unterstanden im 1. Jh. v. Chr. die überseeischen Gebiete den Römern als Provinzen. Caesar eroberte Gallien, Augustus schob die Grenze bis an den Rhein vor. Unter Kaiser Trajan (98-117 n. Chr.) erreichte das römische Weltreich seine größte Ausdehnung. Seit Hadrian trat eine Konsolidierungsphase ein. Seit Mitte des 2. Jh. n. Chr. geriet das römische Reich verstärkt in die Defensive. Grenzkriege im 3. und 4. Jh., aber auch Wirtschaftskrisen führten zum Niedergang. Kaiser Diokletian versuchte seit 293 n. Chr. eine Reichsreform durch Dezentralisierung der Herrschaft (Tetrarchie). Rom büßte dabei seine zentrale Stellung ein. Als 330 Konstantin der Große Byzantion als Konstantinopolis zur östlichen Hauptstadt erhob, war ein Prozess eingeleitet, der mit Kaiser Theodosius I. zur Teilung des Reiches in einen Ost- und Westteil im Jahr 395 n Chr. führte.

Eine eigene Reichskunst hat sich erst in augustäischer Zeit herausgebildet, mit deren Hilfe das Kaiserhaus verherrlicht werden sollte. Neben den griechischen Einflüssen entstanden die eigenständigsten Leistungen Roms auf dem Gebiet der Architektur und der Stadtbaukunst. Monumentalbauten und Paläste, Tempel, Marktforen und Theater stellen wesentliche Zeugnisse dar. Innerhalb der öffentlichen Bauten bilden die Thermen als Verkörperung des großstädtischen Lebensstils einen besonderen Rang.

Auf dem Land nimmt der römische Gutshof, die Villa rustica, Vorbildcharakter für die Verbindung von Nutzbau und Wohnhaus, das als Herrenhaus die Bezeichnung Villa urbana hatte, ein. Im Gegensatz dazu steht die Villa suburbana als Wohnhaus der städtischen Oberschicht in freier Landschaft vor der Stadt.

Mit Hilfe der Ziegelbautechnik konnten große Konstruktionen wie Brücken und Aquädukte entstehen, die das Wasser aus dem Umland in die Stadt leiteten. Die römischen Bauformen

Römische Bauwerke in Italien

🏛 bedeutendes Bauwerk

Verona

Aquileia

Pola (Pula)

La Turbie

Faesulae (Fiesole)

Ariminum (Rimini)

Luca (Lucca)

Ancona

Salonae (Split)

Ligurisches Meer

Asisium (Assisi)

Korsika

Adriatisches Meer

Villa Hadriani

Ostia Antica

Rom

Thyrrenisches Meer

Praeneste (Palestrina)

Illyrien

Sardinien

Terracina

Herculaneum

Pompeii

Caprae (Capri) Villa Tibesii

Sizilien

Afrika

Mittelmeer

Italien

der Basilika und des Zentralbaus (Grabbauten) wurden von der christlichen Kunst übernommen und blieben vorbildlich in der abendländischen Baukunst bis in unsere Tage.

Neben Bauten, bei denen sich Funktion und Gestalt unter rationalen Gesichtspunkten trafen, verwirklichten die Römer auch ausschließlich repräsentativen Zwecken dienende dekorative Werke, deren Elemente von den klassischen Säulenordnungen geprägt sind. Zu ihnen zählen die Triumph- und Ehrenbögen, welche seit dem 2. Jh. v. Chr. in der Republik von den Feldherren, später in der Kaiserzeit vom Senat und den Kaisern selbst errichtet wurden.

Zeittafel

Etruskisches Reich um 800	Stadtmauern, Nekropolen
Etruskische Kolonisation um 600	regelhafter Städtebau, Podiumstempel
Römische Frühzeit 1000 v. Chr. – 6. Jh. v. Chr.	Cloaca Maxima, Forum Romanum
Römische Republik 5. Jh. v. Chr. – 27 v. Chr.	Via Appia, Schema des Castrum Romanum, steinerne Brücken, Basiliken in Rom
Kaiserreich 1. Jh. n. Chr. - 5. Jh. n. Chr.	Colosseum, Pantheon, Maxentius-Basilika, Kaiserpaläste
Völkerwanderungszeit 5. Jh.	Kirchenbau, Grabmal des Theoderich

Rekonstruktion eines etruskischen Tempels nach Vitruv

Der römische Architekturschriftsteller Vitruvius Pollo überliefert für den Grundriss des etruskischen Tempels ein Verhältnis von Länge zu Breite von 6:5, wobei Cella und Vorhalle jeweils die halbe Länge einnehmen. In der Verlängerung der Cellawände stehen jeweils zwei Säulen, auf denen die Hauptbalken des Dachstuhls ruhen. Daraus ergibt sich eine Vorhalle mit sechs Jochen und vier Frontstützen. Die etwas breiteren Mitteljoche betonen die Anlage des Tempels als gerichteten Bau. Er besitzt eine dreiteilige Cella, die möglicherweise entweder auf eine etruskische oder auf eine römische Göttertrinität zurückgeführt werden muss.

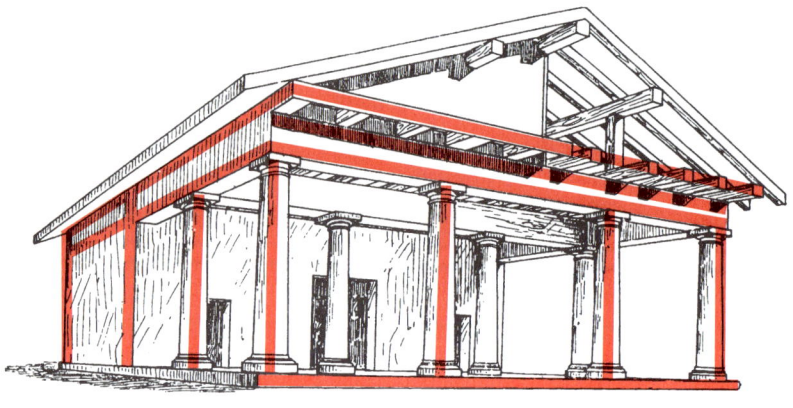

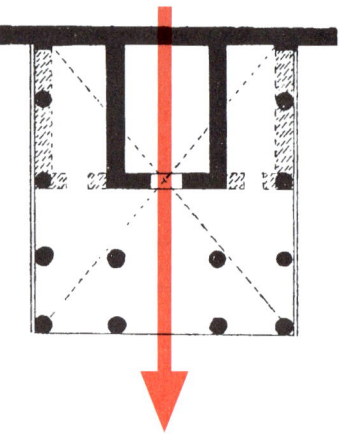

Das Quellhaus zu Tusculum

Die Etrusker kannten ähnlich wie im frühen Griechenland die Scheinwölbung durch immer weiter vorkragende Steinschichten. Als wichtiges Beispiel gilt die kapitolinische Brunnenstube in Rom, das Tullianum und das offen zugängliche Quellhaus unter der Burgmauer von Tusculum, das drei steinerne Waschtröge unter dem Gewölbe birgt. Diese Wölbeform wurde bald von dem echten Steingewölbe abgelöst.

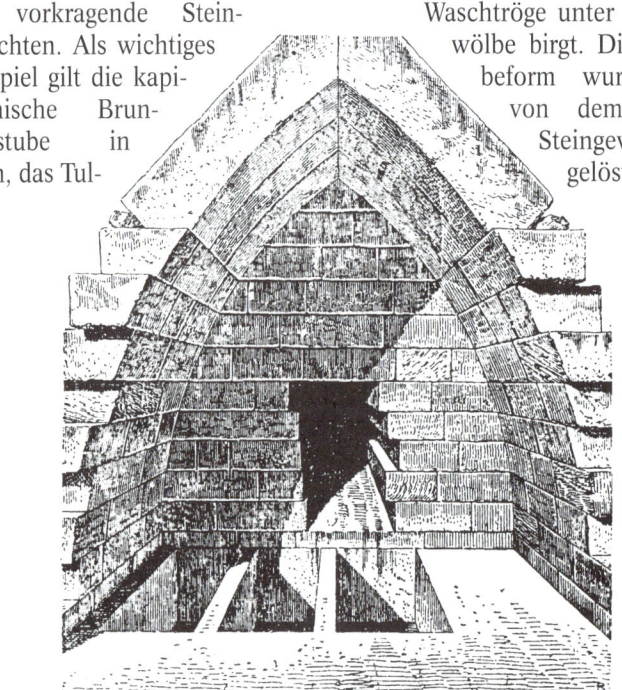

Etruskischer Stirnziegel

Das Holzgebälk des etruskischen Tempels war mit bemalten Tonplatten belegt. Ferner besaß der Tempel auffällig mit Reliefs (gehörnte Helmköpfe) verzierte First- und Stirnziegel.

Cerveteri, Nekropole, Tomba di Capitelli, Vorhalle Ende 6. Jh. v. Chr.

Der Raum ahmt die Holzkonstruktion eines vornehmen etruskischen Hauses nach und ist aus gewachsenem Tuff geschnitten. Zwei zwölfseitige Säulen stützen die Querträger. Die äolischen Kapitelle gehen auf kleinasiatische Vorbilder zurück. Acht Totenbetten stehen vor den vier Wänden der Halle, paarweise in den drei Kammern als Liege (Kline) und frei im Raum als Sarkophag.

Formen der Grabmäler bis in die Zeit der Völkerwanderung

1 *Steingrab*
2 *Etruskisches Tumulusgrab*
3 *Phönikischer Sarkophag*
4 *Lykisches Pfeilergrab*
5 *Römischer Sarkophag*
6 *Mausoleum für Kaiser Hadrian*
7 *Frühchristlicher Grabbau der Galla Placidia, Ravenna*
8 *Grabbau für Theoderich den Großen, Ravenna*

> ### Grabmal
>
> *Die Grabstätte eines Verstorbenen wird seit prähistorischen Zeiten durch ein Erinnerungszeichen herausgehoben. Die Etrusker bestatteten ihre Toten in unterirdischen Grabkammern, wie in Tarquinia und Cerveteri zu sehen ist; sie kennen bereits den Sarkophag mit Deckel. Die römischen Grabmäler sind häufig Rundgräber (Caecilia Metella an der Via Appia, Rom) und liegen außerhalb der Städte längs der Straßen. Frühchristliche Grabstätten waren meist die Katakomben. Aus der römischen Kaiserzeit wurde die vielgestaltige Form des Mausoleums bis in frühchristliche Zeit tradiert.*

Rom, Marcellustheater, 13–11 v. Chr.

Bei diesem Theater findet sich die typisch römische Verbindung von Bogenbau und geradliniger Säulenarchitektur. Säule und Gebälk sind dabei nur äußere Dekoration, schmückende der Wand vorgeblendet. Als Säulenordnung wird im Untergeschoss die toskanische, im Obergeschoss die ionische verwendet.

Aquädukt Pont du Gard, Nîmes, um 15 v. Chr.

Die Fortschritte in der Wölbetechnik führten einerseits zum Bau steinerner Bogenbrücken, wie dem Pons Aemilius 142 v. Chr. oder dem Pons Fabricius 62 v. Chr. als Übergang zur Tiberinsel in Rom. Ihre geometrischen Halbkreisbögen sind vorbildhaft für die Architektur im römischen Reich und entsprechen den theoretischen Ausführungen Vitruvs. Solche Arkaden prägen neben den Brücken, für die sie entwickelt wurden, auch das Bild der Aquädukte. Die gemauerten Wasserleitungen führten Trinkwasser aus großen Entfernungen in die Städte. Der berühmte Pont du Gard entstand unter Kaiser Augustus um 15 v. Chr. Er brachte Wasser für Nîmes über eine Entfernung von 50 km herbei mit einem Gefälle von 0,3 bis 0,4%. Die untere Arkadenstellung besteht aus sechs Bögen von ca. 20 m Höhe und einer Spannweite von 15, 75 bis 21, 50 m. Die Öffnung über das Flussbett des Gard ist besonders weit. Der Wasserkanal ruht auf einer niedrigen Arkadenreihe, die auf die zweistöckigen großen Arkadenbögen abgestimmt ist (Mittelarkade vier, Normalarkade drei Bogenstellungen). Sie dient allein der ästhetischen Harmonie des Gesamtbauwerks. Im Schaubild ist zur Verdeutlichung der Wölbetechnik ein Leergerüst eingezeichnet.

Teile eines Bogens

Er ruht auf Widerlagern, darüber sitzen Kämpfersteine, die als erste gegen den Druck des Bogens ankämpfen. Über ihnen bildet der Anfänger den untersten Teil des Bogenschenkels. Der oberste Stein heißt Schlussstein. Die Entfernung zwischen den Widerlagern ergibt die Spannweite des Bogens, das Maß von der Kämpferlinie zum Schlussstein ergibt die Scheitelhöhe. Die Innenfläche des Bogens wird Laibung genannt.

Die toskanische oder tuskische Säulenordnung

Sie kennt nur glatte, keine kannelierten Schäfte. Sie stehen auf einer aus Platte und Wulst (Plinthe und Torus) gebildeten Basis. Ihre Kapitelle wandeln das dorische Vorbild variantenreich ab. Zu Deckplatte (Abakus) und Polster (Echinus) treten Profile, die den Schmuckcharakter der Säule verstärken helfen.

Ädikula

Hierunter wird der architektonische Rahmen eines Fensters, einer Nische oder eines Portals verstanden. Seine zwei vorgeblendeten Säulen, Pfeilern oder Pilastern tragen ein Gebälk und einen dreieckigen oder segmentbogenförmigen Giebel. Die Ädikula (=„Häuschen") dient hauptsächlich als Fassadenschmuck.

Der Goldene Schnitt

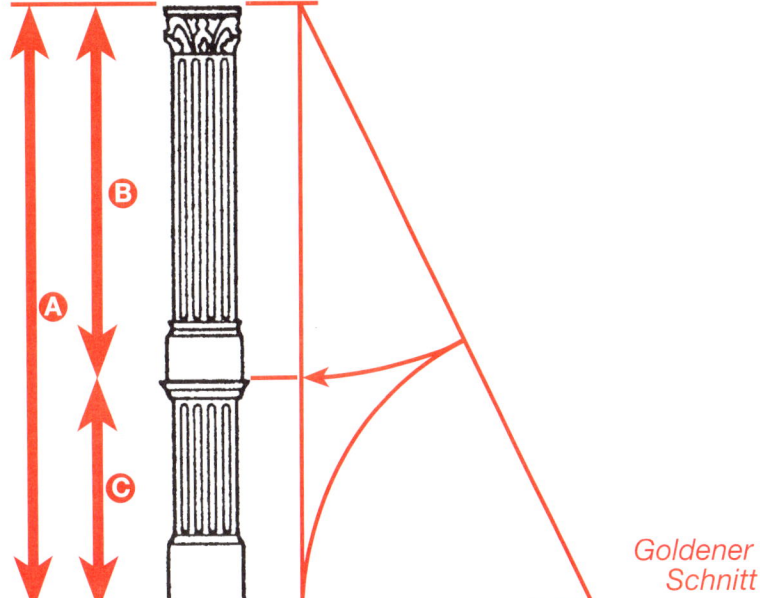

Goldener Schnitt

Er war einer der Versuche in der römischen Architektur, ein harmonisches und ideales Maßverhältnis auf der Grundlage mathematischer Proportionen herzustellen. Dabei wird eine Strecke in zwei ungleiche Teile geometrisch geteilt, deren kleinerer sich zum größeren wie dieser zur Gesamtausdehnung verhält.

Steinverblendungen des römischen Mauerwerks:

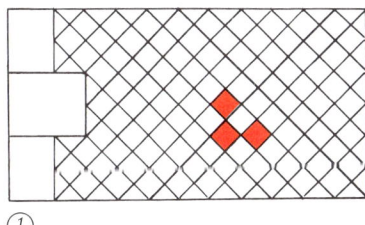

①

③

1) *Opus reticulatum: rautenförmig angeordnete quadratische Steine*
2) *Opus antiquum (incertum): unregelmäßig gesetzte Bruchsteine*
3) *Opus isodomum: immer in einzelnen Lagen gesetzte Steine unterschiedlicher Länge, so dass die Stoßfugen nicht vertikal übereinander liegen*
4) *Opus pseudisodomum: zwei unterschiedlich hohe Lagen, die im Wechsel übereinander folgen, so dass die Stoßfugen nur in jeder zweiten Schicht übereinander liegen*

②

④

⑫

Podiumstempel von Leptis Magna, severische Zeit (nach 193)

Herkulestempel von Cori

Frühes Beispiel eines Podiumstempels, entstanden in spätrepublikanischer Zeit (1. Jh. v. Chr.)

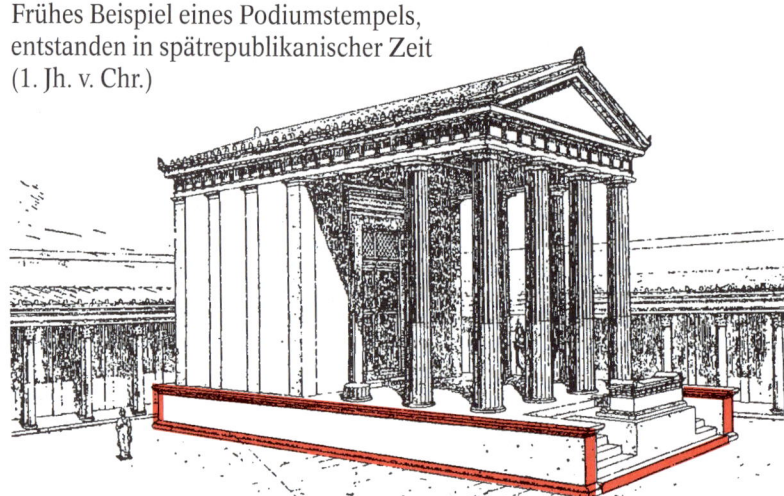

Baalbek, Heiligtum der Jupiter Heliopolitanus, Mitte 1. bis Mitte 3. Jh. n. Chr.

Podiumstempel als Pseudodipteros nach ionisch-kleinasiatischem Vorbild. In zweischiffige Säulenhallen sind Exedren eingefügt. Ein dreitoriger Durchgang führt in den Tempelhof. Der Altar ist durch einen Turm überhöht.

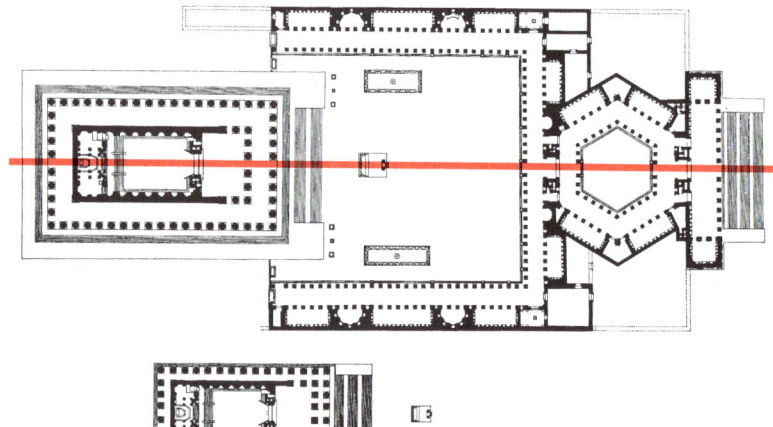

Podiumstempel

Jedes etruskische Heiligtum stellte ein Templum in der ursprünglichen Wortbedeutung dar, nämlich eine abgegrenzte heilige Fläche mit einem Achsenkreuz nach Süden oder Osten. Die Etrusker bevorzugten ein bestimmtes Grundschema für die Tempelarchitektur, das die römischen Heiligtümer übernehmen. Das Vorbild der etruskischen Tempel bildete wahrscheinlich das ägyptische Megaron. Seine Aufteilung in Hauptraum und Vorhalle erweist sich ebenso beständig wie die Holzarchitektur. Der etruskische wie der römische Tempel erhebt sich auf einem hohen Podium, zu dem eine Treppe hinaufführt. In Leptis Magna beispielsweise wurde unter Septimius Severus, nachdem er 193 n. Chr. den Kaiserthron bestiegen hatte, ein Forum angelegt, das von einem solchen Podiumstempel beherrscht wurde. Im Gegensatz zu den griechischen Tempeln besitzt der Podiumstempel nur einen Eingang. Die Cella bildete an den Wänden Nischen aus. Die Nische in der Mitte der Rückwand war für das Kultbild vorgesehen und erhielt die Bezeichnung „Apsis". Vor der Cella, deren Außenseiten meist durch Halbsäulen gegliedert sind, liegt eine tiefe, offene, mit Säulen gegliederte Vorhalle. Die Römer bevorzugten meist die korinthische Säulenordnung.

Rekonstruktion eines Atriums

Die Wohnbedürfnisse und die konstruktiven Notwendigkeiten zeitigten den Typus des Atriumhauses. Es setzte sich im 4. Jh. in ganz Italien durch. Die fensterlose Front zeigte zur Straße und enthielt nur eine Tür (ianua), die mit einem Gang das Atrium verband. Dieses Atrium bildete das Herzstück des Hauses. In seiner Mitte fing ein Becken (impluvium) das Regenwasser auf, das durch ein Pultdach abgeleitet wurde. Die verschiedenen Formen des Atriums unterscheiden sich in seiner Deckenkonstruktion. Meist wurde es von einem

Gebälk oder von Säulen umfangen. Das Hauptzimmer, das „tablinium" befand sich ebenfalls in der Achse des Hauses und war dem Hausherrn und seiner Gemahlin vorbehalten. Hier wurden auch die Penaten (Hausgötter) der Familie aufbewahrt. Das Atrium wie das Tablinium verband ein Korridor mit dem Garten.

Grundriss eines römischen Hauses

1 Vestibulum	6 Tablinum
2 Fauces	7 Gang
3 Impluvium	8 Peristylium
4 Atrium	9 Exedra
5 Alae	

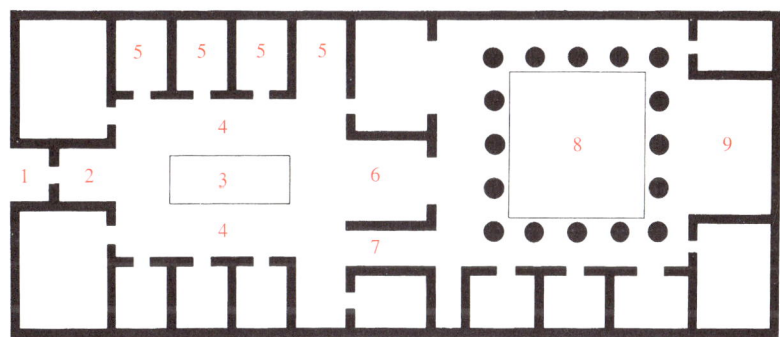

Pompeji, Wanddekoration des dritten Stils im Haus des M. Superius Mesor

In Pompeji entwickelt sich das Peristylhaus weiter. Die Wände der Räume sind mit Malereien dekoriert.

Rekonstruktion des Peristylhauses

Steigende Ansprüche führten zur Differenzierung des Raumprogramms im Haus, wie ein Aufbauschema eines römischen Hauses nach den Beschreibungen Vitruvs beweist. Es entwickelte sich das Peristylhaus. Seine Säulenhalle wird dem Atrium angefügt. Die Seitenflügel (alae) können mit ihren Räumen ebenfalls vom Atrium aus betreten werden.

Dabei erweitert sich der hohe Raumkubus des Atriums zu den Alae hin, während die Räume an der Gartenseite dazu eine gewisse Distanz gewinnen.

Übersichtsplan des antiken Rom

Deutlich zeigt sich in der Verteilung der antiken Bauwerke die Siebenhügelstadt. Die Urbanisierung Roms setzte im 6. Jh. v. Chr. ein und fand ihren Ausdruck in der Anlage eines Platzes zwischen Kapitol, Quirinal und Palatin, dem Forum Romanum. Im Laufe der Geschichte änderte sich dynamisch dessen Gestalt. Am Ende der Republik erreicht das Forum Romanum seine endgültige Gestalt. Die Kaiserfora wurden zur Entlastung des Forum Romanum angelegt, wie das Forum Julium unter Julius Caesar (51 v. Chr.), das Augustus- sowie das Trajansforum. Diese Kaiserfora sind gegenüber dem übrigen Stadtgebiet rigoros abgeschnürt.

Pantheon

Der großartigste Rundbau des Altertums, ein allen Göttern geweihter Tempel (= griechisch „Pantheon"), ist zugleich das besterhaltene römische Bauwerk der Stadt. Auf dem Marsfeld wurde er unter Kaiser Hadrian errichtet. Ein Säulenportikus ist der Fassade vorgelagert, während der Innenraum als Typus von den Kaiserthermen her abgeleitet worden ist. Die dreischiffige Vorhalle besitzt eine aus acht monolithen Granitsäulen gebildete Front. Im Innenraum befinden sich Rechtecknischen in den Diagonalen und drei Halbrundnischen in den Achsen. Die Lichtführung wir durch die fast 9 m weite Scheitelöffnung in der Kuppel bestimmt. Die Kuppelkalotte war außen ursprünglich mit vergoldeten Ziegelplatten bedeckt. Die innere Zylinder ist mit verschiedenartigen Marmorplatten verkleidet. Die kassettierte Halbkreiskuppel war ebenfalls vergoldet. Der Bau fand im Laufe der Geschichte viele Nachfolger.

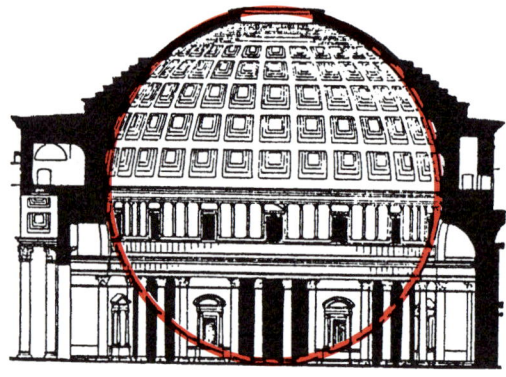

Rom, Pantheon, 118–125

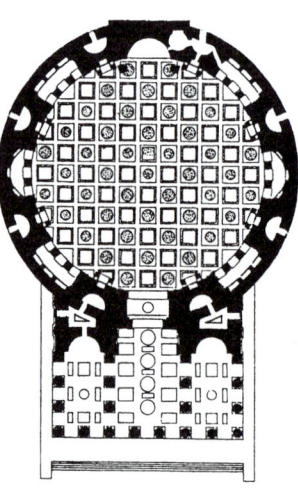

Rom, Ara Pacis, 13–9 v. Chr.

Der im Tatenbericht des Augustus genannte „Friedensaltar" war vom Senat aus Anlass der Rückkehr des Augustus aus Spanien und Gallien 13 v. Chr. gelobt und 9. v. Chr. eingeweiht worden. Er besteht aus einer reliefgeschmückten Umfassungsmauer, die den eigentlichen Altar umschließt.

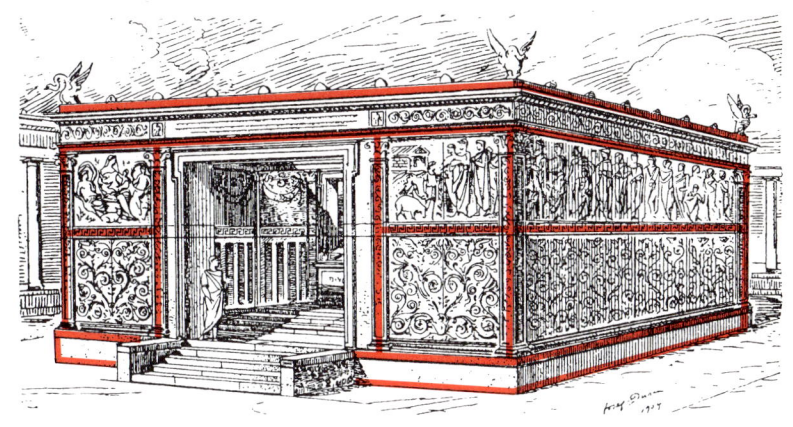

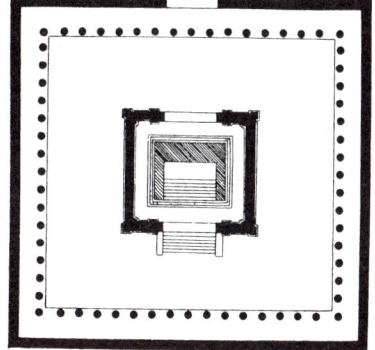

Rom, Columbarium der Vigna Codini, 1. Jh. n. Chr.

Die Kaiser Augustus und Tiberius ließen die meisten Columbarien bauen, so auch das Columbarium de Vigna Codini für Sklaven und Freigelassene außerhalb der Porta S. Sebastiano.

Rom, Mausoleum Hadrians in rekonstruierter Form, 135–139 n. Chr.

Hadrians Bautätigkeit fand in seinem Mausoleum am Tiber, der heutigen Engelsburg, seinen persönlichsten Ausdruck. Die Spitze des riesigen Rundbaus bekrönte die Statue des Sonnengottes Helios auf vergoldeter Quadriga. Die Geradlinigkeit verkörpert den Bautyp des Mausoleums in seltener Idealvorstellung. Auf quadratischer Basis erhob sich der Zylinder aus Ziegelmauerwerk, das mit Marmor verkleidet war.

Columbarium

Begräbnisvereine sorgten bei den Römern dafür, dass auch Arme würdig beigesetzt werden konnten. Dazu diente das Columbarium. Diese oberirdische Begräbnisstätte hat in ihren Ziegelmauern kleine quadratische oder halbrunde Grabkammern (loculi) für die Aufnahme von zwei Aschenurnen. Die „loculi" trugen kleine Tafeln mit den Namen der Verstorbenen. Vorbild waren die etruskischen Aushöhlungen der Felsenwände für Aschenurnen. Columbarien können auch unterirdische, durch Treppen verbundene Stockwerke besitzen. Katakomben sind gegenüber den Columbarien unterirdische Grabanlagen für Körperbestattung.

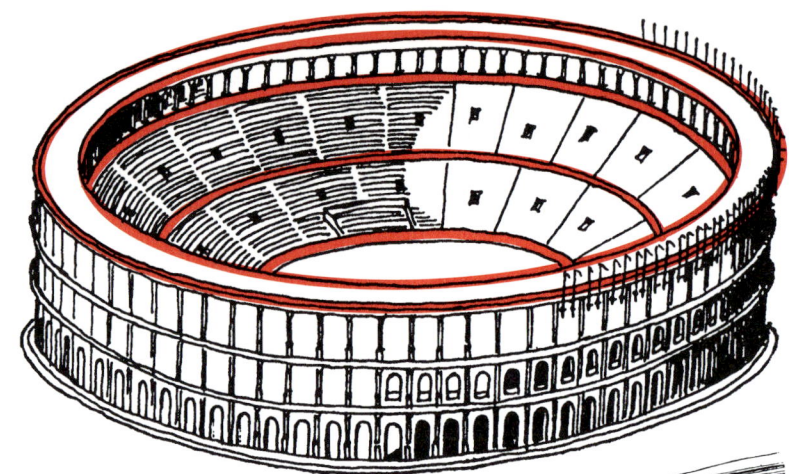

Amphitheater

Die römische Gesellschaft war von Schaustellungen und Spielen aller Art begeistert, darunter die vom Senat 105 v. Chr. als allgemeine Schauveranstaltungen frei gegebenen Gladiatorenkämpfe. Seit 186 v. Chr. gab es bereits Tierhetzen (venationes) und Seeschlachten (naumachiae). Schauplätze der Veranstaltungen waren zumeist die Amphitheater, deren Form sich wie beim Theater aus provisorischen Holztribünen entwickelt hatte, die den Kampfplatz umgaben. Zur vollen Reife gelangte das Amphitheater in der Stadt Rom. Die Cavea ist wie beim Theater in konzentrisch aufsteigenden Ringen um die Arena aufgebaut. Die Zuschauer verteilten sich nach gesellschaftlichem Rang. Ein umlaufender Sockel mit bequemen Sitzen und reich verzierter Brüstung war der Prominenz vorbehalten. Die Logen in der Querachse waren für den Kaiser und die leitenden Tribunen reserviert. Die Ränge besetzten übereinander das wohlhabende Bürgertum, der Mittelstand, die Frauen, während die Volksmasse mit Stehplätzen ganz oben vorlieb nehmen musste

Die Spielstätte, die Arena, ruht auf einem Untergeschoss mit Gängen, Rampen, Aufzügen und Tierkäfigen, sowie einem Arsenal für die technische Ausrüstung und die Requisiten. Die architektonische Gliederung deckt sich mit der Konstruktion. Mit dem Amphitheatrum Flavium, dem Colosseum, war der endgültige Architekturtyp des römischen Amphitheaters verwirklicht, dem alle anderen folgten.

Rom, Kolosseum, begonnen um 70/76, eingeweiht 80 n. Chr.

Das flavische Amphitheater erhielt den Namen „Colosseum" von der Kolossalstatue Kaiser Neros, die einst neben ihm stand. Unter Titus erfolgte der Bau des vierten Stockwerks. Die Draufsicht der Arena zeigt auch Substruktionen. Den Aufriss bilden Arkaden, umrahmt von klassischen Säulenordnungen in dreifacher Übereinanderstellung. Der Raum fasste etwa 73.000 Zuschauer. Der Typus des frei stehenden Amphitheaters ist hier ideal verwirklicht. Das Oval der Arena setzt sich aus Kreisbogensegmenten zusammen.

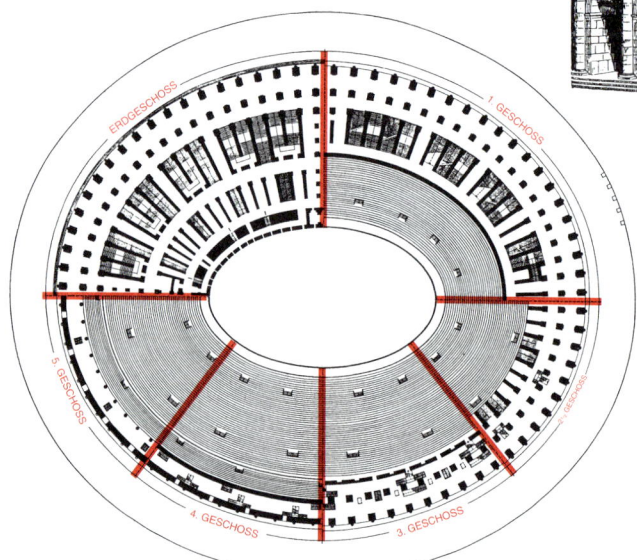

Theater in Aspendos (Pamphylien), 2. H. 2. Jh.

133 v. Chr. wurde Pamphylien in Kleinasien römische Provinz. Das Zentrum Aspendos erhielt ein entsprechendes Amphitheater am östlichen Hang der Akropolis. Architekt Zenon nutzte die natürlichen Vorgaben des Hangs, in den er die Cavea einfügte. Die Prunkfassade verklammert zwei Ädikulen durch ein Giebeldreieck zu einer das Bühenhauptportal übergreifenden Gruppe. Masten trugen den hölzernen Schalldeckel.

Lateinische Monumentalschrift

Sie ist eine der vollkommensten und folgenreichsten Schöpfungen der römischen Kunst und lässt sich bereits auf Denkmälern des 5. Jh. v. Chr. nachweisen.

D·M·IVLQVIETVS·VIV·FEC'
SIB·ET·VERATIAE
SEROTINAE·CONIVGI·ET

Römisches Theater

Die ersten Theaterbauten in Rom bestehen aus hölzernen Bühnenpodesten. Im 1. Jh. wird in Campanien der Steinbau üblich. 55–52 v. Chr. lässt Pompejus auf dem Marsfeld ein steinernes Theater nach griechischem Vorbild (Mytilene) errichten. Diesem Prototyp in Rom folgt unter Kaiser Augustus das Marcellus-Theater. Es übernimmt alle Elemente des griechischen Theaters (siehe S. 37), ohne dass es in einen Naturraum eingefügt ist. Statt dessen erscheint es als selbständiger Baukörper. Zu-schauerraum (cavea) und Spielfläche (orchestra) sowie Bühnenhaus (scena) erhalten eine neue geometrische Grundordnung. Die

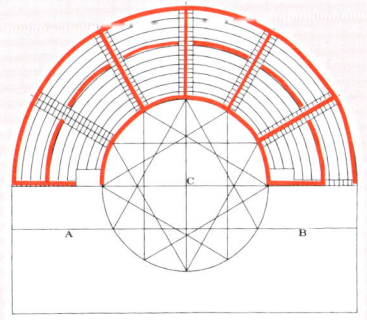

A–B scenae frons

Cavea umschließt als konzentrischer Halbkreis, wie Vitruv überliefert, die zum Halbkreis reduzierte Orchestra. Sie ist keine Spielfläche mehr, sondern nimmt die privilegierten Sitze für den Magistrat auf. Als Bühne dient das erhöhte Proscenium, das von der Schaufassade der Scena, des Bühnenhauses, hinterfangen wird. Die Wand der Scena öffnet sich in fünf Türen gegenüber den fünf Treppen der Cavea. Konstruiert wurde dieser Aufbau aus dem Achsenkreuz.

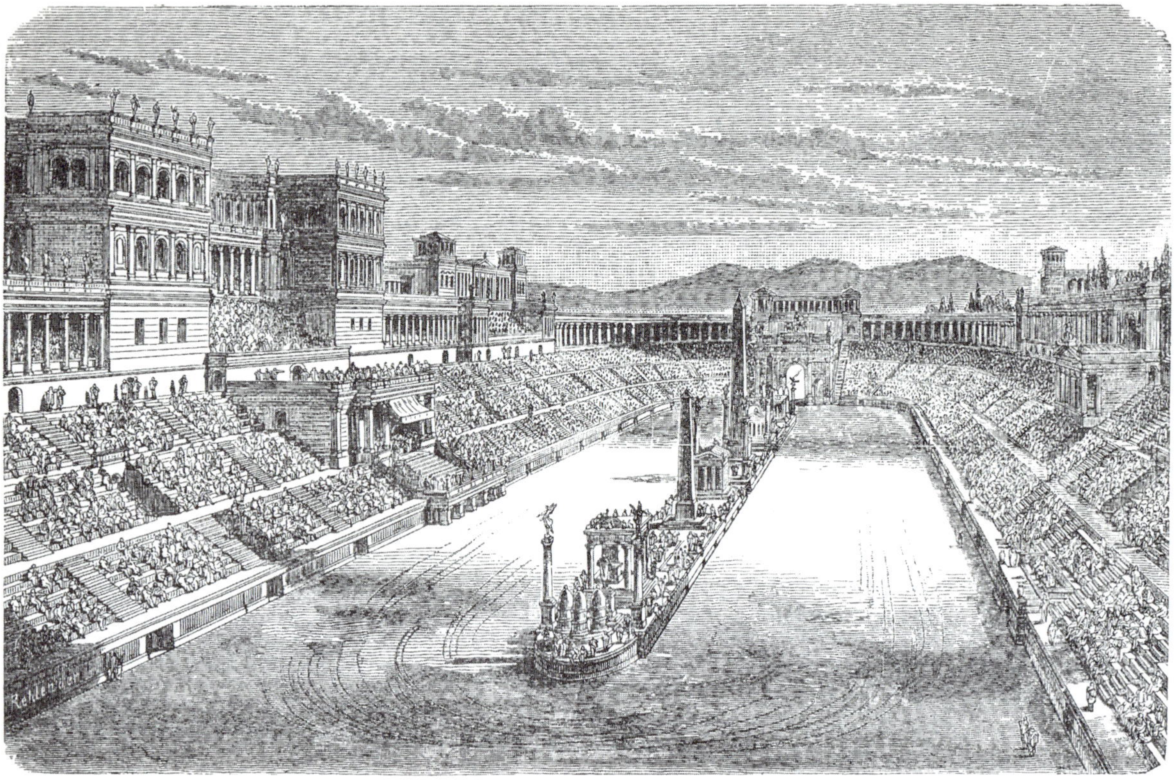

Rom, Circus Maximus

Der Circus Maximus war die größte Arena Roms und bot anfangs 150.000, nach dem Ausbau 400.000 Zuschauern Platz. Die Rennbahn war insgesamt 1500 m lang. Viele Teile waren aus Holz gebaut, so dass es häufig zu Bränden kam.

Quadriga

Zweirädriger Wagen, der von vier Pferden gezogen wird (daher die Bezeichnung). Bei den Römern als Renn- und Triumphzugwagen benützt. Erscheint auch als Bekrönung von Triumphbögen und Grabmälern (vgl. Mausoleum Hadrians).

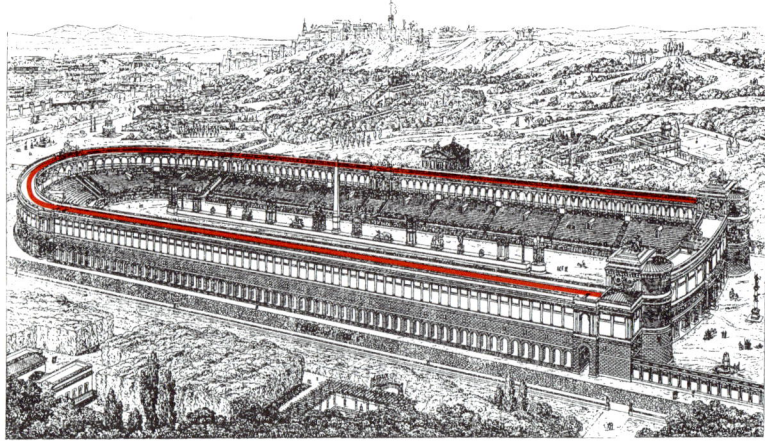

Rom, Hippodrom auf dem Areal des Kaiserpalastes

Wie bei den Griechen besaß die Pferderennbahn einen u-förmigen Grundriss. In der Mitte schied die „Spina" (Dorn) die Bahnen.

Rom, Augustusforum, geweiht 2 v. Chr.

Während der Schlacht bei Philippi gelobte Augustus den Bau einer Platzanlage mit dem Tempel des Mars Ultor (des Rächers), wenn die Mörder Caesars fielen. Dieses Forum hat keinen Marktcharakter, sondern dient ausschließlich politischer Repräsentation. Ein Podiumstempel steht in der Tiefe eines von mehrstöckigen Säulenhallen eingefassten Platzes (125 x 118 m) und beherrscht ihn vor einer Schutzmauer, die das Forum von dem dahinter liegenden dicht besiedelten Gebiet der Suburra abtrennt. Der Grundriss wird durch zwei auf beiden Seiten der Säulenhalle sich anschließende Apsidensäle bereichert. In den Apsisnischen standen Statuen von Aeneas und Romulus, den Gründern der

Stadt Rom. Der Mars-Ultor-Tempel wiederholt das Grundrissschema des Venustempels vom Caesarforum. Hier fanden die wichtigsten Staatsakte statt, außerdem wurden im Marstempel die 20 v. Chr. von den Parthern zurückgegebenen Feldzeichen aufbewahrt.

Die Kaiserforen in Rom

Das Caesarforum wurde bewusst als Erweiterung des republikanischen Forums projektiert. Am Abhang des Kapitols und hinter der Curia des Senats erwarb man die Grundstücke. Caesar hatte die Anlage 54 v. Chr. vor der Entscheidungsschlacht von Pharsalus gelobt. Im Zentrum der Anlage erhob sich der Tempel der Venus, der mythischen Stammmuttter des julischen Hauses. Diesen Tempel ersetzte Domitian durch einen Neubau, den erst Trajan einweihen konnte (113 n. Chr.). Das Forum bestand aus einer rechteckigen, von einer doppelten Säulenreihe eingefassten Platzanlage.

Das Nervaforum wurde unter Domitian gebaut und 97 n. Chr. eingeweiht. Hier stand ein Minervatempel (abgerissen unter Papst Paul V.).

Das Trajansforum entstand zwischen 107 und 113 durch den Architekten Apollodorus von Damaskus. Es umfasste eine Basilika (Ulpia), Bibliotheksbauten, die Grabsäule und den Triumphbogen.

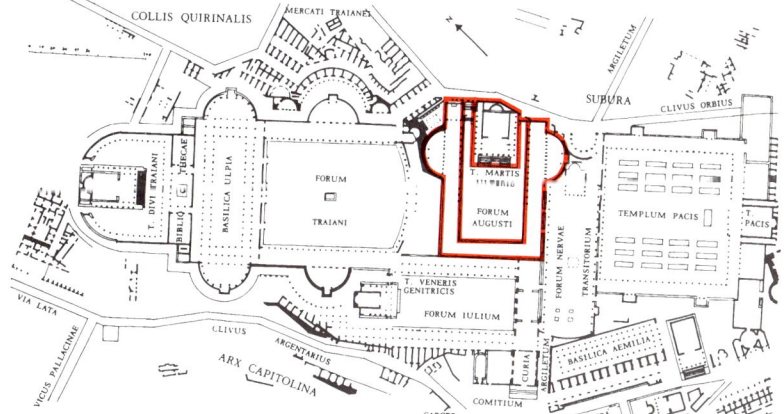

Rom, Carcallathermen

Die Caracallathermen wurden 206 n .Chr. begonnen und 217 n .Chr. von Kaiser Caracalla eingeweiht Sie bedecken eine Fläche von elf Hektar und wurden über das Aquädukt der Aqua Marcia versorgt. Das Gebäude war im Inneren reich mit Mosaiken und Fresken geschmückt.

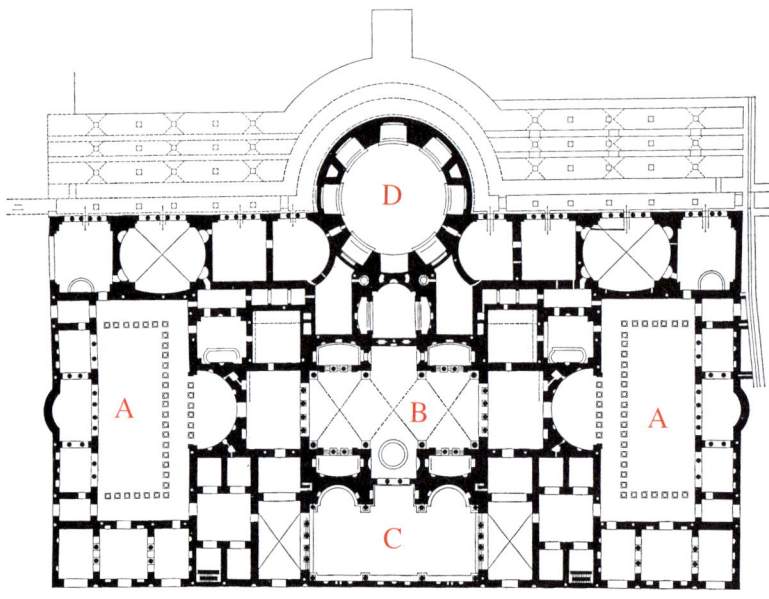

A offene Säulenhöfe (palaestrae)
B Hauptsaal
C Badebassin (frigidarium)
D Kuppelsaal mit Heißbad (caldarium). Zwischen D und B das Laubad (tepidarium)

Hypokausten

Hypokausten sind in den Boden eingebaute Warmluftheizungen. Dabei sind zwei Fußböden übereinander gelegt, der obere wird von Pfeilern gestützt. Von einem Zentralofen aus wird warme Luft zwischen die dicht gestellten Pfeiler geleitet, so dass sich der obere Fußboden erwärmen kann. Außerdem steigt heiße Luft in Hohlziegeln nach oben.

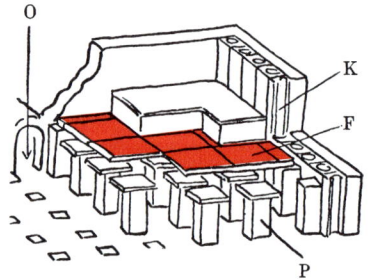

O Feuerung
P Pfeiler
F Fußboden
K Kanäle zu den oberen Stockwerken

Thermen

Die Bezeichnung ist dem Griechischen entlehnt und heißt „warm, heiß". Während die griechischen Badeanlagen einfache Räume mit Wannen, Becken oder Schwitzbad waren, entwickelten die Römer in Anlehnung an ihre Palastbauten eine eigene Architekturgestalt. Unterschiedlich temperierte Räume, die mit großem Luxus ausgestattet waren, umgaben die Badehallen. Wichtigste Bestandteile waren das „Frigidarium", Kaltbad, das „Tepidarium", Laubad, und das „Caldarium", Warmbad. Sie waren hintereinander in einer Raumfolge angeordnet. Die Einfügung von Peristylen und Wandelhallen ermöglichte die Unterbringung jeglicher Form von Körperpflege. Die älteste erhaltene Anlage sind die Stabianer Thermen mit kreisförmigem Frigidarium und vier Einzelbädern mit separaten Eingängen. In Pompeji kamen eine Palästra, ein Umkleide- und Ruheraum und ein offenes Schwimmbecken („natatio" oder „piscina") hinzu. In der Kaiserzeit bildete sich ausgehend von dem Reihentypus durch Verdopplung der Raumgruppen der Doppelreihentypus oder der Ringtypus aus, bei dem der Weg vom Ausgangspunkt in zwei Richtungen zurückgelegt werden kann.

Rom, Triumphbogen des Kaisers Konstantin, 315 n. Chr. geweiht

> **Triumphbogen**
>
> *Triumphbögen werden seit dem 2. Jh. n. Chr. als ursprünglich eintorige Bogenstellungen, den zwei breite Pfeiler stützen, errichtet. Eine Kreisbogentonne trägt die schwere Attika mit der Widmungsinschrift und dem Standbild bzw. der plastischen Quadriga, dem Viergespann des zu Ehrenden. Diese Grundform erfährt eine Bereicherung seit augustäischer Zeit durch die Gliederung durch Säulen und Gebälk. Dazu wird die eintorige Ausführung durch eine dreitorige ersetzt. Diese Gestaltung bleibt auch als Architekturgliederung in der abendländischen Architektur erhalten, bei den Westfassaden der französischen Kathedralen bis hin zum Arc de Triomphe de l'Etoile in Paris um 1836.*

Athen, Bogen des Hadrian, 2./3. Jahrzehnt des 2. Jh. n. Chr.

Das frei stehende Hadrianstor markiert die Grenze zwischen der alten von Theseus gegründeten Stadt und der 124 n. Chr. begonnen hadrianischen Stadterweiterung nach Osten. Der flache Bau verbindet das Schema eines Tordurchgangs mit Elementen römischer Triumphbögen.

Attaleia (Adalia), Stadttore der hadrianischen Zeit, 2. Jh. n. Chr.

Charakteristisch für die Architekturgliederung unter Kaiser Hadrian sind die vor das Bauwerk frei gesetzten Säulen, um die sich das Gebälk verkröpft, so dass eine Art Zweischaligkeit der Architektur entsteht. Sie sind auch am Bogen des Hadrian und der Stoa Hadrians in Athen vorhanden.

Rom, Maxentiusbasilika, 1. Jahrzehnt des 4. Jh. n. Chr.

Der unweit des Forum Romanum an der Via sacra gelegene Bau wurde von Maxentius begonnen und nach der Entscheidungsschlacht an der Milvischen Brücke unter Konstantin nach 313 vollendet. In Grundriss und Aufbau folgt sie nicht dem Schema mehrschiffiger Säulenbasiliken, sondern lehnt sich an den Typus der Frigidarien in Thermen an und gestaltet einen längsorientierten Saalbau daraus. Bogeneingänge führen zu einem schmalen Narthex. Von dort gelangt man in den Innensaal, der von auf kolossalen Säulen ruhenden Kreuzgewölben überspannt war. Den Säulenjochen entspricht die dreiteilige Gliederung der mit Kassettentonnen eingewölbten Seitenschiffe.

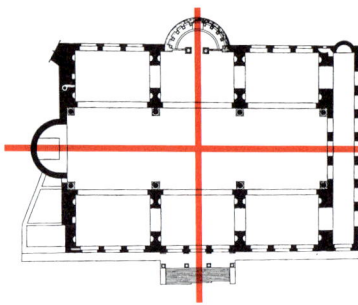

Basilika

Die römische Basilika ist ein kommunaler Mehrzweckbau mit repräsentativem Anspruch. Sie dient als Markthalle, Bankgebäude und Börse sowie als Gerichtssaal. Meist wird sie am Forum, also im Zentrum des öffentlichen Lebens errichtet. Für dieses Gebäude existiert kein griechisches Vorbild. Für Rom sind als früheste Beispiele die Basilica Porcia von 189 v. Chr., die Basilica Aemilia aus dem Jahr 179 v. Chr. und die Basilica Sempronia von 170 v. Chr. bezeugt. An der Schmalseite besitzt die Basilika eine Vorhalle. Daran schließt sich der Längsbau an, gelegentlich auch einmal ein Querbau wie in Cosa. Er besteht aus dem überhöhten Mittelraum und einem Umgang mit Kolonnaden. Darüber befinden sich gleichartige Galerien. In der Hauptachse liegt die Tribuna. Im Laufe der Entwicklung steigern sich die Dimensionen und wächst die Anzahl der Schiffe. Dann tritt an die Stelle der Kolonnadenarchitektur eine Folge von Arkaden mit Tonnengewölben in den Umgängen. Schließlich wird in der Kaiserzeit (Basilica Ulpia) die halbrunde Exedra in der Hauptachse der dem Eingang gegenüberliegenden Seite eingefügt.

Basilica Julia am Forum Romanum

Die Basilica Julia ließ Julius Caesar 54 v. Chr. beginnen, Kaiser Augustus vollendete den Bau im Jahr 12 n. Chr. Sie bestand aus einem 101 m langen und 49 m breiten Raum, der durch Arkaden in fünf Schiffe geteilt war.

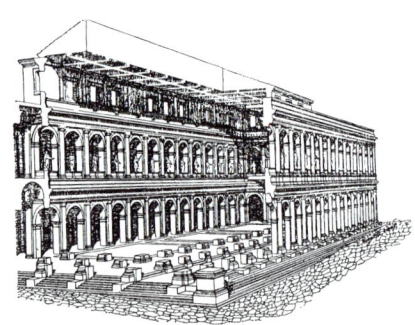

Spalato (Split), Diokletianspalast, 293–305

Der befestigte Palast des Diokletian war als Alterssitz des 305 abge-
dankten Kaisers in seiner dalmati-
nischen Heimat errichtet worden.
Kleinasiatische Bauhütten schufen
ein sich rechtwinklig kreuzendes
axiales Wegesystem, dem die Tore
in den Mauern entsprechen. Vor
der von Ost nach West verlaufenden Straße ist der Südsektor als Peristyl dem Aufbau römischer Säu-
lenstraßen entsprechend angelegt.
In zwei offenen Bezirken erheben
sich der achteckige Grabbau (Oktogon), dem der Tempel gegen-
übergestellt war.

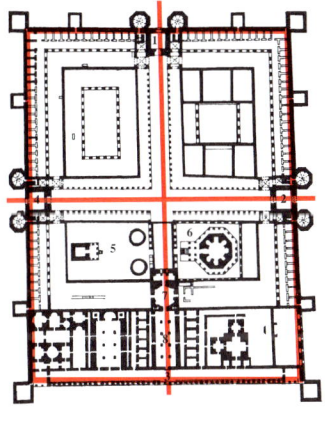

1 Porta aurea
2 Porta argentea
3 Porta bronzea
4 Porta ferrea
5 Heiligtum und Tempel
  des Jupiter
6 Heiligtum und Mausoleum
  des Diokletian
7 Vestibül
8 Tablinum

Kastell Künzing, zwischen 90 und 120 n. Chr.

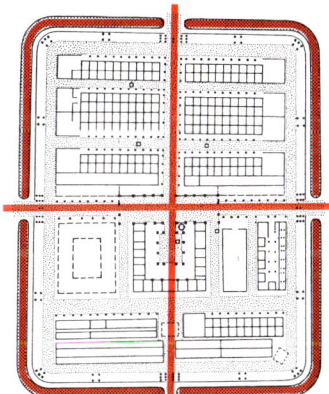

Kastelle

*Sie zählen zu dem politischen
und strategischen Konzept zur
Sicherung des römischen Impe-
riums. Ihnen liegt ein fast immer
gleiches Schema zugrunde: Sie
sind mit Wall und Graben umgeben. Die Via praetoria verläuft vom Eingangstor auf die
breite Via principalis zu, so dass
das Gelände in einen schmalen
Vorderabschnitt und einen breiteren Hinterabschnitt („praetentura" bzw. „retentura") unterteilt wird. Die Längsachse (via
praetoria) teilt die beiden Ab-
schnitte nochmals in zwei spie-
gelgleiche Hälften. In der Retentura umgeben die Quartiere
das technisch organisatorische
Zentrum des Lagers. Im Kern
steht das Gebäude der Principia
oder des Praetoriums sowie der
Legatenpalast bzw. die Quästur.
Sie wiederum sind von Arsenal,
Lazarett, Forum und Fuhrpark
umschlossen. Längs der Haupt-
straße liegt in der Praetentura
eine Art Ladenstraße. Dahinter
befinden sich die Wohnhäuser
der Offiziere, die von der Schule
und dem Gefängnis flankiert
sind. Die Unterkunftshäuser
waren aus Fachwerk errichtet.*

Rom, Alt-St. Peter

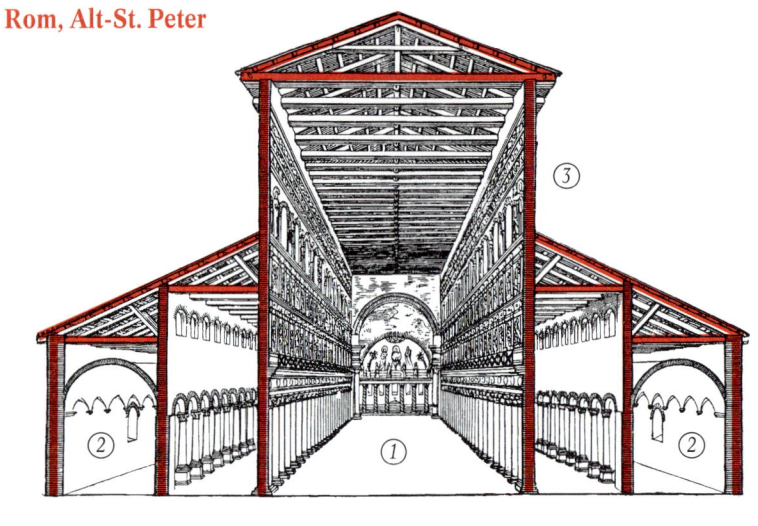

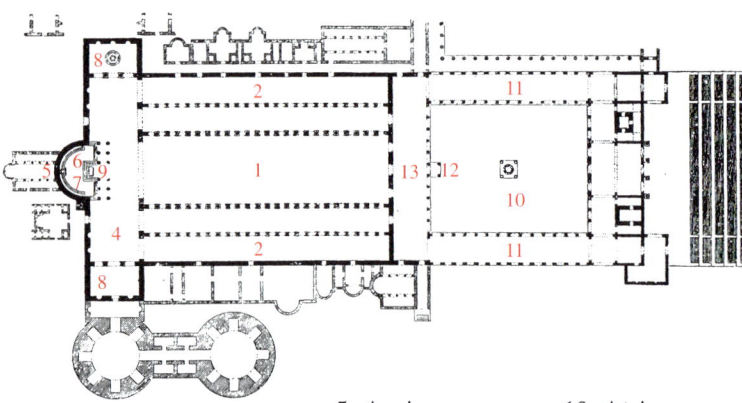

Rom, Mausoleum der Constantina (S. Costanza), vor 354

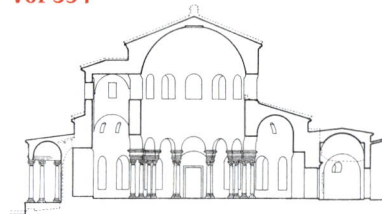

Gegen 350 ließ Constantina, die Tochter Konstantin d. Gr., sich unmittelbar neben der von ihr gestifteten Umgangsbasilika von S. Agnese ein Mausoleum errichten. Die Vorhalle des mit einem Umgang versehenen Zentralbaus war direkt mit der Kirche verbunden. Der Zentralraum wird von zwölf Fenstern beleuchtet und durch zwölf Arkaden über gekoppelten Säulen mit Kompositkapitellen von dem Umgang abgetrennt. Der Umgang besitzt Tonnengewölbe und enthält die ältesten bekannten christlichen Mosaiken.

1 Mittelschiff	5 Apsis	10 Atrium
2 Seitenschiff	6 Kathedra	11 Peristyl
3 Obergaden	7 Presbyterium	12 Pronaos
4 Querschiff	8 Pastophorien	13 Narthex
	9 Altar	

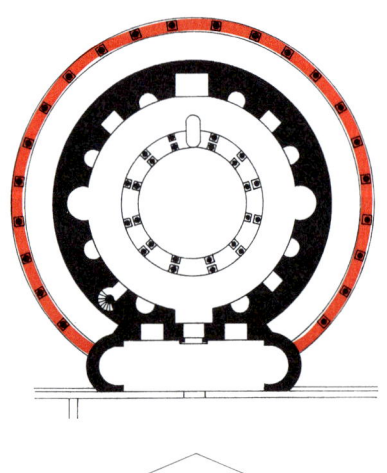

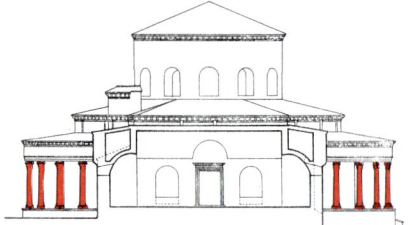

Alt-St. Peter wurde als Memorialkirche über dem Grab des hl. Petrus kurz nach 320 erbaut. Sie überdeckte eine heidnische Nekropole in der Nähe des Circus Neronis, wo Petrus nach der Tradition 67/68 das Martyrium erlitten hatte. Die Memoria des Apostels musste in das Zentrum der Apsis gerückt werden, weswegen Baugrund aus dem vatikanischen Hügel gewonnen worden war. Diese Grabstätte wurde mit einer Apsis umgeben. Westlich davor erstreckte sich ein holzgedecktes Querhaus. Daran schloss sich das fünfschiffige Langhaus an. Davor befand sich ein rechteckiges Atrium, das von einer umlaufenden Säulenhalle eingefasst war. Mit Alt-St. Peter ist eine der charakteristischen frühchristlichen Basiliken errichtet worden. Ihr Schema war in der Basilika S. Giovanni in Laterano um 313 bereits ausgebildet. Dabei sind die Pultdächer der einzelnen Seitenschiffe gegenüber dem Mittelschiff und gegeneinander abgestuft. Das prachtvolle Innere säumten Säulenstellungen.

BYZANZ UND DER CHRISTLICHE OSTEN

Der Aufstieg des Christentums zur Staatsreligion dauerte ungefähr 300 Jahre. Das schnelle Wachstum der christlichen Religion begünstigten die jüdischen Diasporagemeinden in ihrer weltweiten Verbreitung als Keimzellen, die organisatorische Einheit des römischen Reiches und die zeitbedingte Sehnsucht nach einer humanen und sozial eingestellten Erlösungsreligion in den unteren Gesellschaftsschichten, ferner die allgemeine Toleranz und der philosophische Synkretismus in der spätantik-römischen Gesellschaft. Die Ablehnung des Kaiser- und Götterkultes provozierte den Konflikt mit der Staatsgewalt. Die großen Christenverfolgungen unter Decius, Valerian und Diokletian waren Versuche, die Staatsräson mit absoluter Gewalt durchzusetzen.

Konstantin der Große zog nach dem Scheitern der diokletianischen Reichsreform die Konsequenz und gewährte im Toleranzedikt von Mailand 313 völlige Religionsfreiheit. Der politische Schwerpunkt des Reiches verschob sich nach Osten, als Konstantin 333 seine Residenz nach Konstantinopel verlegte. 391 ließ Kaiser Theodosius die heidnischen Tempel schließen und erklärte das Christentum zur Staatsreligion. Seinem Tod folgte unmittelbar die Teilung des Reiches in eine Ost- und eine Westhälfte.

Zunächst benötigten die christlichen Gemeinden zur Eucharistiefeier nur umgebaute Privatwohnungen: Das Beispiel des Umbaus eines Wohnhauses zu einer Hauskirche hat sich in Dura Europos vor 256 erhalten. Die Christen hatten im 4. Jh. einen großen Bedarf an Memorialbauten und Gemeindekirchen. Man griff auf den Typus der römischen Marktbasilika zurück, der den liturgischen und lokalen Erfordernissen angepasst wurde. Vereinzelt sind auch Zentralbauten belegt, wie das Goldene Oktogon Konstantins in Antiocheia, später die Kathedrale von Bosra/Syrien 512/13.

Neben der Bischofs- und Gemeindekirche wurden über besonderen Stätten, wie dem Grab Christi in Jerusalem und der Geburtsgrotte von Bethlehem, Memorialkirchen errichtet. Dabei setzte sich als Bautyp die große kreuzförmige Basilika durch, wie das Martyrion des hl Babylas in Antiocheia oder die Kirche zu Ehren Symeons des Styliten in Kalaat Siman, die vier Basiliken in kreuzförmiger Anordnung durch ein zentrales Oktogon im Schnittpunkt verbindet.

Mit Kaiser Justinian (527–565) setzte eine neue Art des Bauens ein, bei der die Gestalt der Kuppel als krönendes Element im Mittelpunkt stand. Sie konnte als Kuppelreihe oder als Gruppierung mehrerer Kuppeln auftreten, wie bei der Apostelkirche in Konstantinopel oder der Johanneskirche in Ephesus zu beobachten ist. Meist war sie jedoch als krönender Abschluss der Einheit von Grundriss, Raum und Baukörper begriffen. Ihre technische Kühnheit gipfelte in der Anlage der Hagia Sophia in Konstantinopel. Die außerordentlich flache, am Fuß von 40 Fenstern durchbrochene Kuppelschale wird scheinbar nur von den anschließenden Halbkuppelschalen im Osten und Westen getragen, tatsächlich ruht sie aber auf vier gewaltigen Tragebögen über mächtigen Vierungspfeilern, deren Masse in den Mantelräumen verborgen liegt. Als Raumgestalt entstand etwas völlig Neues, das keineswegs als Verbindung von Basilika und Zentralbau anzusprechen ist. Bei der Ausstattung der byzantinischen Kirchen werden Mosaik und Wandmalerei in Verbindung mit Marmorinkrustation bevorzugt verwendet.

Die frühbyzantinische Epoche mündete in den Bilderstreit, in dessen Verlauf wenig Kulturleistungen zu verzeichnen sind. Erst die mittelbyzantinische Epoche zeitigte einen lang anhaltenden Aufschwung der Künste. Die herausragende Leistung der makedonischen Dynastie bildete die Schaffung eines neuen Kirchentyps, der sog. Kreuzkuppelkirche. Als frühestes Beispiel gilt die Nea im Bereich des Kaiserpalastes. Erhalten blieb die Nordkirche des Lipsklosters in Konstantinopel von 907/08 und die Kirche des Myrelaions kurz vor 923. Der er-

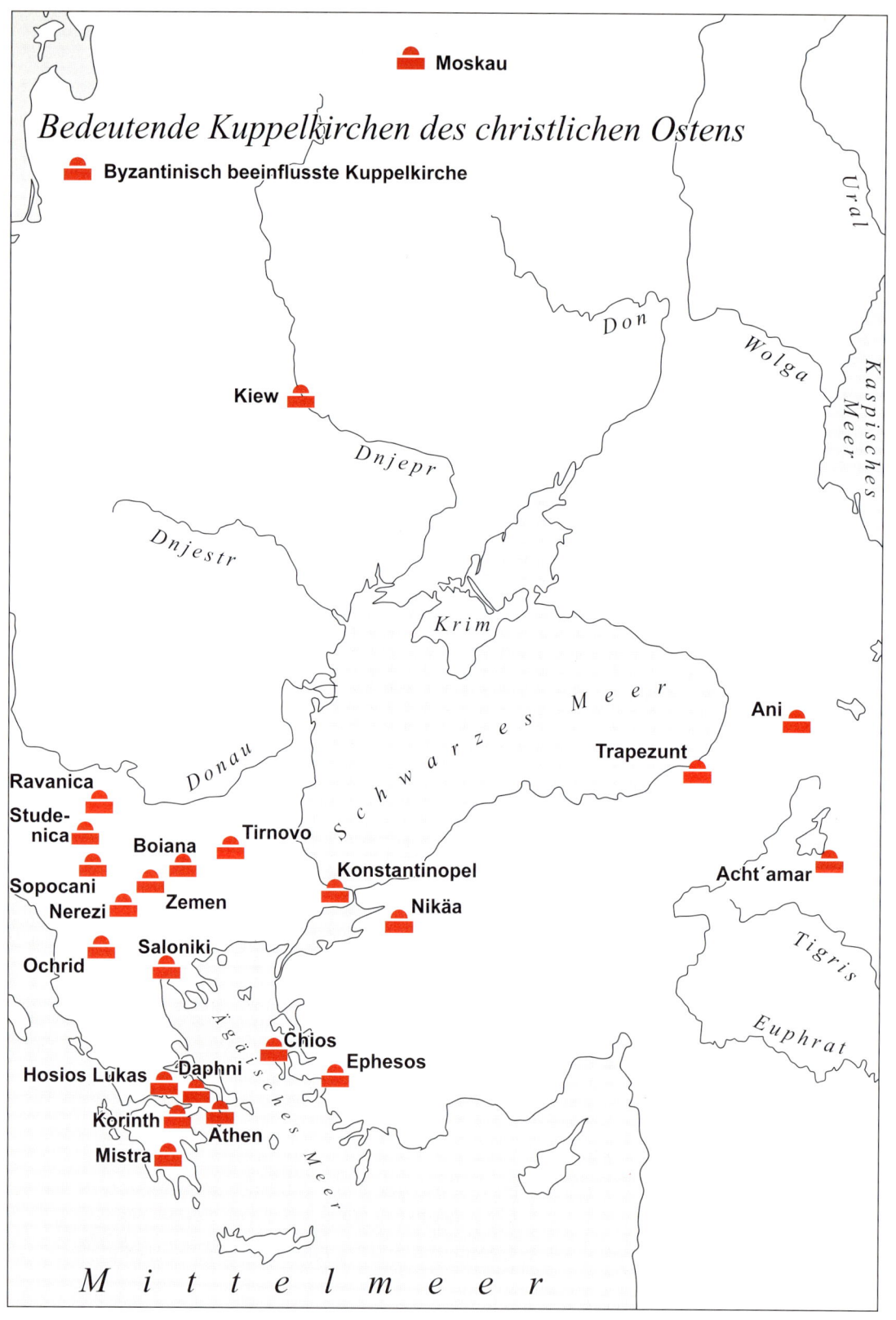

Bedeutende Kuppelkirchen des christlichen Ostens

Moskau

Byzantinisch beeinflusste Kuppelkirche

Ural

Don

Wolga

Kaspisches Meer

Kiew

Dnjepr

Dnjestr

Krim

Schwarzes Meer

Ani

Trapezunt

Donau

Ravanica

Stude-nica

Boiana

Tirnovo

Sopocani

Zemen

Konstantinopel

Acht´amar

Nerezi

Nikäa

Ochrid

Saloniki

Tigris

Chios

Ägäisches Meer

Euphrat

Hosios Lukas

Daphni

Ephesos

Korinth

Athen

Mistra

M i t t e l m e e r

weiterte Achtstützentyp hat in der Klosterkirche von Hosios Loukas aus dem 1. Viertel des 11. Jh. und in Daphni seinen wichtigsten Vertreter. In komnenischer Zeit wandelte sich der Aufbau der Kuppelkirche, weil nunmehr die Kuppel durch vier Winkelpfeiler in den Ecken getragen und um diesen Kern ein Umgang herumgeführt wurde, der mit dem zentralen Raum durch eingestellte Säulenarkaden in Verbindung steht. Die Pammakristoskirche in Konstantinopel ist dafür ein Beispiel. Auch die Außenwände der Kirchen werden zunehmend strukturiert und gegliedert, vornehmlich durch den variationsreichen Versatz der Ziegel, auch in Verbindung mit Kalk- und Hausteinen als polychromes Sichtmauerwerk.

Die Eroberung Konstantinopels durch die Heere des 4. Kreuzzuges 1204 hatte einen Exodus der Künstler in die kleineren byzantinischen Reststaaten zur Folge, z.B. in das Reich der serbischen Nemanjiden. 1265 übernahm das Geschlecht der Palaiologen von Nikaia aus Konstantinopel wieder in Besitz. Ihr Beitrag zur Architektur führte zur Verfeinerung der Formen, erwies sich aber vornehmlich als bewahrendes Element. Diese Epoche hat in Mosaik und Malerei ihre bedeutendsten Leistungen vollbracht.

Zeittafel

Frühbyzantinische Epoche 324–610		
Konstantinische Phase 324–337	Dura Europos; Rom, Alt-St. Peter, S. Maria Maggiore; Bethlehem, Geburtskirche; Jerusalem, Grabeskirche	
Theodosianische Phase 379–518	Saloniki, Hagios Georgios, Hosios David; Konstantinopel, Arkadiussäule, Theodosiussäule, Johannes-Studios-Kloster; Rom, S. Sabina; Ravenna, S. Apollinare Nuovo	
Justinianische Phase 527–565	Konstantinopel, Hagia Sophia, Hagia Irene; Ephesus, Johannes-Basilika; Ravenna, S. Vitale, S. Apollinare in Classe	
Mittelbyzantinische Zeit 610–1204		
Heraklius-Herrschaft 610–641	Rom, S. Agnese fuori le Mura	
Ikonoklastische Periode 730–843	Castelseprio, Cividale	
Makedonische Dynastie 867–1056	Konstantinopel, Fener Isa, Myrelaion, Pantokratorkirche; Hosios Loukas; Kiew, Hagia Sophia	
Komnenische Dynastie 1056–1157	Kreuzkuppelkirche: Venedig, S. Marco; Daphni, Klosterkirche	
Dynastie der Angeloi 1183–1204	Torcello, Cefalù/Sizilien, Palermo, Wladimir	
Spätbyzantinische Epoche 1204–1453		
Lateinische Herrschaft 1204–1265	Mistras, fränkische Burg; Konstantinopel, Einrichtung der Kalenderhane-Chami für die lat. Liturgie	
Palaiologenzeit 1265–1453	Konstantinopel, Chorakirche; Arta, Paregoretissa; Mistras, Periblebtoskirche, Pantanassa	

Ravenna, Baptisterium der Orthodoxen, wohl 458

Es entsprach allgemeinem Herkommen, neben einer Bischofskirche eine Taufkirche zu errichten. Das Baptisterium der Orthodoxen neben der Kathedrale in Ravenna gehört zu den Nischenzentralbauten in rudimentärer Form, da die Nischen in den Bogenvorlagen nur angedeutet sind und bei der ersten Bauphase das Kuppelgewölbe noch fehlte. Es wurde unter Bischof Neon aus Tonröhren und Bimsstein errichtet. Außerdem erhielten die großen, von Konsole zu Konsole schwingenden Bögen des Kuppelauflegers die Aufgabe übergreifender Arkaden. Ferner existieren wie schon bei S. Maria Maggiore in Rom Blendarchitekturelemente. Zu dieser Raumform führte ein Spiel mit der Zahl „acht", die das ewige Leben und die Seligkeit versinnbildlicht. Die Taufe verheißt den Christen die Teilhabe an dieser Gnade. Von diesem Gedanken ist auch die Ausschmückung des Raumes bestimmt.

Rechteckiger Nimbus: Rom, Oratorium Papst Johannes' VII., 705–707

Während der kreisrunde Nimbus die verstorbenen Heiligen oder der mit dem in den Nimbus eingeschriebenen Kreuz Jesus Christus kennzeichnet, deutet der rechteckige Nimbus bei der Darstellung noch lebender Personen deren priesterliche oder kaiserliche Würde an.

Mosaik

Eine solche Flächenverkleidung kann als opus tesselatum (aus Glas- oder Marmorwürfelchen, „tesserae" oder Smalten, zusammengesetzt) oder als opus sectile (geschnittenes Muster) gebildet werden. Die Mosaiksteinchen werden in Mörtel hineingedrückt, der zuvor in dreifacher Schicht (von grob bis sehr fein) auf die Wand aufgetragen worden ist. Die grobe Schicht besteht aus einem Gemisch aus Marmor und Kalk, die zweite Mörtelschicht ist feiner und nimmt die schräg abgeschnittenen Tessarae auf. Farbe erhalten die Mosaiken durch der Glaspaste zugemischte Metalloxyde. Die spätrömische Mosaikkunst bildet den Ausgangspunkt für das byzantinische Mosaik. Die Eigentümlichkeit des Materials mit der Neigung zu Farbkontrasten und der stilisierenden Vereinfachung durch kantige Linien kam den byzantinischen Formbestrebungen sehr entgegen, räumliche Tiefenillusion zu vermeiden und die flächige Frontalität der feierlichen Figuren zu betonen. Die Smalte kann auch mit Blattgold überzogen werden. Dadurch wird eine Vorstellung des Jenseitigen ermöglicht.

Mosaiktechnik

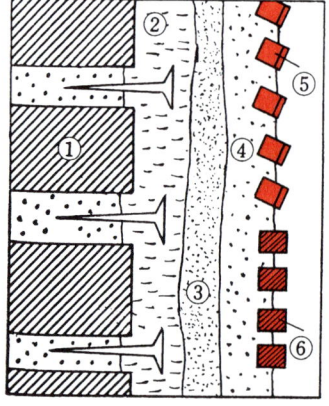

1 Ziegel
2 grobe Mörtelschicht
3 feinere Mörtelschicht
4 sehr feine Mörtelschicht
5 Tesserae mit Blattgold
6 Tesserae

Ravenna, S. Vitale, 535–545

Die Kirche entstand nach einer ansehnlichen Stiftung des Bankiers Julianus Argentarius. Sie besteht aus einem Achteck (Oktogon) mit einem zweigeschossigen Umgang. Im Westen ist eine Vorhalle und im Osten das Presbyterium angeschlossen. Die Wände zwischen den Fenstern sind durch Lisenen und Gesimse gegliedert. Im Inneren ist der Blick auf das Presbyterium und die Apsis gelenkt, die mosaiziert sind. Die Kuppel ruht auf Bögen, die auf acht schlanken Pfeilern aufsitzen. Zwischen den Pfeilern öffnen sich sieben Nischen mit Säulenbögen zum Umgang.

Konstantinopel, Kirche der Hll. Sergios und Bakchos, um 531–536

Die Kirche repräsentiert einen neuen Bautypus für Konstantinopel, den Zentralraum. Das Innere zeigt sich als Oktogon, das von großen Pfeilern gebildet wird. Die Kuppel besteht aus 16 Kompartimenten. Ein Architrav mit Inschrift setzte sich ursprünglich in der Apsis fort.

Konstantinopel, Hagia Sophia

Die Architekten Arthemios von Tralles und Isidoros von Milet schufen, wie Grundriss und Aufriss verdeutlichen, einen Baukörper, dessen Kuppel das wesentliche Element der gesamten Raumgestaltung bildet trotz des basilikalen Grundrissschemas. Es wurde keine Kombination aus Zentralraum und Basilika, sondern eine vollkommene Verschmelzung zentraler und vertikaler Elemente erzielt. Die Pendentifkuppel sitzt auf Pfeilern auf, die mit ihrer Stirnseite als Wandfläche in Erscheinung treten. Im Gegensatz zur Hauptkuppel sind die Halbkuppeln über Trompen errichtet. Der dazu notwendige polygonale Unterbau wurde mit säulenbekränzten, durch Halbkuppeln bedeckte Nischen aufgeführt. Die Hauptkuppel stürzte nach einem Erdbeben 557 ein, weil der Scheitelpunkt zu niedrig bemessen war. Deswegen vergrößerte man beim Wiederaufbau die Kuppel um volle sechs Meter. Architekt

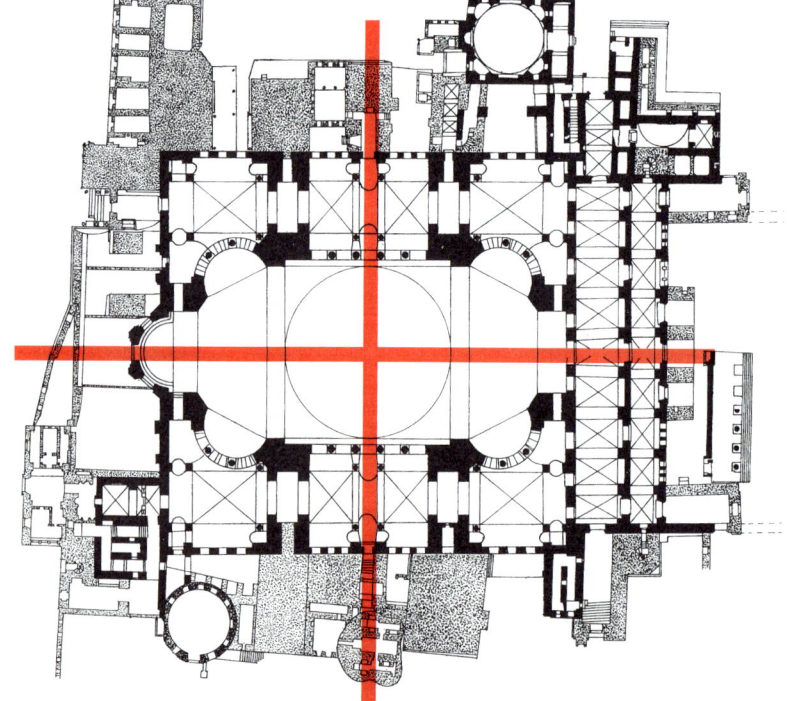

war Isidoros, der Neffe des Isidoros von Milet. Die Wandflächen der Hagia Sophia sind mit Marmorplatten belegt, die axialsymme-

trisch einander zugeordnet sind. Die Goldmosaiken ergeben ein teppichartiges Muster.

Konstantinopel, Bin-bir-derek- (Philoxenos-) Zisterne, 5./6. Jh.

Das Wasserproblem Konstantinopels – die Stadt besaß kaum Quellen – wurde durch die Anlage von Zisternen, die das Regenwasser speichern, gelöst. Diese Zisterne war zur Versorgung des Lausos-Palastes angelegt. Sie besitzt 16 Reihen zu 14 Säulen mit einer Höhe von 12 m. Ursprünglich standen hier jeweils zwei Säulen übereinander. Das Fassungsvermögen betrug 40.000 Liter. Der dichte Säulenwald führte in osmanischer Zeit zu dem märchenhaften Namen „1000 und 1 Säule".

Konstantinopel, Cisterna Basilica, türkisch Yerebatan-Zisterne, um 500

Sie ist größer als die Bin-bir-derek-Zisterne, besitzt sie doch 336 Säulen von ca. 8 m Höhe.

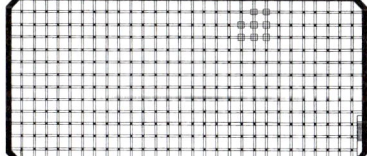

Konstantinopel, Stadtmauer und Goldenes Tor

Durch den Bau der theodosianischen Landmauer wurde die Stadtfläche verdoppelt. Die Mauer erweist sich als bedeutendes Werk der Ingenieurbaukunst. 96 Türme wurden im Abstand von 50–75 m errichtet. Die Vormauer ist 8 m hoch, davor wurden Gräben von 12–15 m Tiefe angelegt. Der Baubeginn erfolgte nach 408. Höhepunkt der Mauer ist das Goldene Tor, dessen Pylonen und Front mit Marmor verkleidet waren. Die Funktion als Triumphportal ist jedoch fraglich, denn das Befestigungsmoment dominiert über den Repräsentationscharakter. Allerdings erhielt die Porta aurea die namengebenden vergoldeten Türflügel 425 nach dem Sieg des Theodosius über Johannes Primikerios. Den Dekor des Tores finden wir in ähnlich opulenter Ausführung auch bei den Fragmenten der Vorhalle der Hagia Sophia aus der Zeit des Theodosius.

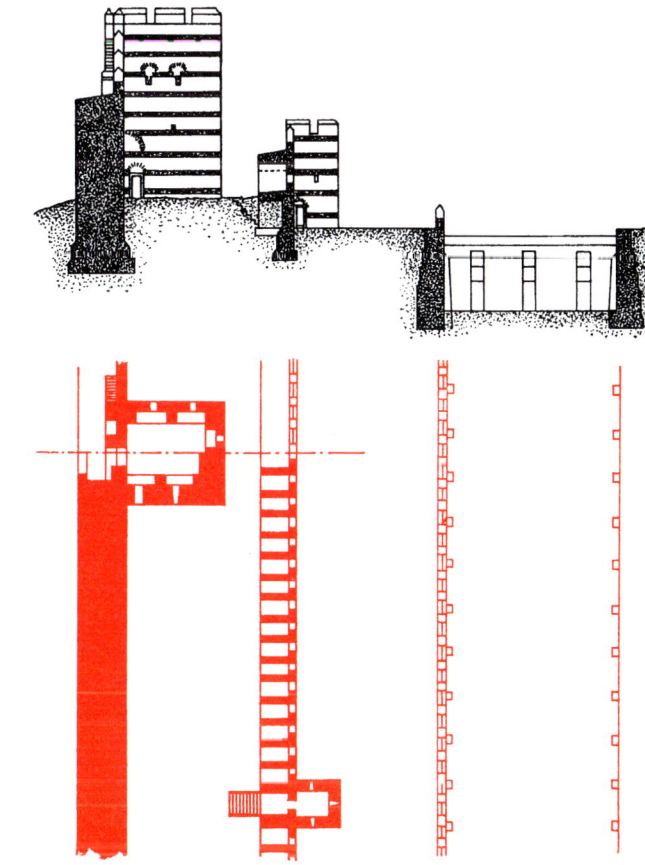

Schema der Kreuzkuppelkirche

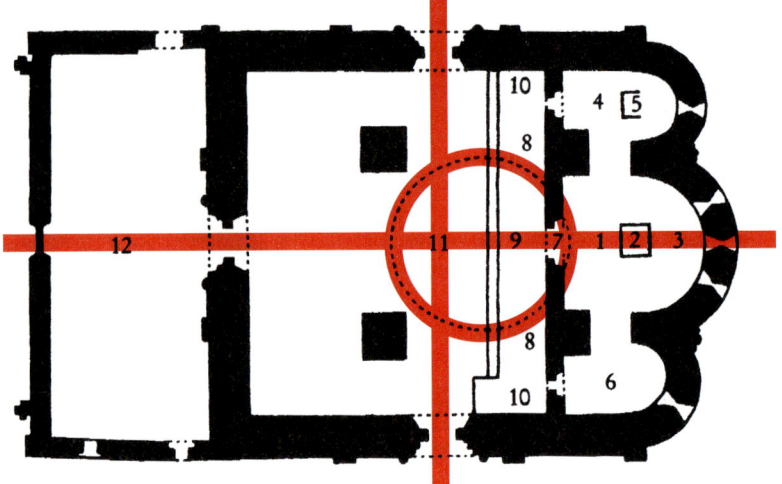

1 Altarraum (Bema)
2 Altar
3 Hauptapsis
4 Prothesis
5 Rüsttisch (Opferaltar)
6 Diakonikon
7 Königs- oder Paradiestür im Templon oder in der Ikonostase
8 Solea
9 Ambo
10 Chöre
11 Vierung
12 Vorhalle (Narthex)

Ikonostase

In der orthodoxen Kirche trennt diese dreitorige Bilderwand den Gemeinde- vom Altarraum; sie ist in ihrer Funktion mit der Chorschranke der westlichen Kirche vergleichbar. Als Templon bestand sie aus zwischen Pfeilern eingestellten niederen Schrankenplatten, über denen Vorhänge den Blick in das Sanctuarium verwehrten. Später wurde diese Schranke deckenhoch aus Holz gebildet und mit Ikonen zur Bilderwand gestaltet.

1 orthodoxes Kreuz
2 Vorväter mit dem Bild der Dreieinigkeit
3 Propheten mit der Gottesmutter
4 Dodekaortion (Zyklus der zwölf Festtage im Kirchenjahr)
5 große Deesis (Tschin) mit Christus, Maria Johannes Prodromos, Engel, Apostel, hl. Väter, Väter der Liturgie, Großmärtyrer
6 Verkündigung an Maria
7 Evangelisten
8 Hierarchen
9 Zelt (Apostelkommunion)
10 Ikone Christi
11 Ikone der Gottesmutter
12 Engel über den Seitenpforten
13 lokaler Heiliger, Ikone der Verehrung

Kuppelarten

Die Wölbung in Form eines Kugelsegmentes über Räumen mit quadratischem, rundem oder polygonalem Grundriss kennt verschiedene Typen:

1 die Rundkuppel,

2 die Hängekuppel, bei der der Fußkreis die Ecken des Grundrissquadrates durchschneidet; die Kuppelteile außerhalb des Raumes erscheinen abgeschnitten und es entstehen Schildbögen;

3 die Tambourkuppel,

4 die Pendentifkuppel, bei der der Fußkreis dem Quadrat eingeschrieben ist; der Übergang von eckiger zur runden Form wird durch Pendentifs (sphärisch geformte Dreiecke, Nr. 6) gebildet;

5 die Trompenkuppel, bei der die Pendentifs durch Ecktrichter ersetzt sind.

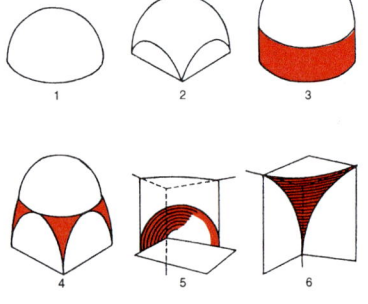

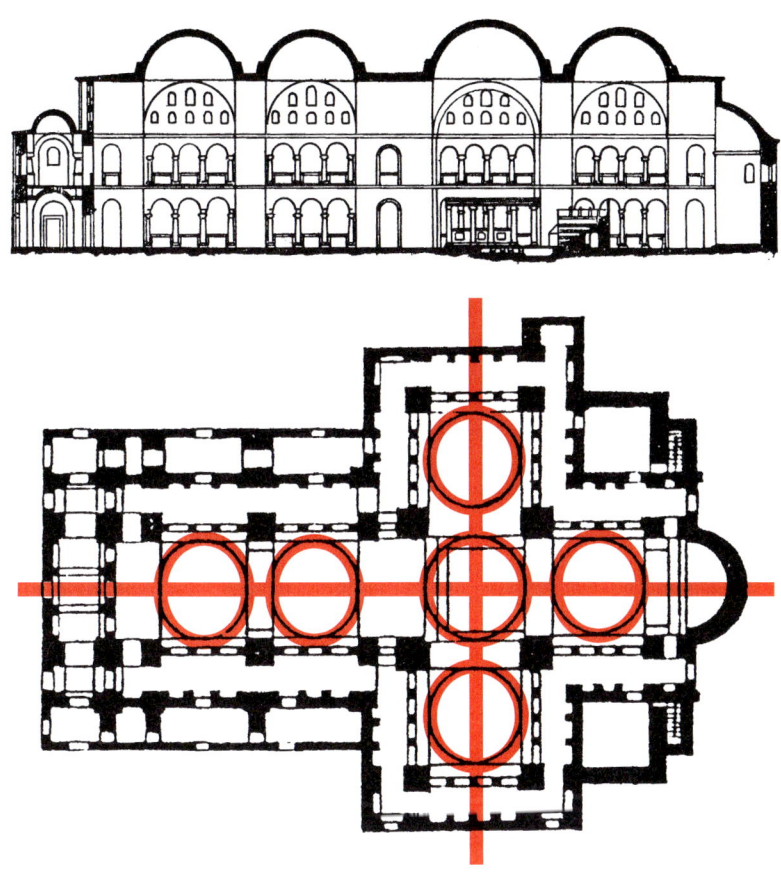

Ephesus, Johannesbasilika, 565

Ausgehend von der (zerstörten) Apostelkirche in Konstantinopel besaß auch die erhaltene Johanneskirche in Ephesus einen kreuzförmigen Grundriss mit sechs hintereinander angeordneten Pendentifkuppelräumen. In der Längsrichtung trennten Säulenarkaden das Hauptschiff von den tonnengewölbten Nebenschiffen. Im Aufriss wiederholt sich vereinfacht die in der Hagia Sophia gefundene Wandgliederung. Dennoch hat dieses Bauwerk eindeutig eine stärkere Längsausrichtung, die Herkunft von der Basilika ist deutlich zu spüren.

Venedig, Grundriss der Markuskirche, 1067–1073

Auch S. Marco in Venedig orientierte sich am Vorbild der Apostelkirche in Konstantinopel. Die Addition gleichartiger Raumkompartimente ließ auch Verkürzungen zugunsten einer zentralisierenden Tendenz zu.

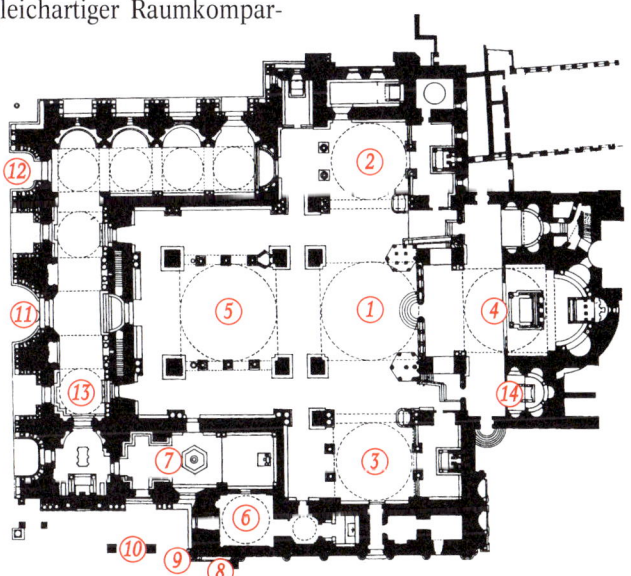

1 Himmelfahrtskuppel
2 Johanneskuppel
3 Leonhardskuppel
4 Ostkuppel
5 Pfingstkuppel
6 Schatzkammer
7 Baptisterium
8 Reliefmarmorplatten
9 Tetrarchen
10 Pfeiler von Acri
11 Eingang der Westfassade
12 Mosaik „Überführung des hl. Markus"
13 Kuppel mit Schöpfungsgeschichte
14 Klemenskapelle

Konstantinopel, Nordkirche des Lipsklosters, Rekonstruktion

Die Nordkirche des Lipsklosters, gestiftet von dem Patrizier Konstantin Lips im Jahr 907, wies zwei Pastophorien auf, die dem zentralen griechischen Kreuz beigegeben waren. Charakteristisch waren die großen Seitenfenster. Außerdem war am Narthex ein kleiner Turm angebaut, da auf dem Dach sich vier weitere Kapellen befanden, die so erreicht werden konnten. Von außen ergab sich so das Erscheinungsbild einer Kirchen mit fünf Kuppeln.

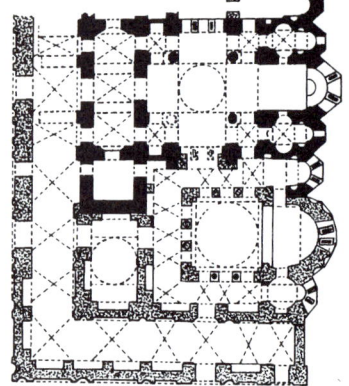

Athos, Großkloster Watopädi, Stich von A. Warin

Das griechische Großkloster Watopädi nimmt den zweiten Rang in der Hierarchie der 20 Klöster auf dem Heiligen Berg Athos ein. Über die Anfänge des Mönchslebens dort wissen wir nichts. Jedenfalls geht die Gründung des ersten Klosters, der Megiste Lawra, auf die Freundschaft des Kaisers Nikephoros II. Phokas (963–969) mit dem hl. Athanasios zurück. Kaiser Johannes Tzimiskes (969–976) gab dem Kloster in einer Stiftungsurkunde weit reichende Privilegien, darunter die Exemtion von dem zuständigen Bischof von Hierissos. Dies führte zur Blüte des Athos. Watopädi leitet seinen Namen von Bátos, dem Brombeerstrauch, her. Männer aus Adrianopel errichteten zwischen 972 und 985 dieses Kloster. Die heutigen Bauten gehen auf das 14. Jh. zurück. Beachtlich sind der Mosaikschmuck im Naos und die Fresken mit den Illustrationen zum Hymnos Akathistos, dem stehend gesungenen Preisgesang auf die Gottesmutter, in dem äußeren, 1426 angefügten Narthex der Klosterkirche. Der Glockenturm entstand 1427.

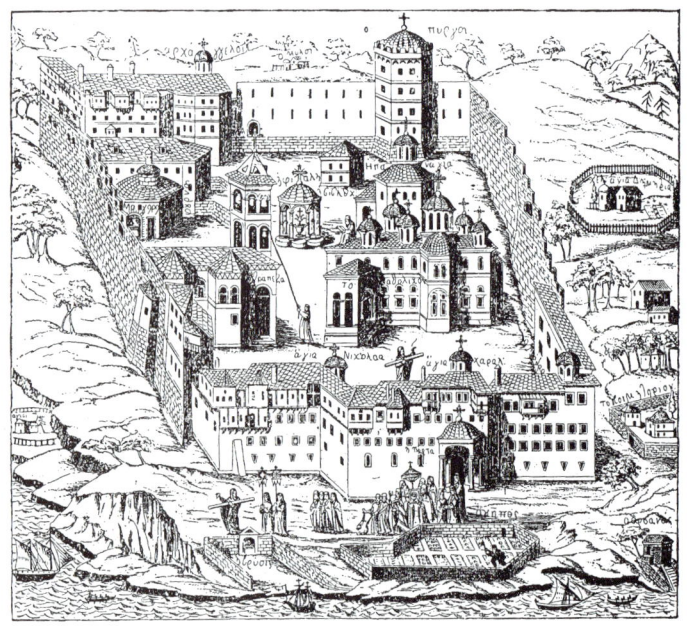

Kiew, Hagia Sophia, Rekonstruktion des Baues von 1100

Nach der Christianisierung der Rus erbauten vermutlich byzantinische Baumeister mit einheimischen Kräften in Kiew die Sophienkirche als Hauptkirche der Stadt. Sie war im Kern eine fünfschiffige Kreuzkuppelkirche mit zwölf über kreuzförmigem Grundriss errichteten Pfeilern. Sie besaß fünf Apsiden und 13 Tambourkuppeln. Diesen Baukern umgab auf drei Seiten eine umlaufende, durch Arkaden geöffnete Galerie, die nachträglich aufgestockt wurde, um den Schub der Gewölbe abfangen zu können. Die nach oben strebende pyramidale Gesamtkomposition des Bauwerks, sein Kuppelreichtum und seine offenen Galerien stellen eine Erweiterung des byzantinischen Kreuzkuppelbautypus dar, der für die russische Baukunst maßgeblich wurde.

Das Innere ist mit reichem Mosaikschmuck ausgestattet. Berühmt ist die Apsiskalotte mit der Maria im Orantengestus.

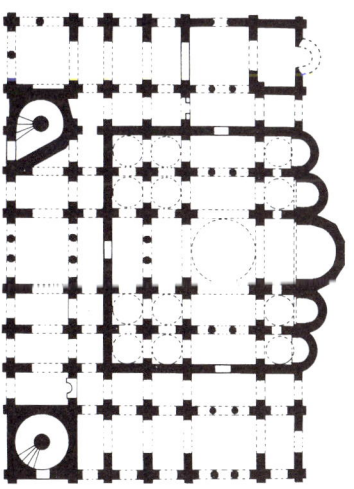

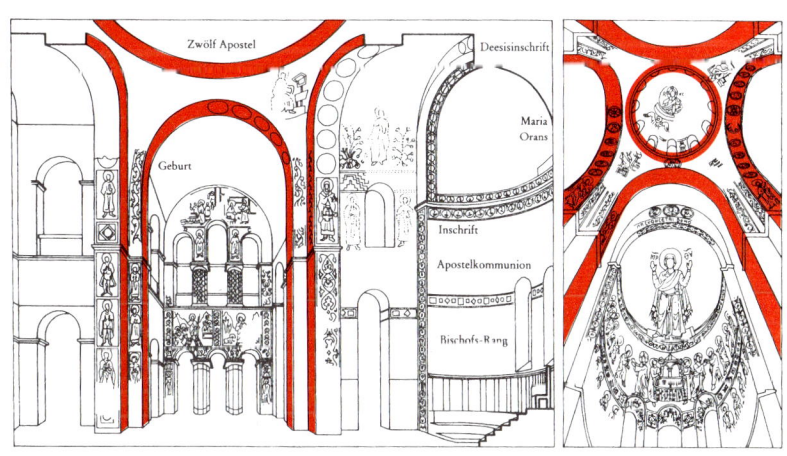

Ssamtawissi (Georgien), Kathedrale, 1030

Im Auftrag des Bischofs Kantschaweli wurde die Kathedrale errichtet, deren schlanker, durch kunstvollen Fassadenschmuck ausgezeichneter Bau mit umlaufender Blendarkatur an den Wänden durch die Mannigfaltigkeit der Formen und Ornamente besticht.

Smolensk, Michaelskathedrale, 1191–1194

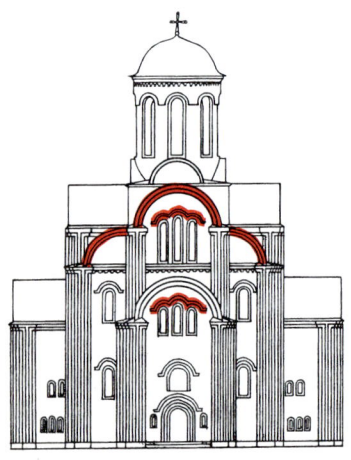

Als Hofkirche für Fürst David Rostislawitsch errichtet, besaß die Kirche ursprünglich einen dreiteiligen Fassadenabschluss mit einem Rundbogen in der Mitte. Dadurch ragte der Mittelteil des Baues turmartig auf.

Wladimir, Residenz des Andrei Bogoljubski, 1158–1165

Der Fürst der Wladimir-Susdaler Rus Andrei Bogoljubski erbaute sich ein prachtvolles Schloss. Von der Anlage des 12. Jh. haben sich nur der nördliche, zweigeschossige Turm des Palastes, der Übergang zur Kirche Mariä Geburt und die Grundmauern der Kirche erhalten. Alle Bauten waren aus weißem Kalkstein errichtet. Die Hofkirche bildete den Mittelpunkt der Residenz. Im Innern stützten die Kuppel keine Pfeiler, sondern Säulen mit riesigen Blattkapitellen. Das goldene Tor hatte sein Vorbild in Kiew.

Moskau, Maria-Schutz-Kirche, 1550–1560

Die unter Iwan IV. „dem Schrecklichen" von den Baumeistern Postnik und Barma errichtete Kathedrale aus Kalkstein vereinigt die Freiheiten der Holzarchitektur mit einem Gruppenbau aus neun Kirchen. An beide Seiten eines inneren Vierecks schließen sich kreuzförmig je vier runde Kirchen an, zwischen den Kreuzarmen liegen vier weitere. Die Gesamtanlage bildet eine regelmäßige Pyramide, dazwischen sitzen mit Zwiebeln geschmückte Türme.

Jurjew-Polski, Georgskathedrale, 1230–1234

Die mit reichem Fassadenschmuck verzierte Kirche, das letzte große Bauwerk der Wladimir-Susdaler Rus, zeigt ein breites, von schmalen Seitenschiffen flankiertes Mittelschiff, drei Apsiden und eine Vorhalle. Charakteristisch sind an diesem Werk des Meisters Pjotr die für die spätere russische Architektur typischen dreilappigen Kielbogen. Sie treten hier in einem frühen Beispiel auf. Vier Stützen tragen den hoch aufragenden Kuppeltambour.

Moskau, Plan des Kreml

Die heutige Gestalt des Kreml wird im Wesentlichen durch seine Bauten um 1500 bestimmt. Daran waren maßgeblich italienische Architekten beteiligt, wie Aristotele Fioravanti und die Fortifikationsspezialisten Pietro Antonio Solari und Marco Ruffo, welche die neuen Mauern und Türme im Jahr 1491 errichteten. Sie konnten sich das von Dimitri Donskoj angelegte Mauerdreieck des 14. Jh. zunutze machen. Mittelpunkt des Kremls ist der Kathedralplatz mit dem Facetten-Palast und dem Glockenturm. Zu diesem Platz sind sternförmig alle Straßen hin angelegt.

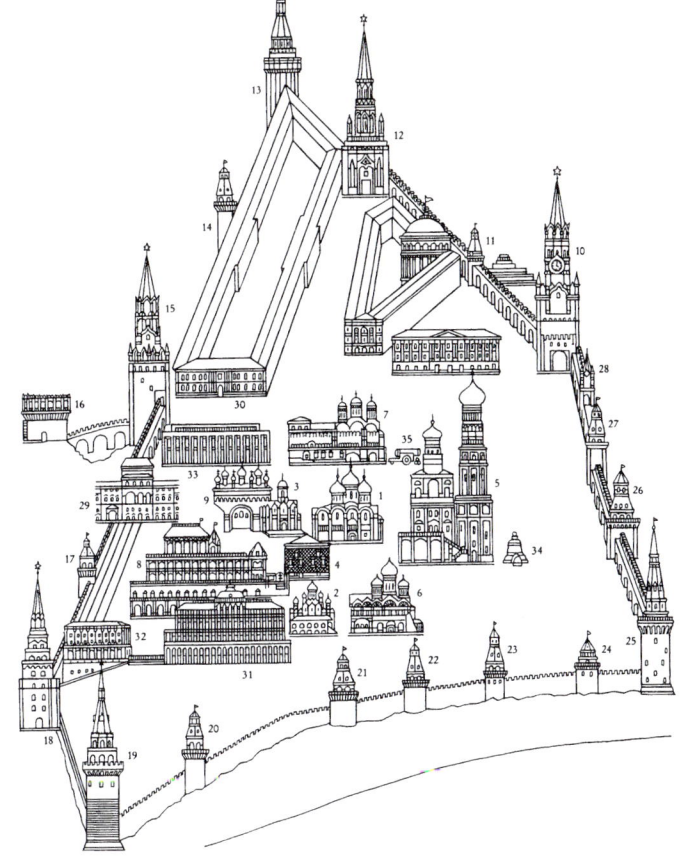

1   Mariä-Himmelfahrts-
    Kathedrale
2   Mariä-Verkündigungs-
    Kathedrale
3   Kirche der Niederlegung des
    Gewandes Mariens
4   Facetten-Palast
5   Glockenturm
6   Erzengel-Kathedrale
7   Zwölf-Apostel-Kirche mit
    Patriarchenpalast
8   Terem-Palast
9   Terem-Kirchen
10 Erlöser-Torturm
11 Senatsturm
12 Nikolaus-Torturm
13 Arsenal-Eckturm
14 Mittlerer Arsenalturm
15 Dreieinigkeits-Torturm

16 Kutafja-Wachturm
17 Waffenturm
18 Borowizki-Torturm
19 Wasserhebe Eckturm
20 Mariä-Verkündigungs-Turm
21 Geheimturm
22 Erster namenloser Turm
23 Zweiter namenloser Turm
24 Petrow-Turm
25 Beklemischewski-Eckturm

26 Konstantin-Helena-Turm
27 Alarmturm
28 Zarenturm
29 Lustschloss
30 Arsenal
31 Großer Kremlpalast
32 Rüstkammer
33 Kongresspalast
34 Zarenglocke
35 Riesenkanone

Kiew, Goldenes Tor, 1037/40

Die Rekonstruktionszeichnung dieses Kiewer Haupttors zeigt, dass sich die Baumeister an das Vorbild in Konstantinopel angelehnt haben: Wie dort diente der monumentale Bau ausschließlich einem fortifikatorischen und keinem repräsentativen Zweck, denn von Triumphzügen des Erbauers Fürst Jaroslaw ist nichts bekannt. Wie dort ist auch ein Oratorium mit dem Tor verbunden: Über der Durchfahrt liegt die Mariä-Verkündigungs-Kapelle, eine Kreuzkuppelkirche.

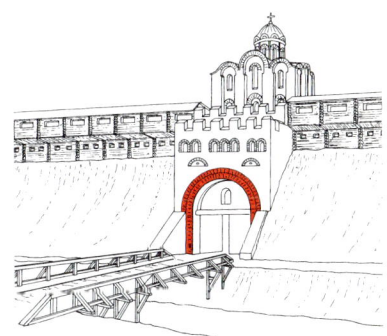

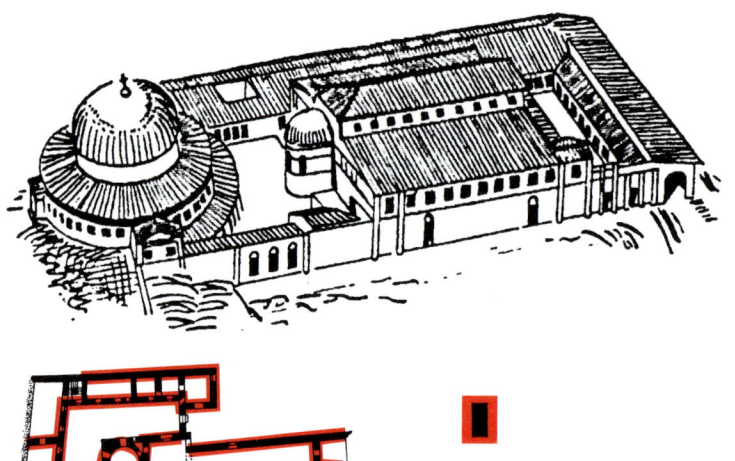

Jerusalem, Grabeskirche, um 345

Die Anlage verkörpert eine typische Wallfahrtsstätte. Neben der zentralen Memorialkapelle erstreckt sich eine Basilika, welche die Pilgerscharen aufnimmt. Die Rotunde, „Anastasis" genannt, steht über der Grabeshöhle, in der Christus beigesetzt worden ist.

1 *Hl. Grab*
2 *Auferstehungsrotunde*
3 *Hof*
4 *Basilika*
5 *Grotte*
6 *Vorhof*
7 *Torbau*
8 *Fels von Golgatha*

Kalaat Siman, Kloster des hl. Symeon Stylites, Wallfahrtskirche 5./6. Jh.

Die Kirche war Teil einer 12.000 qm großen Klosteranlage. Sie setzte sich aus vier Basiliken zusammen, die kreuzförmig um ein zentrales Oktogon angelegt waren. Das Oktogon umschloss die Säule, auf der der hl. Symeon als Stylit gelebt hatte. Die Kirchenarme entsprechen den üblichen basilikalen Bauten des 5. Jh., nur ihre außergewöhnliche Länge und Breite fallen auf.

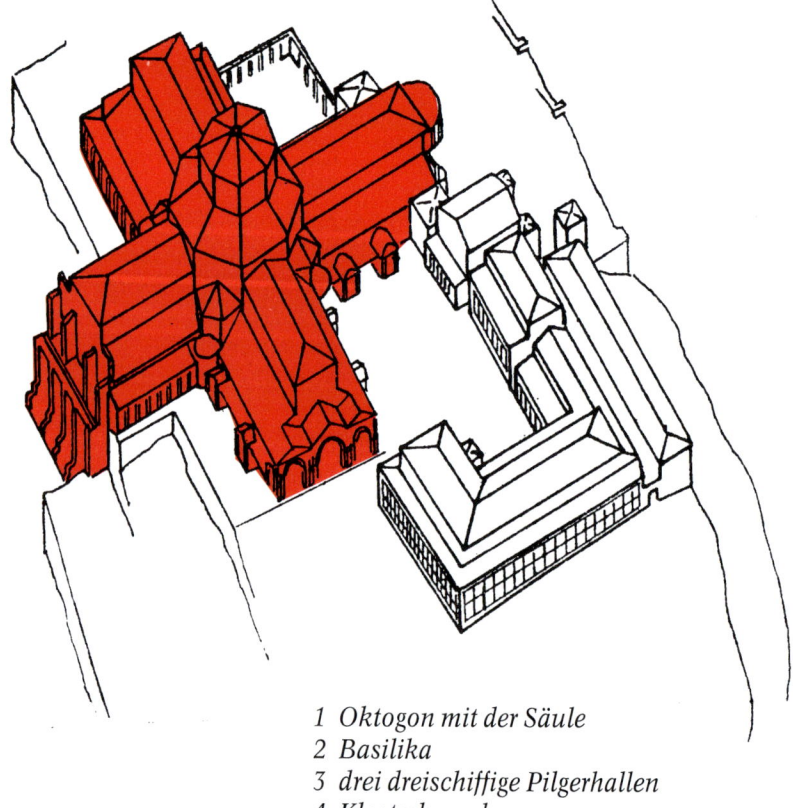

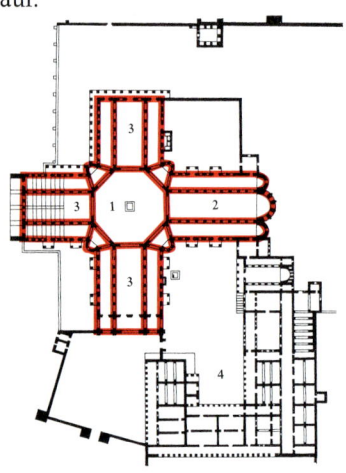

1 *Oktogon mit der Säule*
2 *Basilika*
3 *drei dreischiffige Pilgerhallen*
4 *Klosterkomplex*

ISLAM

Unter islamischer Architektur werden ganz allgemein Zeugnisse zusammengefasst, die unter den religiösen, kulturellen und geistigen Voraussetzungen des Islam entstanden sind. Sie entwickelte sich zwischen dem 7. und 11. Jh. in den Kernländern der islamischen Welt. Dabei setzte sich die muslimische Erobererschicht gegenüber den lokalen Kulturen rigoros durch. Die islamische Zeitrechnung beginnt mit der Hidschra, der Flucht Mohammeds von Mekka nach Medina und seiner Etablierung als Oberhaupt einer kleinen muslimischen Gemeinde in Medina im Jahr 622. Bei seinem Tod berherrschten die Muslime die gesamte arabische Halbinsel.

Die Ausbreitung des Islam vollzog sich anschließend in zwei Abschnitten bis 120 Jahre nach dem Tod Mohammeds. Damals eroberten arabische Truppen bis 661 Syrien und Ägypten und zerschlugen den sassanidischen Iran. Aus dem Kampf um die rechtmäßige Nachfolge Mohammeds ging die Dynastie der Omaijaden siegreich hervor. Sie erhoben Damaskus zum Zentrum des arabischen Weltreiches.

Die omaijadische Epoche währte 661–750. In dieser Zeit wurden die Muslime durch die Eroberung weiter Teile des byzantinischen Reiches Erben der spätantik-hellenistischen Kultur. So bilden die byzantinische und die altiranische Kultur die Wurzeln der islamischen. Bis auf Andalusien konnte sich in den eroberten Kernladen die islamische Kultur auf Dauer etablieren.

Das frühest erhaltene Bauwerk des Islam ist der 692 unter Kalif Abdalmalik (685–705) vollendete Felsendom in Jerusalem, der – von byzantinisch-syrischer Kunst beeinflusst – dennoch Wahrzeichen der islamischen Religion wurde. Die ältest erhaltene Moschee ist die Omaijadenmoschee von Damaskus, um 710, ein Schlüsselmonument des islamischen Sakralbaus. Bauherr war al-Walid (705–715), der Sohn Abdalmaliks.

Zur Zeit der Absiden nach dem Sturz der Omaijaden blühte Bagdad auf. Al-Mansur (754–775) konzipierte das neue Bagdad als Rundsiedlung nach altiranischem Vorbild. In der 2. Hälfte des 9. Jh. stampften sie Samarra als neue Hauptstadt aus dem Boden. Dort entstand neben Palästen, Häusern und Moscheen das älteste islamische Mausoleum, die Qubbat as-Suliaibiya, um 862. Das zweite derartige Monument wurde in Buchara für den Samaniden Ismael gebaut. Ansonsten folgt im Iran der Moscheenbau dem arabischen Schema.

Bis 750 kann man von einer homogenen Reichskunst unter der einheitlichen Verwaltung des Kalifen sprechen. Als das Kalifat im 9. Jh. an politischer und militärischer Macht verlor und es zur Bildung halbautonomer und autonomer lokaler Dynastien kam, setzte sich der zuvor entwickelte Kanon von Stilelementen auch mit lokalen Färbungen durch. Bis zur Eroberung Bagdads durch die Mongolen 1258 bestand die Vorstellung eines islamischen Weltreiches wenigstens als Fiktion fort. Nach dieser Zäsur aber entwickelten sich aus den Trümmern des Kalifats drei große islamische Reiche: das türkisch-osmanische Reich (1300–1923), der iranische Nationalstaat der Safawiden (1502–1736) und das Reich der Mogulkaiser in Indien (1526–1857). Im Westen des islamischen Reiches beendete die Reconquista den kurzfristigen islamischen Einfluss. Unter den Nasriden von Granada (1231–1492) markiert die Alhambra den Höhepunkt und den Abschluss der Entwicklung.

Kennzeichnend für die islamische Kunst ist die Aufnahme von Formensprachen der vorgefundenen regionalen Kulturen. So stehen die Mosaiken des Felsendomes beispielsweise eindeu-

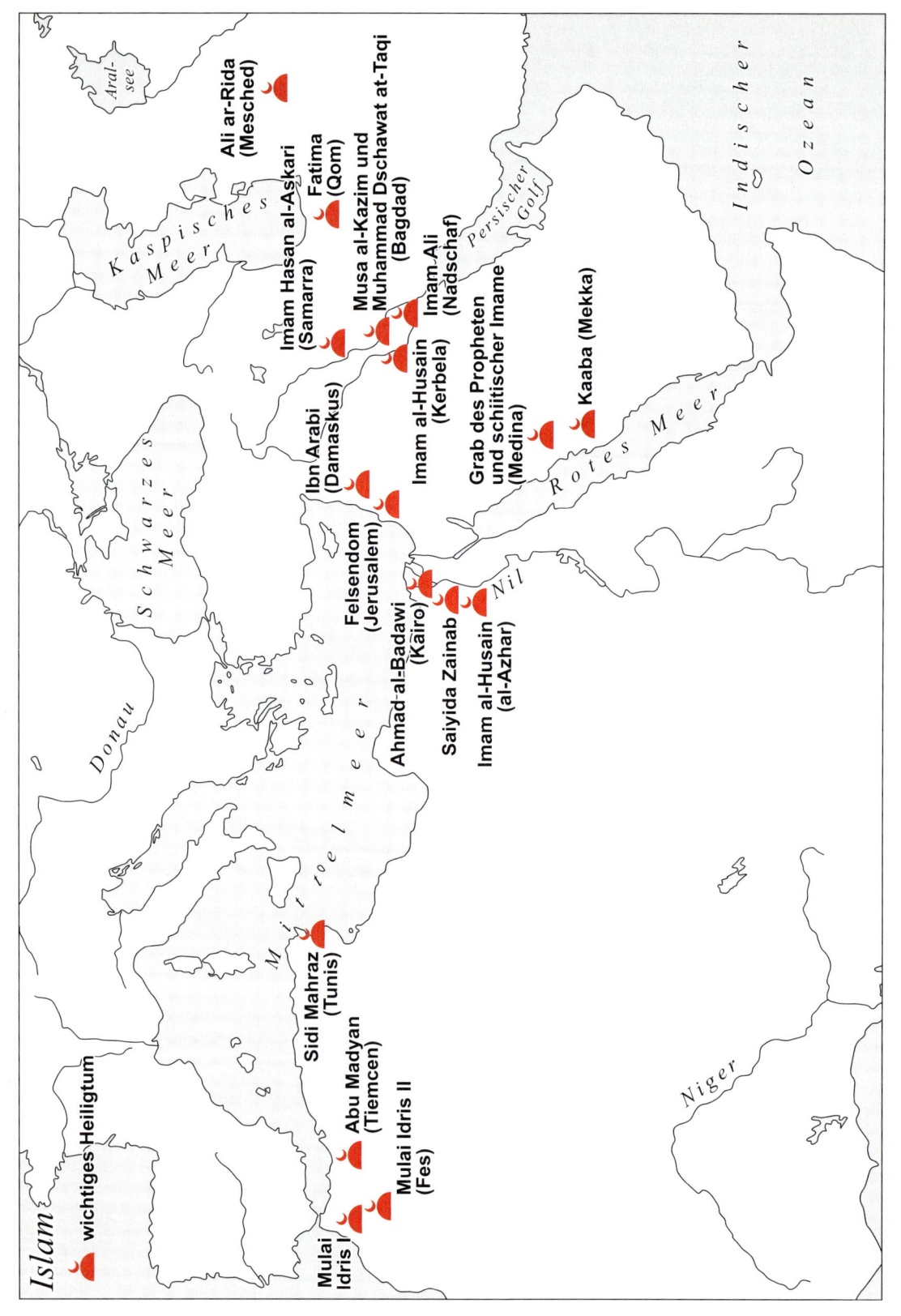

Islam

● wichtiges Heiligtum

Ali ar-Rida (Meschhed)

Imam Hasan al-Askari (Samarra)

Fatima (Qom)

Musa al-Kazim und Muhammad Dschawat at-Taqi (Bagdad)

Imam Ali (Nadschaf)

Imam al-Husain (Kerbela)

Kaaba (Mekka)

Ibn Arabi (Damaskus)

Grab des Propheten und schiitischer Imame (Medina)

Felsendom (Jerusalem)

Ahmad-al-Badawi (Kairo)

Saiyida Zainab

Imam al-Husain (al-Azhar)

Sidi Mahraz (Tunis)

Abu Madyan (Tlemcen)

Mulai Idris II (Fes)

Mulai Idris I

Aral-see

Kaspisches Meer

Schwarzes Meer

Donau

Mittelmeer

Rotes Meer

Nil

Persischer Golf

Indischer Ozean

Niger

tig in byzantinischer Tradition. Auch nach der Eroberung Konstantinopels 1452 konnten für die Moscheen Konstruktionsideen und die Baugestalt der Hagia Sophia übernommen werden.

Eine für den Islam typische Kunstäußerung ist die Schrift, die als eigenständige Kunstform der Kalligraphie mit floralen und geometrischen Ornamenten sowohl autonom vorkommt als auch mit der Architektur oder dem Kunstgewerbe zur Einheit verschmilzt. Die Ornamentik entwickelt sich zur phantasiereichen Rezeption vieler unterschiedlicher Stiltendenzen aus der Antike in geradezu endlosem Rapport.

Die großen Bauten der Osmanenzeit im Mittelmeerraum müssen als Schlusspunkte einer eigenen islamischen Architekturentwicklung angesehen werden. Danach ist eine schöpferische Kulturentwicklung im Islam bis zum heutigen Tag nicht mehr zu beobachten. Die Kultur dieser Epoche gilt als eigentliche Renaissance des Islam. Das Persische setzte sich damals als Literatursprache durch

Zeittafel

Herrschaft der Omaijaden 661 – 750	Kufa, Große Moschee; Jerusalem, Felsendom; Damaskus, Große Moschee; Chirbat al-Mafdschar, Badekomplex
Herrschaft der Abbasiden 750 – 9. Jh.	Damgan, Tarik-Hana-Moschee; Samnarra, Balkuwara-Palast; Kairo, Moschee Ibn Tuluns
Emirat von Cordoba 711 – 10. Jh.	Cordoba, Große Moschee; Toledo, Moschee Bab Madum
Dynastie der Fatimiden 953 – 1171	Kairo, Moschee el-Azhar
Dynastie der Almoraviden 11. – 13. Jh.	Tlemcen, Große Moschee; Algier, Große Moschee
Dynastie der Seldschuken 1038 – 12. Jh.	Isfahan, Große Moschee; Karawanserei Ribat-i Saraf; Konya, Große Moschee
Dynastie der Almohaden vor 1130 – 1269	Tinmal, Freitagsmoschee; Marakesh, 2. Kutubiya-Moschee; Rabat, Hassanmoschee
Dynastie der Aijubiden und Mamelucken 1169 – 1390	Kairo, Medrese u. Grab Sultan al-Salihs, Große Moschee Sultan Beibers'
Dynastie der Nasriden 1230 – 1492	Granada, Alhambra
Dynastie der Osmanen 1281 – 1922	Bursa, Moschee; Istanbul, Topkapi-Saray; Edirne, Moschee Bayazids II.; Baumeister Sinan

Die Kaaba in Mekka, Stich des 18. Jh.

Wenn auch keine Bauten aus den ersten beiden Generationen des Islam erhalten sind, so haben sich doch durch literarische Überlieferung Bräuche mit Gebetsstätten verbunden. Dazu zählt die Anordnung Mohammeds, das Gebet in Richtung auf die Kaaba in Mekka auszurichten; dort war schon in vorislamischer Zeit eine Wallfahrtsstätte, deren Idole Mohammed nach seiner siegreichen Rückkehr hatte zerstören lassen und die nach seinem Willen und Befehl jeder Gläubige einmal in seinem Leben aufzusuchen hat. Aus dieser Pilgertradition entwickelten sich die Memorialbauten von Mekka.

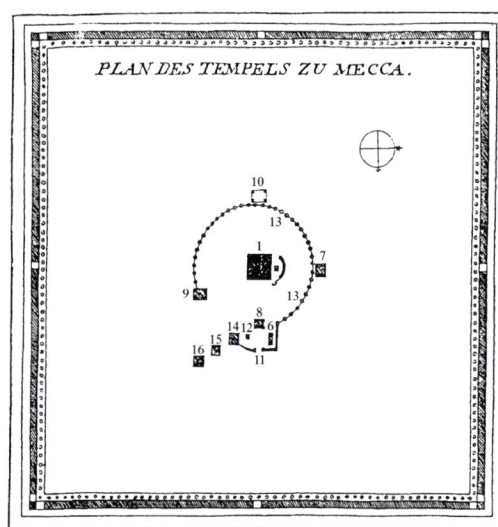

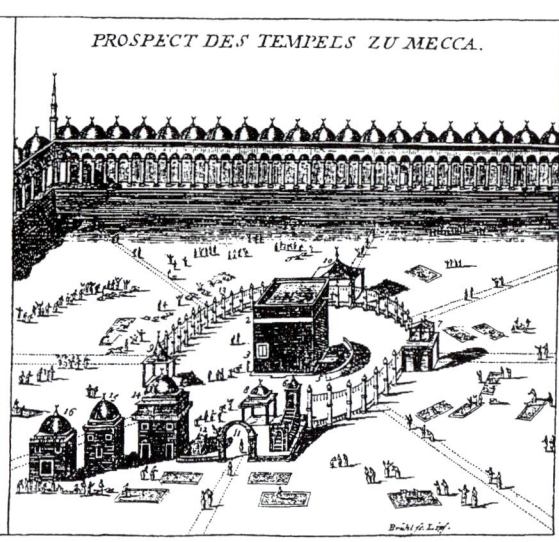

1 Kaaba	7 Die Station der Hanifiten	13 Der innere, nächtlich durch
2 Das Band von Gold	8 Der Platz des Abraham und	Lampen
3 Der schwarze Stein	der Shafeiten	beleuchtete Einschluss
4 Die goldene Röhre oder	9 Die Station der Hanbaliten	14 Das Gebäude über dem
Rinne	10 Die Station der Malekiten	Brunnen Zemzem
5 Das Grab Ismaels	11 Das alte Tor	15 Die Schatzkammer
6 Das Pult	12 Die Stufen	16 Die Kuppel des al Abbas

Jerusalem, Felsendom, 691/92

Den Kern des Felsendoms bildet eine Rotunde, die von zwei konzentrisch angelegten Umgängen eingefasst wird. Der Raumzylinder um den Felsen, von dem aus Mohammed in den Himmel gefahren sein soll, misst rund 20 m im Durchmesser, darüber wölbt sich die zweischalige Holzkonstruktion der Kuppel. Die Sockelzone des Raumzylinders ist in eine Stützenfolge aufgelöst. Vier Pfeilerpartien an der Wand wechseln mit vier Säulenarkaden in den Hauptachsen. Zwischen diese innere Rotunde und den oktogonalen Mauermantel legt sich eine oktogonale Arkade, bei der zwischen die acht Eckpfeiler Bogen tragende Säulen eingefügt sind. Der Bau steht in der unmittelbaren Nachfolge spätantiker Memorialbauten. So sind die Übereinstimmungen zwischen der Jerusalemer Auferstehungskirche und dem Felsendom nicht zu übersehen, weil al-Malik als Bauherr den Vergleich mit christlichen Bauten herausgefordert hat, um eine religiöse Legitimation für den Islam durch ein sichtbares Zeugnis einfordern zu können.

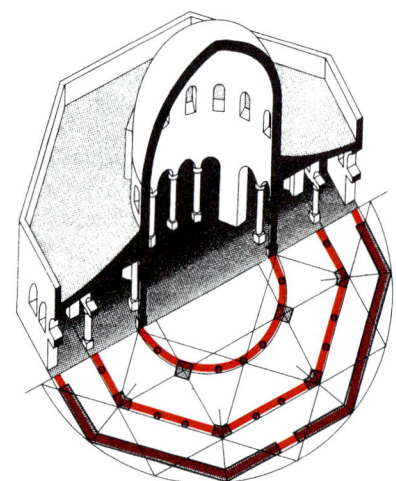

Islamische Kapitelle

Bei den Kapitellen werden gerne weiterentwickelte Komposit- oder abgewandelte und variierte korinthische Kapitelle verwendet.

1 Marrakesh, almohadisches Kapitell aus der Kutubiya

2 Tlemcen, merinidisches Kapitell aus dem Grabmal Sidi Bu Medine

3 Marrakesh, Kapitell aus den Saadier-Gräbern

Stalaktitengewölbe

Das verbreitete Gewölbe in der islamischen Baukunst ist das Stalaktitengewölbe. Es besteht aus vielen treppenartig übereinander aufsteigenden Einzelelementen, die so zusammengesetzt sind, dass ihre Gestalt an herabhängende Tropfsteine erinnert. Haben die einzelnen Teile nur dekorative und nicht tragende Funktion, spricht man von Stalaktitenwerk.

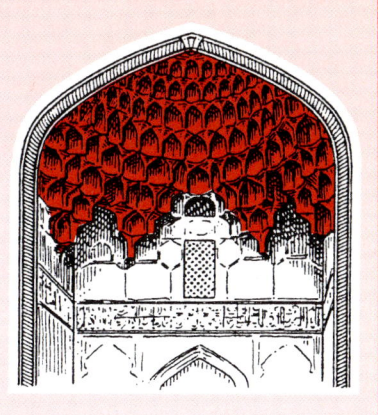

Islamische Bogenformen

Häufig kommt in der islamischen Architektur der aus vier Kreisbogenstücken zusammengesetzte *Kielbogen* vor. Die angenommenen Mittelpunkte zweier Kreisbögen liegen bei dieser Konstruktion innerhalb, die beiden anderen außerhalb des Bogenfeldes.

Der *Hufeisenbogen*, z.B. an der Moschee von Cordoba, ist an der Unterseite eingezogen, da er über den Halbkreis hinausgeführt ist. Er wird im Mittelalter ausschließlich in der islamischen Architektur verwendet.

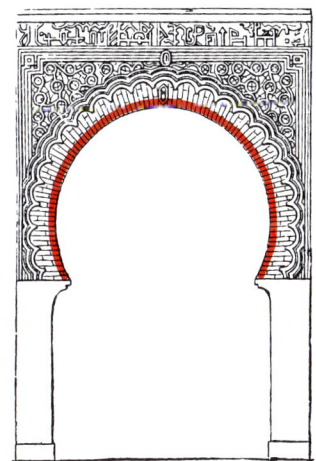

Islamischer Dekor

In Kairuan, der ersten islamischen Stadt Nordafrikas, errichtete Sidi Okba zwischen 663 und 664 die Große Moschee, die von Yazid ibn Al-Hatim, dem Stadthalter von Ifriquiya, 722–774 erneuert wurde. Die reichen, noch in byzantinischer Tradition behauenen Mihrabnischen und die abbassidischen Konsolen dürften auf die Zeit Yazids zurückgehen.

Kairo, Minarette

Achmed Inb Tulun (* 835) war Sohn eines türkischen Sklaven, der in den Dienst des Kalifen geholt worden war und sich dort große Verdienste erwarb. Er wurde schließlich Stadthalter von Ägypten und Syrien. Seine Moschee folgt in der Anlage der in Samarra. Das heutige Steinminarett (Turm für den Gebetsrufer) ist aber ein Neubau aus dem Jahr 1296.

An der Freitagsmoschee des Kalifen al-Hakim (990–1013) erheben sich an der Eingangsfassade zwei Minarette, die ab 1010 mit einem quadratischen Mauermantel umgeben wurden.

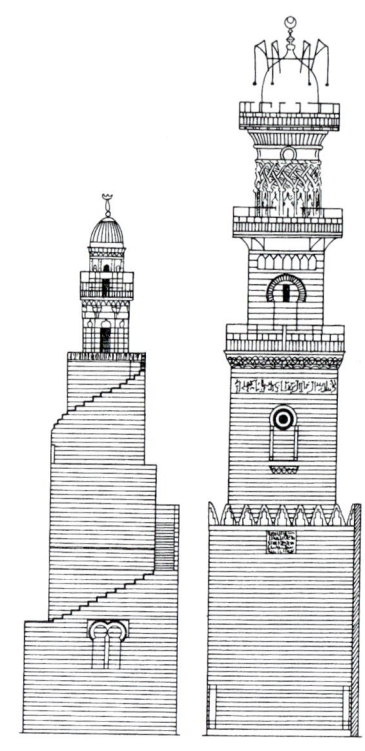

Kairo, Al-Hakim-Moschee, um 1000

Der Baubeginn der Moschee fällt in die Regierungszeit des Kalifen al-Aziz, vollendet wurde der Bau jedoch unter seinem Sohn al-Hakim. Der annähernd quadratische Bau besitzt einen Hof mit Arkadengängen. Ein Mittelschiff führt zur Kuppel mit dem Mihrab (Gebetsnische). Die Räume waren nicht vor 1013 ausgestattet, denn der Minbar (Predigtkanzel) datiert erst aus dieser Zeit, und in diesem Jahr wurde dort auch das erste Freitagsgebet abgehalten. Als Baumaterial wurde kleinformatiger Haustein (Talatat) verwendet, der im Inneren verputzt wurde. Die Pfeilerarkaden bestehen aus Ziegeln. Das Vorbild für die Moschee gab die des Inb-Tulun, während das Mihrabschiff (Querschiff) mit seinem Obergaden an die Moschee von al-Azhar in Kairo erinnert.

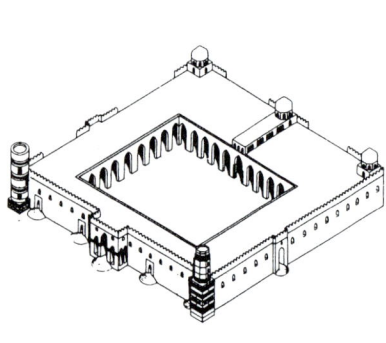
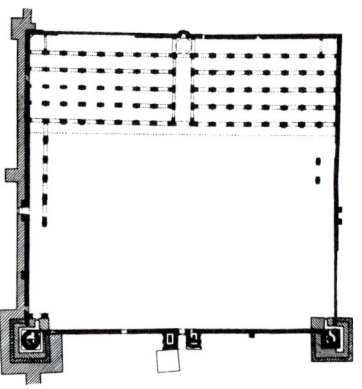

Moschee (islam. Bethaus)

Der Begriff kommt vom arabischen „Masdschid" = Anbetungsort und gelangte über eine italienische Abwandlung in unseren Sprachgebrauch.

Im Moscheebau unterscheidet sich der sog. „arabische Moscheetyp" vom „syrischen Moscheetyp", der von der Omaijadenmoschee in Damaskus geprägt ist.

Die syrische Moschee ist zur Betwand hin breiter als tief, die arabische Moschee dagegen tiefer als breit konzipiert. Der arabischen Moschee fehlt die klare Orientierung des Bauwerks auf die Gebetsnische hin, welche in der syrischen Moschee durch ein Querschiff abgehoben ist.

Für den Irak bleibt der arabische Moscheetyp verbindlich, für Tunesien entsteht in Kairuan 836 eine Kombination aus syrischem und arabischem Typ, in Nordspanien und Nordafrika kennzeichnen das T-förmige Schema des Grundrisses, Stuckdekorationen und Hufeisenbögen die Moschee-Architektur.

Ein Schlüsselmonument für den vierten Moscheetypus, den iranischen, ist die Freitagsmoschee von Isfahan aus dem 12. Jh. Man besann sich auf altiranische Bauformen zurück, nämlich auf die Liwane, die überwölbte Halle des Wohnhauses, die im Vierhallenschema an den Achsen des Vorhofs der Moschee angewendet worden ist. Dabei kulminiert der auf die Gebetsnische weisende Liwan in einer hohen Kuppel.

Kairuan/Tunesien, Große Moschee, 836

Die Große Moschee, nach ihrem Erbauer auch Djama Sidi Okba genannt, folgt in ihrer Konstruktion mit 17 rechtwinklig zur Kiblawand (in der Gebetsrichtung gelegene Wand) verlaufenden Schiffen und dem breiten Mittelschiff dem Plan der Al-Aksa-Moschee in Jerusalem. Die Einrichtung fällt mit der Spaltung des Reiches der Abbassiden zusammen. Die über trapezförmigem Grundriss errichtete Anlage hebt erstmals das Querschiff, das längs Kiblawand verläuft, und das durch zwei Kuppeln akzentuierte Mittelschiff heraus, so dass ein T-förmige Grundriss entsteht. Die Längsschiffe werden von Transversalarkaden durchschnitten, deren Verlauf am Flachdach ablesbar ist.

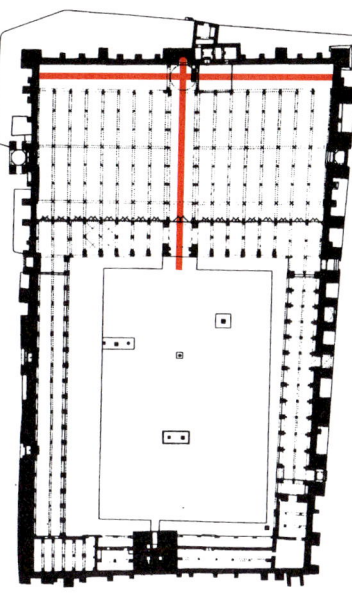

Kairuan, Osttor, 1294

Das Ostportal der Großen Moschee führt unmittelbar in den Gebetssaal. Es demonstriert die Bautätigkeit der Hafsiden, einer der drei Dynastien, die das Almohadenreich unter sich aufgeteilt haben. Die in Haustein ausgeführte Fassade zeigt in ausgewogener Gliederung von rechteckiger Rahmung umfasste Hufeisenbögen, Blendarkaden und einen Zinnenkranz. Die Kuppel ruht auf Trompen.

Kairuan, Mihrabwand, 9.Jh.

Die Mihrabwand der Großen Moschee setzt das Bogenmotiv des aus einem Marmorblock gearbeiteten Mihrab bis in die bekrönende Kuppel fort. Der Minbar ist aus Teakholz gearbeitet, elf Stufen führen hinauf.

Kairuan, Moschee der drei Tore

Die Moschee ist eine Stiftung von Mohammed Ben Khairoun El Maafari aus Andalusien, so dass sich im Dekor dieser Moschee die Dekorationskunst der spanischen Mauren spiegelt mit Zierformen und Schriftbändern in bewegten kufischen Buchstaben.

> **Mihrab**
>
> *nach Mekka gerichtete, reich verzierte Gebetsnische in einem islamischen Bethaus.*
>
> **Minbar/Mimbar**
>
> *kunstvoll gestalteter Predigtstuhl/-kanzel aus Holz oder Stein in einer Moschee*

Tlemcen, Große Moschee, Dekor 836

Nach alter Tradition sollen einige der Platten des Dekors am Mihrab der Großen Moschee in Tlemcen (in Nordalgerien) aus Bagdad importiert, andere von einem mesopotamischen Künstler an Ort und Stelle gefertigt worden sein. Entstanden ist eines der besterhaltenen Zeugnisse der frühen islamischen Keramik. Im Dekor hat sich die abbassidische Kunst durchgesetzt.

Tlemcen, Moschee des Sidi Bel Hassan, Dekor um 1296

Der Dekor in dieser Moschee weist besonders naturalistisch gebildete Akanthusmuster auf. Zugleich wird mit dem Akanthusmotiv auch die antike Tradition wieder aufgenommen.

Tlemcen/Algerien, Große Moschee, um 1136

Tlemcen war im Mittelalter Hauptstadt des mittleren Maghreb. Im 12. Jh. wurde nach der Eroberung des Gebietes durch Yusuf ibn Tašifin ein neues Stadtviertel gegründet.

Unter Yusufs Sohn Ali (1106–1142) wurde die Große Moschee um 1136 vollendet. Ihre Anlage folgt dem im Maghreb verbreiteten Grundtyp. Sie besitzt einen quadratischen, von Arkaden umgebenen Hof. Den Gebetssaal unterteilen zwölf senkrecht zur Kiblawand geführte Arkaden. Sie werden wiederum durch Transversalarkaden in der Mitte gekreuzt.

Die beiden seitlich des Hofes liegenden Riquas sind in drei bzw.

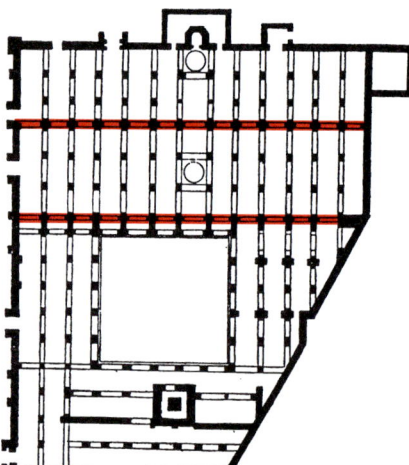

fünf Schiffe unterteilt. Der Gebetssaal hat keinen T-förmigen Grundriss, sondern wird lediglich durch die auf den Mihrab zulaufende Achse hervorgehoben.

In der Eindeckung gleicht die Moschee in Tlemcen den spanischen Moscheen, d.h. über jedem Schiff sitzt ein eigenes abgewalmtes Satteldach mit offenem Dachstuhl.

Córdoba, Große Moschee , 785/86 beg., 987 voll.

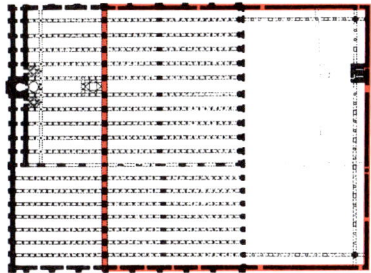

Der Gründungsbau wurde 785/86 begonnen und bildete mit dem Vorhof eine quadratische Anlage, die durch die Hoffassade des Betsaals in gleiche Hälften geteilt wurde. Der Grundriss entspricht dabei der Al-Aksa-Moschee auf dem Tempelberg in Jerusalem.

Toledo, St. Maria la Blanca 13. Jh.

Die Moschee, später in eine Kirche umgewandelt, dient als typisches Beispiel des Mudéjar-Stils, der auf die in den von den Christen zurückgewonnenen Teilen Spaniens verbliebenen Mauren, Mudéjaren, zurückgeht. Diesen Stil haben Christen und Mauren gemeinsam angewandt. Er bildet eine Mischung aus gotischen und maurischen Formen, wobei der Hufeisenbogen, die Stalaktitengewölbe und die Majolikafließen maurischen Ursprungs sind.

Mozarabischer Stil

Diesen Baustil haben in Spanien lebende Christen unter maurischem Einfluss geprägt und zwischen dem 9. und 11. Jh. verwendet. Bestes Beispiel ist San Miguel de Escalda bei León. Von der Gesamtanlage her ist dieser Stil eindeutig christlich geprägt, in Details tauchen jedoch islamische Formen auf, wie der Hufeisenbogen oder das untektonische Lasten schwerer Mauermassen auf sehr dünnen Säulen. Die gebräuchlichsten Wölbungsarten sind Tonnen- und kuppelige Kreuzgewölbe. In der Dekoration mischen sich byzantinische und maurische Stilelemente.

Toledo, Moschee am Stadttor Bib Mardum, 980/99

Einige kleinere Moscheen Spaniens haben die Reconquista überdauert, indem in ihnen Kirchen eingerichtet wurden. So wurde aus der Moschee am Stadttor Bib Mardum die Kirche Cristo de la Luz. Bauinschirften datieren die von Architekt Musa ibn Ali erbaute Moschee ins Jahr 980 oder 999. Der kleine Ziegelbau wurde über quadratischem Grundriss errichtet. Durch Arkadenmauern entstanden neun Quadrate, die mit Kuppelgewölben geschlossen sind. Die variantenreichen Rippenkonstruktionen lassen erkennen, dass die Architektur von der Großen Moschee in Córdoba beeinflusst ist.

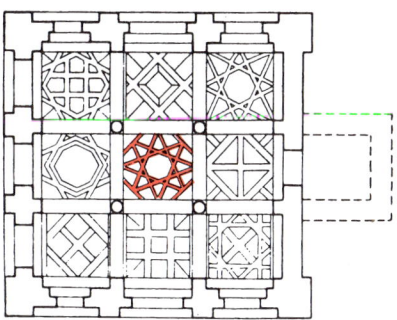

Granada, Alhambra, Löwenhof (1354–1391)

Der Löwenhof bildet den Mittelpunkt der unter Muhammad V. (1354–1391) errichteten Palastteile der Alhambra. Den Namen verdankt der Hof einem Löwenbrunnen. An den Schmalseiten tritt vor den umlaufenden Säulengang jeweils ein Pavillon, der sich in dreibogigen Arkaden nach drei Seiten öffnet; er wird von einem rechteckigen Dekorfeld mit durchbrochen gearbeitetem Stuckornament und rahmender Inschrift zusammengefasst. Als Stützen dienen schlanke Marmorsäulen, deren Schäfte unterhalb der Palmblattkapitelle eine Folge schmaler Ringe ziert. Statt eines Eckpfeilers sind drei Säulen verkuppelt über Eck gestellt.

Maurische Ornamentik aus Granada

1–5 Löwenhof der Alhambra
6–7 Saal der beiden Schwestern, ebenda
  8 Wandmosaik aus dem Mirador de Lindaraja

Rekonstruktionszeichnung der Fassade des Badegebäudes

Querschnitt durch das Badegebäude von Schloss Chirbat al-Mafdschar bei Jericho

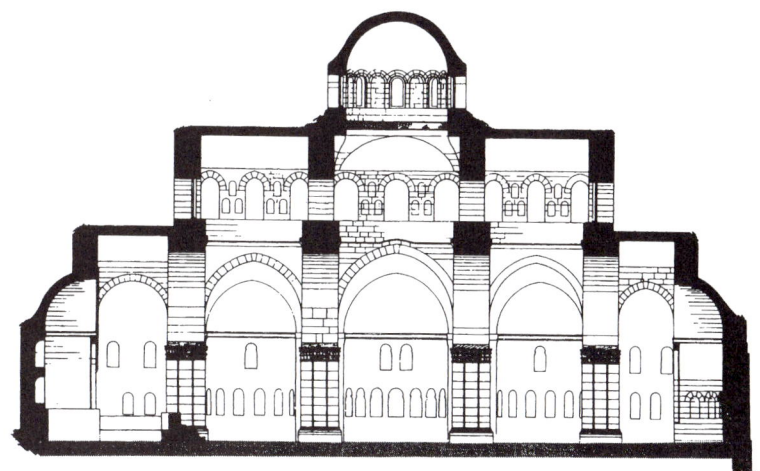

Die Gliederung besteht aus Flechtbändern und aus Großmedaillons. Die Bevorzugung ornamentaler Gliederungselemente für die Ausgestaltung der Fassade führte dazu, dass Pfeiler und Säule als überkommene Architekturelemente zurücktraten und an Eigenwert verloren.

Jericho, Schloss Chirbat al-Mafdschar, 724–743

Die Schlossanlage wurde von Kalif Hisham (724–743) errichtet und besteht aus Vorhof, Schloss, Arkadenhöfen und dem Badegebäude (rechts), das Elemente einer spätantiken Thermenanlage und den byzantinischen Kuppelbau miteinander vereinigt.

Der Schmuckdekor freilich besitzt großdimensionierte omaijadische Formen, wie sie an der Fassade von Masatta in ähnlicher Weise verwendet worden sind.

Die gesamte Anlage blieb nach einem Erdbeben 750 als Ruine ungenutzt liegen.

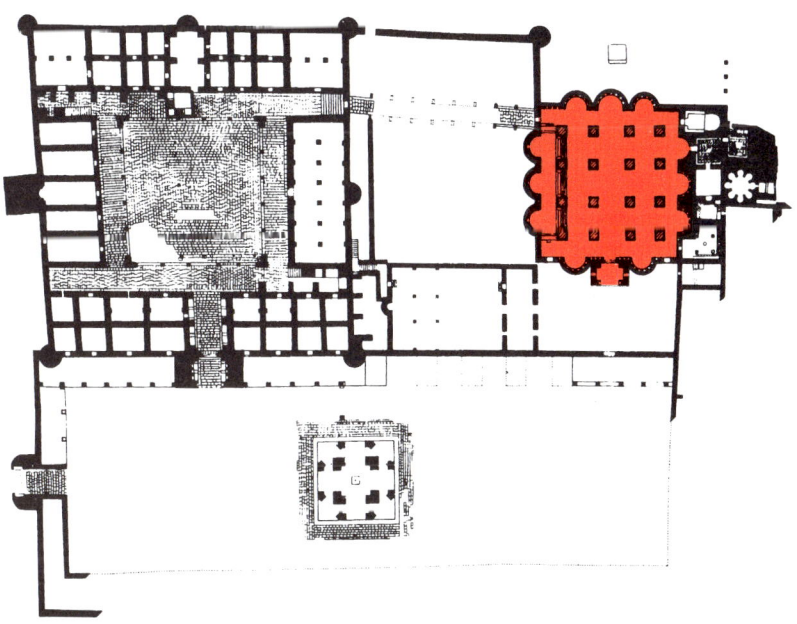

Blick auf Istanbul

1453 war Konstantinopel von den Osmanen unter Sultan Mehmet Fatih erobert worden. Die Stadtansicht des 17. Jh. zeigt einen Ausschnitt mit zahlreichen Moscheen, der von der Sultan Ahmed Camii, der Yeni Camii über die Sülemaniye bis zur Sultan Selim Camii reicht. Auch spätantike Monumente wie die Arkadiussäule stehen noch aufrecht.

Istanbul, Sehzade Camii (Prinzenmoschee), 1544/48

Die Moschee des 1543 zu Manisa mit 22 Jahren verstorbenen Kronprinzen Mehmet wurde auf Befehl Sultan Süleymans I. 1544/48 durch Architekt Sinan erbaut. Sie ist dessen erster großer Moscheenbau nach seiner Ernennung 1539 zum Hofarchitekten. Er selbst hat sie als sein „Lehrstück" bezeichnet. Mit dieser Architektur beginnt die das Lebenswerk Sinans beherrschende Auseinandersetzung mit der Hagia Sophia, aus deren Grundriss Sinan seine Moscheen konzipiert hat. Auch mit der Kreuzkuppelkirche hat er sich auseinander gesetzt. Der kubische Gebetsraum der Prinzenmoschee wird von der Kuppel beherrscht, die nach vier Seiten durch Halbkuppeln erweitert wurde. An diese Moschee schließt sich ein quadratischer Vorhof mit überkuppelten Umgängen und einem Brunnen an.

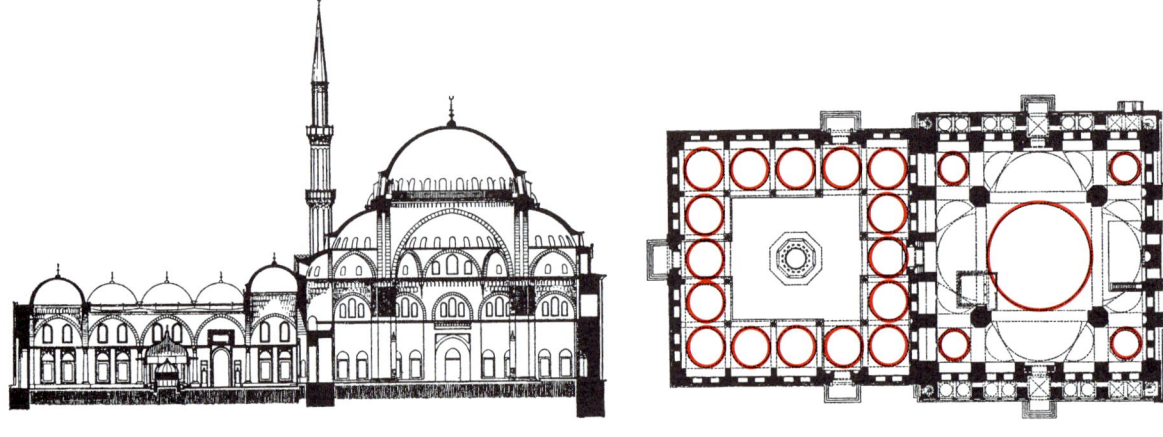

Istanbul, Topkapi Saray, 1465–1480

Nachdem Istanbul 1462 Residenzstadt der Sultane geworden war, begann man mit dem Bau des Topkapi Saray auf einer Halbinsel am Bosporus. Es handelt sich dabei um eine ausgedehnte Anlage, deren Gebäude um aufeinander folgende Höfe angelegt sind. Dabei sind die einzelnen Höfe in sich sehr unterschiedlich und abwechslungsreich gestaltet. Eine Steigerung zu einem Mittelpunkt hin wurde vermieden. So wurde die Vorläufigkeit dieses Aufenthaltsortes im irdischen Leben betont, die eine allzu große Repräsentation in architektonischer Hinsicht nicht verträgt.

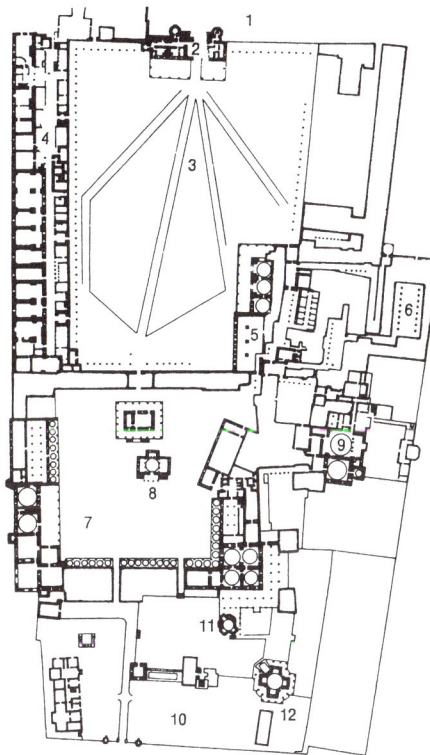

1 Erster Hof
2 Mittleres Tor
3 Zweiter Hof
4 Küchen
5 Schatzhaus
6 Krankenhaus
7 Dritter Hof
8 Bibliothek Ahmeds III.
9 Harem
10 Vierter Hof
11 Revar-Pavillon
12 Bagdad-Pavillon

Rumeli Hisar, Grundrisse und Schnitte der Türme, 1452

1452 ließ Sultan Mehmet Fatih an der engsten Stelle des Bosporus eine mit drei gewaltigen Türmen bewehrte Sperrfestung errichten, die in vier Monaten vollendet war. Das als europäisches Schloss bezeichnete Bauwerk schmiegt sich dem Ufer an. In der Mitte steht ein zwölfeckiger Turm, der Tor und Zwinger bewacht. Die Westmauer erstreckt sich zwischen zwei Rundtürmen. Sie haben die für die Festungsbauwerke der Osmanen typische Gestalt eines Butterfasses. Als Architekt wird Musli Heddin, ein angeblich zum Islam übergetretener griechischer Mönch, überliefert.

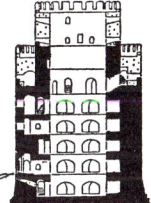

Anatolien, Karawanserei Sultan Chan, 1229

Die größte der unter den Seldschuken in Anatolien errichteten Karawansereien, die zum Schutz der Karawanen und als Poststationen dienten, besteht aus einer lang gestreckten, mit Spitztonnen überwölbten Halle, deren Mittelschiff höher und breiter ist als die Seitenschiffe. Über dem fünften Joch erhebt sich eine Trompenkuppel. Die Halle wird über einen symmetrisch angelegten Hof betreten.

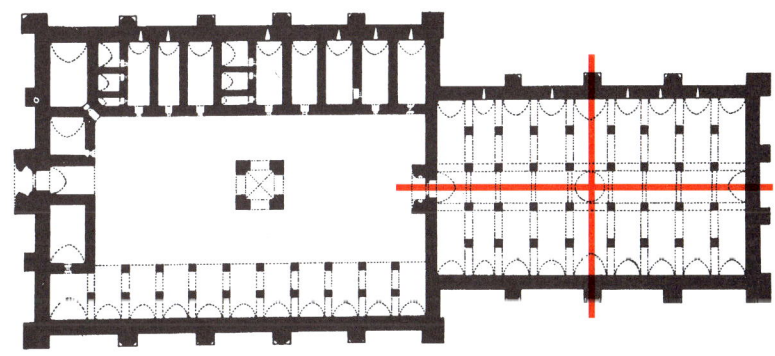

Agra, Tadsch Mahal, Parkanlage

Die Anlage des Gartens folgt in seiner regelmäßigen Aufteilung persischen Vorbildern.

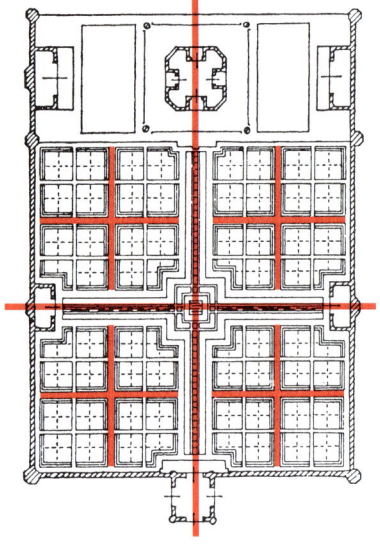

Isfahan, Masgid-i-Gami, um 1088/89

Das einzige Bauwerk, das im Iran aus der Seldschukenzeit erhalten blieb, ist die Große Moschee von Isfahan. In ihrer heutigen Gestalt ist die Moschee ein gewaltiger Komplex von verworrener Vielgestaltigkeit. In der ursprünglichen Form war sie eine Moschee im arabischen Typus, an die ein Kuppelraum angefügt war. Seine Kuppel zeigt eine Vollkommenheit im Rahmen der Ziegelarchitektur, die nie mehr erreicht wurde. Sie ist aus vier Teilgewölben, dreizonig angeordneten Stalaktitformen und 16 kielbogigen Blendarkaden zusammengesetzt. Als Bauherr gilt Wesir Nizam-al-Mulk, als Baumeister Abul Faths, der Sohn des Schatzmeisters.

Isfahan, Ali-Qapu-Pavillon, 1. Hälfte 17. Jh.

Die „Hohe Pforte" ist der Eingangsbau zum Palastbezirk der unter Sah Abbas I. angelegten Maidan-i-Sah. Den Kern bilden zwei übereinander liegende, jeweils durch zwei Stockwerke ragende Säle. Der große Saal im Hauptgeschoss ist von einer Anzahl kleinerer Säle umgeben und diente als offizieller Empfangsraum.

Samarkand, Israt-Hana-Mausoleum, 1464

Den Kern des Mausoleums bildet ein weiter, überkuppelter Zentralraum, dem ein monumentales, hoch über die Kuppel aufragendes Portal vorgelegt ist und der von einer Folge von Nebenräumen begleitet wird. Der Zentralraum besaß einst eine prachtvolle Wölbung aus dekorativen Rippen und prismatischen Flächen.

VORROMANIK UND ROMANIK

Hinter dem Begriff „Romanische Kunst" steht die erste sich über das gesamt römisch-christliche Europa erstreckende Kunstepoche des Mittelalters, umfassend die vorromanische oder karolingische Kunst und die sich anschließende Hochromanik, die vom 11. bis 13. Jh. währte. Das Wort sollte ursprünglich den antik-römischen Ursprung der vorgotischen Baukunst kennzeichnen.

Abgesehen von den Wehrbauten und den Pfalzen hat die romanische Profanarchitektur keinen hohen Stellenwert. Der Sakralbau erscheint hingegen in großer Vielgestaltigkeit. Dabei spiegelt er die jeweilige politische Geschichte mit ihrem Nebeneinander der unterschiedlich sich entwickelnden regionalen Bautraditionen. Eine Verbreitung erfolgte auch längs der Pilgerstraßen, durch wandernde Bautrupps und das Wirken von Reformklöstern, wie den Zisterziensern.

Generell steht diese Epoche im Zeichen des runden Bogens: in Scheidarkaden, Gurt- und Schwibbögen, Blend- und Zierarkaturen. Eine gewisse Betonung der Wand im Äußeren wie im Inneren kennzeichnet die Architektur. Darin liegt auch der wesentliche Unterschied zur folgenden Gotik.

Im Brennpunkt der Entwicklung steht der aus der Antike stammende Typus der Basilika und deren Abschlüsse im Westen und Osten. Die Westbauten gingen dabei über praktische Bedürfnisse hinaus und bildeten Türme und auch Turmgruppen aus. Auch im Osten konnten als Gegengewicht Turmgruppen aufragen. Für die Ostteile entstand häufig über Krypten eine Fülle an Lösungen mit Querhäusern, Staffel- und Nebenchören, Umgängen und Apsiden. Unter den technischen Errungenschaften kann vor allem die Entwicklung der Wölbetechnik mit Kreuzgrat- und Kreuzrippengewölbe erwähnt werden. Daneben existierten auch Zentralbauten und Hallenkirchen.

Die romanische Baukunst Frankreichs wird vom Gewölbebau bestimmt. Einfluss nahm der zweite Bau der Klosterkirche von Cluny (954–981): Er wurde beispielgebend für die Nebenchöre und den Chorumgang mit einem Kranz von Radialkapellen. Die Emporenöffnungen von St-Remi in Reims (1049 geweiht, gotisch gewölbt) wurden als Doppelarkaden mit Überfangbogen, als sog. Biforium gebildet und strahlten weit aus. Das Einwölben ganzer Kirchen mit Tonnengewölben ging vom Süden Frankreichs aus und breitete sich zunächst vor allem in Spanien aus. In Aquitanien modifizierte man die byzantinischen Kuppelkirchen: Wie in der Kathedrale von Angoulême der Saalraum bestehen sie aus einer Reihung von Pendentifkuppeln, die sich über Pfeilerarkaden erheben. Eine burgundische Bauschule begründete der dritte Bau von Cluny (1088 begonnen). Das unübertroffene Ausmaß, die Fünfschiffigkeit und die viertürmige Ostanlage demonstrierten die monastische Großmachtstellung der Cluniazenser. Nachfolgebauten wie die Kathedrale von Autun variieren diesen Grundriss nur wenig.

In salischer Zeit wurden in Deutschland die ottonischen Traditionen fortgesetzt, wie die Doppelchörigkeit (z.B. auf der Reichenau oder im Klosterplan von St. Gallen), aber auch der sächsische Stützenwechsel in der Stiftskirche von Quedlinburg 1070 oder das durchgehende Querhaus an der Klosterkirche Hersfeld von 1037. Die lapidare Formulierung monumentaler Größe zeigt sich in den von Pfeilen oder Säulenarkaden bestimmten Kirchen wie den Domen von Konstanz oder Würzburg. Als Bauidee übertrifft der Dom von Speyer alle romanischen Bauten. 1025 begonnen, wurde er zur Grablege der salischen Dynastie bestimmt und damit zu einem sichtbaren Mittelpunkt des Reiches, wichtig gerade bei einem Wanderkönigtum ohne feste Residenzstätte. Das imperiale Gepräge gab Kaiser Heinrich IV. nach 1080 dem Dom durch die Einwölbung des

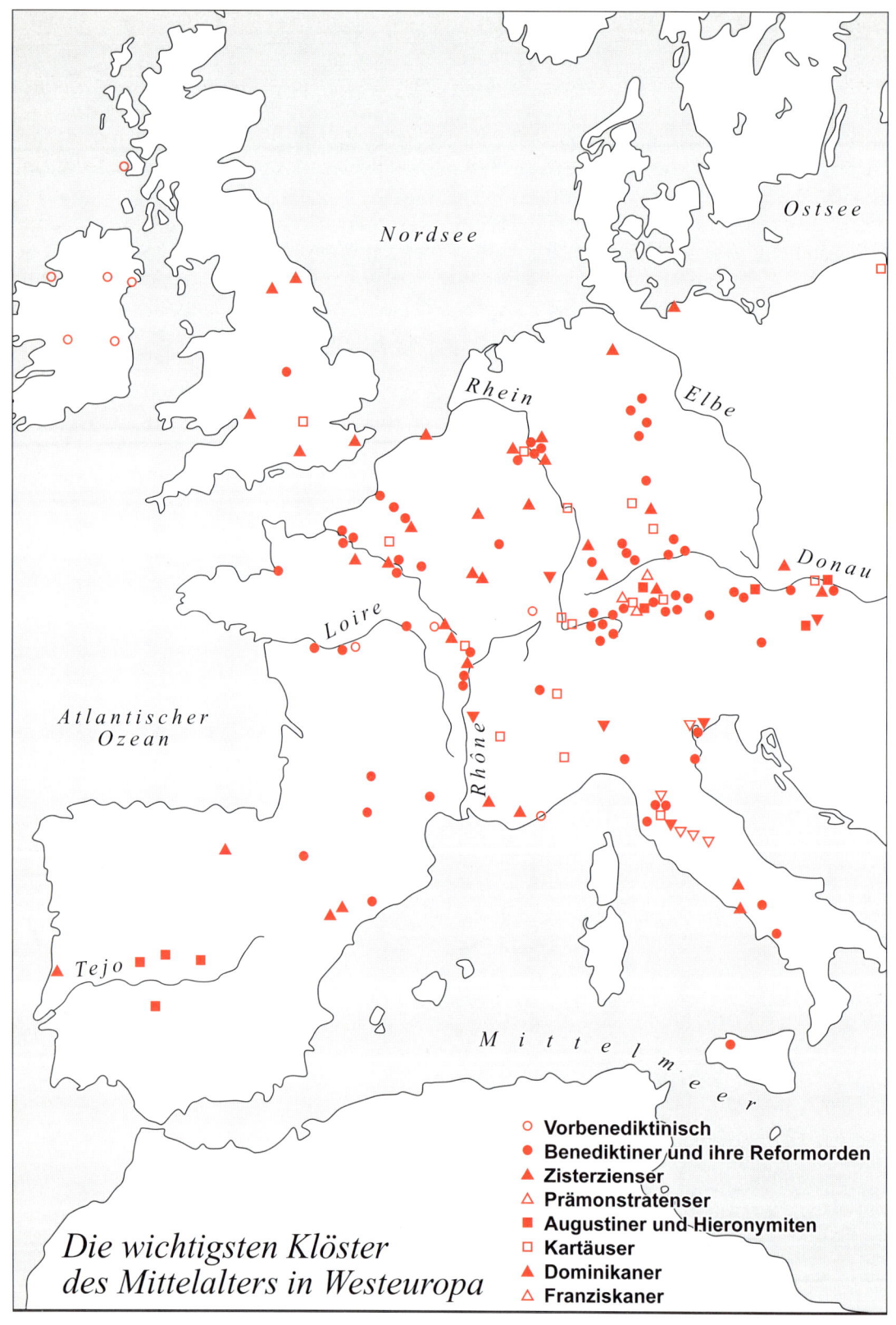

Nordsee

Ostsee

Rhein

Elbe

Donau

Atlantischer Ozean

Loire

Rhône

Tejo

Mittelmeer

○ **Vorbenediktinisch**
● **Benediktiner und ihre Reformorden**
▲ **Zisterzienser**
△ **Prämonstratenser**
■ **Augustiner und Hieronymiten**
□ **Kartäuser**
▲ **Dominikaner**
△ **Franziskaner**

*Die wichtigsten Klöster
des Mittelalters in Westeuropa*

Mittelschiffs mit Hilfe des gebundenen Systems und durch die Konstruktion einer umlaufenden Zwerggalerie am Außenbau.

Dieses gebundene System, bei dem einem Joch im Mittelschiff zwei Joche in den Seitenschiffen entsprechen, wurde kennzeichnend für die Baukunst in den Rheinlanden um Köln und Maria Laach. Als Sonderform entstand dort der Trikonchos (Köln., St. Aposteln). Daneben trat die Hirsauer Bauschule, deren Nebenchöre sich in Doppelarkaden zum Mittelschiff hin öffneten. Die staufische Kunst vertritt der Wormser Dom. Gerade die Romanik am Oberrhein ist durch die Entwicklung des Bandrippengewölbes gekennzeichnet. Unter Heinrich dem Löwen etablierte sich die Backsteinwölbung in den Domen der Missionsbistümer Ratzeburg, Lübeck und Schwerin.

In Italien endete der byzantinische Einfluss im 11. Jh., als der Wölbungsbau in den Domen der Lombardei einsetzte. Auch dort blieb das von Speyer am Dom von Modena übernommene gebundene System maßgeblich. Kennzeichnend für die italienische Romanik sind aber die zahlreichen Zentralbauten mit ihren aufwendigen Zierarkaturen. Bei der Errichtung der Türme wurde der frei stehende Campanile bevorzugt (z. B. an der Abteikirche von Pomposa). Vielfach wird wegen der nie unterbrochenen Überlieferung der Antike bei den romanischen Kirchen der Toscana auch von einer Proto-Renaissance gesprochen. Hinsichtlich der Bauzier erreichte der Kirchenbau Apuliens den höchsten Rang (Bari, Siponto, Bitonto). Die Baukunst auf Sizilien führte infolge der byzantinischen Traditionen und der normannischen Bauformen zu einem eigentümlichen Stilkonglomerat.

Zeittafel

Merowingisches Reich 482–732	Zellenkirchen in Spanien
Karolingisches Reich 751–911	Pfalzkapelle Aachen, Klosterkirchen in Fulda, Centula, Kaiserpfalz Lorsch, Seligenstadt, Klosterplan von St. Gallen
Ottonisches Reich 919–1024	Corvey, Essen, Werden, Ottmarsheim, Reichenau
Salisches Reich 1024–1125	Hildesheim, Dome von Speyer und Mainz, Hirsau, Cluny, Königslutter
Staufisches Reich 1137–1268	Worms/Dom, Wimpfen/Kaiserpfalz
Capetinger und Anjou-Plantagenet (Frankreich) 12. Jh.	Chartres/Kathedrale, Sens/Kathedrale, St. Denis, Noyon, Laon, Canterbury, Poitiers

Aachen, Pfalzkapelle, um 800

Im Jahr 789 vollendete Karl d. Gr. die Pfalz in Aachen: An der Nordseite lag die Königshalle, ein Verbindungsgang mit Torhaus führte zur südlich gelegenen Pfalzkapelle. Sie wurde von Odo von Metz gebaut und 800 geweiht. Der Bau ist ein überkuppeltes Oktogon mit 16-seitigem Umgang in zwei Geschossen. Acht Rundbogenarkaden im Untergeschoss alternieren mit rechteckigen und dreieckigen Jochen mit Gratgewölben. Die Emporen haben ansteigende Tonnen, die durch Bögen von den Zwickelräumen getrennt sind. Der einst rechteckig sich anschließende Chor wurde durch einen gotischen Bau 1355–1414 ersetzt. Einflüsse dieser Architektur kommen von Ravenna S. Vitale, das wiederum von der kaiserlichen Hofkirche in Konstantinopel beeinflusst war.

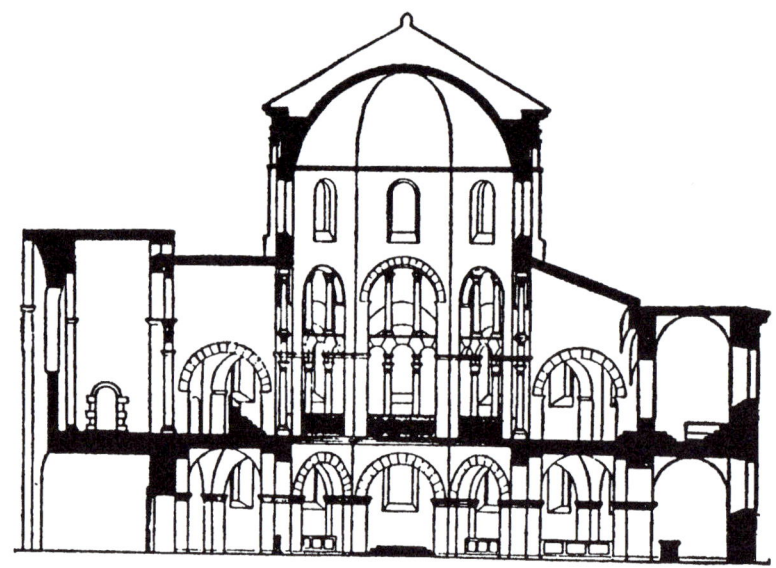

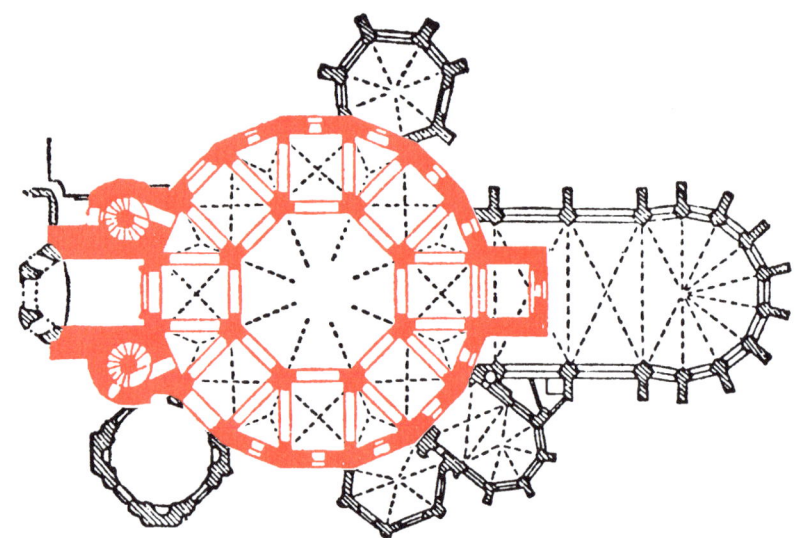

> **Pfalz**
>
> *Repräsentativer Wohnbau der deutschen Könige und Kaiser im Mittelalter. Da sie keine feste Residenz hatten, reisten sie von einer Pfalz zur anderen, die über das ganze Reichsgebiet verstreut waren.*

Lorsch, Torhalle

Bischof Chrodegang von Metz († 766) gründete 763 das Kloster, in dessen Nähe die Nazariuskirche entstand und 774 in Anwesenheit Karls d. Gr. eingeweiht wurde. Vor der Kirche erstreckte sich ein Atrium, in dem die Torhalle mit ihren Durchgangsbögen auf die Kirche bezogen frei stand. Die seit-lichen Treppentürme führten zu dem als Königs- oder Audienzhalle bestimmten Obergeschoss. Aufwendig sind die weiß-rote Plattenverkleidung, die auf antiker Tradition basierende Säulenstellung, die dekorative Blendarkatur und der triumphbogenartig wirkende Durchgang gestaltet.

Corvey, ehem. Abteikirche, 873–885

Adalhart Abt von Corbie gründete 815, gefördert von Ludwig dem Deutschen, zur Missionierung der Sachsen das Kloster Corvey. 870 brannte die erste Kirche ab. Das Westwerk des Neubaus wurde 885 geweiht. Es besteht aus zwei Türmen, einem Portikus und einem mehrstöckigen, ebenfalls turmbekrönten Aufbau. Im Erdgeschoss befindet sich eine Krypta genannte quadratische Durchgangshalle, welche die Untergeschosse der Türme mit den Seitenschiffen verbindet.

Die Kirche selbst wich einem barocken Neubau. Sie besaß eine Umgangskrypta und zwei gerade geschlossene Kapellennischen. Das dreischiffige Langhaus hatte auffallend schmale Seitenschiffe. Das Querhaus dürfte nach 870 entstanden sein.

Werden bei Essen, Abteikirche St. Salvator

Das ottonische Westwerk wurde 943 geweiht und lehnt sich eng an karolingische Vorbilder an.

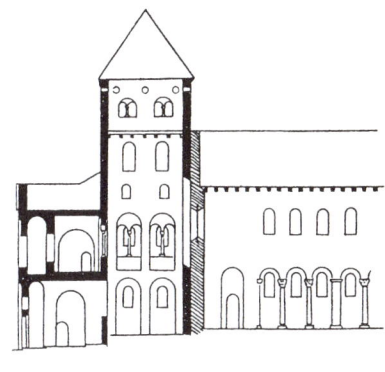

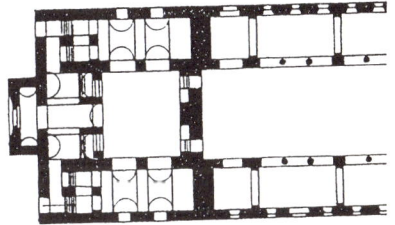

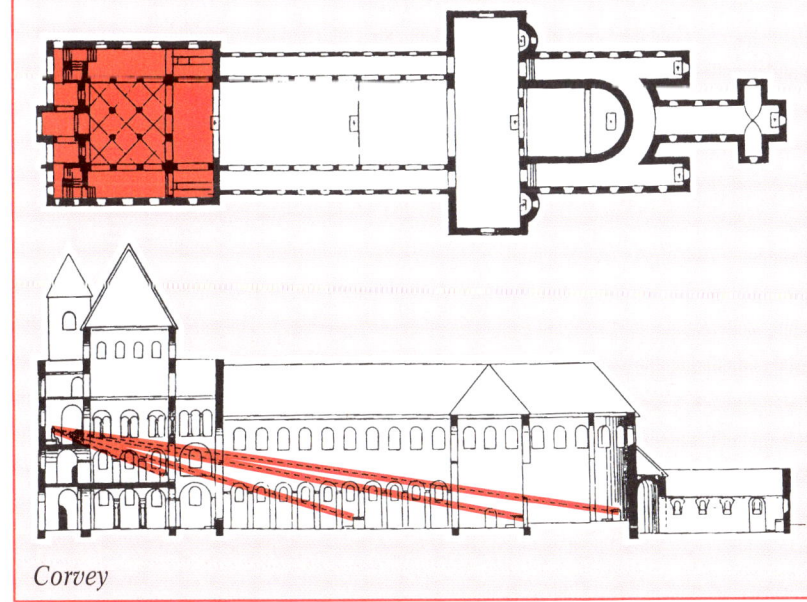

Corvey

Westwerk

Der Bauteil im Westen des Hauptschiffs einer Bischofs- oder Klosterkirche galt als Gastraum für den Kaiser, wurde aber auch liturgisch als Pfarr- und Taufkirche genutzt. In karolingischen, ottonischen und frühromanischen Bauten wurden solche Westwerke errichtet, wie Corvey oder Köln, St. Panthaleon eindrucksvoll belegen. Ihre monumentale Wirkung können sie durch Turmgruppen (Mittelturm mit seitlichen Treppentürmen) entfalten.

Schema einer Basilika von Osten

Eine halbrunde, mit Lisenen und Rundbogen gegliederte Apsis ist dem Chor (1) vorgelagert, während die Seitenschiffe, unterbrochen vom Querhaus, eigene Nebenapsiden (3) bilden. Da die Hauptapsis (2) nach Osten weiter vorgelagert ist, entsteht ein Staffelchor.

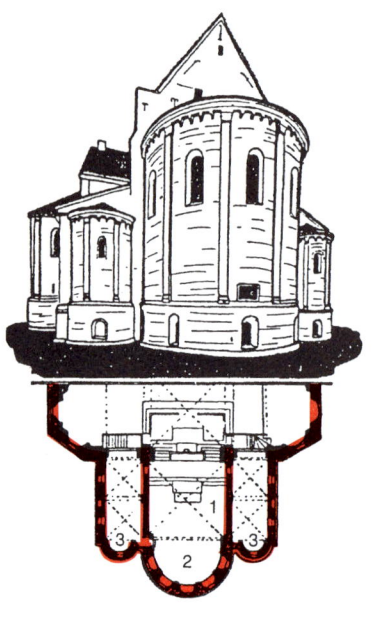

Trikonchos

Werden drei Konchen, halbrunde Nischen mit Halbkuppel, in Form eines Kleeblattes als Chor zusammengefügt, spricht man von Trikonchos. Bekannte Beispiele solcher Chorlösungen sind der Westchor des Mainzer Domes oder Köln, St. Aposteln.

Chor

Ursprünglich wurde mit Chor der Platz der geistlichen Sänger während der Liturgie bezeichnet.

Seit karolingischer Zeit wird darunter der abschließende Raumteil in Verlängerung des Mittelschiffs jenseits des Querschiffs verstanden.

Hier erhebt sich der Hochaltar und befindet sich das Chorgestühl.

Häufig war er durch Chorschranken vom Laienraum abgegrenzt. Seit dem 13. Jh. bildeten Lettner diesen Abschluss.

In der Romanik entstehen der Chorumgang mit Chorkapellen sowie die Doppelchoranlage mit einem zweiten, gegenüberliegenden Chor.

Apsis

Unter Apsis versteht man eine aus dem römischen Sakral- und Profanbau abgeleitete, mit Halbkuppel überdeckte Raumform, die zu einem Hauptraum geöffnet ist. Die Apsis ist zu einem Teilraum des Chores seit Mitte des 9. Jh. geworden und hat in der Romanik ihre Selbständigkeit weitgehend eingebüßt. Auch ein Seitenschiff konnte in Nebenapsiden enden. Die Apsidiole (kleine Apsis) ist demgegenüber einer Apsis oder dem Chorumgang radial vorgelagert und bildet auf diese Weise einen Kapellenkranz aus.

Typen des Chores

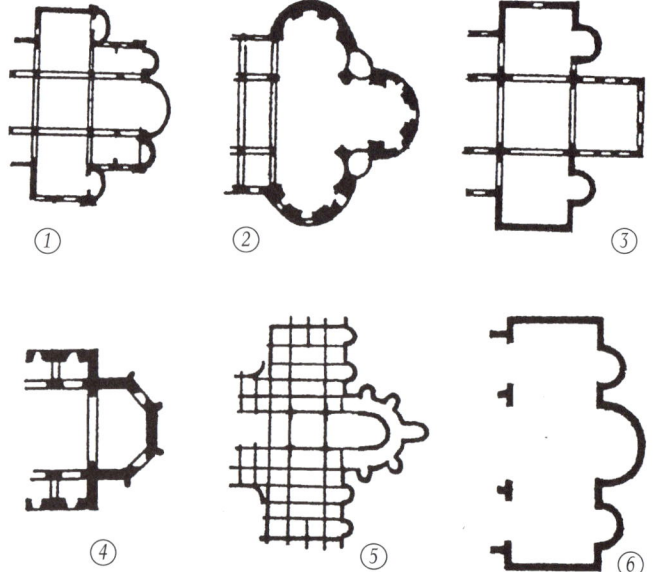

1 Staffelchor
2 Dreikonchenanlage (Trikonchos)
3 Gerader Chorabschluss
4 Polygonalchor
5 Umgang mit Radialkapellen
6 Apsiden mit Querhaus

Hildesheim, St. Michael, 1010–1033

Bischof Bernward († 1022) gründete 996 das Benediktinerkloster St. Michael. Der Marienaltar in der Krypta wurde 1015 konsekriert, im Todesjahr weihte Bernward die noch unvollendete Kirche. Die symmetrisch aufgebaute doppelchörige Kirche erhebt sich im gebundenen System mit zwei Querschiffen. Die Säulen zeigen klassische Würfelkapitelle, die erste nicht antike Säulenordnung, eine Neuentwicklung der Romanik. Die ausgeschiedene Vierung wurde überhöht. An die Vierung schließen sich Querhausarme auf quadratischem Grundriss an.

Hildesheim, St. Michael, Arkaden im Langhaus

Die Bogenstellungen im Langhaus von St. Michael/Hildesheim sind ein Beispiel für den sächsischen Stützenwechsel (Pfeiler – Säule – Säule – Pfeiler), hier mit skulptierten Kapitellen nach dem Umbau von 1162–1186.

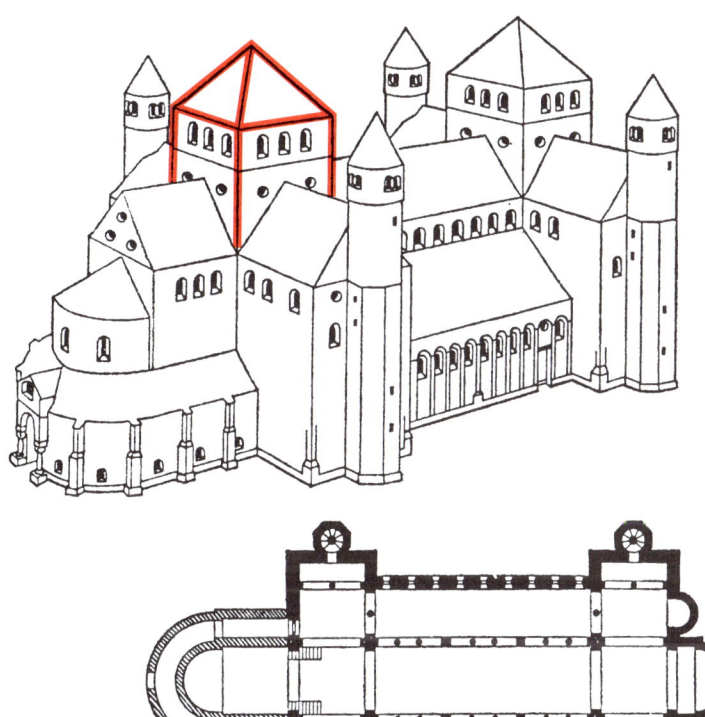

Hildesheim, St. Michael, Chorschranken

Die ottonischen Chorschranken von St. Michael/Hildesheim, von denen nur die nördliche erhalten ist, grenzten den Bereich des Chorgestühls der Mönche, der sich bis ins Langhaus erstreckte, ab. Die Nordschranke des Westchores gliedert sich in eine siebenteilige, von Faltkuppelbaldachinen und Architekturen überfangene Arkadenfolge, die von einer Zwerggalerie bekrönt wird. Die noch byzantinisch beeinflussten Reliefs zeigen neben der Gottesmutter Apostel und Heilige.

Speyer, Dom, 1025–1106

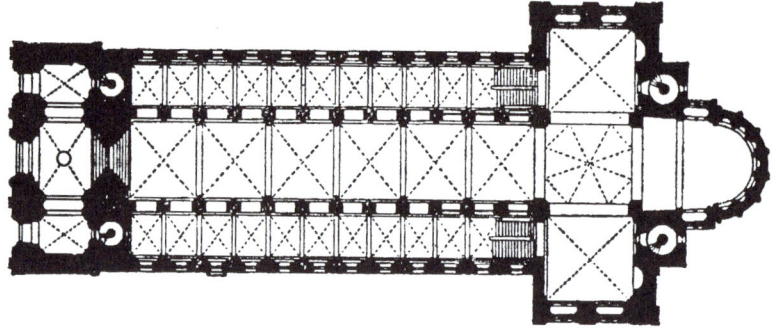

Kaiser Konrad II. begann 1025 mit der Errichtung des Speyerer Domes als Grablege der salischen Kaiser. Die Krypta wurde 1041 geweiht, die Schlussweihe erfolgte 1065. Speyer I, wie dieser über kreuzförmigem Grundriss von Konrad II. begonnene und von Heinrich III. vollendete Bau bezeichnet wird, besaß einen rechteckigen Chorabschluss, gewölbte Seitenschiffe und ein flach gedecktes Mittelschiff. Heinrich IV. ließ dann eine halbrunde Apsis errichten und das Mittelschiff einwölben, indem jeder zweiter Pfeiler um eine Halbrundvorlage verstärkt wurde. Dadurch wurde das gebundene System entwickelt. Auch die Querhäuser erhielten eine neue, aus der antiken Tradition entwickelte zweischalige Wandgliederung. Während in Speyer I ausschließlich das Würfelkapitell verwendet wurde, ließ Heinrich IV. aus antiker Tradition skulptierte Kompositkapitelle und korinthische Kapitelle anbringen. Am Außenbau markiert die umlaufende Zwerggalerie eine Steigerung der Wandgliederung.

Krypta

Sie ist eine vollständig unterirdische, gewölbte Gruft unter dem Chor einer Kirche. In Speyer erstreckte sie sich erstmals über das gesamte Querhaus. Vorläufer ist die römische Confessio, das Märtyrergrab unter dem Altar, das, von einem Gang umgeben, den Gläubigen die Verehrung ermöglichte. Seit dem 9. Jh. beginnt sich die Hallenkrypta durchzusetzen. In der Romanik bilden sich daraus die säulenreichen vieljochigen Krypten, die vielseitigen liturgischen Funktionen, z. B. als Grab- und Andachtsstätten, dienten. Die Hallenform mit drei gleich hohen Schiffen ergab sich durch die Notwendigkeit, über der Krypta den ebenerdigen Fußboden des Chores und Querhauses anlegen zu können.

Speyer, Krypta des Domes

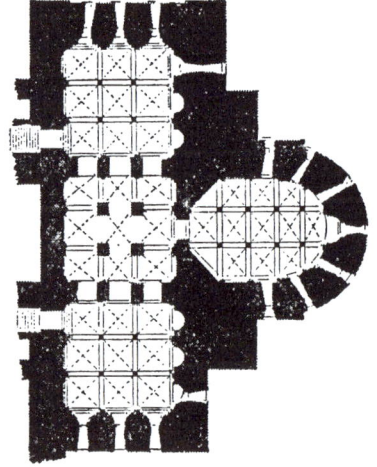

Worms, Dom, ca. 1130–1181

Der heutige Wormser Dom ist Nachfolger des 1000–1025 errichteten Burcharddomes. Es entstand eine doppelchörige Basilika in Tradition des Mainzer Domes mit Stützenwechsel, dem im Osten ein ausladendes, mit Vierungskuppel überhöhtes Querhaus und ein Chorquadrat mit halbkreisförmiger, außen gerade schließender Apsis vorgelagert ist. Der Westchor besteht aus einem überkuppelten Chorjoch und einem überkuppelten Choroktogon. Der Dom wurde noch romanisch gebaut, als in Frankreich sich bereits die Gotik entwickelte, und ist ein Musterbeispiel für einen im „gebundenen System" errichteten Kirchenbau.

Maursmünster, Westwerk der Abteikirche, Mitte 12. Jh.

Die Kirche erhielt um die Mitte des 12. Jh. den Westbau, dessen Gestalt sich als konsequent in staufische Formen umgesetzter Nachfolger des Speyerer Doms erweist. Der zweigeschossige Aufbau des Inneren wird am Außenbau durch die Geschosstrennung markiert. Über der Fassade erhebt sich die gedrängte Dreiturmgruppe. Die drei Arkaden erinnern an das antike Triumphbogenmotiv.

Köln, St. Aposteln, 1020–1040 und um 1230

Erzbischof Heribert von Köln († 1021) ließ eine flach gedeckte Pfeilerbasilika errichten, die nach dem Vorbild von Groß-St. Martin (1172 geweiht) in Köln einen Trikonchos erhielt. Der Kleeblattchor wurde durch eine achteckige Kup-

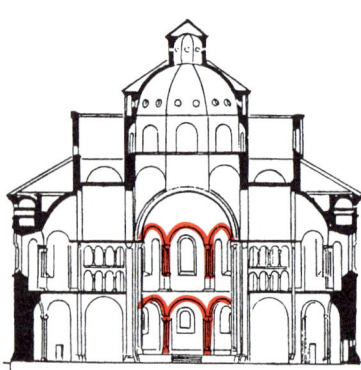

Köln, St. Aposteln

pel überhöht und an den Ecken mit vom Rund ins Polygon übergeführten Ecktürmen versehen. Die Mauerschale ist durch zweigeschossige Arkaden im Inneren und dahinter liegenden Laufgängen aufgelöst. Außen markieren Blendbögen die Zweigeschossigkeit.

Friesformen der Romanik

Unter Fries wird in der Baukunst ein waagrecht verlaufendes Band verstanden, das als Abschluss von Flächen dient oder die Wand als Schmuck belebt. Die Romanik liebte geometrisch ornamentierte Friesformen, die oft stark profiliert sein können.

1 *Akanthusfries*
2 *Laufender Hund*
3 *Zangenfries*
4 *Rautenfries*
5 *Würfelfries*
6 *Zackenfries*

Köln, St. Maria im Kapitol, Grundriss

Plektrudis, die Gemahlin Pippins, gründete Ende des 7. Jh. ein Damenstift. Unter Äbtissin Ida (1015–1060) entstand eine dreischiffige Pfeilerbasilika mit gewölbten Abseiten und einem mächtigen Trikonchos als Chorraum, um den die gewölbten Seitenschiffe herumgeführt sind. Der ottonische Westbau erhielt eine Empore, die sich in einer vergitterten Öffnung nach Aachener Vorbild zum Mittelschiff hin öffnet. Die oberen Teile des Trikonchos wurden in der 2. Hälfte des 12. Jh. ausgebaut. Vierung und Chorjoch erhielten Hängekuppeln. 1240 kamen sechsteilige Rippengewölbe auf abgekragten Diensten hinzu.

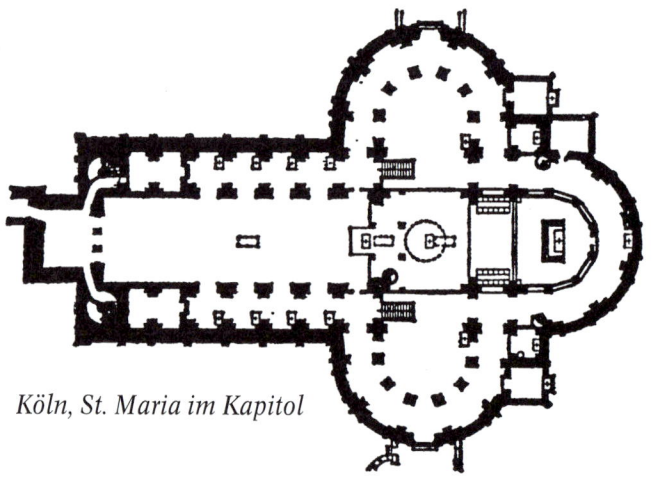

Köln, St. Maria im Kapitol

Hirsau, St. Peter und Paul, 1082–1110/20

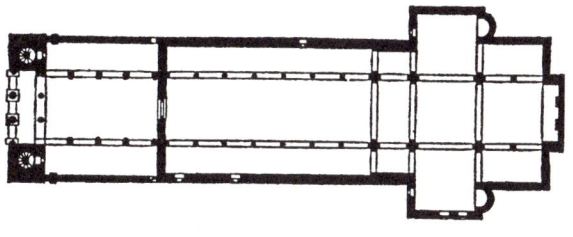

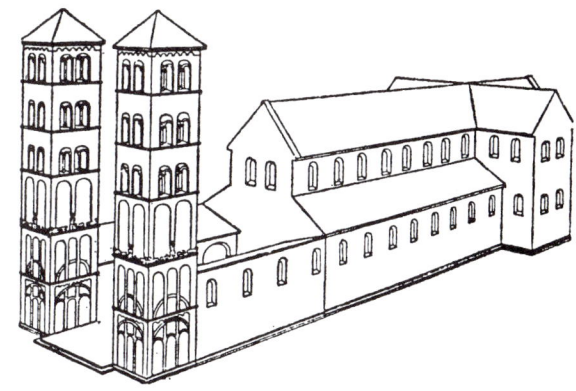

Abt Wilhelm von Hirsau (1068–1091) ließ die 1091 geweihte Kirche errichten. Bis ins 12. Jh. dauerte der Bau der Westteile jedoch noch an. Der Bau zeigt Züge der oberrheinischen Architektur, ist aber ebenso bestimmt von der Klosterreform, der sich Hirsau im Anschluss an Cluny anschloss. So entstand eine gestaffelte, kryptenlose Choranlage, die sich vom Querhaus her entwickelt. Die Aufgliederung der als Schiffe gestalteten, gerade geschlossenen Mittelchöre in drei bzw. zwei Altarnischen erinnert an Lösungen, die später von den Zisterziensern bekannt sind. Dagegen sind die Apsidiolen an den Querarmen als Ausweitung der Querhäuser regelrecht angefügt und treten auch am Außenbau hervor. Das Laienschiff war eine flach gedeckte, dreischiffige Säulenbasilika zu acht Jochen.

Stützenwechsel

Außer reinen Pfeiler- oder Säulenbasilken gibt es auch solche mit Stützenwechsel. Darunter versteht man den Wechsel von Säule und Pfeiler in rhythmischer Folge. Verbreitet sind der „rheinische Stützenwechsel" mit seiner Folge von Pfeiler – Säule – Pfeiler und der „sächsische Stützenwechsel" mit seiner Abfolge von Pfeiler – Säule – Säule – Pfeiler.

Rheinischer Stützenwechsel

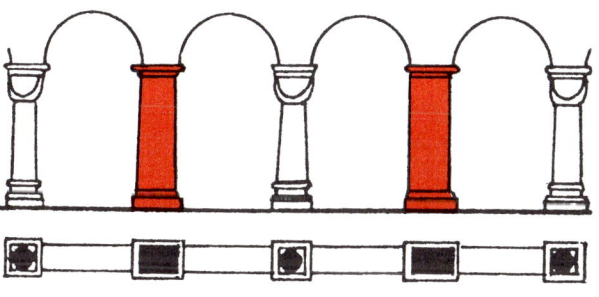

Sächsischer Stützenwechsel

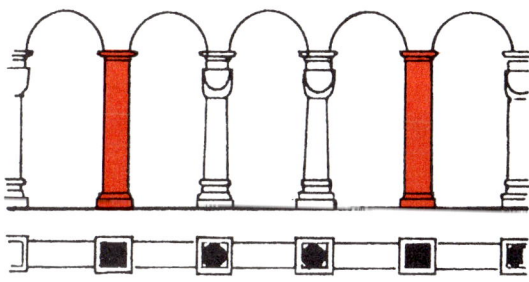

Romanische Schmuckkapitelle

Daneben entstanden Kapitelle mit ornamentalem oder figuralem Schmuck, bei denen der plastische Kern zurücktritt. Eine Sonderform bildet das Adlerkapitell, dessen Seiten heraldisch von Adlern besetzt sind.

1 *Maria Laach, Säulenkapitell mit Eckblatt*
2 *Hildesheim, St. Godehard: der Kapitellkörper ist mit stilisierten Akanthusblättern in vier Reihen überzogen*
3 *Maria Laach, Palmettenkapitell und antikischem Palmettenfries am Kämpfer*
4 *Autun, St-Lazare: Kapitell mit figürlicher Darstellung (Flucht nach Ägypten)*

Würfelkapitell

Es wurde aus der Durchdringung von Würfel und Kugel entwickelt: Seine kubische Form mit der klar umgrenzten Schildfront auf jeder Seite entsprach dem Architekturempfinden der Romanik, in der sich die Baumeister um exakte Scheidung der einzelnen Architekturelemente bemühten. Spielerisch konnte der Würfel auch unterteilt werden in Doppelschildkapitelle. Durch kegelstumpfförmige Verlängerung entstand ein Faltenkapitell.

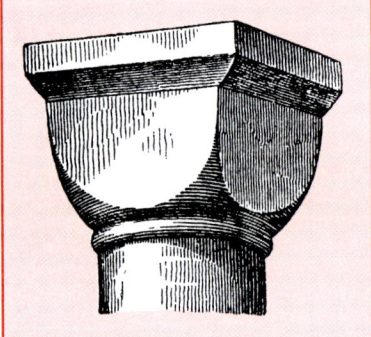

Pfeilerformen

Pfeiler sind ein tragendes Architekturelement, das in der Romanik in der Regel Basis und Kapitell besitzt. In der Stiftskirche von Gernrode (1) sind die Pfeiler an den Ecken abgefast. Sie können aber wie in Neuweiler, St. Adelphi beispielsweise auch zu einem achtseitigen Kern abgearbeitet sein. In Hecklingen (2) sind in die Ecken der Pfeiler Säulchen eingestellt.

Knotensäule

Bei dieser in der Romanik vorkommenden Säulen, z.B. in Gropina, Pieve di San Pietro oder in Ossegg/Böhmen an einem steinernen Lesepult, sind die verkuppelten Säulenschäfte durch einen Knoten in der Mitte miteinander verschlungen. Besonders in der italienischen Romanik ist diese Form beliebt. Eine Variante bildet die gekreuzte Säule, die aus dem Kunsthandwerk in die Architektur übernommen worden ist.

Pfalz in Goslar, um 1050

Die seit etwa 960 betriebenen Silberbergwerke auf dem Rammelsberg gaben den Anlass zur Errichtung einer Königspfalz, die unter Kaiser Heinrich II. 1005 als Saalbau errichtet worden war. Bischof Godehard von Hildesheim (1022–1038) erbaute den Nordflügel. Die Anlage des erhaltenen Kaiserhauses stammt aus der Zeit Kaiser Heinrichs III., der nach dem Brand 1065 erneuert werden musste. 1082 ist er als „paladium regium" urkundenmäßig bezeugt.

Die Pfalzen zählen zu den wenigen profanen Bauwerken der Romanik von Rang. Der größte Saalbau romanischer Zeit in Goslar besitzt zwei Säle übereinander im Grundriss von 47 x 15 m. Das heizbare Erdgeschoss mit Rundbogenfenstern ist durch Arkaden in der Längsachse in zwei Schiffe geteilt, ebenso das Hauptgeschoss darüber. Ende des 11. Jh. entstand an der Südflanke als Doppelkapelle die Ulrichskirche. Nach 1132 wurde ein Quertrakt nach einem Teileinsturz eingefügt, so dass die Mittelachse durch einen Zwerchgiebel betont ist.

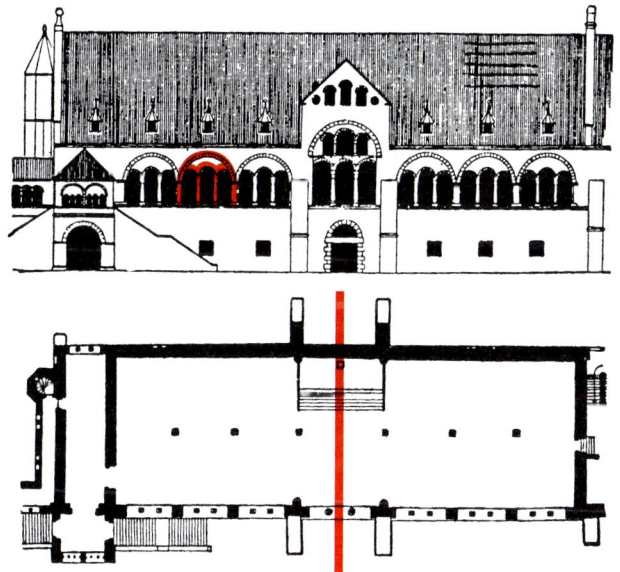

Burg

Sie war meist von einer Ringmauer (Bering) und Graben umgeben: An gefährdeten Stellen wurde sie durch eine Schildmauer verstärkt. Der Mauerzug wurde durch das mit Bastionen besetzte Tor zusätzlich gesichert. Oft gab es wie in der Burg Arques zwischen äußerem und innerem Tor die Anlage eines Zwingers. Für Verteidigungszwecke besitzen die Mauern einen Wehrgang. Die Bauten im Inneren des Berings lehnen sich an die Ringmauer an. Nur der Bergfried stand meist frei im Burghof. In französischen Burgen wird er Donjon genannt. Die Wohnräume der Burg lagen im Palas, der meist sorgfältig aus behauenen Steinen errichtet war. Er hatte mehrere Geschosse und oft umrahmte und unterteilte Fenster. Er war somit neben der Burgkapelle der einzige Bau mit Bauschmuck. Im ersten Geschoss lag der repräsentative Rittersaal, darüber die Kemenate. Die Nutzbauten bestanden meist aus Fachwerk. Wichtig war der Brunnen für die Wasserversorgung.

Burg Arques/Normandie

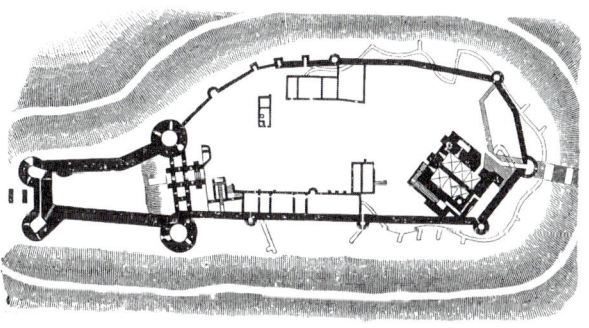

Burg Steinsberg bei Sinsheim/Baden

Dijon, St-Bénigne, 1018 geweiht

St-Bénigne gehört zu den romanischen Zentralbauten, die konzentrisch um einen Mittelpunkt angelegt sind. Dabei erfuhren die einfachen Rundkapellen vielgestaltige Variationsmöglichkeiten. St-Bénigne gehört zu den Chorscheitelrotunden mit einem Umgang. Die Rotunde erhebt sich in drei Geschossen im Anschluss an das Chorhaupt der Basilika. Der kreisförmige Grundriss von 17 m erhält einen zweigeschossigen Umgang, dessen Arkaden auf 24 Monolithsäulen ruhen. Die Gewölbe zeigen Durchdringungen von ringförmiger Tonne und Kreuzgratgewölben.

Romanische Wandgliederung

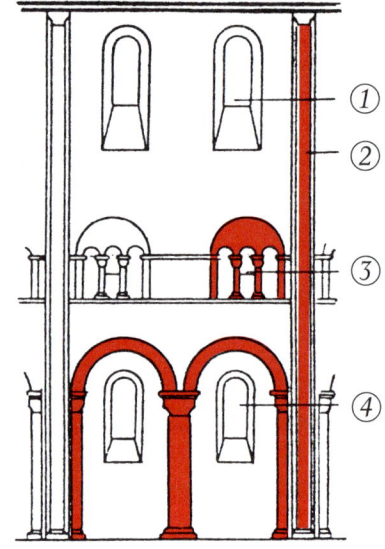

1 Obergaden 2 Dienst
3 Empore 4 Arkade

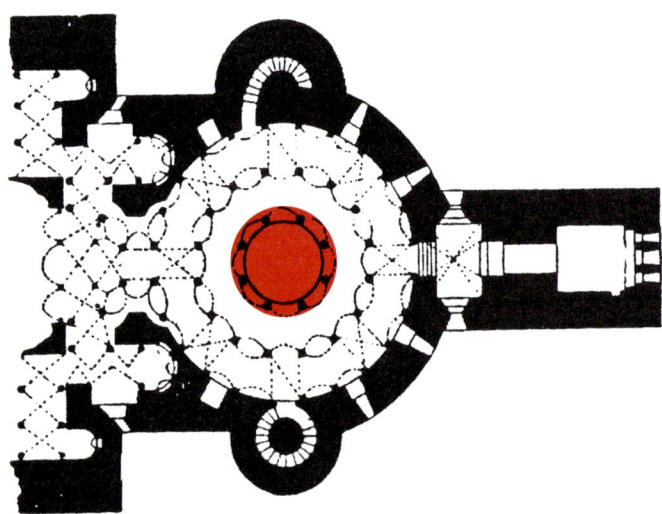

Die Templerkapelle von Laon

Für die Spätzeit der Romanik sind unter den Zentralbauten die Templerkapellen zu nennen, so in Metz und vor allem in Laon, deren Oktogon auf die besonderen liturgischen Handlungen der Templer zurückgeführt werden muss.

Toulouse, St-Sernin, Ende 11. bis 3. Viertel 12. Jh.

Die bestehende Kirche ist dem ersten Bischof von Toulouse Saturninus geweiht und wurde nach Abbruch eines Vorgängerbaus um 1080 begonnen. 1096 besuchte Papst Urban II. die Stadt und fand die Chorpartie bereits unter Dach vor. 1128 waren die Langhausmauern bis zur Höhe der Emporenfenster vollendet. 1119 konnte Papst Calixtus II. die Schlussweihe vornehmen. Um 1160 verlängerte man das Langhaus nach Westen und legt eine Vorhalle mit zwei Türmen an, deren Erdgeschoss bereits mit Spitzbogen überwölbt ist.

Der imposante fünfschiffige Bau beeindruckt durch die Länge des Mittelschiffs und gehört wegen der um Querhaus und Chor umlaufenden Seitenschiffen zu dem Typus der Pilgerkirchen. Außerdem sind die für Pilgerkirchen charakteristischen fünf Radialkapellen vorhanden. Auch das an der Ostseite durch Apsiden ausgeweitete Querhaus weist einen dreischiffigen Aufbau mit Emporen auf. Da eine unmittelbare Beleuchtung des Mittelschiff fehlt, ist der hohe Raum immer in Dunkel gehüllt.

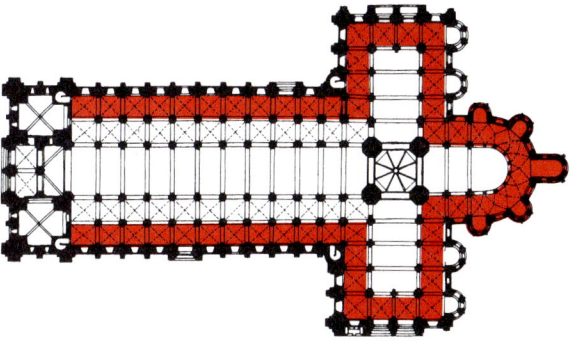

Santiago de Compostela, Kathedrale, um 1075–1088 und 1100–1128

Eine ältere Kirche am Ziel des Sternenweges zum Grab des Apostels Jakobus d.Ä. auf Pilgerstraßen aus ganz Europa wurde unter Bischof Diego Peláez (1071–1088) durch einen Neubau ersetzt. Baumeister war um 1075 Magister Bernhard. Er führte den Umgangschor mit drei Radialkapellen aus. Erst nach einer Bauunterbrechung, die durch den Sturz des Bischofs verursacht war, konnte um 1100 unter Bischof Diego Gelmirez (1101–1149) der Weiterbau unter Magister Esteban in Angriff genommen werden. Der Chorumgang wurde nach Westen verlängert und das Aufrisssystem abgeändert. 1128 war der Bau vollendet. Auch Santiago folgt dem Typus der Pilgerkirchen. Das dreischiffige Querhaus ist mit umlaufenden Emporen ausgestattet. Den beiden Arkaden der Stirnwände entsprechen die zweiteiligen Portale der Fassaden. Die äußere Erscheinung der Kathedrale bestimmen neun Türme.

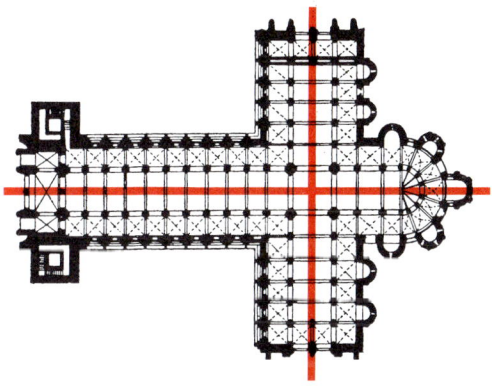

Cluny, Rekonstruktion der 3. Klosterkirche, 1088 – ca. 1130

Mit der 3. Klosterkirche in Cluny entstand in Burgund der größte Bau des abendländischen Mittelalters, der in seiner kühnen Großräumigkeit selbst Speyer noch übertroffen hat. Unter Abt Hugo von Semur (1049–1109) konnten

Gunzo von Baume und Ezelo von Lüttich den Bau errichten; 1130 weihte ihn Papst Innozenz II. ein. Die 187 m lange, im Mittelschiff 12,80 m breite und 30 m hohe Kirche besaß einen Umgangschor mit fünf Radialkapellen. Ein kürzeres östliches Querhaus mit vier Apsiden an der Ostwand und zwei Apsiden an den Seiten leitete in das fünfschiffige Langhaus über. Nach zwei Zwischenjochen war ein westliches Querhaus angefügt, das von zwei Flankentürmen und einem Vierungsturm überhöht war.

Die Kuppel im Flankenturm saß auf Trompen, während der Tambour über der Vierungskuppel auf Pendentifs ruhte. Die Vierung bildete den Höhepunkt des Baues, von der aus sich nach Osten die Chorkirche und nach Westen das Langhaus erstreckte. Das Mittelschiff besaß sehr hohe Arkaden auf kreuzförmigen Pfeilern, die kannelierte Pilaster und Halbsäulenvorlagen aufwiesen. Im Triforiumsbereich ruhten die Blendbogen auf kannelierten Pilastern, während die Lichtgadenfenster von Blendbögen gerahmt waren, die auf Doppelsäulchen aufsaßen.

Im Wandaufbau der Kirche spiegelt sich das aus der Antike übernommene System antiker Stadttore. Kapitelle und Pilaster wiesen reichen Bauschmuck auf. In den Einzelformen demonstrierte das Reformkloster seinen Anspruch und seine Bedeutung. Das Kloster wurde 1790 zerstört, von der Kirche blieb nur der südliche, turmbekrönte Arm des westlichen Querhauses erhalten.

Autun, Inneres der Kathedrale, 2. Viertel 12. Jh.

Der Neubau der Kathedrale St-Lazare wurde von Erzbischof Étienne de Bâge begonnen. Um die Mitte des 12. Jh. war der Bau vollendet. Das Mittelschiff ist mit einer spitzbogigen Gurttonne eingewölbt. Die Wand gliedert sich in drei Geschosse, die spitzbogigen Arkaden im Erdgeschoss werden von gerie-

felten Pilastern gerahmt. Die Blendbögen des Scheintriforiums ordnen sich in ein antikisierendes System von vertikalen und horizontalen Gliederungselementen ein. Die Obergadenzone wird durch ein horizontales Gesims von der Wölbungszone abgesetzt. Der Aufbau der Wand zeigt sich deutlich von Cluny III beeinflusst.

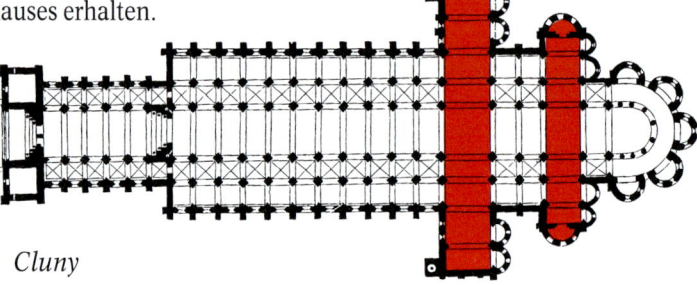

Cluny

Vézelay, Ste-Madeleine

Unter Abt Artaud (1096–1106) wuchs der Zustrom der Pilger an, so dass eine neue Kirche zur hl. Magdalena gebaut werden musste. Zunächst entstanden Chor und Querhaus, die 1104 geweiht wurden, sie gingen aber beim durch einen Brand verursachten Neubau des Chores 1185–1190 verloren. Wahrscheinlich waren die Bauarbeiten der Kirche um 1150 beendet. Das Langhaus ist eine Basilika von zehn Jochen. Mit Cluny III teilt es die Freude am skulptierten Dekor. Der zweigeschossige Aufbau des Mittelschiffs, die Form der Arkaden wie der Gurtbogen und die jochweise akzentuierten Kreuzgratgewölbe erweisen sich als eigenständige Leistungen. Die Rücklagen der Wandvorlagen im Mittelschiff ähneln dem System der Wandvorlagen im Mittelschiff des Speyerer Domes, gehören aber wohl hier in den Gesamtzusammenhang des Aufgreifens antikisierender Motive.

Schema des Hauptportaltympanons von Vézelay

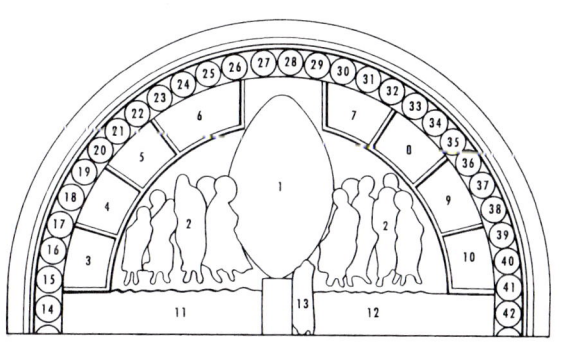

1 Christus als Weltenrichter
2 Zwölf Apostel
3–12 Völkerschaften
14–42 Zwölf Monate und Tierkreiszeichen

Portalformen von der Romanik bis zum Klassizismus

1 Romanik
2 Gotik
3 Renaissance
4 Barock
5 Rokoko
6 Klassizismus

Portal

Das Portal ist der architektonisch und plastisch besonders ausgeschmückte Eingang eines Gebäudes.

In der Romanik entwickelt sich eine verbindliche Grundform, die das ganze Mittelalter hindurch Bestand hat. Ein Rundbogen über rechteckiger Türöffnung gibt Raum für ein besonderes Türfeld. Manchmal wird bei besonders breiten Portalen der Türsturz durch einen Trumeaupfeiler abgestützt. Portalgewände können schräg in die Wand geschnitten oder (beim Stufenportal) abgetreppt sein. In den Ecken sind Säulen und Gewändefiguren eingestellt. Diese Gewändegliederung setzt sich in den Archivolten fort. Unter antiken Einflüssen nimmt das Portal manchmal die Form eines Triumphbogens an, wie beispielsweise ein Arles.

Tympanon

Damit wird in der mittelalterlichen Baukunst das Feld eines Portals zwischen Rundbogen (Archivolte) und dem Türsturz bezeichnet. Es wird häufig mit Reliefdarstellungen oder ornamentalem Dekor geschmückt.

Poitiers, Notre-Dame-de-la-Grande, 2. Viertel 12. Jh.

Die Kirche besitzt ein dreischiffiges Langhaus, dessen querrechteckige Joche im Mittelschiff mit Tonnen überwölbt sind, während die Seitenschiffsjoche dem Quadrat angenähert wurden und Kreuzgratgewölbe aufweisen. Diese Baugestalt ist charakteristisch für den Hallenraum der Gegend. Dazu zählen auch die von vier Halbsäulen umstellten Pfeiler und die überhöhte, unbelichtete Gurttonne im Mittelschiff. So entsteht eine Staffelhalle. Das Äußere der Kirche ist plastisch durchgebildet. Die seitlichen Fassadentürme erinnern ein wenig an die Gestalt französischer Totenleuchten.

Périgueux, St-Front, nach 1120

1120 zerstörte ein Brand Teile der Kirche St-Front, die unter Erzbischof Frotaire (976–991) begonnen und 1047 vollendet war. Die Ruine wurde wiederhergestellt und als

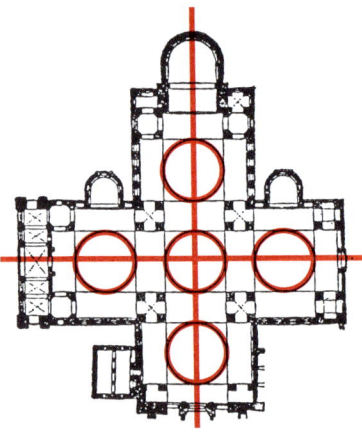

eine Art Vorkirche dem Neubau angegliedert. Über dem Grundriss des griechischen Kreuzes entstand eine Fünfkuppelkirche, deren westliche sich über dem Grab des hl. Front wölbt. Das Schema stammt aus Byzanz und wurde in der Apostelkirche in Konstantinopel angewandt. Im Kreis der aquitanischen Kuppelkirchen bildet der Bau deswegen eine Ausnahme. Die Gewölbe wachsen im Inneren aus den Pfeilern heraus, deren Massiv in vier Stützen aufgespalten ist.

St. Galler Klosterplan, um 820

Das Blatt ist die Kopie eines Planes, den Heito, 803–843 Abt der Reichenau, als Orientierungshilfe für den Neubau der Abtei St. Gallen an Abt Gozbert gesandt hat. Der Plan zeigt die Anlage eines Klosters mit Kirche und Kreuzgang inmitten der Mönchsbauten, die die Autarkie eines Benediktinerklosters unterstreichen.

Die Kirche ist als dreischiffiger Bau mit Querhaus und Krypta im Osten, mit Gegenchor, halbkreisförmigem Atrium und zwei runden Türmen im Westen angegeben. Sie verkörpert den Idealgrundriss einer romanischen Benediktinerkirche.

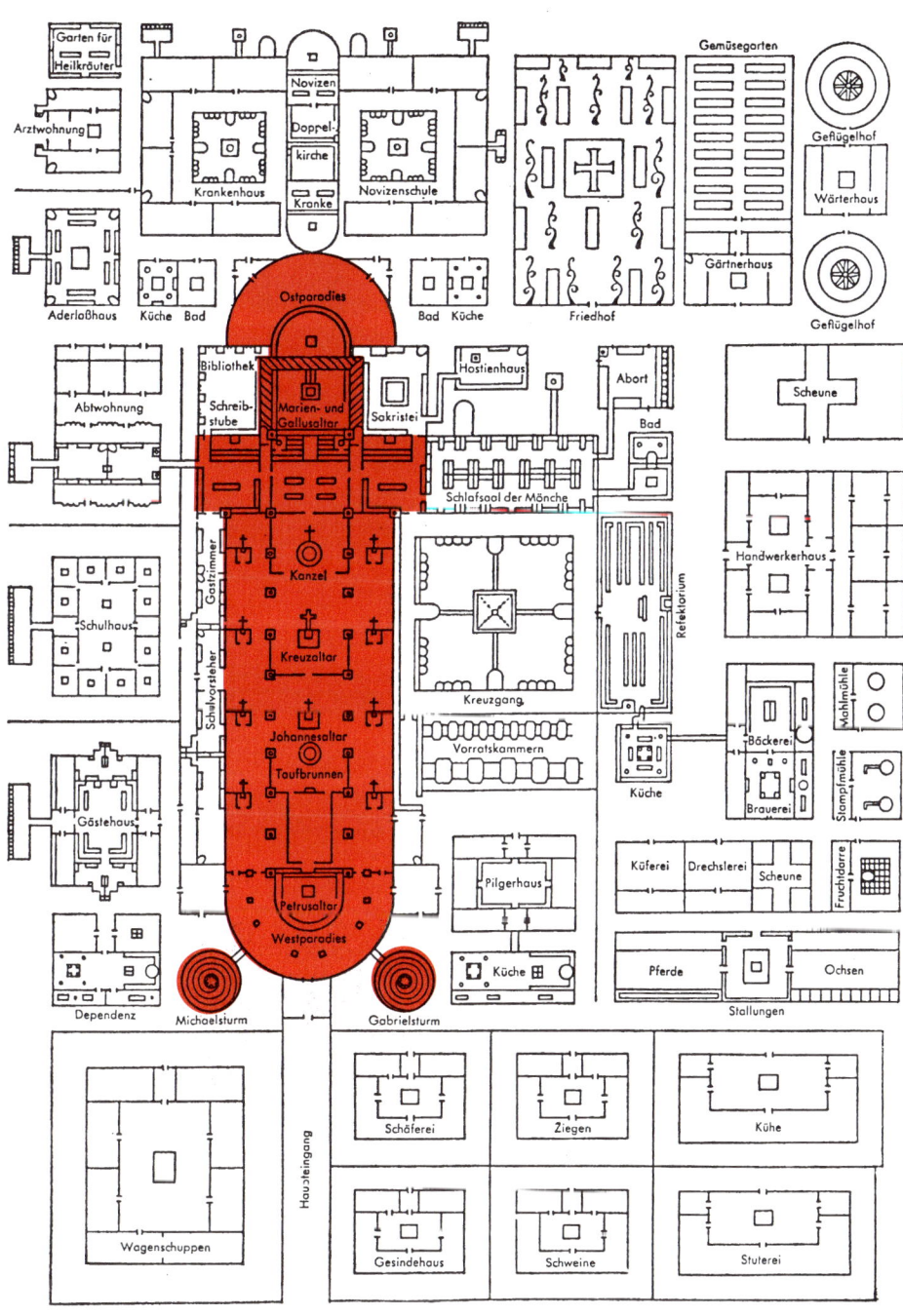

Idealplan eines Zisterzienserklosters

Bei den Zisterziensern nimmt die Kirche den höchsten Ort im Gelände ein, während Refektorium und Westflügel am niedrigsten Punkt lagen. Zisterzienserkirchen verzichten auf Bauschmuck und Türme, nur Dachreiter waren erlaubt. Kennzeichnend sind kleine Annexe seitlich des gerade geschlossenen Sanctuariums mit jeweils einem Altar. Durch eine Chorschranke sind im Kirchenschiff Mönchs- und Konversen-(Brüder-)Chor geteilt. Ein Kreuzgang erschließt die Raumteile, unter denen Mönchs- und Konversenrefektorium oft zweischiffig gewölbte Säle darstellen.

1 *Presbyterium*	6 *Sakristei*	10 *Mönchssaal, darüber*	14 *Konversenrefektorium*
2 *Mönchschor*	7 *Bibliothek*	*Dormitorium*	15 *Latrinen*
3 *Lettner*	8 *Kapitelsaal*	11 *Wärmestube*	16 *Vorratshaus*
4 *Konversenchor*	9 *Sprechraum*	12 *Mönchsrefektorium*	17 *Kreuzgang*
5 *Vorhalle*		13 *Küche*	18 *Brunnenhaus*

Plan der Benediktinerabtei Mont-Saint-Michel

Die Hochzeit des Herzogs der Normandie Richard II. mit Judith von der Bretagne zeitigte einen Neubau der Benediktinerabteikirche zwischen 1023 und 1063. Im 15. Jh. stürzte der Chor ein und musste zwischen 1446 und 1452 neu errichtet werden. Die Unregelmäßigkeit der Klosteranlage resultiert aus der Lage auf einem Felsen.

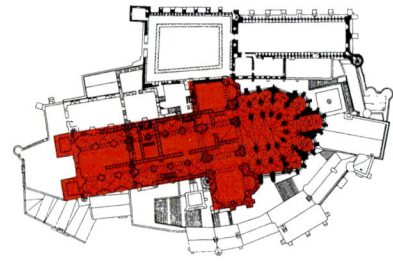

Clermont, Plan der Kartause

In der Anlage folgt jedes Kartäuserkloster dem Vorbild der Grande Chartreuse, die 1084 vom hl. Bruno gegründet und 1127 mit besonderen Satzungen versehen worden war. Die Gesamtanlage einer Kartause umfasst drei miteinander verklammerte Hauptbereiche, das „claustrum majus" mit den um einen großen Kreuzgang (D) angeordneten kleinen Einzelhäuschen mit Gärtchen (I), das „claustrum minor", das Kirche (A/B), Gemeinschaftsräume und einen kleinen Klosterhof (S) umfasst, sowie den äußeren Klosterhof (H), in dem die Wirtschaftsgebäude liegen. Entsprechend der Ordensregel erhielt jeder Mönch ein eigens Häuschen zugewiesen, um möglichst autark für sich alleine leben zu können.

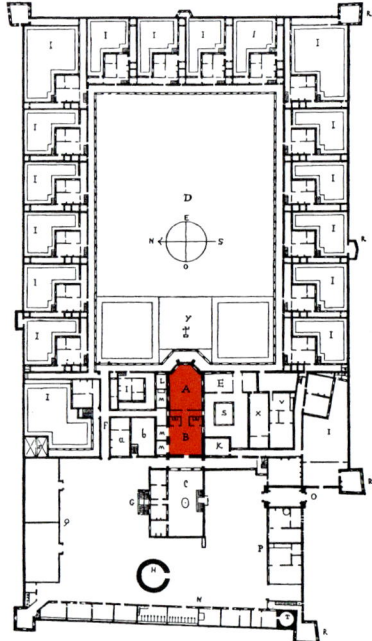

Arles, St-Trophime, Kreuzgang nach 1155

Der Kreuzgang von St-Trophime ist durch eine Bauinschrift datiert, der plastische Schmuck steht mit dem der Westfassade in Verbindung. Die Abfolge von Bögen über Doppelsäulen mit skulptierten Kapitellen wird von reliefgeschmückten Pfeilern unterbrochen, von denen aus den Gurten die Tonnenwölbung aufsteigt.

Kreuzgang

Unter einem Kreuzgang wird der meist südlich einer Klosterkirche gelegene, viereckige Innenhof bezeichnet, an dessen vier Seiten ein überdachter, meist gewölbter Arkadengang entlangführt. Von seiner Aufgabe also Ort der Statio und als Prozessionsweg wird der Name abgeleitet, eine andere Deutung geht von dem in der Mitte des Areals gepflanzten Baum und den von ihm in die vier Himmelsrichtungen ausgehenden Wegen aus. Das Kloster erhält durch den Kreuzgang seine nach innen orientierte Struktur. Seit dem 8. Jh. sind Kreuzgänge nachweisbar. Auf eine Stätte der Besinnung und Belehrung weist besonders der mit vielen biblischen Schilderungen ausgestattete Kapitellschmuck hin (vgl. Arles oder Moissac).

Formen von Kreuzgangsarkaden

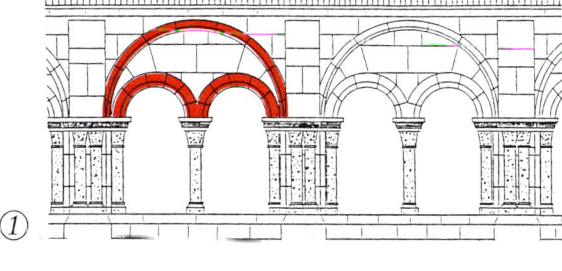

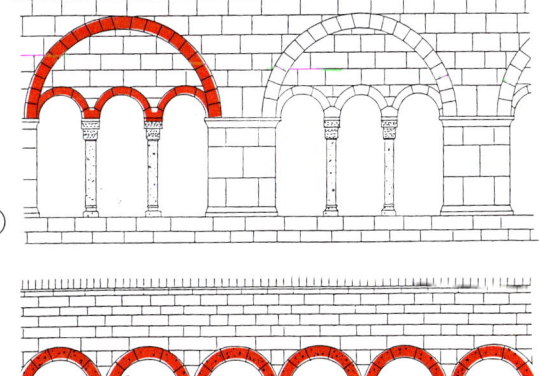

1 Rhythmisierung durch Überfangbogen zwischen Pfeilern
2 Verdoppelung von Zwillingsfenstern zwischen Pfeilern
3 Arkatur aus Drillingsfenstern mit kräftigem Pfeiler
4 Durchgängige Säulenarkatur

Peterborough, Kathedrale, 3. Viertel 12. Jh.

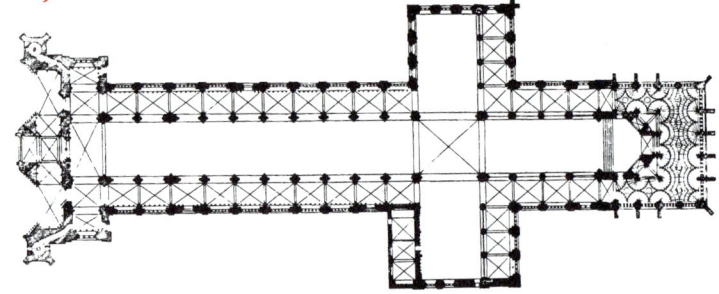

Der Bau wurde als Benediktiner-kirche unter Abt Jean de Séez im Jahr 1118 begonnen, der Chor war gegen 1140/43 vollendet, das Langhaus wurde unter Abt Benedikt (1177–1194) fertiggestellt. Es hat die Gestalt einer dreigeschossigen, flach gedeckten Basilika.

Das Wandsystem des Querhauses offenbart die reife Stufe anglo-normannischer Romanik. Die in zwei Schalen aufgespaltene Wand wird durch ein Stützsystem gegliedert, das mit der Wölbung keinen Zusammenhang aufweist. Im Untergeschoss beobachten wir einen Wechsel von Bündelpfeilern mit Würfelkapitellen und Rundpfeilern. Im zweiten Geschoss teilt ein über dem Pfeiler aufwachsender Dienst die Wandzone. Zu beiden Seiten des Dienstes befindet sich eine Zwillingsarkade mit über Bündelpfeilern aufwachsenden, überfangenden Bögen, darüber ein dreiteiliges Staffelfenster, um dessen Kämpfer ein umlaufendes Gesims verkröpft ist.

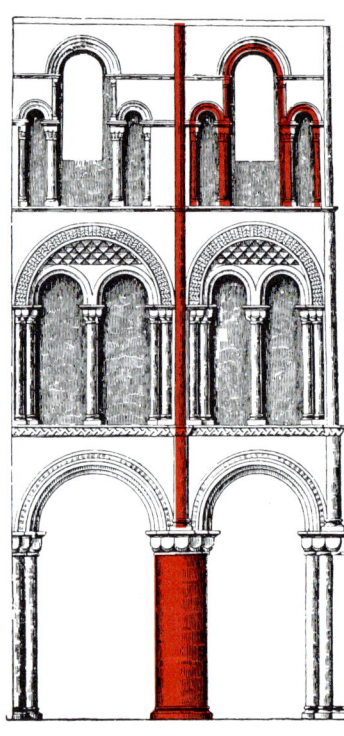

Normannischer Stil

Normandie und Sizilien: Der in der Normandie beheimatete Stil wird bestimmt von flach gedeckten Pfeilerbasiliken mit Emporen ohne Umgangschor. Die Wände werden durch senkrechte Gliederungselemente charakterisiert. In Sizilien zählen Cefalù und Monreale zu den wichtigsten Beispielen dieses Baustils.

England: Hier versteht man unter normannischem Stil die von Wilhelm dem Eroberer (1066–1087) aus der Normandie nach England gebrachte Bauweise. Das Ausmaß der Bautätigkeit in dieser Zeit war gewaltig. In der Kathedrale von Ely fallen die riesigen Nischen auf, in Twekesbury und Gloucester sind es die mächtigen Rundpfeiler. In der Bauornamentik herrscht das geometrische Ornament vor, Figurenschmuck ist selten.

Normannischer Dekor

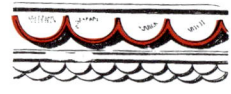

1 *Kapitell vom Weißen Turm des Londoner Tower, 1078/97*
2 *Kapitelle von Northhampton, St. Peter*
3 *Bögen- und Fries-ornamente*
4 *Blendbögen an der Dom-fassade von Cefalù*

London, Tower, Weißer Turm, Grundriss des zweiten Geschosses, um 1078–1097

Die mächtige Turmburg wurde unter Wilhelm I. (1066–1087) begonnen und war 1097 vollendet. Die obere Partie ist unter Heinrich VIII. erneuert worden. Der geschlossene, vier Geschosse umfassende Block wird an drei Ecken durch Strebepfeiler gegliedert, die zu Treppentürmen ausgebaut sind, während das südliche Drittel der Ostwand als halbkreisförmiger Vorbau über die Mauerflucht hinausragt und die Apsis der St. Johns Chapel aufnimmt. Diese Kapelle reicht durch zwei Geschosse, unter ihr liegt eine Krypta. Sie wurde als dreischiffige, tonnengewölbte Emporenbasilika mit Chorumgang konzipiert und folgt damit einem südfranzösischen Kirchentypus, dessen weiträumiges Schema sie

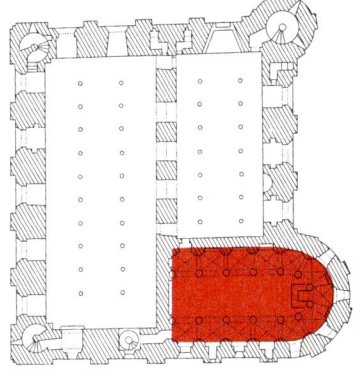

auf engstem Raum wiederholt. Auffallend ist übrigens beim obersten Geschoss die Aufspaltung der Mauer in zwei Schalen, was der normannischen Baugewohnheit entspricht. Der Tower ist darüber hinaus mit der Verbindung von Wehrbau, Wohngemächern und Repräsentationsbereichen ein Beispiel normannischen Burgenbaus.

Borgund, Stabkirche, um 1150

Die Stabkirche in Norwegen repräsentiert als ältestes erhaltenes Beispiel den klassischen Typus, dessen äußeres Erscheinungsbild durch übereinander getürmte Dächer bestimmt wird. Diese Dächer decken

einen äußeren Umgang ab, das eigentliche Schiff steigert sich zu einem turmartigen Aufsatz. Als Träger dienen zwölf mächtige Masten, die im Rechteck das Schiff umstehen und mit waagrechten Balken unterteilt sind. Die Stützkonstruktion erinnert entfernt an den Aufbau einer Basilika. Die Oberzonen öffnen sich bis in die Dachschrägen hinein.

Leicester Castle, Große Halle, Rekonstruktion, Mitte 12. Jh.

Im Bereich der mehrfach umgestalteten Burg von Leicester, die im 11. Jh. gegründet worden ist, haben sich Teile der Großen Halle erhalten. Ihre Unterteilung durch hölzerne Ständer in drei Schiffe gilt hierfür als ältestes Beispiel in Europa.

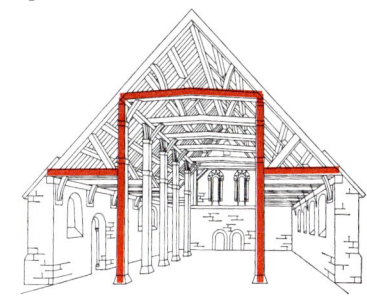

Canterbury, normannisches Treppenhaus

Auf Pfeilern und offenen Bogenstellungen ruht die überdachte Treppe, deren Steigung durch eine sich verjüngende Säulenarkatur auch außen kenntlich wird. Die Kleinarchitektur ist der Fassade als schmückend-einladendes Element vorgeblendet.

Cefalù, Dom, 1131 – letztes Viertel 12. Jh.

Roger II. (1101–1154) hatte bei der Organisation des unteritalienischen Normannenstaates 1127 das Bistum Cefalù als Zeichen seiner königlichen Macht gegründet. Der Plan für den Bau sah schon bei der Grundsteinlegung alle wesentlichen Elemente vor: eine von Türmen flankierte Fassade, eine Vorhalle, im Osten ein weit ausladendes Querhaus mit drei gestaffelten Apsiden und eine der Lösung von Cluny folgende Chorpartie.

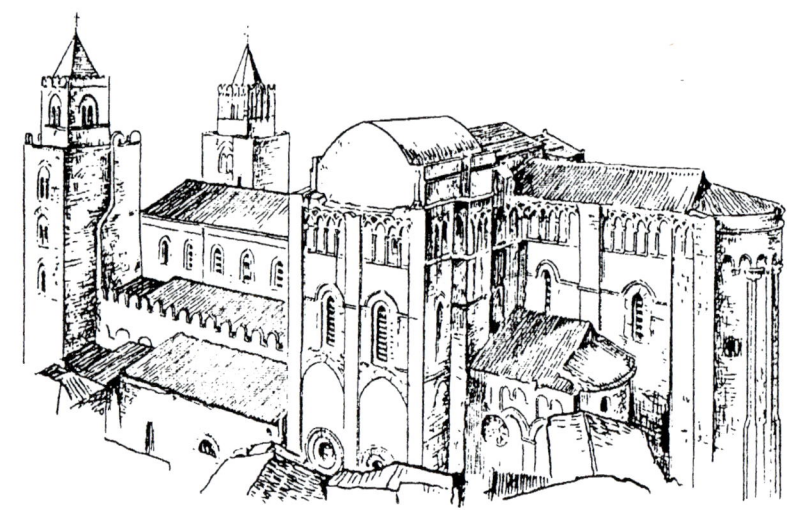

Cefalù, Fassade

Monreale, Grundriss von Kirche und Klausur des ehem. Benediktinerklosters, 1174–1189

Der an der Südseite der Kirche gelegene Kreuzgang ist von auffallender Größe. Spitzbogige Arkaden ruhen auf Doppelsäulen, deren Schäfte mit ornamentalen Mosaikarbeiten geschmückt sind. Wie die Kirche strebt auch der Kreuzgang nach dekorativer Bereicherung.

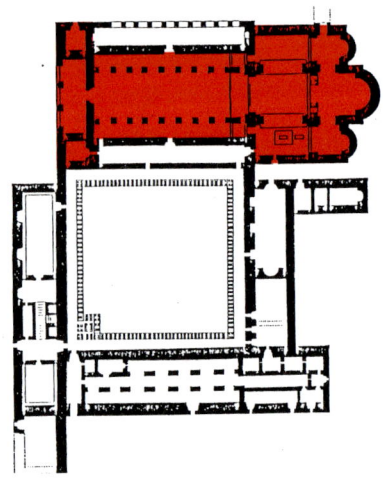

Mailand, S. Ambrogio, 12. Jh.

In hochmittelalterlicher Zeit hat man begonnen, die Kirche des hl. Ambrosius durch einen Neubau zu ersetzen, als dessen älteste Teile die Apsiden mit Vorjoch angesehen werden müssen. Daran schließt sich das dreischiffige, querschifflose Langhaus an, das wohl 1098 begonnen und um 1128 vollendet war. 1196 war der gesamte Bau mit der Kuppel über dem letzten Joch fertig. Der Vorhof war um 1150 anstelle eines Atriums ausgebaut wor-

den. Die großartige Anlage bildet ein Wandsystem mit zwischen Gewölbepfeilern eingestellten zweiteiligen Arkaden und ebensolchen darüberliegenden Emporen aus. Entscheidend ist die offene Frage, ob dieses System am Beginn der oberitalienischen Wölbetechnik steht oder nicht. Im ersten Fall müsste die Wölbung vor 1228, dem Jahr der Fertigstellung des Turmes, erfolgt sein.

Arsago Seprio, Baptisterium, spätes 12. Jh.

Die zweigeschossige Taufkapelle, unten ein Nischenzentralbau, oben mit Emporen, ist ein typischer Vertreter des lombardisch-romanischen Spätstils.

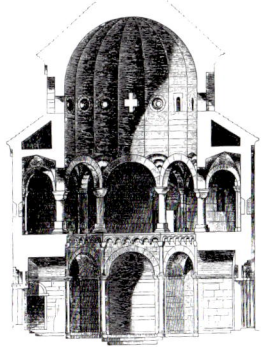

Pavia, S. Michele, 1100–1160

Der Bau bietet ein hervorragendes Beispiel für die lombardische Fassadengestaltung. Ein einziger breiter Giebel schließt die Fassadenfläche in voller Breite oben ab, begleitet von einer steigenden Zwerggalerie. Die Trennung der drei Schiffe wird durch kräftig profilierte, bis zum Giebel ununterbrochen aufsteigende Wandpfeiler angedeutet. Die Seitenachsen der Fassade ragen über die Dächer der Seitenschiffe empor. In dekorativer Anordnung durchbrechen kleine Fenster die wandhafte Geschlossenheit. Eigenwillig ist der plastische Schmuck, der sich in asymmetrisch angeordneten Streifen bis zur Fensterzone hinzieht.

Verona, S. Zeno, 12. Jh.

Die Kirche wurde als dreischiffige Basilika errichtet. Der Schöpfer der Portalanlage war Meister Nicolo. Er stellte sie vor die mit einem Blendbogensystem und einer zierlichen Zwerggalerie geschmückte Fassade. Brioloto a Balnco fügte um 1200 über dem Portal die Fensterrose mit dem sog. Glücksrad der Fortuna hinzu und gab so der Front einen neuen Schwerpunkt.

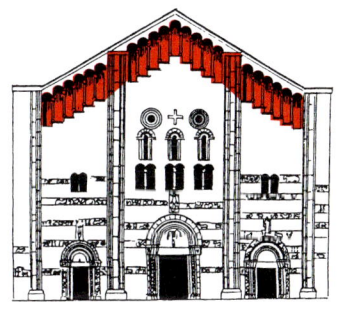

Pisa, Dom, begonnen 1063

Lucca, Dom, 1060–1070

1060 begann Bischof Anselmo da Baggio mit dem Dombau, der zehn Jahre später vollendet war, Papst Alexander II. vollzog die Weihe. Es handelte sich um eine fünfschiffige Kirche mit Krypta und Querschiff, die im 14./15. Jh. verändert wurde. Die halbrunde Apsis weist eine hohe Blendarkatur über profiliertem Sockel und eine umlaufende Zwerggalerie auf. Seitlich setzt sie sich die Wandgliederung der Apsis als Verblendung der Mauern fort.

Pisa steht als Beispiel für die Romanik in der Toscana. 1062 hatten die Pisaner die Sarazenen entscheidend besiegt. Der Bau der Kirche stand unter Leitung des Architekten Busketos. Er gestaltete eine kreuzförmige Anlage mit fünfschiffigem Emporenlanghaus, das sich über das dreischiffige Querhaus hinaus bis in den Chor fortsetzt. Bemerkenswert ist, dass sich die Vierung nicht über einem Quadrat, sondern einem Längsrechteck erhebt und gegen die Querschiffarme duch die fortgeführten Mittelschiffswände abgeschirmt ist. Über ihr erhebt sich eine oblonge Trompenkuppel.

Typisch für die Pisaner Außenarchitektur sind die umlaufenden Blendarkaden mit Rautenmuster am Erdgeschoss und am Lichtgaden, außerdem die Pilasterreihen mit Architrav am ersten Obergeschoss und die Marmorinkrustation.

Florenz, S. Miniato al Monte, 1128–1150 und 1200

Um 1128 bis 1150 errichtete man an der um 1070 begonnenen Kirche eine Fassade mit Blendarkaden am Untergeschoss und Pilastern am Obergaden. Um 1200 wurde diese Fassade noch mit einem Giebel bekrönt. Diese antikische Gliederung ließ die Fassade zum Musterbeispiel der sog. Protorenaissance werden. Die Verkleidung aus verschiedenfarbigen Steinen zählt zu den reifsten Zeugnissen der florentinischen Inkrustationskunst.

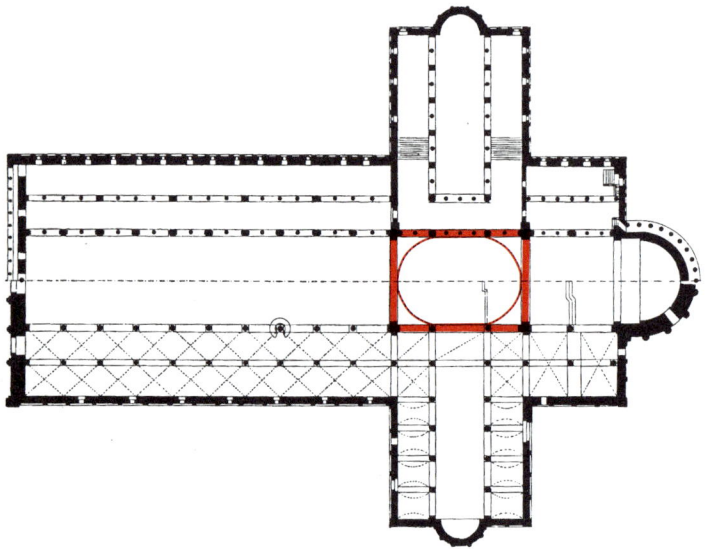

Ischtartor aus Babylon, heute Pergamon-Museum Berlin

Pyramiden von Giseh

Akropolis von Athen

Kolosseum in Rom

Hagia Sophia in Istanbul

Felsendom zu Jerusalem

Dom zu Speyer

Kathedrale von Reims

Tempietto des
Bramante in Rom

Villa Capra, gen. La Rotonda, bei Vicenza

St. Peter in Rom

Schloss Versailles bei Paris

Eiffelturm von Paris

La Sagrada Familia in Barcelona

Wolkenkratzer von Manhattan, New York

Notre Dame du Haut in Ronchamp

Sonnenpyramide von Teotihuacan, Mexiko

Ruinenstadt Palenque, Mexiko

Großer Stupa von Sanchi, Indien

Kaiserpalast von Peking

GOTIK

Der italienische Künstler und Biograph Giorgio Vasari prägt im 15. Jh. den Begriff Gotik. In verächtlicher Weise bezeichnet er damit das dunkle Zeitalter vor der Renaissance. Für ihn ist es der Stil der Goten, ein barbarischer Stil, der im Widerspruch zur antiken Tradition steht.

Als Stilbegriff steht die Gotik für die künstlerische Entwicklung von ca. 1140–1500. Sie nimmt ihren Ausgang im französischen Kronland und wirkt von dort über ganz Europa. Die gotische Kunst ist durch spezifische lokale Umwandlungen und Neuinterpretationen geprägt und weist in den letzten Jahrhunderten des Mittelalters starke pluralistische Strömungen auf. Sie findet in England bereits in der 2. Hälfte des 12. Jh. Eingang, während sie sich in den deutschen Ländern erst um die Mitte des 13. Jh. durchsetzen kann.

Abt Suger beginnt 1137 mit dem Neubau der Abteikirche von St-Denis, der nördlich von Paris gelegenen Grablege der französischen Könige. Gleichzeitig wird unter Erzbischof Henri Sanglier (1122–1142) mit dem Bau der Kathedrale von Sens begonnen. Diese beiden Gründungsbauten der Gotik stehen im bewussten Kontrast zur romanischen Baukunst. Ihre konstruktiven Mittel waren im Einzelnen an anderen Orten schon vorgegeben, z. B. bei normannischen und burgundischen Klosterbauten. Die Neuartigkeit resultiert aus der Kombination verschiedener Elemente zu einer Architektur mit bisher nicht gekannter Lichtfülle und konstruktiver Prägnanz.

In der Île-de-France und den angrenzenden Gebieten kommt es im 12. Jh. zu einer regen Bautätigkeit (Kathedralen von Senlis, Noyon oder Laon). Mit der Kathedrale Notre-Dame in Paris wird das Höhenstreben im Innenraum zum baulichen Prinzip (Gewölbescheitelhöhe 35 m). Mit der Kathedrale von Chartres wird die frühgotische Phase des Experimentierens abgeschlossen.

Ab 1211 wird in Reims eine neue Kathedrale als Krönungskirche gebaut. Hier wird erstmals das Maßwerk eingesetzt, die großen Fenster werden zu lichten, von feinen Stegen gehaltenen Glaszonen. Die letzte der hochgotischen Kathedralen ist die 1220 begonnene von Amiens.

Das 1231 von Robert de Montreuil gestaltete Langhaus der Abteikirche St-Denis markiert den Beginn der sog. Rayonnant-Gotik, die sich durch feinere Maßwerkformen und noch mehr Lichtfülle auszeichnet. Die ca. 1241–1248 erbaute doppelgeschossige Palastkapelle Ste-Chapelle in Paris ist das berühmteste Beispiel dieser durchlichteten Architektur. Der Versuch, diese Glasarchitektur in immer größere Höhen zu führen, endet 1284 mit dem Einsturz des 1247 begonnenen Chorbaus der Kathedrale von Beauvais. Im 15. Jh. gibt es mit dem Flamboyantstil eine letzte Blütezeit. Es entstehen hochkomplizierte Ornamentbildungen, die ganze Bauteile überziehen, und reiche Gewölbeformen.

Die französische Architektur wird beispielgebend. So bestehen zu Flandern enge Beziehungen, was z. B. die Kathedrale von Tournai dokumentiert. Besonders finden gotische Bauformen auch in großen Profanbauten Ausdruck. Im 14. Jh. errichten die reich gewordenen Handelsstädte, wie Brügge, Gent und Brüssel, prächtige Rathäuser.

In England nimmt die gotische Architektur 1175 mit dem Bau der Kathedrale von Canterbury durch den französischen Baumeister Wilhelm von Sens ihren Anfang (Early English). In den frühen Bauten werden typisch englische Formen beibehalten, z. B. der gerade Chorabschluss und ein ausgeprägter Vierungsturm. Fächerförmig ausstrahlende Gewölbe werden richtungsweisend für die englische Architektur. Einen ersten Höhepunkt dieser Gewölbegestaltung erreicht

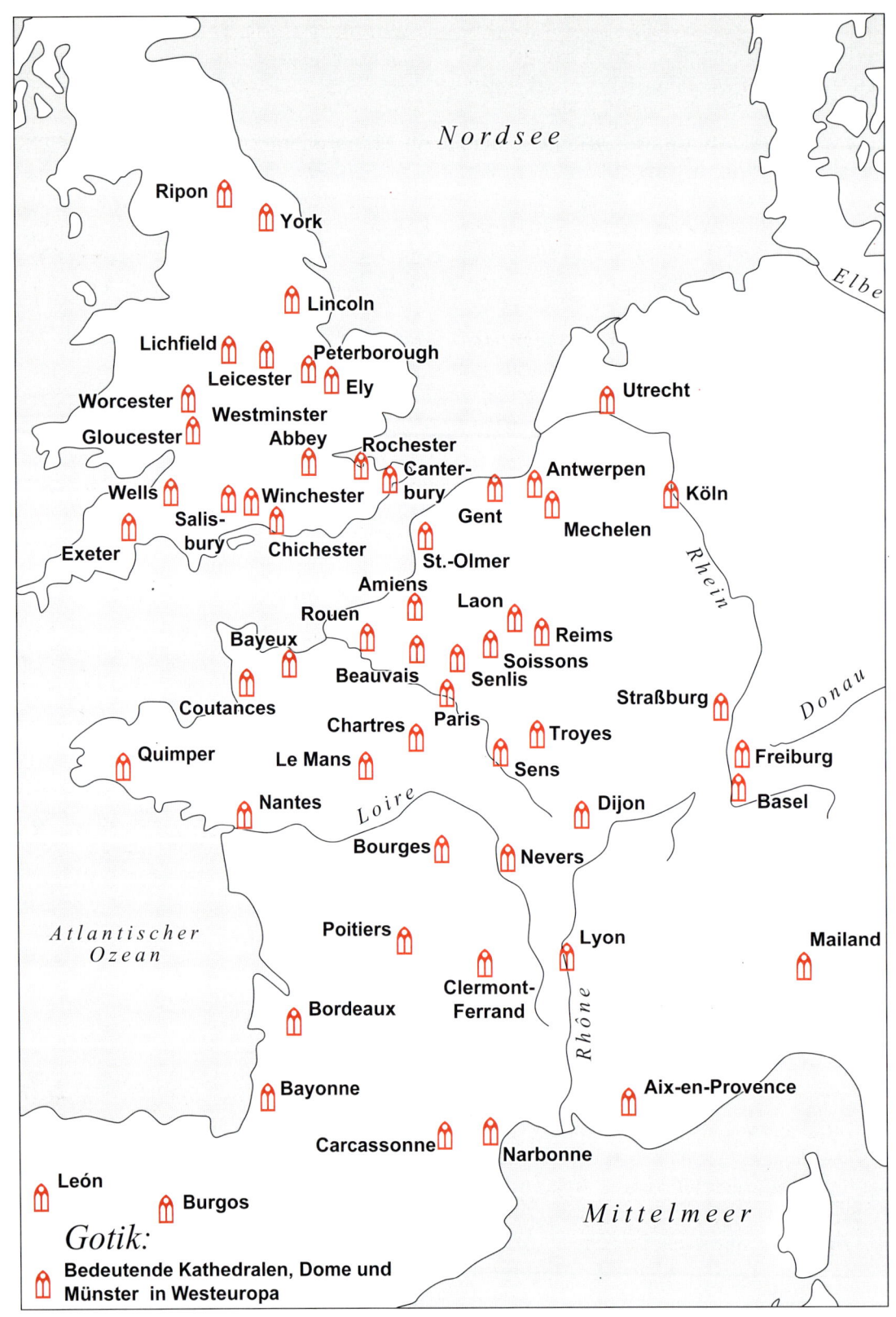

Nordsee

Ripon
York
Lincoln
Lichfield
Peterborough
Leicester
Ely
Worcester
Westminster
Abbey
Gloucester
Rochester
Canter-
bury
Wells
Winchester
Salis-
bury
Chichester
Exeter
Utrecht
Antwerpen
Köln
Gent
Mechelen
St.-Olmer
Amiens
Laon
Rouen
Reims
Bayeux
Soissons
Beauvais
Senlis
Coutances
Straßburg
Chartres
Paris
Troyes
Quimper
Le Mans
Sens
Freiburg
Basel
Nantes
Dijon
Bourges
Nevers
Poitiers
Lyon
Mailand
Clermont-
Ferrand
Bordeaux
Aix-en-Provence
Bayonne
Carcassonne
Narbonne
León
Burgos

Rhein

Donau

Rhône

Loire

*Atlantischer
Ozean*

Elbe

Mittelmeer

Gotik:
Bedeutende Kathedralen, Dome und
Münster in Westeuropa

das Kapitelhaus der Kathedrale von Exeter (1230 vollendet). Gegen Ende des 13. Jh. werden die Formen noch phantasievoller (Decorated Style). Vorherrschend sind stark geschwungene Formen. Die Dekoration besteht aus einer Fülle kleinteiliger, stilisierter Blattmuster.

Als Gegenreaktion auf die oft ausschweifende Dekorationslust entsteht um 1330 der Perpendicular Style als ein rationales System, dessen Leitmotiv ein rechteckiges Feld mit eingeschriebenem, genastem Spitzbogen ist, das endlos aneinander gesetzt werden kann. Für die aufwendige Spätzeit der gotischen Architektur in England sind die King's College Chapel in Cambridge (1508–1515) und die Henry VII's Chapel (1502–1512) in der Westminster Abbey beispielhaft.

In Deutschland dominiert bis Mitte des 13. Jh. die Spätromanik, bedingt durch eine restriktive staufische Politik. Dem politisch unabhängigen Zisterzienserorden gelingt es, bei der Verbreitung der Gotik eine größere Wirkung zu erzielen (Heisterbach, Eberbach, Maulbronn). Wichtig für die 2. Hälfte des 13. Jh. sind die Bauten der Bettelorden (z.B. Dominikanerkirchen in Esslingen und Regensburg, Franziskanerkirche St. Martin in Freiburg).

Die frühesten, rein gotischen Bauten sind die Elisabethkirche in Marburg (1235–1283) und die Liebfrauenkirche in Trier (um 1243 begonnen), beide ganz eigene Umsetzungen der französischen Bautechnik. Mit dem Kölner Dom (Choranlage 1248 begonnen, 1322 geweiht) entsteht der erste gotische Bau im französischen Sinn. Das Straßburger Münster hat großen Einfluss auf die südwestdeutsche Architektur, besonders auf das Freiburger Münster. Auch in Norddeutschland hält die französische Kathedralgotik Mitte des 13. Jh. Einzug (z.B. Marienkirche in Lübeck). Backstein ersetzt hier häufig den Naturstein.

Neben Sakralbauten gibt es in Deutschland auch gotische Profanbauten, vor allem Rathäuser, die den Anspruch des selbstbewussten Bürgertums manifestieren, zudem reiche Bürgerhäuser. Die Marienburg (1280) und die Albrechtsburg in Meißen (1471–1483) sind Beispiele für die den Wehrcharakter verlierenden Prachtbauten des Adels.

Nach Italien gelangt gotisches Formengut anfänglich durch die Vermittlung der Bettelordensbewegung (z.B. S. Francesco in Assisi). Große, weite Räume und einfacher, dem Armutsgelübte der Orden entsprechender Schmuck sind charakteristisch für diese Predigerkirchen. Die wenigen gotischen Dome Italiens zeigen eine sehr eigenwillige Umsetzung der französischen Gotik. Der 1386 begonnene Dom von Mailand ist der am stärksten vom Norden beeinflusste Bau.

Zeittafel

Frühgotik 1135–1200	Kathedralen von Sens, St-Denis, Chartres, Canterbury, Early English (1175/1200–1307)
Hochgotik 1190–1270	Kathedralen von Chartres, Bourges, Reims, Amiens, Decorated Style (1275–177), Backsteingotik, Bettelordenskirchen Hallenkirchen, Rathäuser
Maßwerkgotik 1270–1380	Style Rayonnant
Spätgotik 1380–1520	Flamboyant, Perpendicular Style (1327–1500), Mudéjar (bis 16. Jh.), Backsteingotik, deutsche Sondergotik (Parler)

Bogenformen

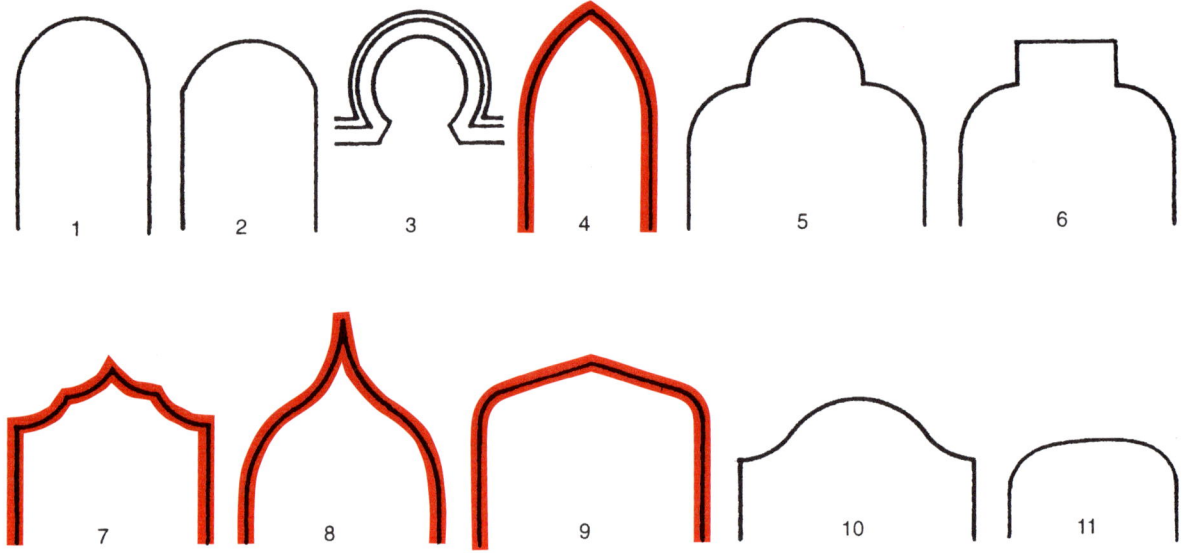

1	Rundbogen	5	Kleeblattbogen	9	Tudorbogen
2	Segmentbogen	6	Schulterbogen	10	Konvexbogen
3	Hufeisenbogen	7	Vorhangbogen	11	Korbbogen
4	Spitzbogen	8	Kielbogen		Gotische Bogenformen: 4, 7–9

System der gotischen Bauweise: Kathedrale von Amiens

Der Wandaufbau besteht aus Arkade, Triforium (d) und Obergaden.

Die Arkade und in geringerem Maß die Fenster werden erhöht. Die Rundpfeiler mit vier schlanken Diensten werden zu Bündelpfeilern. Die Dienste setzen sich als Rippen in das Kreuzrippengewölbe (e) fort.

Der wachsende Höhendrang verlangt nach zwei- und dreifachen Strebebögen (c), die durch von Fialen (b) bekrönten Strebepfeilern (a) gehalten werden.

Die durch das Strebesystem weitgehend entbehrlichen Wände werden durch Glasmalerei gefüllt.

Gotische Pfeilerformen

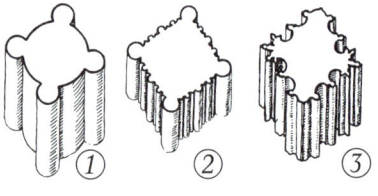

1 Reims, Kathedrale: Dienste treten als Rundsäulchen weit aus dem Säulenschaft heraus (sog. Kantonierter Pfeiler)

2 Braine bei Reims, Vierungspfeiler: mit der Zahl der Bogenprofile und Rippen nehmen auch die (dünner werdenden) Dienste zu.

3 Rouen, St-Maclou: Verschmelzung von Pfeilern und Diensten

Gotische Wandsysteme

Die frühgotische Wandgliederung der Kathedrale von Noyon (Ende 12. Jh.) setzt sich aus einem vierzonigen Wandsystem zusammen: Arkade, Empore, Triforium und Obergaden. Das System des Langhauses der Kathedrale Notre-Dame in Paris (1163–1240) zeigt rechts den frühgotischen vierzonigen Zustand mit Rundpfeilerarkade, Empore, Rundfenster sowie Obergaden und links den dreizonigen hochgotischen Umbau von 1220–1230.

1 *Noyon, Kathedrale*
2 *Paris, Notre-Dame*
3 *Amiens, Kathedrale*
4 *Winchester, Kathedrale*
5 *Straßburg, Münster*
6 *Leon (Kastilien), Kathedrale*

Maßwerk

 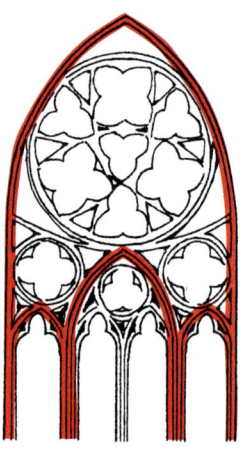  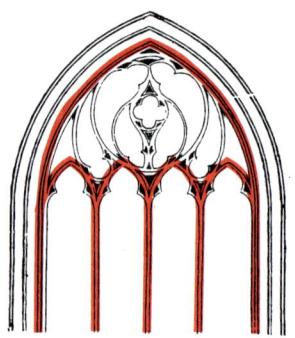

a Reims, Kathedrale: früh- bis hochgotisches Maßwerk, 13. Jh.

b Schema: hochgotisches Maßwerk

c Soest, Wiesenkirche (1331 begonnen): gotisches Maßwerk

d Soest, Wiesenkirche: Fischblasen-Maßwerk, spätes 14. Jh.

Fensterrosen

a Straßburg, Münster: früh-hochgotische Fensterrose, 13. Jh.

Dreipass

Gotische Maßwerkfigur, die aus drei Kreisen entwickelt ist und eine Kleeblattform ergibt.

b Sens, Kathedrale: Flamboyant-Fensterrose, 14. Jh.

Maßwerk

Es ist ein Bauornament aus geometrischen Grundformen und setzt sich vor allem aus Kreis, Pass, Blatt, Wabe und in deren Öffnungen einspringenden Nasen zusammen. Ursprünglich handelt es sich um Lochformen im steinernen Bogenfeld über zwei von einem gemeinsamen Bogen überfangenen Fenstern („negatives" Maßwerk) oder Radfenster. Seit der Hochgotik besteht das Maßwerk aus gebogenen, besonders in der (englischen) Spätgotik auch geraden Profilsteinen. Diese sind gleich dick oder dünner als das Stabwerk im unteren Fensterteil. Maßwerk dient der Gliederung von Fenstern, Giebeln, Wimpergen und Brüstungen.

Gewölbeformen

1 *Tonnengewölbe*
2 *Kreuzgewölbe*
3 *Rippengewölbe*
4 *Sterngewölbe*
5 *Netzgewölbe*
6 *Fächergewölbe*
Gotische Gewölbeformen: 3–6

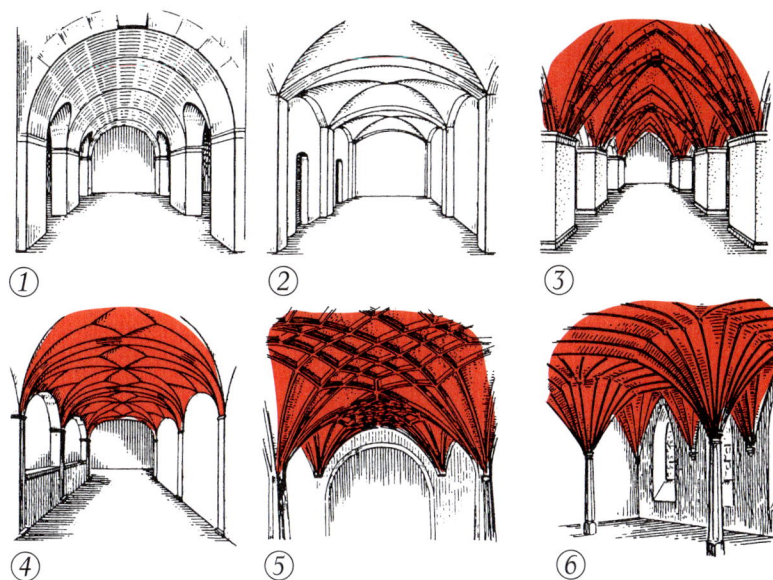

① ② ③

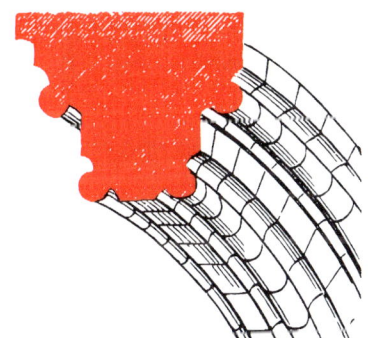

④ ⑤ ⑥

Gotischer Schlussstein: Paris, Ste-Chapelle

Die Unteransicht des Schlusssteins zeigt eine für die Hochgotik typische realistische Darstellung von Pflanzen, hier Weinlaub.

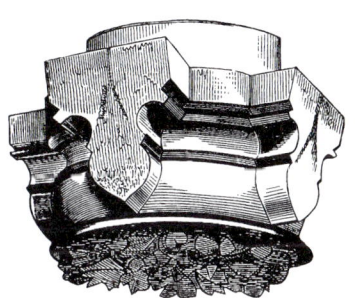

Gotische Bogenprofile

a Paris, Notre-Dame

b Nevers, Kathedrale

Gotische Kapitelle

a Amiens, Kathedrale: frühgotisches Pfeilerkapitell

b Esslingen, Frauenkirche: spätgotisches Buckelblattkapitell

> ### Schlussstein
> *Er sitzt im Scheitel eines Bogens oder im Knotenpunkt von Rippen. Die Endstücke der Rippen des Kreuzrippengewölbes sind an den Schlussstein angearbeitet.*

Wandaufrisszeichnung aus dem Hüttenbuch des Villard de Honnecourt

Bau einer Stadt

Holzschnitt aus der Koehlhoffschen Chronik von Köln, 1499

Die Bauhütte

Sie ist der mittelalterliche Werkstattverband der an einem Kirchenbau arbeitenden Steinmetzen, Bildhauer und Bautechniker, der auch die Oberleitung über andere Gewerke obliegt. Um bei den langen Bauzeiten die Konzeption und Einheitlichkeit von Architektur und Plastik zu gewährleisten und dabei technische und stilistische Neuerungen einfließen lassen zu können, gaben sich die Bauhütten eigene Ordnungen und grenzten sich damit gegen die Zünfte ab. Ideelle Überzeugungen, finanzielle Mittel und der Einsatz von hervorragenden Fachleuten waren Voraussetzungen für die Entstehung der gotischen Baukunst in Frankreich, Deutschland und England. Im deutschsprachigen Raum war die Straßburger Bauhütte führend.

Steinmetzzeichen

in Form von geometrischen bzw. ornamentalen Zeichen oder Monogrammen einer Bauhütte oder eines Steinmetzen auf einem Werkstein dienen zur Abrechnung oder als Gütezeichen. Steinmetzzeichen sind ein wichtiges Indiz bei der Datierung und Zuordnung von Bauwerken.

Chorgestaltung französischer Kathedralen

Die Außenform gotischer Chöre entspricht in der Staffelung und im Zusammenschluss der Elemente dem Gesamtsystem der inneren Ordnung. In der Frühgotik bleiben die Baukörper zunächst noch frei von offenem Strebewerk. Die anfangs vorherrschenden Rundformen weichen allmählich polygonalen Brechungen, die konstruktiven Bauglieder treten schärfer hervor. In der Hochgotik beginnt das Strebewerk zu dominieren.

a Châlons-sur-Marne (Anf. 13. Jh.) *b Le Mans (14. Jh.)*

Fassaden französischer Kathedralen

a Laon, Kathedrale: 2. Hälfte 12. Jh. – Anf. 13. Jh.

Die nach 1170 entstandene Kathedrale von Laon ist bereits ein Werk der Frühgotik, aber noch unter starker Verwendung romanischer Details. Die weitgehende Anwendung des Spitzbogens und die unruhige Rhythmisierung der Fassade zeigen gotischen Formwillen, ebenso die Durchbrechungen der Türme.

b Paris, Notre-Dame, 1163–1240

Die frühgotische Kathedrale von Notre-Dame besitzt eine zweitürmige Westfassade mit Rosenfenster. Rose und Fassade von Notre-Dame werden Vorbild zahlreicher Kathedralen. Die Fassade wirkt horizontal und vertikal ausgeglichen. Zwischen der Dreiportalzone und der Rosenzone befindet sich eine skulptierte Königsgalerie.

c Reims, Kathedrale, 1211–1311

Die Krönungskirche zu Reims gilt als Paradebeispiel hochgotischer Kathedralkunst. Die Doppelturmfassade ist mit reichem Figuren- und Ornamentalschmuck ausgestattet. Über dem Dreiportal mit Rose erheben sich Wimperge. Bei dem Maßwerk handelt es sich um das frühest bekannte. Die Königsgalerie findet sich unter dem flachen Doppelturm.

  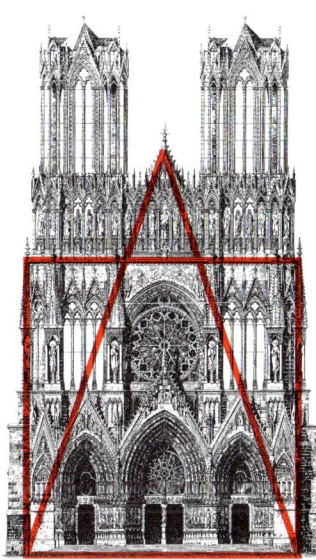

Paris, Ste-Chapelle, 1241–1247

Als Doppelkapelle mit Unter- und Oberkirche entspricht der Bau dem damals üblichen Typus einer Palastkapelle. Ludwig IX. ließ sie für die von ihm erworbenen Passionsreliquien erbauen, deren prächtigste die Dornenkrone Christi darstellt. Die für die Angehörigen des Hofs geschaffene Unterkapelle ist niedrig und dunkel. In den sphärisch gebogenen Fenstern wird die lastende Gewichtigkeit der Oberkapelle angedeutet, die, ursprünglich der Königsfamilie vorbehalten, im Gegensatz dazu wie ein lichter Reliquienschrein erscheint. Auf einem niedrigen, mit farbig gefasster Blendarkatur ausgestatteten Sockelgeschoß erheben sich schmale, sehr hohe vierbahnige Maßwerkfenster. Die fast völlige Durchlichtung des Raumes wird durch das äußerst zarte Maßwerk der Fenster und die schmalen Strebepfeiler ermöglicht.

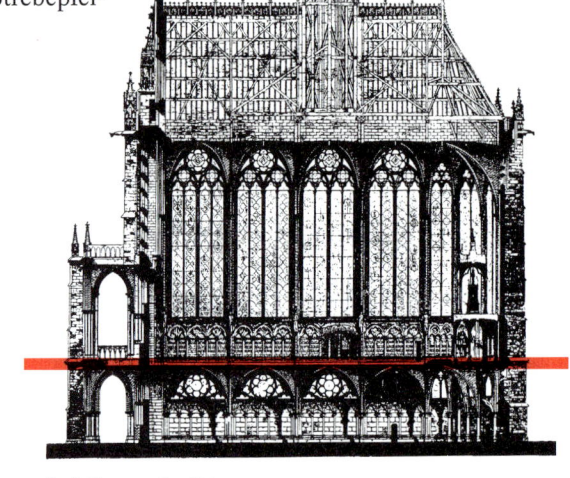

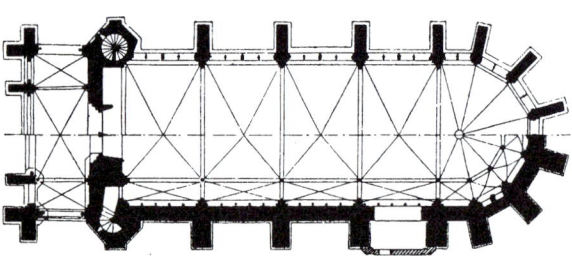

a Grundriss   *b Längsschnitt*

Straßburg, Münster, gotische Teile ab 1225

Nach der teilweisen Zerstörung der Basilika durch einen Brand erfolgt ab 1225 unter einem mit der französischen Gotik vertrauten Baumeister der Ausbau der oberen Geschosse des südlichen Querhauses mit Engelspfeiler und der Fassade mit Gerichtsportal. 1240–1275 findet der Abbruch des alten und der Neubau des dreigeschossigen, kreuzrippengewölbten Langhauses statt. Bei der von Erwin von Steinbach entworfenen Westfassade, einem Meisterwerk der Proportionierung und der gliedernden Möglichkeiten von Maßwerk, wird nur der nördliche Turm ausgeführt. Das Maßwerk ist wie ein filigraner Vorhang vor das Mauerwerk gehängt.

Vincennes, Donjon, 12. Jh.

Die in Frankreich „Donjon" genannten Wohntürme übernehmen Funktion und Typ der frühmittelalterlichen Turmhügelburgen. Der Kleeblatt-Grundriss ist ein verbesserter Typus im Vergleich zu den romanischen Anlagen. Die Durchbildung der drei Geschosse, die raffinierte Eingangslösung und Treppenführung innerhalb der Mantelmauer zeigen eine fortgeschrittene Bau- und Wehrtechnik.

St-Martin-des-Champs, Refektorium

Die zweischiffige Halle des Speisesaals des Klosters weist den lang gestreckten Grundriss fast aller größeren Raumkomplexe, wie Ritter- und Thronsaal, Dormitorium oder Krankensaal, auf. Die überschlanken Stützen heben hier jedoch den trennenden Charakter der Schiffe auf und machen die beiden Schiffe des Raums zueinander transparent.

Beaune, Hôtel-Dieu, 1443

Das vom burgundischen Kanzler Nicolas Rolin als Armenhospital gestiftete Hôtel-Dieu diente bis 1945 seiner Bestimmung. In der Dreiflügel-Anlage nimmt der Südflügel den 14 x 72 m großen Speisesaal mit Altarraum am Westende, Portal, Durchfahrt und Refektorium am Ostende auf. Er ist als massiver Steinbau errichtet. Die beiden anderen Flügel kontrastieren als Fachwerkbauten mit zweigeschossigen Laubengängen vor den Einzelräumen der Pflegeschwestern und vornehmen Kranken. In den Winkeln steigen Treppentürme auf.

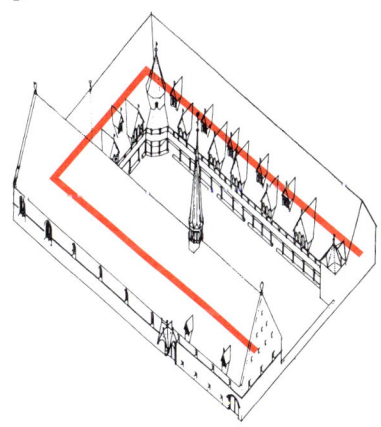

Cahors, Pont de Valentré, 1308–1355

Die Brückenbögen des Mittelalters weichen vom römischen Halbkreis ab. Überhöhte Profile und Spitzbögen prägen den Baukomplex, vier hohe Wehrtürme gliedern jedes dritte Joch.
Ein älteres Beispiel für eine solche mittelalterliche Pfeilerbrücke ist in Deutschland die sog. Steinerne Brücke zu Regensburg (1135–1146 errichtet).

Magdeburg, Dom, 1209–1363

Auf gotischem Grundriss erheben sich massive, weitgehend geschlossene Wände. An den Außenmauern des Chorpolygons wird noch auf Strebewerk verzichtet. Zwischen 1240 und 1270 hält die reife Gotik Einzug mit den Giebeln und den riesigen Maßwerkfenstern des Querhauses. Bis zur Domweihe 1363 entstehen das zweite und dritte Turmgeschoss, die Portal- zone und das zweite Geschoss des Mittelbaus. Erst seit dem letzten Viertel des 15. Jh. steigen Giebel und Dächer bis zu ihrer heutigen Höhe. Die Pyramidendächer der Türme werden 1520 vollendet.

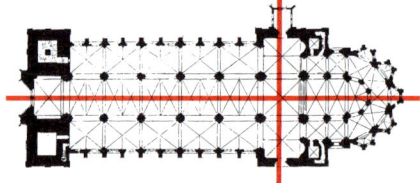

Köln, Dom, ab 1248

Mit ihm entsteht der erste gotische Kathedrale Deutschlands im französischen Sinn. Die 1248 begonnene und 1322 geweihte Choranlage mit ihrem überreichen Strebewerk, dessen filigrane Vielfalt die Stufung des basilikalen Aufbaus verschleiert, folgt eng den Vorbildern in Amiens (Grundriss) und Beauvais (Aufriss), perfektioniert sogar die dort vorgegebenen Ten- denzen durch die Einführung des Bündelpfeilers im Polygon. Die Westfassade entspricht den überlieferten Plänen, wurde jedoch erst im 19. Jh. vollendet.

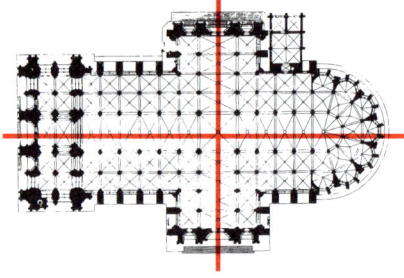

Ulm, Münster, begonnen 1377

Die fünfschiffige Basilika mit zehn Jochen und einschiffigem Chor zählt zu den bedeutendsten gotischen Sakralbauten Deutschlands. 1377 von Heinrich Parler als dreischiffige Hallenkirche gewaltigen Ausmaßes begonnen (Chorweihe 1383), wird das Münster unter Michael (ab 1383) und Heinrich Parler d. J. (1387–1391) als Basilika weitergeführt. Ulrich Ensinger (1392–1419) entwirft den 161 m hohen Westturm, der erst 1890 vollendet wird.

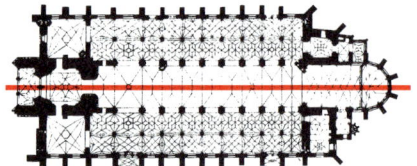

Ulm, südliche Seitenschiffe des Münsters, 14. Jh.

Spätgotische Hallenkirche

Wie der schematische Querschnitt zeigt, haben Hallenkirchen gleich hohe Schiffe.

Münster, Rathaus, ca. 1335

Als Repräsentationsbauten spiegelt das Rathaus bis heute in Ausmaß und Gestaltung den Bürgerstolz und Reichtum der Stadtbewohner wider. In Deutschland wird ein turmloser Bau vorgezogen.

Häufig steht er frei auf einem Platz, in Münster ist er jedoch in eine

Halberstadt, Ratsschänke

Der 1945 zerstörte Fachwerkbau ruht auf einem hohen Steinsockel. Die beiden oberen Stockwerke stehen jeweils treppenförmig über. Streben verspannen die Pfosten diagonal, Fuß- und Kopfstreben verbinden die Ständer mit Schwelle und Rähm. Das Fach/Gefach ist der offene Zwischenraum des Skeletts, der mit Lehm oder später Backstein gefüllt wird. Die Deckenbalken liegen quer auf dem Rähm und tragen die Bodenbretter, deren Balkenköpfe vorkragen. Die Konsolen sind reich mit figuralen Schnitzereien geziert.

Straßenzeile eingebunden. Hinter der Gerichtslaube im Erdgeschoss befindet sich der Kaufhaussaal, während darüber der gleichfalls zweischiffige Bürgersaal liegt.

Die prächtige Schauwand weist Maßwerkfenster und der siebenteilige Giebel Maßwerk- und Fialbekrönungen auf.

Weitere bedeutende gotische Rathäuser Deutschlands finden sich beispielsweise in Braunschweig, Stralsund, Lübeck, Bremen sowie Köln (Gürzenich).

Hallenkirche

Die bürgerliche Auffassung von Sakralraum steht im deutlichen Gegensatz zu den Raumverhältnissen der hochgotischen Basiliken. Ihr entspricht die ruhige und übersichtliche Hallenkirche besser. Der Raum wird durch Ausweitung der Seitenschiffe und der Pfeilerabstände gedehnt, wodurch eine Durchsichtigkeit in alle Richtungen gewährleistet wird. Die Pfeilerform wird durch Entfernen der richtungsbetonten Elemente, z.B. der Dienste, zugunsten richtungsneutraler Rundpfeiler verändert. Der Baukörper wird unter einem hohen Dach zusammengefasst. Mittel- und Seitenschiffe sind von (annähernd) gleicher Höhe.

Dachformen

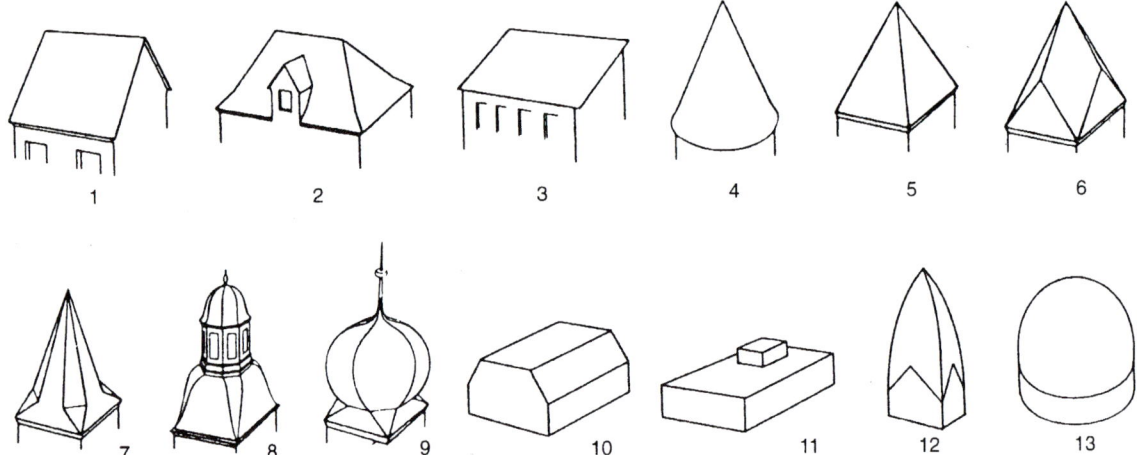

1 Satteldach
2 Walmdach mit Zwerchhaus
3 Pultdach
4 Kegeldach
5 Zeltdach

6 Rhombendach
7 Achtseitiger Helm
8 Geschweifter Helm mit
  Laterne
9 Zwiebeldach

10 Terrassendach
11 Flachdach
12 Romanisches Spitzdach
13 Kuppeldach

Marienburg, Mittelschloss, 1400 vollendet

Die ab 1280 am Ufer der Nogat im heutigen Polen erbaute Marienburg (seit 1309 Sitz des Hochmeisters des Deutschen Ordens) ist die größte und künstlerisch bedeutendste Ordensburg des Mittelalters. Sie erfährt im 14. Jh. zahlreiche Umbauten und Erweiterungen. Kernstück der Anlage, die ganz in rotem Backstein errichtet ist, sind das Hochschloss (seit 1280), eine Vierflügelanlage um einen Hof, aus deren Flucht die Marienkapelle (1344) hervortritt, sowie das Mittelschloss als Palast des Hochmeisters in Formen der französischen Gotik. Der Große Remter (1320) sowie die kleineren, netzgewölbten Sommer- und Winterrempter des Mittelschlosses zählen zu den bedeutenden Räumen mittelalterlicher Profanarchitektur. Beim Fächergewölbe entfalten sich die Rippenbündel strahlenförmig von frei stehenden Stützen aus; im Grundriss erscheint es als Sternengewölbe.

Großer Remter

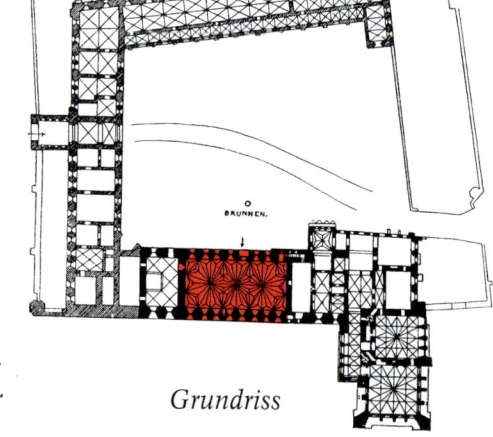

Grundriss

Salisbury, Kathedrale, 1220–1266

Diese Kathedrale ist die erste, in relativ kurzer Zeit nach einem einheitlichen Bauplan errichtete Kathedrale der englischen Gotik. Im Vergleich mit den gleichzeitigen französischen Kathedralen erscheint sie, in der Stilstufe des Early English, wie eine bewusst aus der französischen Hochgotik und der normannischen Überlieferung gewählte Rezeption und Reduktion. Der Grundriss zeigt in der typischen Längsstreckung die für England übliche Raumfolge von Langhaus, Langchor, Retrochor, westlichem Hauptquerhaus und östlichem Hauptquerhaus. Die abschließende Marien-Kapelle (Lady Chapel) ist wie eine räumlich selbstständige kleine Hallenkirche ausgeführt. Die Fassadenwand und der angedeutete Doppelturm stehen in einer Flucht mit der Langhausstirn neben den Seitenschiffen. Der erst im 14. Jh. errichtete 123 m hohe Vierungsturm kontrastiert wirkungsvoll zur horizontalen Lagerung der Baumasse.

Fassade

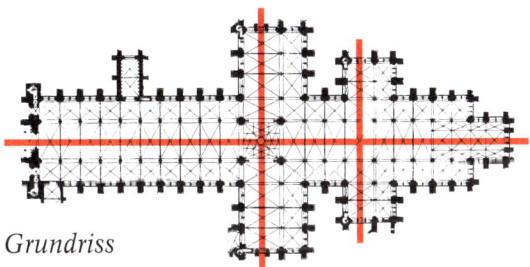

Grundriss

Lincoln, Kathedrale/Langhaus, 1192 – Ende 13. Jh.

Der den Bau prägende Decorated Syle zeichnet sich durch „vollkommene" Spitzbögen über dem gleichseitigen Dreieck aus. Mit 146 m Gesamtlänge gehört Lincoln zu den größten hochgotischen Kathedralen Englands. Das geometrische Maßwerk steht im Inneren auch unverglast frei in Triforien-Zone und Obergaden. Die Gewölbedienste liegen auf Konsolen auf. Lincoln ist das früheste Beispiel für ein sternartiges Gewölbe mit Scheitelrippe (1210).

Selby, Chorfenster der Benediktiner-Abteikirche, ca. 1321–1340

Das fließende Maßwerk formt sich aus geometrischen, floralen und Fischblase-Mustern. Es ist ein eigenwillige Schöpfung, die v. a. in Yorkshire zu finden ist. Die Fischblase wird als spätgotisches „Flamboyant" auf dem Festland übernommen.

Wells, Kathedrale, 1220–1363

Geringer Höhendrang und horizontale Raumentwicklung prägen die Kathedrale von Wells. Die dreischiffige Basilika hat zwei Querschiffe, einen flachen Chorschluss sowie einen dreizonigen Wandaufbau. Auffallendstes Merkmal sind die gegenläufigen Innenbögen (Scherenbögen) der Vierung, die 1338 aus statischen Gründen nachträglich eingebaut werden. Die Kathedrale ist von einer klös-terlichen Anlage umgeben mit Kreuzgang, Refektorium etc. Das oktogonale Kapitelhaus ist eine der vollkommensten Raumschöpfungen der englischen Gotik.

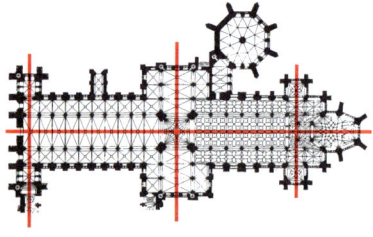

Gloucester, Kathedrale

Der ursprünglich normannische Chor wird durch vorgeblendetes Stabwerk schon Mitte des 14. Jh. im Perpendicular Style vergittert („skelettiertes Gehäuse"). Die Großarkade weißt keine Differenzierung der Wandzonen auf, die Außenwände sind weitgehend in Glas aufgelöst.

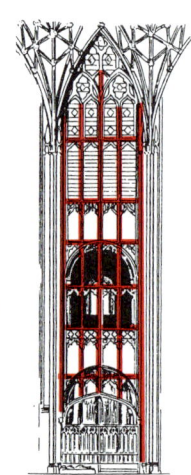

Cambridge, King's College Chapel, 1446–1515

Die 81 m lange Saalkirche reiht 23 Raumkompartimente mit gleichem Fenstermaßwerk und gleichem Fächergewölbe aneinander, geteilt nur durch den hölzernen Lettner (1533–1536) mit einer Barockorgel. Aus den Profilbündeln der Wandpfeiler steigen zahlreiche dünne Rippen auf und bilden trichterförmige Fächerkelche, die von Maßwerk bedeckt sind. Die Schlusssteine hängen stalaktitenförmig vom Gewölbe.

London, Westminster Abbey, Kapelle Heinrichs VII.

Die Form des Hängegewölbes ist typisch für den Tudor Style.

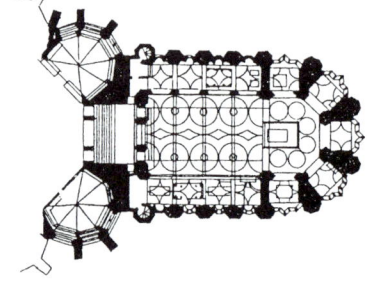

Orvieto, Dom, 1310 begonnen

Für die Fassade übernimmt Lorenzo Maitani wichtige Elemente der französischen Fassaden. Er benutzt sie, über den dekorativen Effekt hinaus, um die Gesamtfläche in eine genau ausgewogene Komposition von Teilflächen zu gliedern und in einen tektonischen Rahmen zu spannen. Dem französischen Gliederbau stellt die Gotik Italiens die Flächigkeit und Bildhaftigkeit der Wand gegenüber. Sie verbindet sich als farbiger Hintergrund eng mit dem räumlichen

Charakter der öffentlichen Plätze. Der Grundriss der hochmittelalterlichen Kirche hält an den von Antike und Frühmittelalter bestimmten Traditionen fest.

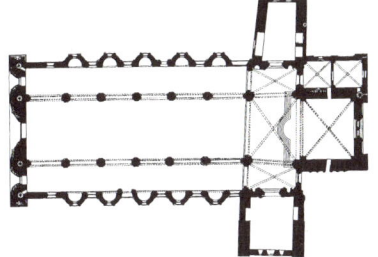

Florenz, Campanile des Doms, 1334–1359

Der separat stehende Glockenturm geht auf einen Entwurf Giottos (1334) zurück. Er sollte mit einer durchbrochenen Spitze enden und eine Höhe von 122 m erreichen. Der ausgeführte Turm dagegen ist 84 m hoch, 6 m niedriger als die Domkuppel. Andrea Pisano führt die zweite Zone mit Nischen für Statuen und Francesco Talenti bis 1359 die oberen drei Geschosse aus, wobei er sich bei den mit Krabben besetzten Wimpergen und den mit gedrehten Säulen geschmückten Fenstern an Giottos Entwurf anlehnt.

Fensterbildungen der italienischen Gotik

a in Backstein mit reicher floraler Ornamentik

b in Haustein mit Biphorium und Dreipass unter einem Spitzbogen

Backsteingotik

Sie findet ihre Verbreitung seit dem 13. Jh. in Nordeuropa, Südfrankreich (um Albi und Toulouse), Spanien (um Toledo) und Italien, auch in Süddeutschland (Frauenkirche in München). Vorwiegend ist sie in den Niederlanden, dem norddeutschen Küstengebiet, in Lübeck, der Mark Brandenburg, dem Baltikum, in Schweden und Finnland (durch niederländische Kolonisten und Kaufleute der Hanse) verbreitet. Vorwiegend handelt es sich dort um Hallenkirchen ohne Strebewerk. Die frühen Bauten sind monumental-wuchtig und wenig gegliedert. In der Spätgotik werden auch die Zierformen in Backstein übertragen. Ornamentierte Terrakottaplatten werden zu Friesen gereiht. Durch Hintereinanderstaffelung von Formsteinen werden tiefe Portal- und Fensterprofile erzielt. Es findet keine starke Durchbrechung der Mauer statt, häufig findet sich eine Blendarkatur. Ziergiebel können die Feingliedrigkeit der schönsten Werksteinbauten erreichen oder sogar übertreffen (Prenzlau, Brandenburg, Stargard).

Burgos, Kathedrale, 1221–1567

Die Kathedrale ist eine dreischiffige Basilika nach französischem Schema mit einem einschiffigen Querhaus, Chorumgang und Kapellenkranz. Die rechteckigen Kapellennischen an Seiten und Chorwänden nennt man „Einsatzkapellen". Die Kathedrale von Burgos besitzt eine Zweiturmfassade mit Fensterrose sowie einem „deutsch" durchbrochenen Turmhelm. Maurische Elemente zeigen sich im Vierungsturm.

Dieser „Platero-Stil" (oder „Platereskenstil") genannte spanische Dekorationsstil leitet sich von „platero" = Silberschmied ab und stellt bereits einen Übergang zur Renaissance her.

Südliche Querschiffsfassade

Querschiff innen

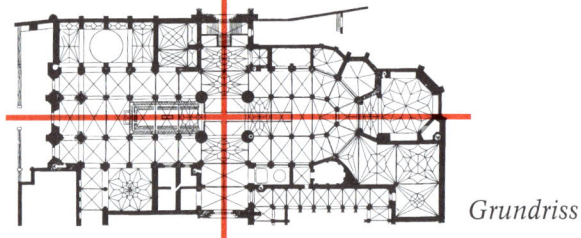
Grundriss

Tomar, Christusritter-Kloster, 1540

Von der 1160 von den Templern gegründeten Ordensburg der Christusritter sind u.a. die Templerkirche aus dem 12. Jh. (frühgotischer Zentralbau) und zwei Kreuzgänge (1. Hälfte 15. Jh.) erhalten. Insbesondere die an die mittelalterliche Rotunde angefügte Kirche (von João de Castilho und Dicgo de Torralva) gilt als bedeutendes Beispiel des spätgotischen Emanuel-Stils in Portugal. Das Hauptportal (um 1510) und das Fenster des Kapitelsaals (um 1520) beeindrucken durch ihren phantastisch überbordenden plastischen Schmuck. Der Emanuel-Stil ist nach König Manuel I. d. Gr. (1495–1521) benannt und läuft parallel zum spanischen Isabella-Stil.

Valencia, Börse, 1483–1498

Die Lonja della Seda (Seidenhalle) in Valencia gehört zu den prachtvollsten Profanarchitekturen der Spätgotik. Die von gedrehten Säulen gestützte Halle hat die Ausmaße von 39 x 22,5 m. Die Rippen der hohen, schlanken Pfeiler gehen ohne Kapitell ins Netzgewölbe über. Die Ornamentik ist typisch für den üppigen Isabella-Stil.

RENAISSANCE UND MANIERISMUS

Die französische Epochenbezeichnung „Renaissance" leitet sich vom lateinischen „renascere" (= wiedergeboren werden) her. Darunter wird im Allgemeinen die Wiedergeburt einer vergangenen Kultur (vgl. Augustäische und Karolingische Renaissance oder toskanische Protorenaissance) verstanden, in der Kunstwissenschaft v. a. bezeichnet der Begriff die Epoche der europäischen Kunstgeschichte zwischen Gotik und Manierismus. Die Wiederaufnahme antiker Traditionen geht von Italien aus, wo die Renaissance etwa Anfang des 15. Jh. einsetzt und 1520/30 endet. Ein wesentliches Charakteristikum der Kunst der Renaissance ist die Entdeckung der menschlichen Persönlichkeit im Zeitalter des Humanismus. Das Individuum, und damit auch der Künstler, erfährt eine ganz neue Wertung.

Einer der großen Architekten der in Florenz ihren Ausgang nehmenden Frührenaissance ist Filippo Brunelleschi. Zu den frühesten Renaissancebauten zählen sein Spedale degli Innocenti (Findelhaus, 1419–1424) und die Alte Sakristei von S. Lorenzo (1421–1428) in Florenz. Brunelleschi verwirklicht hier eine völlig neue, aus klassischen Vorbildern abgeleitete harmonische Gliederung und Proportionierung der Teile, die alle in durchdachten Verhältnissen aufeinander bezogen sind. Der erste große Renaissancesakralbau stammt ebenfalls von Brunelleschi: S. Lorenzo in Florenz (1421 begonnen). Vom Grundrissquadrat der Vierung ausgehend, schafft er eine dreischiffige Basilika mit flach gedecktem Mittelschiff und Hängekuppeln in den Seitenschiffen, die sowohl an frühchristlich-antike Kirchen als auch an die der florentinischen Protorenaissance erinnert.

Die zweite große Architektenpersönlichkeit der Frührenaissance ist Leon Battista Alberti, vornehmer und gebildeter „uomo universale". Er setzt bei seinem Studium der römischen Antike den Akzent auf die Grundprinzipien der Architektur und beschäftigt sich sowohl mit den fünf antiken Säulenordnungen als auch mit urbanistischen Entwürfen. Albertis Hauptwerk ist S. Andrea in Mantua (1470 entworfen), das mit seinem nur indirekt belichteten kassettierten Tonnengewölbe und den ausgewogenen Proportionen wahrhaft römisch wirkt. Die Fassade vereinigt die klassische Tempelfront (Pilaster und Dreieckgiebel) mit dem antiken Triumphbogen (mittleres Joch). Alberti erweist sich damit nicht als nachahmender Klassizist, sondern als Baumeister, der antike Architekturprinzipien frei im Sinne der Renaissance interpretiert.

Die Architekten der Renaissance (z. B. Francesco di Giorio Martini und Leonardo da Vincis Freund Luca Pacioli) fordern sowohl für die Gesamtbauwerke als auch für struktive Teile wie die Säule immer wieder die Proportionierung nach dem Maß und den Zahlenverhältnissen des menschlichen Körpers und unterscheiden sich so völlig von den gotischen Bestrebungen nach möglichst steilen, ins Unendliche zielenden und damit unfassbaren Räumen.

Neue Aufgaben der Renaissancearchitektur bieten sich neben dem Sakralbau in Urbanistik und Palastarchitektur. Idealstadtentwürfe mit neuen axialen Systemen entstehen, beispielsweise verwirklicht in Pienza ab Mitte des 15. Jh. durch Bernardo Rossellino. Auch die Wohnbauten der vornehmen städtischen Familien sind nun durch regularisierte Grundrisse, oft um einen Innenhof mit Arkaden gruppierte Raumabfolgen und symmetrische Fassadengliederung gekennzeichnet.

Auf dem Weg zur Hochrenaissance wird in der Sakralarchitektur ein Thema immer beherrschender: der Zentralbau (z. B. Giuliano da Sangallos S. Maria delle Carceri in Prato, 1485 begonnen, oder Bramantes Tempietto in Rom). Bedeutendstes Unternehmen der Hochrenaissance ist der Neubau von St. Peter in Rom, auch er zunächst

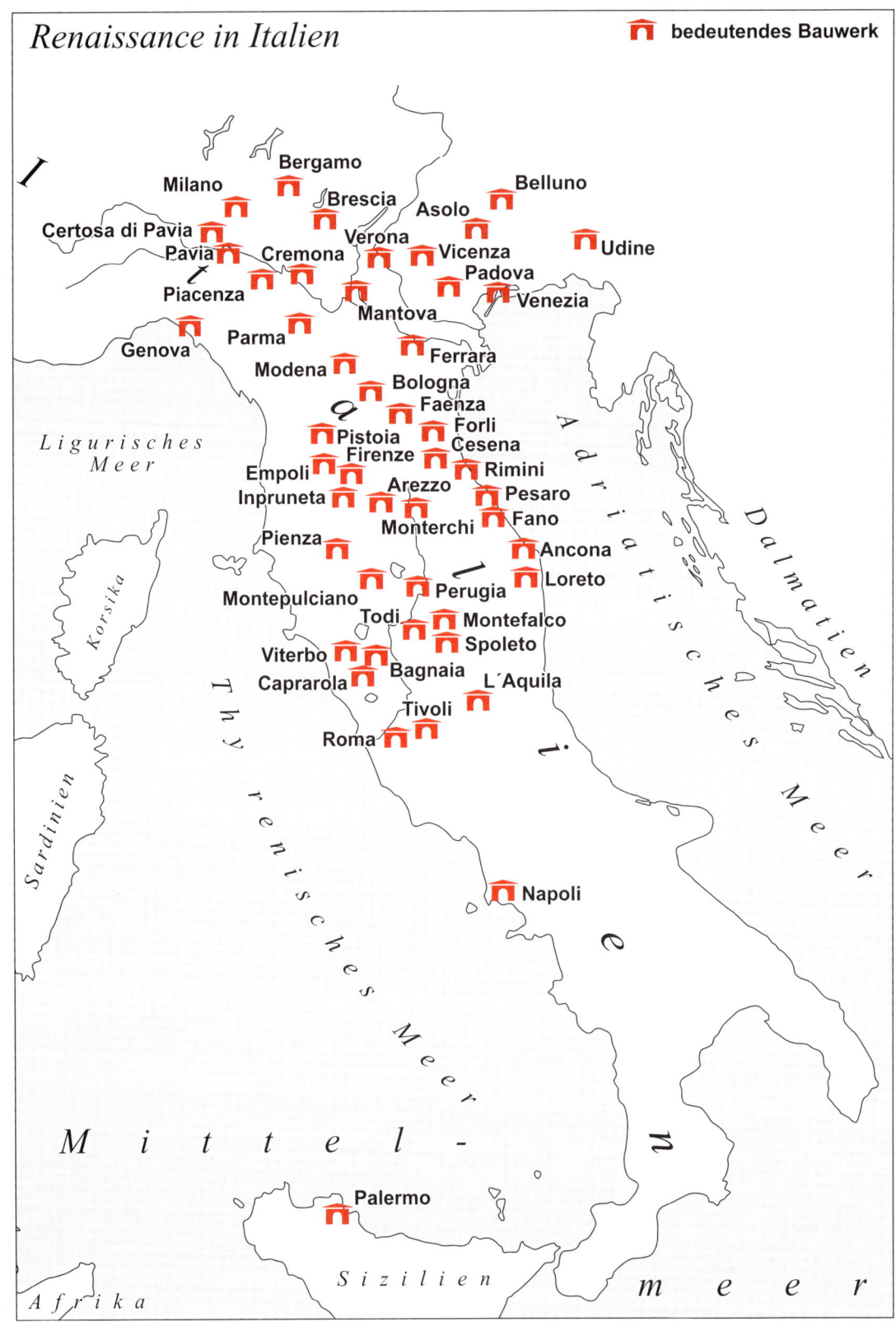

Renaissance in Italien

bedeutendes Bauwerk

- Bergamo
- Milano
- Brescia
- Belluno
- Asolo
- Certosa di Pavia
- Pavia
- Cremona
- Verona
- Vicenza
- Udine
- Padova
- Piacenza
- Mantova
- Venezia
- Parma
- Genova
- Ferrara
- Modena
- Bologna
- Faenza
- Pistoia
- Forli
- Firenze
- Cesena
- Empoli
- Rimini
- Inpruneta
- Arezzo
- Pesaro
- Pienza
- Monterchi
- Fano
- Ancona
- Montepulciano
- Loreto
- Todi
- Perugia
- Viterbo
- Montefalco
- Caprarola
- Spoleto
- Bagnaia
- L'Aquila
- Tivoli
- Roma
- Napoli
- Palermo

Ligurisches Meer

Korsika

Sardinien

Thyrenisches Meer

Adriatisches Meer

Dalmatien

Italien

Mittel-meer

Sizilien

Afrika

als Zentralbau über dem Grundriss eines lateinischen Kreuzes geplant. Zahlreiche Entwürfe entstehen, u. a. von Bramante und Michelangelo. Bramantes großer Einfluss auf die Renaissancebaukunst manifestiert sich auch außerhalb Roms, z. B. in S. Maria della Consolazione in Todi (1508 von Cola di Matteuccio begonnen). Die oberitalienische Renaissancearchitektur unterscheidet sich von der römischen und florentinischen durch größeren dekorativen Reichtum (Fassade der Certosa bei Pavia, ab 1476), was im gewissen Sinn auch für venezianische Schöpfungen wie die mit farbigen Marmorinkrustationen in ausgewogenen Flächenverhältnissen ornamentierte, malerische Fassade von S. Maria dei Miracoli gilt (Pietro Lombardo, 1481–1489).

Eine zentrale Persönlichkeit der Baukunst des Cinquecento (16. Jh.), Andrea Palladio, findet v.a. auf dem Gebiet des Villenbaus zukunftweisende Lösungen (Zentralbau der Villa Rotonda bei Vicenza, 1566–1580). Wie Bartolomeo Ammanati, Giorgio Vasari und Giacomo Vignola ist er jedoch bereits dem antiklassischen Manierismus zuzurechnen, der schon um 1520 im architektonischen Werk Raffaels, Michelangelos und Giulio Romanos (Mantua, Palazzo del Tè, 1526–1534) seinen Ausgang nimmt.

Außerhalb Italiens dringt der Renaissancestil mit großer Verzögerung vor und erreicht auch nicht das Ausmaß an klassischer Monumentalität und die Bedeutung wie in Italien. Einer der frühesten Renaissancebauten Deutschlands entsteht 1509–1518 mit der Fuggerkapelle St. Anna in Augsburg, wo noch ein Jahrhundert später eine von oberitalienischen Vorbildern geprägte Architektur zwischen Renaissance und Frühbarock errichtet wird. Renaissancebaukunst äußert sich im Wesentlichen in Einzelbeispielen wie dem Italienischen Bau der Landshuter Residenz (1536–1543) und dem Ottheinrichsbau des Heidelberger Schlosses (1556–1559). Ein einheitlicher Stil bleibt auf das Gebiet der Weserrenaissance beschränkt.

Während die Situation in den Niederlanden ähnlich ist und auch dort v.a. die Ornamentik des neuen Stils übernommen wird (Ausnahme: Cornelis Floris' Rathaus in Antwerpen), stellt sich die Lage in Frankreich anders dar. Am Anfang des 16. Jh. beginnt Ordnung in die Raumfolge der Schlösser einzuziehen, und einzelne italienische Motive wie die doppelläufige Treppe (Schloss Chenonceaux) ergänzen die oft noch spätgotisch wirkenden Bauten. Ab 1519 wird nach Plänen Domenico da Cortonas mit dem Bau von Schloss Chambord begonnen. Vor allem der unter Franz I. etablierten Schule von Fontainebleau mit ihren aus Italien eingewanderten Künstlern gelingen bedeutende Schöpfungen in allen Gattungen der Kunst, die allerdings schon dem Manierismus angehören. 1541 kommt Sebastiano Serlio an den französischen Hof, der mit seinen Architekturtraktaten großen Einfluss auf die Renaissancebaukunst Frankreichs ausübt. In Spanien ist vor allem der Bau des Escorial von der italienischen Renaissance geprägt.

Zeittafel

Frührenaissance (1420–1500)	Florenz: Brunelleschi, Alberti; Platero in Spanien (1485–1550)
Hochrenaissance (1500–1525)	Bramante, Michelangelo; Rom: Petersdom und Florenz; Desornamentado in Spanien (1550–1600)
Spätrenaissance und Manierismus (1525–1570/1600)	Vasari, Vignola, Ammanati, Palladio; Knorpelstil in Deutschland (1600–1660), Schule von Fontainebleau, Elizabethan (1550–1610) und Jacobean (1610–1640) in England

Florenz, Palazzo Strozzi, 1489–1536

Der von Benedetto da Maiano entworfene Stadtpalast der Familie Strozzi ist das vollendete Beispiel eines Florentiner Renaissancepalastes. Die wesentliche Bauidee dürfte auf Giuliano da Sangallo zurückgehen. Außergewöhnlich sind die Ausmaße, außergewöhnlich die freie Lage mit drei voll ausgebildeten Fassaden inmitten des Stadtgebietes. Allen Geschossen sind mächtige Rustikaquader vorgelegt, deren Plastizität von Geschoss zu Geschoss abnimmt. Jede Fassade hat ein Portal von immensem Ausmaß.

Florenz, Palazzo Rucellai, ca. 1457 begonnen

Leon Battista Alberti entwirft den von Bernado Rossellini ausgeführten Palazzo Rucellai. Er setzt hier erstmals die Pilasterordnungen in klassischer Abfolge zur Gliederung der subtil rustizierten Wand ein, angeregt durch römische Bauten wie das Kolosseum. Die Kapitelle im Erdgeschoss sind toskanisch, statt der ionischen im ersten Stock finden sich freie, dem Korinthischen verwandte, die im obersten Geschoss sind hingegen rein korinthisch.

> ### Kolossalordnung
> *Die seit der Spätrenaissance von Michelangelo und Palladio verwendete, über mehrere Geschosse reichende Säulenordnung entwickelt sich in der barocken Fassadengestaltung zu kraftvoller Monumentalität.*

Venedig, Zecca

Die ehemalige venezianische Münze ist in allen Stockwerken rustiziert. Bei den grob bearbeiteten Steinquadern wird die Oberfläche an der Vorderseite weitgehend roh belassen (Bosse). Auch die Halbsäulen der oberen Geschosse sind derart gestaltet.

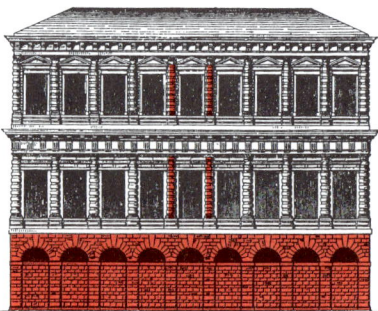

Vicenca, Palazzo Da Porto Breganze, 1570/80 begonnen

Von Palladios Entwurf sind nur zwei Achsen ausgeführt, der auf der Vorderseite sieben Achsen mit einer Kolossalordnung korinthischer Halbsäulen vorsieht.

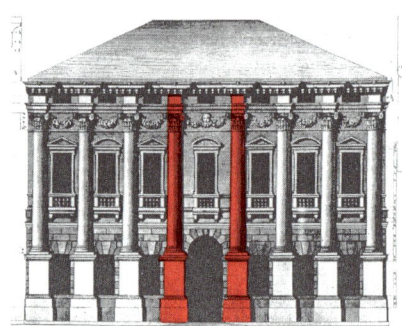

Giebelformen

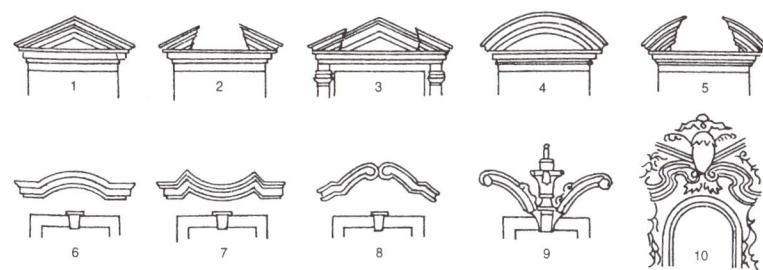

1 Dreieckgiebel
2 Gesprengter Dreieckgiebel
3 Verkröpfter Dreieckgiebel
4 Segmentgiebel
5 Gesprengter Segmentgiebel

6/7 Wellengiebel
8 Volutengiebel
9 Volutengiebel mit Bekrönung
10 Rokokogiebel

Florenz, Palazzo Strozzi, 1504/05 u. 1533–1536

Simone del Pollaiuolo gen. Cronaca ist für die Gestaltung des Hofes verantwortlich. Der florentinische Tradition entsprechen die Arkaden des Untergeschosses, die Verbindung von Pietra-serena-Gliedern und Verputz, auch die Rundfenster. Zu den aus Rom importierten Neuerungen zählen nicht nur einzelne Motive, wie Arkadenpfeiler, Balustraden oder Fensterkreuze, sondern auch die kraftvolle Artikulation.

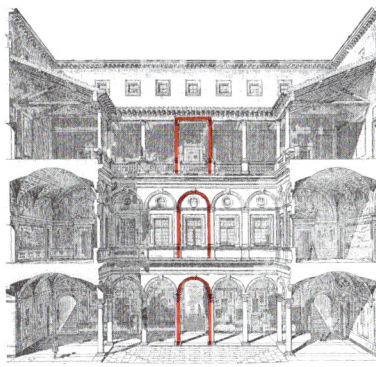

Rom, Palazzo della Cancelleria, 1483–1517

Die Wertschätzung als eines der schönsten Beispiele der Renaissancebaukunst mindert nicht die unsichere Zuschreibung an Andrea Bregno oder Bramante. Der weite, dreigeschossig umbaute Innenhof präsentiert sich mit einem ebenso klaren Wandaufbau wie die Fassade.

Urbino, Palazzo Ducale, 1465 begonnen

Typisch für die italienischen Palastinnenhöfe der Frührenaissance sind schlichte, ausgewogene Formen. Im Erdgeschoss verläuft ein Umgang mit Rundbogenarkaden, in deren Zwickel Tondi sitzen. In der gleichen Flucht wie die Säulen gliedern korinthische Pilaster das Piano Nobile (Hauptgeschoss).

Palazzo

In der italienischen Renaissance behalten die Palazzi die geschlossene, quaderartige Form des Mittelalters (z. B. toskanische Kommunalpaläste). Jedoch tritt der wehrhafte Charakter zurück und die Anlage gruppiert sich um einen Arkadenhof (z. B. Palazzo Venezia und Palazzo Farnese in Rom). Die in Venedig bereits vorgegebene Einbindung in Fluchten setzt sich fort bis hin zur Einbeziehung in größere Zusammenhänge der Stadtarchitektur u.a. mit Michelangelos Kapitolsplatz (seit 1547). Schließlich wird die streng rechteckige Form zunehmend zu Gunsten ausgreifender Flügelbauten aufgegeben, was zu den Schlossanlagen des Barock überleitet.

Bei Vicenza, Villa Capra, sog. La Rotonda, ca. 1550

Die Rotonda als berühmteste Villa Andrea Palladios ist im Gegensatz zu den übrigen Villen nicht als Gutshaus, sondern als reiner Landsitz für den Kanonikus Paolo Alemerico entworfen. Sie kann somit ohne Ökonomiegebäude in absolut gestalterischer Freiheit wie ein Belvedere auf der Spitze des Hügels platziert werden. Diese Situation ermöglicht die Öffnung des Baus nach allen vier Seiten, so dass Palladio hier auf einzigartige Weise eine in der Längs- und Querachse völlig symmetrische Grundrisslösung schaffen kann. Die sechssäuligen ionischen Portici über monumentalen Freitreppen geben dem Bau gemeinsam mit der vom Pantheon in Rom inspirierten Kuppel feierliche Würde. Um den kreisrunden zentralen Kuppelraum gruppieren sich die übrigen Räume.

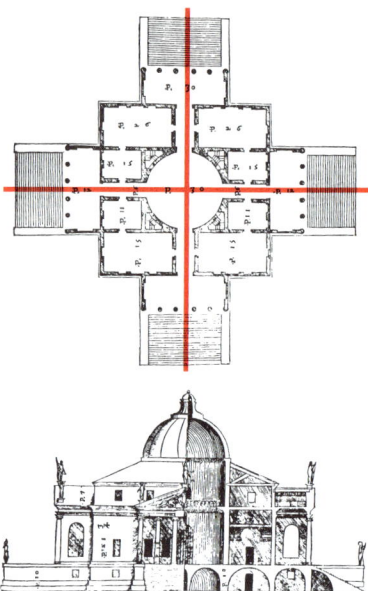

Hans Vredeman de Vries, Entwurf für einen Garten, 1587

Den fest umauerten Garten gliedern eingezäunte viereckige Quartiere, deren Beete sich zu streng geometrischen Mustern (hier Labyrinth) zusammenfügen. Dem manieristischen Geschmack entsprechend werden exotische Blumen und Kräuter gepflanzt. Vredeman de Vries teilt seine idealen Gartenentwürfe nach Vitruvs Ordnungen in Dorica, Ionica und Corinthia ein. Mittelpunkt ist häufig ein Baum, der Rasenplatz vor der Arkadenarchitektur ist als Spielplatz gedacht.

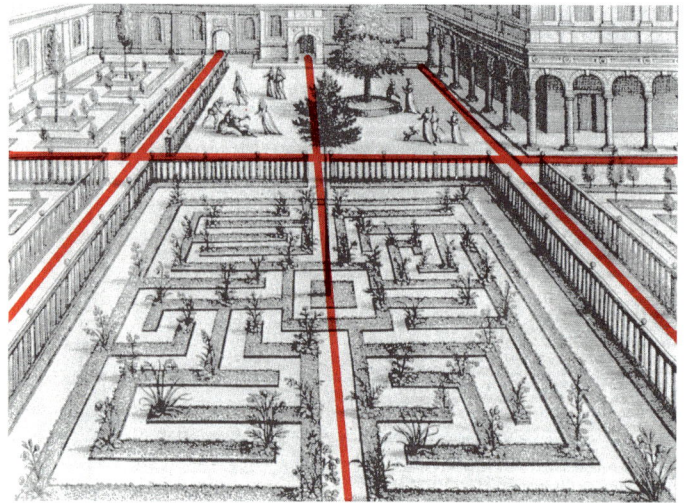

Bei Viterbo, Villa Caprarola, 1559 begonnen

Das bedeutendste fürstliche Landhaus der Renaissance wird maßgeblich von Giacomo Vignola für die Familie Farnese gestaltet. Er wandelt den festungsartigen Grundriss, ein Fünfeck mit ausgekragten Ecken, zu einem imposanten und zugleich heiteren Lustschloss um. Vignola legt an eine Seite einen stattlichen Terrassenaufgang, den er durch Balustraden, Grotten und Brunnen in den Futtermauern belebt. So gehört die nur scheinbar wehrhafte Anlage eher dem Manierismus an.

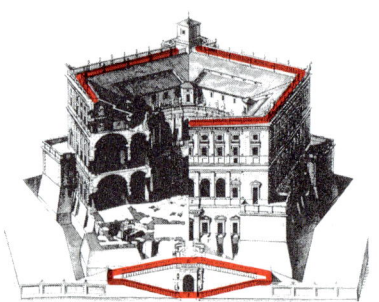

Balustrade

Die sich aus Balustern (kleinen bauchigen Stützen mit rundem oder polygonalem Querschnitt) zusammensetzende Balustrade wird anstelle von Geländern und Brüstungen für Treppen, Galerien oder Emporen verwendet.

Renaissance-Baluster

Rom, Piazza del Campidoglio, 1540–1564

1539 erhält Michelangelo den Auftrag zur Gestaltung des Kapitols, die eine adäquate Präsentation des antiken Reiterstandbildes Marc Aurels, das irrtümlicherweise für eine Darstellung Kaiser Konstantins d. Gr. gehalten wird, zum Ziel hat.

Michelangelo schreibt dem trapetzförmigen Platz ein Oval ein. In seinem Mittelpunkt befindet sich ein Stern, dessen kreisende Bewegung durch helle Ornamente im Pflaster angedeutet ist. Für die flankierenden Gebäude des Senatoren- und Konservatorenpalastes schafft er neue Fassaden mit Kolossalordnungen.

An der dritten Seite wird später ein äquivalenter Flügel hinzugefügt.

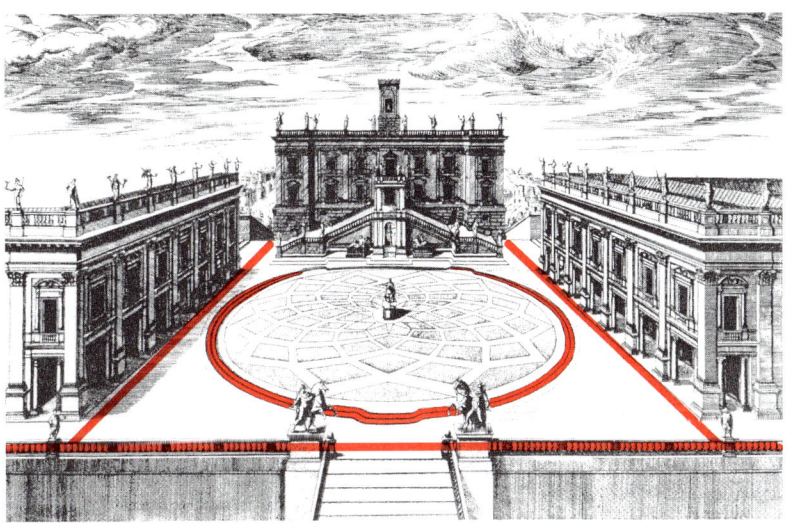

Palladiomotiv

Es bezeichnet eine Kombination aus Kolonnade und Arkade, bei der ein mittlerer, von Säulen getragener großer Bogen von je einer schmäleren und niedrigeren Säulenstellung mit waagrechtem Gebälk flankiert wird. Da das Motiv bereits Sebastiano Serlio entwickelt hat, bezeichnet man es auch als „Serliomotiv" bzw. „Serliana".

Vicenza, Palazzo della Ragione, sog. Basilica, 1549 begonnen

Palladios Ummantelung des bestehenden Baus zeigt eine zweigeschossige Loggia mit toskanischer und ionischer Säulenordnung sowie das hier erstmals von ihm eingesetzte Palladiomotiv. Die reichen, für sein Werk stets wichtigen Licht-Schatten-Kontraste sind wohl durch Jacopo Sansovinos Libreria Marciana in Venedig beeinflusst.

Vicenza, Teatro Olimpico, 1584 eröffnet

Das von Palladio erbaute Teatro Olimpico gilt als das erste feste, frei stehende Theater seit der Antike.

Das kleine, geschlossene „Kammertheater" ist nach den Prinzipien und mit den Elementen der offenen römischen Großtheater errichtet. Der Bühnenbereich besteht aus einer halbrunden (etwas gestreckten) Orchestra und einer Szenenwand in Form einer zweistöckigen Fassade mit drei Toren. Der Zuschauerraum steigt mit Sitzstufen wie eine antike Cavea steil an. Eine Kolonnade mit einer von Skulpturen gekrönten Balustrade schließt ihn gegen die Außenwand ab. Zur Verstärkung der Tiefenwirkung verengen sich die von Palastfassaden gesäumten Gassen der Bühne nach hinten und steigen zugleich an.

Venedig, S. Maria de' Miracoli, 1481–1489

Die von Pietro Lombardo errichtete Kirche ist ein Meisterwerk der Frührenaissance. Außen verwendet er statt Skulpturenschmuck farblich abgestimmten Marmor, mit dem er in Form von Rosetten, Kreisen, Oktogonen und Kreuzen die Fassade überzieht. Dem Äußeren entsprechend ist das saalartige, tonnengewölbte Innere gestaltet.

Venedig, Il Redentore, 1577–1592

Die weiße Franziskanerkirche gilt als eines der Hauptwerke Palladios. Er fügt die Fassade der Erlöserkirche aus drei ineinander gestellten Tempelfassaden zusammen. Doppelten Giebel und Attika übernimmt Palladio vom römischen Pantheon. Das Zentrum der einschiffigen Saalkirche bildet die dominante Kuppel zwischen Langhaus und Mönchschor.

Florenz, S. Maria Novella, ca. 1350 und 1458–1470

Leon Battista Alberti entwirft 1458 den oberen Teil der Fassade der um 1300 vollendeten Dominikanerkirche. Das Untergeschoss mit grünweißer Marmorverkleidung wurde bereits um 1350 errichtet. Alberti verstärkt das Untergeschoss mit rahmenden Eckpilastern und Halbsäulen in Art eines Triumphbogens und verwendet zum ersten Mal seit der Antike ein verkröpftes Gebälk. Der obere Fassadenteil mit tempelfrontartigem Giebel und seitlichen Voluten ist eine originelle, zukunftweisende Erfindung Albertis.

Rimini, S. Francesco, sog. Tempio Malatestiano, ab 1450

Für die gotische Kirche entwirft Alberti im Auftrag Sigismondo Malatestas, dessen Grablege sie wird, die Fassade. Im Untergeschoss orientiert er sich am antiken Augustusbogen in Rimini und ergänzt diese Form durch ebenfalls von Halbsäulen begrenzte Blendarkaden. Ein über den Halbsäulen verkröpftes Gesims trennt das Unter- vom unvollendeten Giebelgeschoss. Alberti sieht hier eine Begrenzung durch kannelierte Pilaster vor, die ein den Bogen des Erdgeschosses wiederholendes Fenster einfassen sollen. Darüber hinaus ist eine monumentale Kuppel vorgesehen.

Florenz, Pazzi-Kapelle bei S. Croce, 1429–1478

Brunelleschi entwirft eine Vorhalle mit zwei Gebälkstücken, die von sechs Säulen getragen werden. Diesen ist eine von einem Bogen aufgebrochene Attika aufgesetzt. Den Grundriss, der an den der Alten Sakristei von S. Lorenzo (aus Kreis und Quadrat) angelehnt ist, erweitert Brunelleschi zum griechischen Kreuz. Die Halbkreiskuppel, die technisch als Schirmkuppel auf Pendentifs gebaut ist, wird von einer Laterne gekrönt.

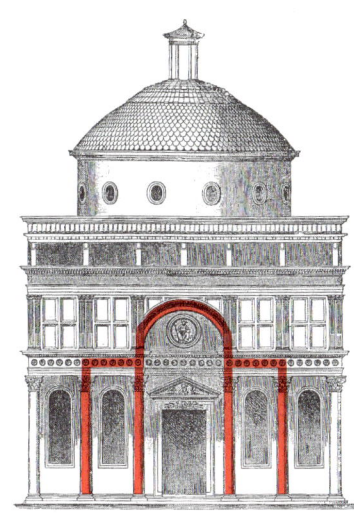

Bramante, Plan der Peterskirche in Rom

Der Grundriss ist sowohl zu den Hauptachsen als auch zu den Diagonalen symmetrisch. Ein griechisches Kreuz mit einer Zentralkuppel von ca. 42 m Durchmesser über einer oktogonal ausgeweiteten Vierung ist einem Grundquadrat von ca. 140 x 140 m einbeschrieben. Die Kreuzarme enden in Apsiden, die mit einer rechteckigen Ummantelung aus dem Quadrat hervortreten.

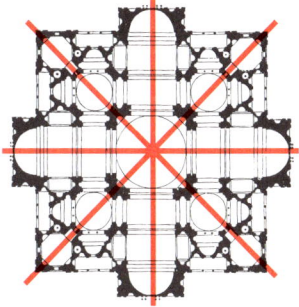

Zentralbau

Hier sind alle Teile auf einen Mittelpunkt orientiert. Der Grundriss bestimmt sich aus einer regelmäßigen geometrischen Form wie Kreis, Quadrat, Ellipse, Oval, Polygon (meist Oktogon), dem griechischen Kreuz oder einer Verschmelzung mehrerer dieser Figuren und wird in seiner idealen Form von einer Kuppel überwölbt. Einen hohen Stellenwert erhält der Zentralbau in der Renaissance als Ideal eines vollkommenen Raum- und Baukörpers. Dennoch findet er nur relativ geringe Anwendung. Hauptwerke sind meist Bauten mit Memorialcharakter. Klassische Ausprägung findet der Zentralbau in Bramantes „Tempietto" in Rom. Für die Profanarchitektur, in der der Zentralbau äußerst selten verwendet wird, ist Palladios Villa Rotonda bei Vicenza beispielhaft. Die Auseinandersetzung zwischen Zentral- und Längsbau spiegeln die verschiedenen Entwürfe für den Neubau des Petersdoms in Rom wider.

Michelangelo, Plan der Peterskirche in Rom

Michelangelo bewahrt zwar Bramantes Hauptidee, strafft aber den Grundriss: Er verstärkt die Pfeiler und Mauern und rückt die Außenmauern näher an den Kern heran. Er schafft damit einerseits Stabilität für den Kuppelbau, andererseits die für ihn typische Unterordnung der Einzelheiten unter den Gesamteindruck.

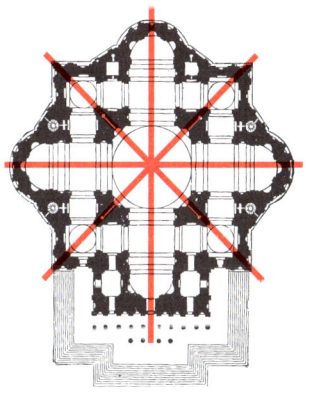

Rom, Tempietto di S. Pietro in Montorio, kurz nach 1500

Bramante demonstriert an der kleinen Rundkirche eine neue Idealvorstellung vom Zentralbau: den reinen Rundbau nach dem Vorbild antiker Rundtempel in Verbindung mit einer Kuppel. Alle die Gesamtform bestimmenden Konturen sind aus dem Kreis entwickelt. Im Gegensatz zur Antike ist die Raumproportion bedeutend steiler (Grundkreis: Höhe 1:2). Der mit einer Halbkreiskuppel überwölbte Mauerzylinder ist bis zur halben Höhe mit einer römisch-dorischen Ringhalle umgeben, die eine Balustrade trägt.

Schloss Chambord, 1519 begonnen

Chambord nimmt wegen seiner Größe und der Verbindung von Regularität und Phantastik eine Sonderstellung ein. Die Planung vereinigt zwei Grundtypen des Burgenbaus: das Kastell und den Donjon. Die traditionellen Attribute der Wehrhaftigkeit, Zeichen eines fürstlichen Wohnsitzes, werden neuen Bedürfnissen angepasst, zentralisiert und axial ausgerichtet.

Das Quadrat des Wohnturms steht an einer Langseite des Kastellrechtecks in einer Flucht mit den Flügelbauten. Die Gesamtanlage ist spiegelbildlich zur Mittelachse, der Turm kreuzweise symmetrisch. Der kunstvolle Baukomplex mit über 440 Räumen enthält aber auch schon viele Elemente des künftigen Schlossbaus (Galerie, Treppenhaus, Appartements).

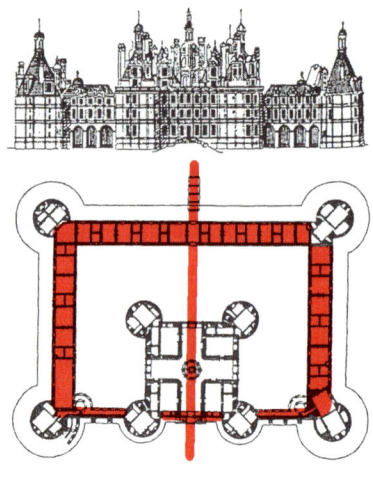

Blois/Loire, Schloss, 1515–1524

Louis XII lässt in Blois einen italienisierenden Flügel bauen mit Arkaden-Loggien an der rückwärtigen Außenfront. Die Lukarnen überragen das Kranzgesims. Der achteckige Treppenturm öffnet sich zum Hof in Turniertribünen.

Anet, Schloss, 1548–1559

Das für Diane de Poitiers errichtete Schloss weist eine dreigeschossige Fassade mit den klassischen Ordnungen auf. Sie bedeutet eine Wende von der italienischen zur national-französischen Renaissance.

Chantilly, Schlosshof, 1515–1578

Der unregelmäßige Gebäudekomplex weist eine sehr unitalienische Fassade auf: Pilaster durchbrechen beim Hofgebäude (J. Bullant nach Ducerceau) das Fensterbankgesims in der Art gotischer Wimperge.

Ebenso durchbrechen die Lukarnen (Dacherker) das Kranzgesims. Die Wandgliederung wirkt mehr graphisch als körperhaft. Die rechteckigen Fenster erinnern noch an spätgotische Kreuzstockfenster.

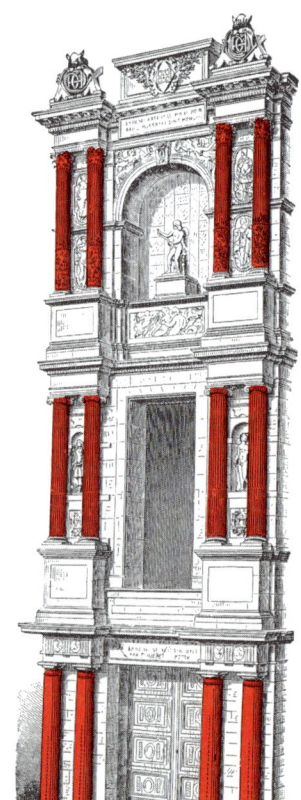

Heidelberg, Fassade des Ottheinrichsbaus, 1556–1559

Der unter Kurfürst Ottheinrich errichtete Trakt des Schlosses, dessen prächtige Fassade italienische und niederländische Motive vereinigt, wird von dem Niederländer Alexander Colin reich dekoriert. Jedes der 14 Felder (das 15. wird vom Hauptportal eingenommen) enthält ein Fensterpaar mit einer Figurennische dazwischen, oberhalb derer eine schwach ausladende Konsole als mittlere Gebälkstütze angebracht ist.

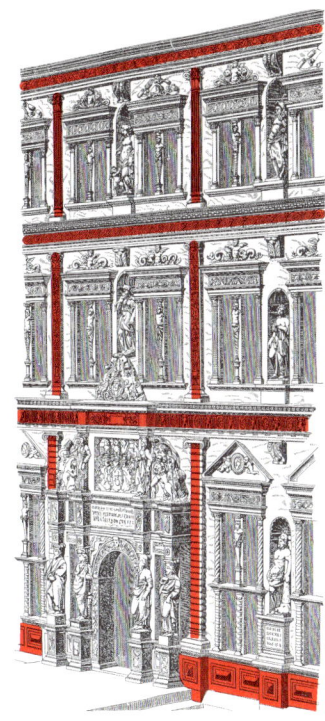

Kulmbach, Schöner Hof der Plassenburg, 1564–1568

Beim vierflügeligen Arkadenhof wird auf die Anwendung der Säulenordnungen verzichtet. Vielmehr erheben sich über dem lediglich durch hohe, bossierte Rundbögen gegliederten Sockelgeschoss zwei Ränge gleichartiger Arkadengalerien, von plastischem Reliefdekor dicht und gleichmäßig überzogen. Es finden sich Putten, Fabelwesen, Laubwerk, Vasen und Kandelaber. Noch fehlen Rollwerkelemente.

Augsburg, Rathaus, 1615–1623

Das von Elias Holl erbaute Augsburger Rathaus ist eines der letzten großen Beispiele für den repräsentativen Kommunalbau der freien Reichsstädte. Hier gelingt Holl eine der wenigen individuellen Architekturen hohen Ranges, in denen verschiedene Tendenzen einer Epoche verschmelzen. Aufbau und Grundriss sind auf Längs- und Querachse symmetrisch um die von der Vorder- bis zur Rückfront durchgehenden Mittelsäle geordnet. Der risalitartige Mitteltrakt steigt mit zwei Fenstergeschossen, Satteldach und volutengeschmücktem Blendgiebel über den Gesamtblock auf. Zwei Türme mit schwäbischen Hauben flankieren ihn. In der Betonung der Mitte und der Verschmelzung heterogener Elemente kündet sich das Barock an.

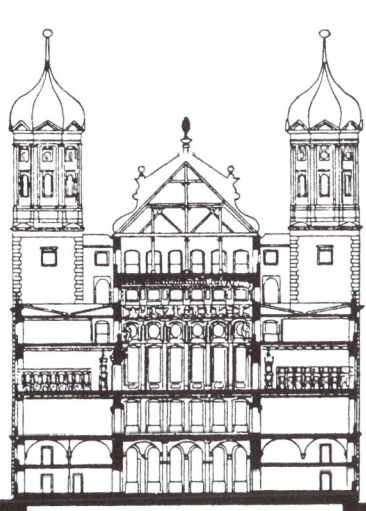

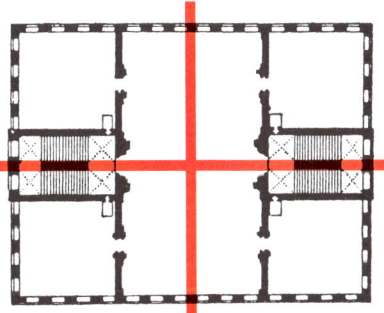

Rathaus

Das Verwaltungsgebäude einer Stadt gehört zu den wichtigsten Aufgaben des Profanbaus. Während im Erdgeschoss Kaufhallen untergebracht sind, finden sich im Piano Nobile Sitzungs- und Festsaal.

157

Leiden, Mittelbau und Turm des Rathauses, 1597

Nach Plänen von Lieven de Key wird 1597 der alte gotische Giebel des Leidener Rathauses durch eine Renaissancefassade ersetzt. Den einfachen Seitenflügeln des ausnahmsweise als Quaderbau ausgeführten Gebäudes gegenüber häufen sich klassische und niederländisch-manieristische Elemente am Mittelgiebel. Davor befindet sich eine zweiläufige Freitreppe. Der Staffelgiebel ist mit dünnen Obelisken und Beschlagwerk dekoriert. Das Rathaus wird von einem phantasievollen Turm überragt.

Rathausfassade

Rathausturm

London, Banqueting House in Whitehall, 1619–1622

Das Bankethaus ist das erste Gebäude Englands, dem die architektonischen Gesetze und Stilprinzipien der italienischen Renaissance zugrunde liegen. Inigo Jones entwirft auf den Grundlagen Palladios einen kubischen Bau, dessen Mitteljoche durch Säulen und dessen Seitenjoche durch Pilaster geteilt werden. Die rustizierte Fassade zieren im Untergeschoss wechselweise Segment- und Dreieckgiebel. Das Mittel- und Kranzgesims sind stark verkröpft. Im Areal von Whitehall bleibt das Banqueting House ein nobler Fremdkörper. Der Palladianismus wird sich erst im frühen 18. Jh. mit großer Vehemenz in England durchsetzen.

Haarlem, Schlachthaus, 1602/03

Die Haarlemer Vleeshal von Lieven de Key gilt als das hervorragendste Werk der gesamten nordischen Renaissance. Besonders in den niederländischen Nordprovinzen werden Backsteinflächen mit Hausteinen für die konstruktiven Glieder, Simse, Tür- und Fensterrahmen kombiniert. Die italienisierende Bossierung des monumentalen Portals verschmilzt mit antiklassischen Elementen zu einer überschwänglichen Häufung.

Zierobelisk

Die verkleinerte Form ägyptischer Obelisken ist vor allem nördlich der Alpen seit der Renaissance ein beliebtes Zierelement von Fassadengiebeln.

Middlesex, Holland House, frühes 17. Jh.

Das Gebäude ist ein typisches Beispiel für die jakobinische Landschlossarchitektur. Dem Erdgeschoss der Dreiflügelanlage ist eine Rundbogenloggia vorgeblendet, bis auf den vorstehenden Mittelrisalit mit seiner turmartigen Portallösung.

BAROCK UND ROKOKO

Barock ist die Bezeichnung für eine Epoche der bildenden Kunst, die Ende des 16. Jh. einsetzt und um 1730 vom Rokoko abgelöst wird. Obwohl keine schlüssige Ableitung vorliegt, herrscht heute weitgehend darüber Einigkeit, dass der Begriff mit dem portugiesischen Wort „barucca" (unregelmäßige Perle) zusammenhängt.

Gegenüber der Renaissance, die in der Natur ein eigenständiges, von den Menschen mittels alter oder neuer Mythen zu beherrschendes Agens sah, beruhen die Darstellungsprinzipien des Barock auf der Einbindung der natürlichen und übernatürlichen Welt in die Entäußerung von illusionistisch gesteigertem Pathos oder in die durch rhetorische und physische Ansprache der Sinne religiös bestimmte transzendentale Verinnerlichung. Dabei gehören die Verherrlichung, die Apotheose und die Schau als Stilelemente zum Wesen barocker Darstellungsweise, die seit Ludwig XIV. um die zum theatralischen Zeremoniell gesteigerte Selbstdarstellung des absolutistischen Königtums erweitert wird.

In der Kunst des Barock zielen die Einzelgattungen auf ein Ineinander-Übergehen, wobei jede die ihr eigenen Qualitäten so weit zurückstellt, dass sie mit jeweils einer der anderen Gattungen problemlos eine Synthese eingehen kann. Wie die Architektur plastische Elemente aufnimmt, können sich auch die Grenzen zwischen Malerei und Skulptur auflösen. Bilden alle drei gleichwertige Bestandteile eines einzigen Zusammenhangs, entsteht ein vollendetes Gesamtkunstwerk. Heute gilt das Barock als der letzte einheitliche und alles umfassende europäische Kunststil, der vor allem in den katholischen Ländern Italien und Frankreich, Spanien und den südlichen Niederlanden sowie Süddeutschland und Österreich seine prägnanteste und bedeutendste Ausformung gefunden hat.

Das Programm des Tridentinischen Konzils, 1545–1563, läutet die Zeit der Gegenreformation ein. Die neu gewonnene Macht der Kirche solidarisiert sich im 17. Jh. wieder mit der weltlichen. Ihrer beider Machtentfaltung ist durch das Gottesgnadentum legitimiert. Wie die Gegenreformation geht der Stil des Barock von Rom aus. Dort entsteht er auf der Grundlage der Renaissance-Elemente. Die Ausmaße seiner Bauten und der Prunk der Dekoration propagieren die Autorität der Kirche und der Staaten. In ganz Europa, wenn auch die protestantischen Länder eine gewisse Sonderstellung einnehmen, wird für mehr als anderthalb Jahrhunderte „Barock" zu einem Lebensgefühl, das alles durchdringt.

Die neue Konzeption teilt sich in eine barocke Strömung, die mit Michelangelos Erfindung der Kolossalordnung am Kapitolspalast (1564) und Vignolas Raumprinzip von Il Gesù (1568–1576) beginnt, und in eine klassizistische Strömung, welche sich auf Alberti und Palladio beruft und in der Folge v.a. die Architektur Frankreichs und Nordeuropas bestimmt. Aller barocker Kunst gemeinsam ist die Darstellung des sichtbaren Universums und dessen, was man unsichtbar, aber empfindungsstark dahinter weiß: die Transzendenz. Im Sichtbaren verehrt sie das Unsichtbare. Die Summe all dessen spiegelt sich in der kirchlichen und feudalen Architektur. Sie entdeckt die unverbrauchten Möglichkeiten, die in der Weiterentwicklung der Renaissanceformen liegen. Eine immense Bauwut erfasst Prälaten und Fürsten, aber auch die Bürger. Sie verschwenden sich in die Riesenausmaße der Kirchen, Schlösser und Gartenanlagen, deren Gewässer ihre Pracht verdoppeln.

Dem Grundriss kommt eine steigende Bedeutung zu, er wird selbst schließlich zum Kunstwerk voller Symbolkraft. Gilt z.B. der Kreis als Sinnbild für das säkularisierte Ich-Gefühl des Renais-

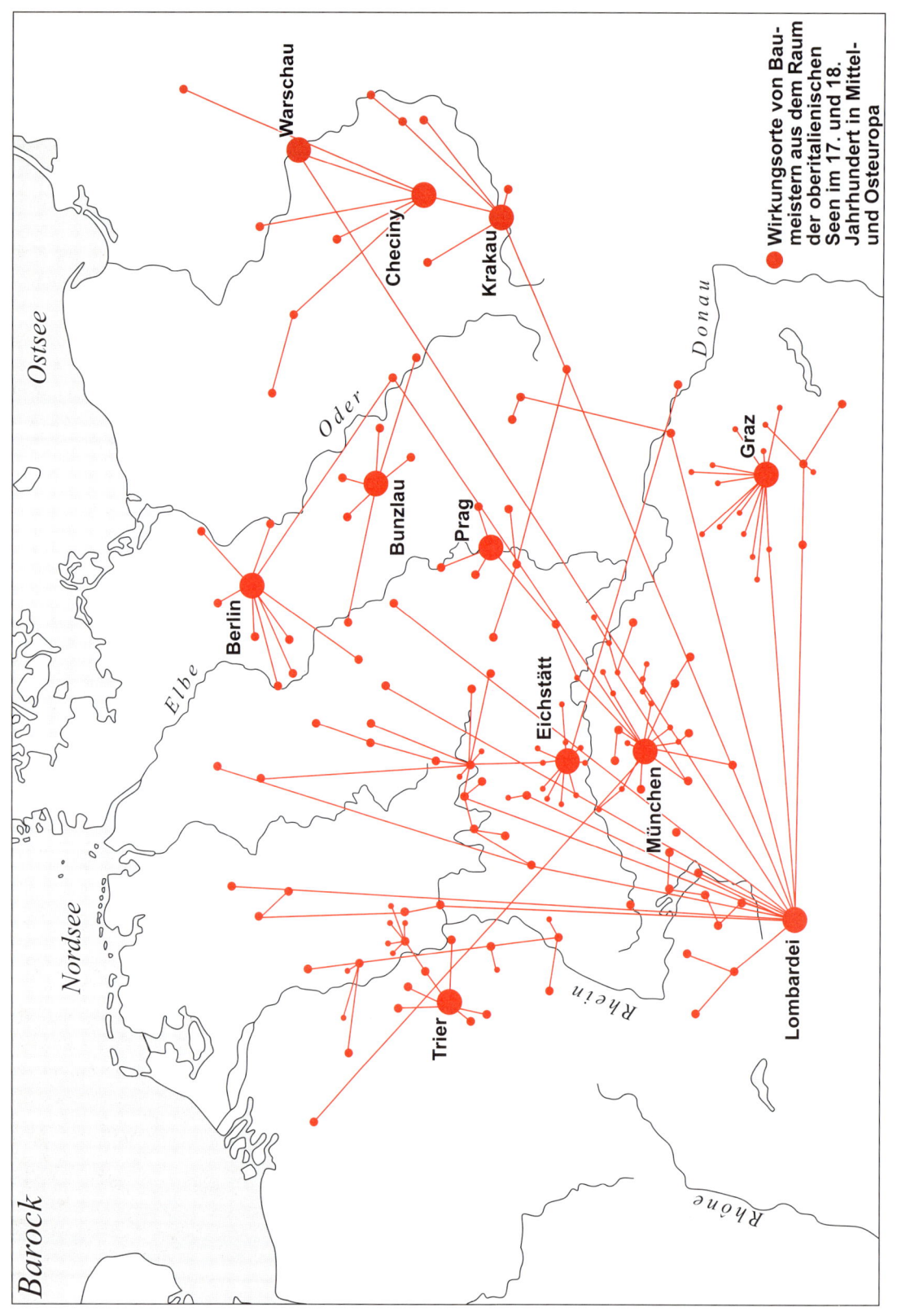

sance-Menschen, so dokumentiert sich für den Menschen des Barock in den Schwingungen der Ellipse und der Parabel die Verbundenheit von Personalem mit dem unfassbaren Höheren. Bei aller Weltfreudigkeit geht die absichtsvolle Strenge nie verloren. Sie zeigt sich allenthalben in einer unbedingten Symmetrie, dem Bild und Gleichnis göttlicher Ordnung. Architektur, Musik, Sprache, Mode, Rituale und illusionistische Malerei steigern sich zu höchster Theatralik.

Die charakteristische Repräsentationsarchitektur bildet sich schließlich im französischen Schlossbau des 17. und 18. Jh. heraus, der sich v.a. durch seine Pavillongliederung von der italienische Palastarchitektur unterscheidet. Das Hauptwerk absolutistischer Architektur stellt Ludwigs XIV. Schloss von Versailles dar. Schloss, Garten und Stadt unterliegen hier einem Gesamtplan und haben entscheidenden Einfluss auf die absolutistische Städteplanung des 18. Jh., so etwa die sternförmige Anlage von Karlsruhe, deren Mittelpunkt das markgräfliche Schloss bildet.

Die letzte Stilphase des Spätbarock zwischen ca. 1720/30 und 1760/70, in der einerseits viele Elemente des Barock ausreifen, andererseits aber schon der folgende Klassizismus vorbereitet wird, bezeichnet man als Rokoko. Der Begriff leitet sich von der französischen Rocaille, einer als

Leitmotiv der Epoche zu bezeichnenden, um 1700 nach dem Vorbild der Muschelinkrustation von Grotten und Fontänen entwickelten Ornamentform, ab, die zum bestimmenden Dekorationsmotiv wird. Das Rokoko in Frankreich ist in weiten Teilen identisch mit dem Louis-quinze.

Es strebt nach einer möglichst vollständigen Ornamentalisierung, nach malerischen und bizarren Werten und v.a. danach, die Großform zum Intimen hin zu brechen. Die Begriffe des Geschmacks und der Mode bestimmen die Kunst. Bezeichnend ist z.B die Vorliebe für asiatische, besonders chinesische Sujets und Ausstattungstücke, die Chinoiserie. Daraus spricht der Wunsch nach Kultivierung und Verfeinerung, nach einem utopischen Ideal von Schönheit, nach dem Intimen, Eleganten und Exotischen. In Frankreich entwickelt, verbreitet sich der Stil in sehr unterschiedlicher Weise in Deutschland, Österreich, Italien, Böhmen, Spanien, Portugal und Lateinamerika. Die Maison de Plaisance, das ländliche Lustschloss, wird zu einer der Hauptbauaufgaben. Das bayerische Rokoko, das unvergleichlich festlich-heitere Gesamtkunstwerke hervorbringt, und das „friderizianische Rokoko" in Preußen zeitigen höchste Blüten in Deutschland. In Osteuropa entstehen unter dem Einfluss des Rokoko v. a. Stadtpalais und Schlossanlagen wie die Bauten Rastrellis in St. Petersburg.

Zeittafel

Frühbarock 1570–1630	Maderna, Bernini, della Porta
Hochbarock 1600–1680	Bernini, Borromini, P. da Cortona, Guarini, Hardouin-Mansart, F. de Herrera d.J., G. u. J. Dientzenhofer; Louis XIII (1610–1643) in Frankreich, Palladianismus in England (1620–1820)
Spätbarock 1680–1730	F. Juvara, C. Fontana, Fischer von Erlach, L. v. Hildebrandt, C.D u. E.Q. Asam; Louis XIV (1643–1715), Regence (1715–1723) in Frankreich, Queen Anne Style (1690–1720) in England, Churriguerismus (1690–1750) in Spanien
Rokoko 1723–1780	P. Lepautre, K.I. Dientzenhofer, B. Neumann, D. u. J.B. Zimmermann, F. Cuvilliés; Louis XV in Frankreich

Rom, Vorplatz und Kolonnaden von St. Peter, 1656–1667

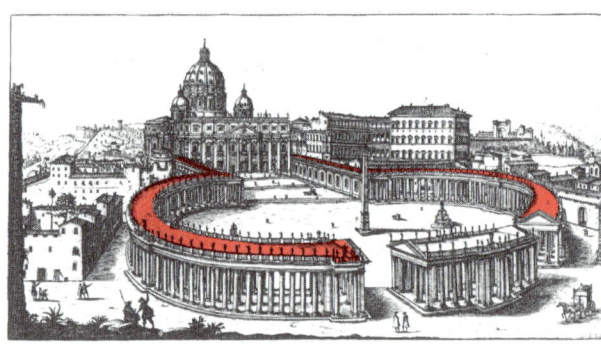

Eines der prägnantesten Beispiele der Barockarchitektur ist die Gestaltung des Petersplatzes in Rom unter Giovanni Lorenzo Bernini. Die Veränderungen bei den Umbauten Michelangelos für St. Peter haben zu einer Verdichtung des Raumes geführt, dessen nunmehr geschlossene Wände eine starke plastisch-dynamische Spannung gewinnen. Diese Dynamik im Baukörper selbst setzt sich im Barock in der Gestaltung des Petersplatzes fort, der mit der Aufstellung der Obelisken durch Domenico Fontana 1586 bereits einen entscheidenden Fluchtpunkt erhalten hat und dem im Norden durch die Aufstellung eines Brunnens ein vorläufiges Gegengewicht beigefügt worden ist. Nach der von Carlo Maderna (1607–1626) vorgenommenen Verlängerung des Zentralbaus durch ein basilikales Langhaus samt Fassade und der Aufstellung eines weiteren Brunnens südlich des Obelisken beginnt 1656 Bernini mit der endgültigen Ausgestaltung des Platzes, indem er durch das Vorlegen einer trapezförmigen, ansteigenden Piazzetta die Monumentalwirkung der Fassade Madernas reduziert. Den anschließenden elliptischen Platz umfasst Bernini mit einer aus vier Reihen dorischer Säulen bestehenden Doppelkolonnade, die, sich zur Stadt hin öffnend, als eine in Architektur umgesetzte einladende Geste der Kirche zu verstehen ist. In der Gesamtkonzeption von Platz und Kirche ist eine umfassende Lösung erreicht, die in dem Spannungsreichtum von offener Gestaltungsweise und geschlossener Form zu einer vollendeten barocken Platzanlage führt.

Rom, Piazza Navona

Auf der Piazza Navona wird 1651 Berninis Vierströmebrunnen enthüllt, der auf einem mit Flussgöttern und kompliziert bewegten Monumentalfiguren theatralisch gestalteten Felsen einen antiken Obelisken trägt. Der Gegensatz von Monumentalität und Unregelmäßigkeit, das Zusammenwirken von aufgebrochener Kontur und bewegten Wasserspielen ergeben eine starke Belebung des Platzes, die durch die 1652 von Girolamo und Carlo Rainaldi begonnene Kirche S. Agnese zu äußerster Steigerung geführt wird. Ihre von Francesco Borromini 1653–1657 gestaltete Doppelturmfassade stellt eine aufsteigende Verbindungslinie zwischen Brunnenobelisken und der Tambourkuppel her, wodurch Platz und Kirche zu einer optischen Einheit zusammengefasst sind.

Rom, Kathedra Petri in St. Peter, 1657–1666

Bernini schafft mit der Kathedra eine bronzene Umkleidung der Reliquie des Petrusstuhls. Sie wird von den monumentalen Figuren vierer Kirchenväter gehalten. Der Behälter der Reliquie ist mit Taten des Hl. Petrus wie ein römisches Monument geschmückt. Darüber glänzt gold-gelb ein Alabasterfenster mit der Taube des Hl. Geistes.

Rom, Sant'Andrea della Valle, 1591–1665

Giacomo della Porta und Carlo Maderna beziehen sich in ihren Plänen bei der Fassade und im Inneren unübersehbar auf die Hauptkirche der Jesuiten, Il Gesù. Auch der Grundriss beider Kirchen ist fast identisch. Der einschiffige, tonnengewölbte Innenraum, durch zum Langhaus hin weit geöffnete Nebenkapellen erweitert, drängt in die Höhe und gipfelt in der Kuppel als dem beherrschenden Zentrum.

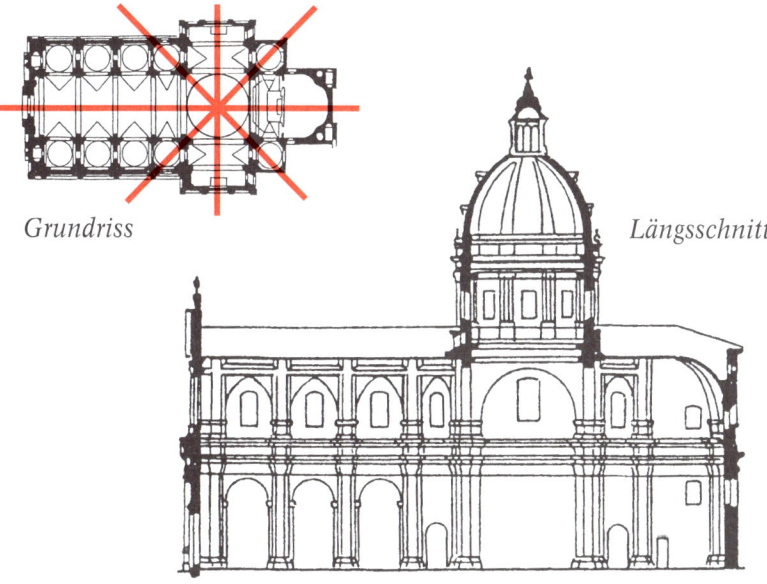

Grundriss *Längsschnitt*

Rom, Fassade von S. Maria della Pace, 1656–1657

Bei der Restaurierung der Renaissancekirche durch Pietro da Cortona entsteht die von diesem entworfene, sich in den vielfältigen lebhaften Formen des Barock darbietende Fassade. Der konvexe Fassadenvorbau vor konkaven Flügeln harmoniert mit der Anlage des Platzes und wirkt bewegt malerisch. Der halbrunde Vortempel (Pronaos) ist der würdige Eingang zu einer der schönsten Kleinkirchen Roms.

Rom, Chor von S. Ignazio, 1626–1685

Der riesenhafte Innenraum, für Predigt und Liturgie gleichermaßen geeignet, die mit Durchgängen verbundenen Seitenkapellen, die den Eindruck von Seitenschiffen schaffen, und die Innenausschmückung mit wertvollen Materialien und reichen Dekorationen sind in der Zeit der Gegenreformation die künstlerischen Mittel, um die Christen wieder neu für die katholische Kirche zu begeistern. Apsis und Decke des gesamten Kirchenschiffs sind mit Fresken von Andrea Pozzo bedeckt, die in kühner illusionistischer Manier den Triumph des Glaubens darstellen.

Illusionistische Malerei

Darstellung von Tiefenräumlichkeit oder Plastizität auf einem zweidimensionalen Bildträger durch den Einsatz von Perspektive und Licht- und Schattenmodellierung. Die seit der Antike gebräuchliche illusionistische Malerei erlebt ihren Höhepunkt in der Deckenmalerei des Barock und Rokoko.

Wien, Karlskirche, 1716–1725

Johann Fischer von Erlach errichtet eine elliptische Tambourkuppel über einem elliptischen Hauptraum, der von sechs Kapellen, einem Vorraum und einem Langchor umgeben ist. Die breite Schaufassade wird von berninesken Glockentürmen flankiert, dazwischen sind Säulen mit Darstellungen der Taten des Hl. Karl Borromäus eingestellt, Nachschöpfungen der Trajanssäule in Rom. Sie symbolisieren den imperialen Anspruch der österreichischen Krone und erinnern zugleich an Moscheemina-

rette und somit an den Sieg über die Türken. Die antikisierenden Motive der Fassade erheben die Stadt Wien pathetisch in den Rang eines „neuen Rom".

London, St. Paul's, 1675–1710

Christopher Wrens ursprünglicher Versuch eines monumentalen Zentralbaus nach dem Vorbild von St. Peter scheitert, sein realisierte Entwurf behält nach dem tradierten englischen Basilika-System dessen Raumfolge bei, fügt aber einen gewaltigen quadratischen Zentralbau mit dominierender Kuppel als Vierung ein und parzelliert die übrigen Bauteile durch 28 imaginäre Kuppelräume. Diese Lösung findet keine Nachfolge. Die Tambourkuppel mit Kolonnadenring richtet sich nach Bramantes Tempietto di S. Pietro in Montorio. Die Kuppel ist dreischalig, ihre mittlere Schale konisch gewölbt.

Dresden, Frauenkirche, 1722–1743

Der von George Bähr als protestantische Hauptkirche errichtete Bau verbindet den Typ der zentralisierten niederländisch-norddeutschen Emporenkirche mit dem italienischen Kuppelbau. Aus dem Raumkubus treten in der Mitte und an den Ecken Risalite hervor. Die diagonal stehenden Risalite an den Ecken mit turmartigen Laternen sollen zugleich als Treppentürme für die drei Emporenringe und als Stütze gegen die Schubkraft der Kuppel dienen. Der glockenförmige Tambour soll den Schub nach außen leiten, zugleich ermöglicht er den geschmeidigen Übergang von der Kreiskuppel zum Kubus.

Paris, Invalidendom, 1675–1706

Jules Hardouin-Mansart legt Grund- und Aufriss streng eine mathematische Gliederung zugrunde.

Alle Maße sind Vielfaches oder Teil des Mittelraumradius. Die Kuppel ist dreischalig ausgebildet, die Kapellen sind diagonal in die Ecken eingebaut. In Hardouin-Mansart gipfelt die französische Staatskunst des „Classicisme".

Rom, Kuppel von S. Ivo, 1642–1650

Bei bedeutenden Architekten des Hoch- und Spätbarock greift die zunehmende Dynamisierung, das Pulsieren und Verschmelzen der Raumzonen auf die Vertikale über. Francesco Borromini überträgt in S. Ivo den in Nischen und Apsiden „gefalteten" Sechseckgrundriss durch vertikale Linienführung ohne vermittelnde Gliederungselemente in die Kuppel. Raumform und Gliederung gehen unmittelbar auseinander hervor.

Rom, Collegio di propaganda fide, 1664 vollendet

Nach Kontroversen mit Bernini (1632) geht Borromini seinen eigenen, sehr eigenwilligen Weg. Das plastische Kontinuum und die Bewegtheit der Architektur, das konkav-konvexe Schwingen von Flächen sind zu einer Intensität gesteigert, wie sie erst wieder im Rokoko aufgegriffen werden. Wichtig sind Borromini das Vermeiden toter Winkel, die Verschmelzung von Profilen, Verschleifungen u.a.

Turin, Capella della S. Sindone an S. Lorenzo, 1666–1680

Guarino Guarini führt mit einem System versetzt aufeinander getürmter Segmentrippen die Energiebahnen in die Kuppel. In der zur Aufnahme der Grabtuch-Reliquie bestimmten Kapelle verflechten sie sich zu einem transparenten Skelett, in dem die völlige Durchdrin-

gung und Vereinheitlichung von Raum und Form, von innen und außen verwirklicht werden. Die Konstruktion orientiert sich an maurischen Bauten (Córdoba). Hier löst den statischen römischen Massenstil ein dynamischer Bewegungsstil ab, dem sich Österreich, Böhmen und Süddeutschland anschließen.

Rom, Tür von S. Giovanni in Laterano, 1647–1650

Die exzentrische Formensprache des Barrominis ist auch an Details, wie der Portalrahmung abzulesen, die Einflüsse des Manierismus aufweist.

Guarino Guarini, Entwurf für die Prager Theatinerkirche, 1679

A. D. Guarino Guarini Auct. Anno 1679

Der nicht ausgeführte Entwurf für den Longitudinalbau von S. Maria Etinga in Prag ist von der Tendenz nach Zentralisierung und nach Verkettung geometrischer Figuren bestimmt. In den rechteckigen Grundriss werden elliptische Formen eingeschrieben, was die frei stehenden Säulen betont. Sie bringen den Raum zum Schwingen.

Eger (Cheb), St. Klara, 1708

Bei dieser Wandpfeilerkirche übersetzt Christoph Dientzenhofer die Gliederung und die Wände des Raumes in kurvierte Bewegungsformen.Der Saal, deren Wandpfeiler von der Außenhaut isoliert erscheinen, wird in eine dynamisierte Gestalt übergeführt, indem Pfeiler und Wand eine neue Eigenbeweglichkeit erhalten, die auch auf die Wölbung übergreift. Dabei erscheinen die Pfeiler optisch-illusionistisch als tragendes Gerüst der Abschlusswand.

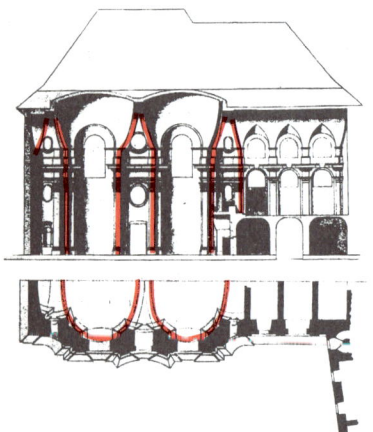

Brevnov, Klosterkirche, 1709 begonnen

Die eindrucksvollste und gelungenste Gestaltung einer beschwingten Wandpfeilerkirche liegt bei Christoph Dienzenhofers Benediktinerkirche in Brevnov bei Prag vor. Das Langhaus besteht im Inneren aus vier ineinander geschobenen Ellipsen. Die Wandpfeiler sind derart übereck gestellt, dass die Pilaster in die Schräglage verschoben sind. Die über ihnen aufsteigenden Gurtbögen sind ebenfalls aus der Ruhelage gebracht und schwingen diagonal aufsteigend in einer sphärisch gekrümmten Kurvatur über die Wölbung.

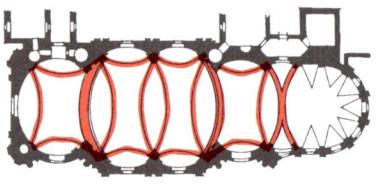

Wallfahrtskirche Vierzehnheiligen, 1743–1771

Zu den berühmtesten „Guarinesken" zählt Balthasar Neumanns Vierzehnheiligen. Die Gewölbegurte schwingen zugleich auf- und seitwärts und treffen sich an den Schlusssteinen. Hier entstehen echte, zueinander geöffnete Zentralbauten: drei elliptische und zwei kreisförmige. So verschmilzt die klassische Abfolge von klar getrennten Raumteilen zu neuen, ineinander greifenden Gebilden. Die Seitenschiffe werden zu Umgängen im Sinne einer zweiten Raumschale verwandelt. Der Gnadenaltar in der mittleren Ellipse wird aufgewertet.

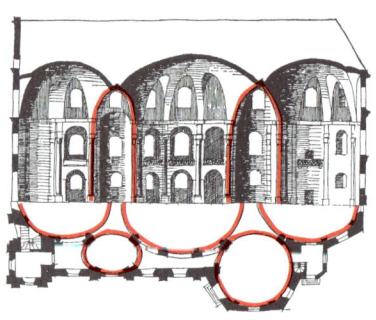

Escorial, 1559 begonnen

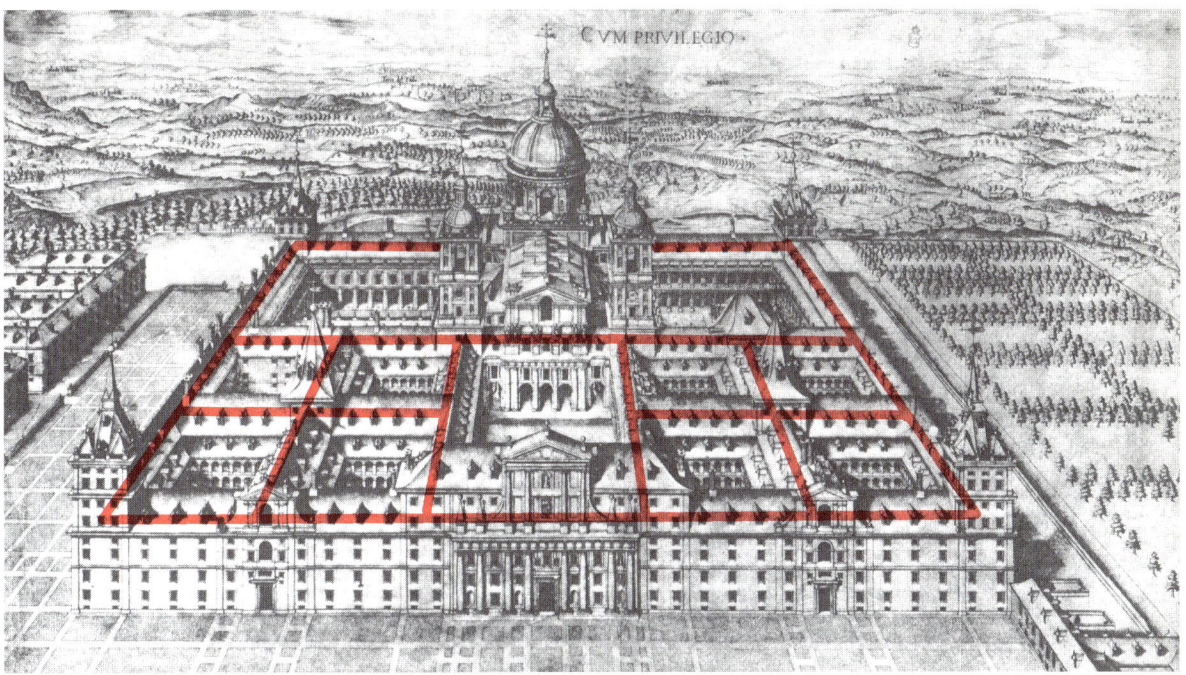

Die ca. 50 km nordwestlich von Madrid gelegene monumentale Residenzanlage (San Lorenzo el Real),ganz aus grauem Granit, wird unter Philipp II. nach dem Sieg von St-Quentin 1557 dem Hl. Laurentius geweiht. Der Escorial ist die erste axialsymmetrische Großanlage im vervielfachten Vierflügelsystem mit der Kirche im Zentrum. Die ersten Entwürfe stammen von Juan Bautista de Toledo (1559 als Baumeister berufen) und lehnen sich an italienische Renaissancearchitektur an, z. B. an den Palazzo Farnese in Rom. Nach ihnen entstehen die Südfassade und der zweigeschossige Kreuzgang. Im Rohbau wird die ganze Anlage 1586 durch Juan de Herrera vollendet: ein Rechteck von 206 x 161 m Grundfläche, aus dem im Osten die Residenz Philipps und der Kirchenchor vorspringen. Über den Ecken der Anlage erhebt sich je ein Turm, zusätzlich zur Doppelturmfassade der Kirche. Herreras

kühle, nüchtern ausgewogene und geordnete Proportionen und die nackten Fassaden sind das Idealbild des schmucklosen Desornamentadostils. Die Kirche ist über dem griechischen Kreuz errichtet, mit einer Vierungskuppel und Flachkuppeln in den Ecken. Neben der Funktion als Kloster, Grablege, Forschungs- und Bildungs-

zentrum mit Seminar, Bibliothek, Druckerei, Kunstsammlungen etc. stellt sich die Anlage auch als Monument der Gegenreformation dar. Der Grundriss formt mit den zwei großen und zehn kleinen Höfen in weiterer Symbolik den Marterrost des Hl. Laurentius nach und ist insgesamt als neuer salomonischer Tempel gemeint.

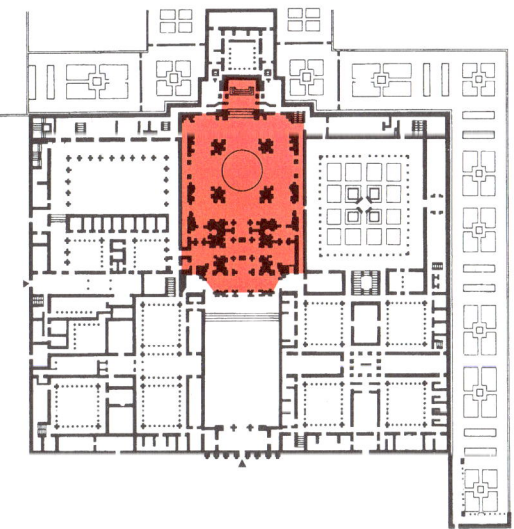

Göttweig, Idealansicht des Klosters, 1744

Das Benediktinerstift, auf steilem Berg über der Donauebene gelegen, wird seit 1719 nach einem einheitlichen Plan Johann Lukas von Hildebrandts errichtet. Die gewaltige Anlage ist Torso geblieben: zum Ausbau des annähernd quadratischen Westgevierts kommt es nicht. Die Anlage von Göttweig ist ein klassisches Beispiel für den hochbarocken Klostertyp in Deutschland, der in der Nachfolge des Escorial die Klostertrakte und Höfe um die zentral gelegene Kirche mit Kuppel gruppiert. Erst lange nach Hildebrandts Tod wird der bestehenden Kirche, einem saalartigen Langhaus von ca. 1620 mit spätgotischem Chor, eine Fassade (1750–1765) vorgelegt, die dem Entwurf des Architekten wenigstens in den Grundzügen folgt. Die Kuppel wird niemals gebaut.

Melk, Aufriss der Westfront der Stiftskirche, 1702–1734

Das 80 km von Wien entfernt an der Donau gelegene Benediktinerstift aus dem 12. Jh. erhält Anfang des 18. Jh. einen Neubau nach Plänen von Jakob Prandtauer. Die axi-

ale Ausrichtung wird trotz der extremen Situation auf einem schmalen Höhenrücken durchgehalten. Die Front der Kirche, von Bibliothek und Kaisersaal ehrenhofartig flankiert, wird auf die äußerste Terrasse über der Donau vorgezogen und beherrscht von dort weithin die Landschaft.

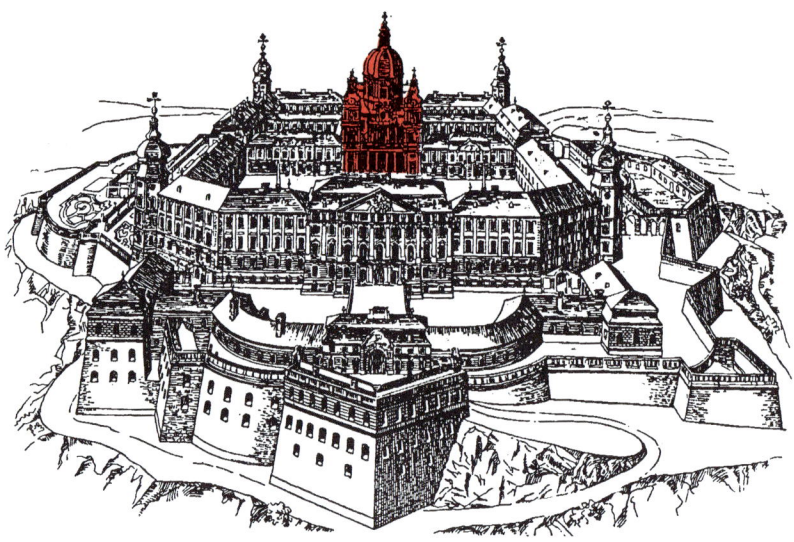

Weingarten, Kloster, 1716–1722

Die Klosteranlage vereinfacht den Grundriss des Escorial auf nur zwei große Innenhöfen. Die Kirche folgt dem Voralberger Schema, doch ist sie durchsetzt mit zentralisierenden Tendenzen. So betont eine hohe Kuppel den Vierungsraum in der Mitte der Kirche. Von Pavillonbauten umrahmt liegen seitlich regelmäßige Gartenanlagen.

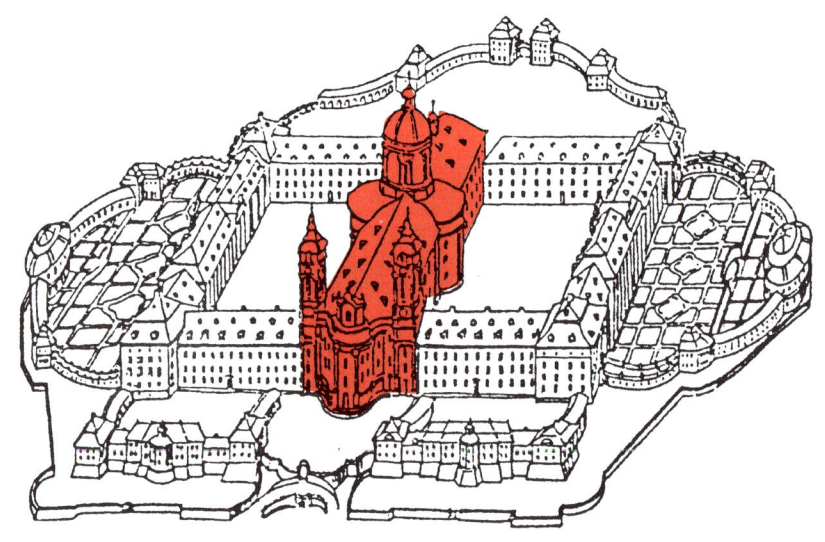

Schloss Versailles bei Paris

Zwischen 1623 und 1848 wird dieses Hauptwerk absolutistischer Architektur errichtet, das sich aus der stetigen Erweiterung des ursprünglichen Dreiflügelbaus vom Jagdschloss Ludwigs XIII. (von Salomon de Brosse, 1562/71–1626) im Laufe von zwei Jahrhunderten zu der monumentalen Größe entwickelt, in der es heute besteht.

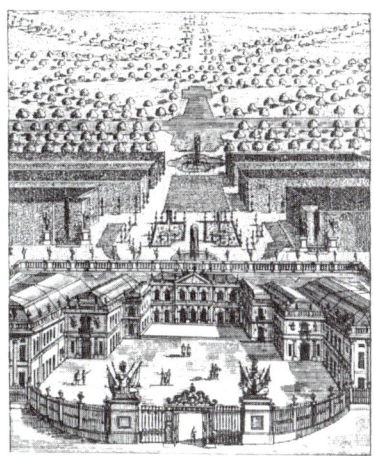

Ansicht von Cour d'honneur und Garten

Leveau umbaut 1668–1671 die Seitenflügel, Jules Hardouin-Mansart schließt die Terrasse zwischen den Eckpavillons (Spiegelgalerie). 1699–1710 folgt die Hofkapelle, die als einziger Gebäudeteil assymetrisch aus dem Gesamtkomplex hervorragt, und ab 1742 und nochmals ab 1830 wird der Hof durch große Flügelbauten erweitert.
Monumentalität und Prachtentfaltung, Ausdruck der zentralistischen Macht des mächtigsten Königshauses im Europa des 17. und 18. Jh., hat dann jedoch zu formelhafter Erstarrung des in organischer Lebendigkeit begonnenen Baus geführt.
Sowohl die Schlossarchitektur als auch der Gesamtplan verleihen

Ansicht der Gartenfront, im Hintergrund die Schlosskapelle

dem Schlosskomplex und der groß angelegten, von André Le Nôtre entworfenen Gartenanlage ihre einzigartige Ausprägung als beispielhaftes Ordnungssystem in der europäischen Baukunst.
Von Paris aus laufen die Straßen sternförmig auf den Cour d'honneur zu. In der Querachse des Ehrenhofes treten kompakte Flügelgebäude hinzu, jedes von der Größe eines Residenzschlosses, mit Hofkapelle, Theater und zahllosen um Innenhöfe gruppierten

Die drei großen Fontänen

Cour d'honneur

Er ist der bereits im französischen Renaissanceschloss ausgebildete Ehren- oder Empfangshof, der sich vom äußeren Wirtschaftshof abhebt. Im Barock erreicht er seinen architektonischen Höhepunkt, wo er in der Regel von einem Hauptbau (Corps de logis) und zwei rechtwinklig anstoßenden Seitenflügeln (Kavaliersflügel) eingefasst wird.

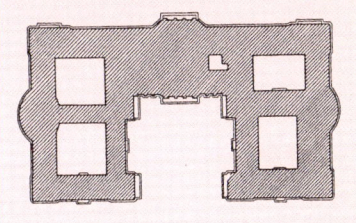

Fluren, Sälen und Appartements für Königshof und Staatsverwaltung. Tausende von Personen wohnen und arbeiten dauernd im Schloss. Zugunsten des alten Schlosses wird auf eine Mitteldominante verzichtet.
Im Zentrum der gesamten Anlage und symbolisch des ganzen Staates, genau nach Osten gerichtet, liegt das Paradeschlafzimmer Ludwigs XIV. In der untrennbaren Verflechtung von Privatsphäre, Staatsrepräsentation und Regierungstätigkeit wird der volle Aspekt des französischen Absolutismus sichtbar.
Architektur, Dekoration, Gartenkunst und Einzelkunstwerke bilden den Rahmen für das Zeremoniell, die Empfänge, Feste, Paraden mit Theater, Musik und Feuerwerk.
Hinter dieser „Gloire" steht eine politische Idee; sie verbreitet sich über ganz Europa.

Wien, Belvedere, 1714 begonnen

Johann Lukas von Hildebrandts Hauptwerk entsteht 1714–1716 (Unteres) und 1721–1723 (Oberes Belvedere) als Sommerschloss des Prinzen Eugen und ist monumentaler Ausdruck der aus Italien und Frankreich empfangenen Einflüsse. Die Architektur bezieht die Natur ganz in ihre Konzeption mit ein. Beide Schlösser öffnen sich zum Gartenparterre hin. Trotz der Einführung des Pavillonsystems schafft Hildebrandt beim Oberen Belvedere ein zum Mittelteil hin ansteigendes, durch gleichförmige Fensteröffnungen und Gesimsbänder in der Horizontalen betontes Ensemble, das als auf Fernsicht berechnete Kulissenarchitektur ver-

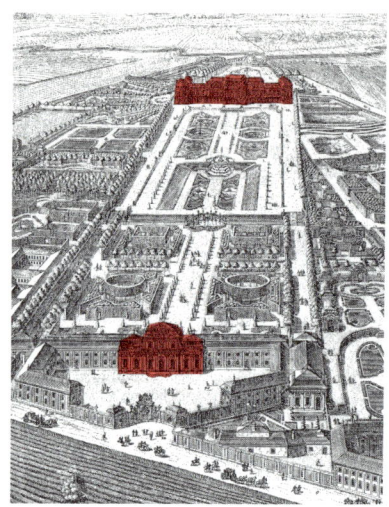

standen sein will. Charakteristisch für Hildebrandt sind die weitgehende Auflösung der Wand und der reiche plastische Dekor.

Dresden, Entwurf für den Herkulespavillon am Zwinger, 1709–1722

Der Zwinger ist die Umsetzung eines provisorischen Holzbaus für Turniere und höfische Feste in Stein. Daniel Pöppelmann verbindet hierbei die vier Saalbauten an den Ecken, die zwei Pavillons in den Scheiteln der mit Permosers Hermenpilaster gegliederten Exedren und das Kronentor an der südlichen Langseite.

Würzburg, Mittelpavillon der Residenz, 1719–1746

Die Würzburger Residenz, Repräsentations-, Wohn- und Regierungsgebäude des Fürstbischofs, vereinigt in einer kompakten Anlage den Dreiflügeltyp mit tiefem Ehrenhof und das Blocksystem mit Innenhof.

Der Hauptarchitekt ist Balthasar Neumann. Die Bauherren ziehen u.a. Robert de Cotte, Germain Boffrand, Maximilian von Welsch und Lukas von Hildebrandt mit hinzu. So können die Erfahrungen im europäischen Schlossbau, besonders die französischen Planungsmethoden mit doppelten Appartements und die für Deutschland und Österreich typische Anordnung der großen Repräsentationsräume, in Einklang gebracht werden.

Hinter der Gartenfassade des Mittelpavillons verbergen sich im Erdgeschoss der Gartensaal und dahinter das Vestibül mit dem berühmten Treppenhaus sowie in der Beletage der Kaisersaal.

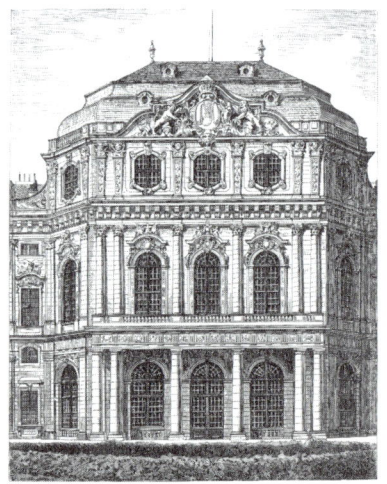

Lustschloss

Beim Lustschloss handelt es sich seit der Renaissance um ein Gartenschloss, das als Sommersitz einer fürstlichen Familie dient. Zunächst nur einen Gartensaal umfassend, wird das Lusthaus im Barock räumlich erweitert. Im 18. Jh. ist die Maison de Plaisance der adäquate Rahmen für das spielerisch-or-namentale Dekorationssystem des Rokoko. Oft befindet sich das Lusthaus in einem Jagdpark und bildet die Bühne für das arkadische Spiel der höfischen Gesellschaft, die der verfeinerten Stadt- und Hofkultur nur zum Schein und Amusement in die Freiheit des Land- und Gartenlebens entflieht.

Karlsruhe, Plan der Stadt, 1715

Karlsruhe stellt einen exemplarischen Fall einer Neugründung in freier Landschaft dar. Weil der großzügig geplante Neuaufbau der 1689 im Pfälzischen Erbfolgekrieg zerstörten Residenz Durlach auf den Widerstand der Einwohner stößt, bestimmt Markgraf Karl Wilhelm einen Bauplatz ca. eine Stunde westlich mitten im Wald. Der Gründungsplan von 1715 zeigt einen Kreis von ca. 800 m Durchmesser, von radial ausstrahlenden Alleen und Straßen in 32

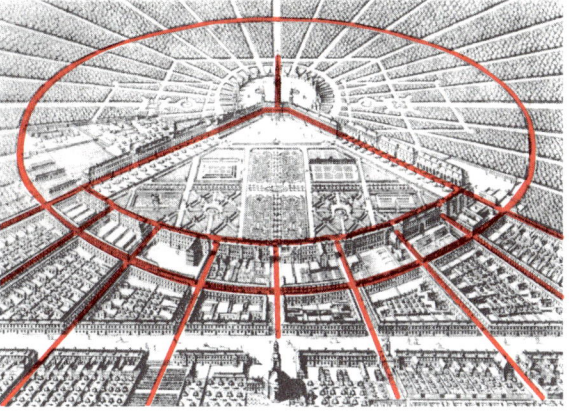

Sektoren geteilt. Im Süden nimmt ein Sektor in der Größe von einem Drittel der Gesamtfläche mit neun Radialstraßen die Residenzstadt auf, der Rest bleibt dem Wildpark vorbehalten. Das Schloss steht mit dem dominanten Turm in der Kreismitte, die Flügel und Nebengebäude folgen dem Radialplan. Wie im Grundmodell absolutistischer Planung, in Versailles, steht das Schloss an der Grenzlinie zwischen Stadt und Natur.

Paris, Place Vendôme, 1689 begonnen

Die Kolossalordnung an allen Fronten kennzeichnet den Platz als „Place Royale", einen nach königlichem Dekret errichteten, dem öffentlichen Wohnen und der Allgemeinheit dienenden öffentlichen Raum. Die für das Staatsverständnis des Absolutismus bezeichnende Einheitlichkeit auf hohem Niveau wird erreicht durch eine vorgeschriebene Fassadenordnung. Risalite und Dreieckgiebel markieren Hauptachsen und Gelenke des Platzes, das Zentrum des Platzes nimmt eine Reiterstatue des Königs ein.

Mannheim, Idealplan, 17. Jh.

Nach dem Vorbild der Festungsbauten Vaubans wird Mannheim 1607 als oktogonaler Stern gegründet, an den sich die Zivilsiedlung als weiterer Stern mit Bastionen anschließt. Das Straßensystem ist, römischen Vorbildern folgend, in einen Raster eingeteilt, der von zwei Hauptstraßen kreuzförmig durchschnitten wird. In der zum Rhein hin gelegenen Bastion wird später das kurfürstliche Residenzschloss mit Garten eingepasst.

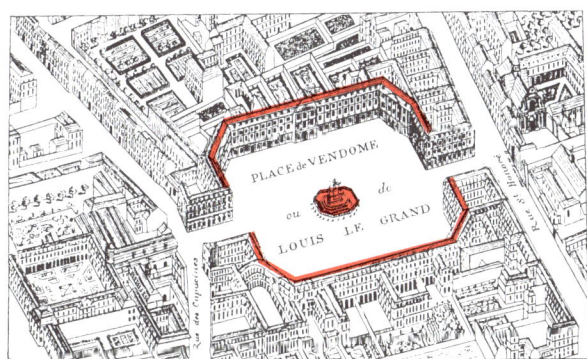

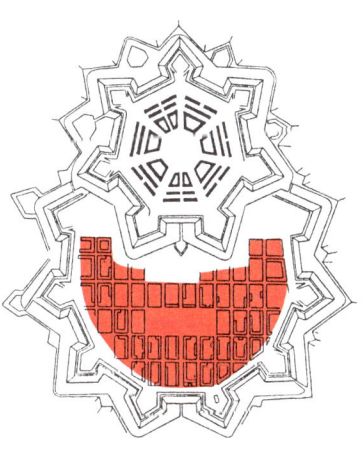

Paris, L'Arc du Triomphe de la Place du Trône

Dem Vorbild antiker Triumphbögen folgend setzt sich der französische König als platzgestalterischen Mittelpunkt ein dreibogiges Triumphtor, das von gekoppelten korinthischen Säulen beherrscht und von einem Standbild des Königs bekrönt wird.

Supraporte

Sie ist ein gerahmtes, quer-rechteckiges Feld über dem Türsturz, das zur Betonung und zum Schmuck der Türzone dient. Es ist meist mit Schnitzwerk, Stuckrelief oder einem Gemälde gefüllt. Mehrere Supraporten in einem Raum sind meist thematisch aufeinander bezogen, z. B. durch die Darstellung vier Jahreszeiten.

Rocailleentwurf von Joh. Justus Preisler

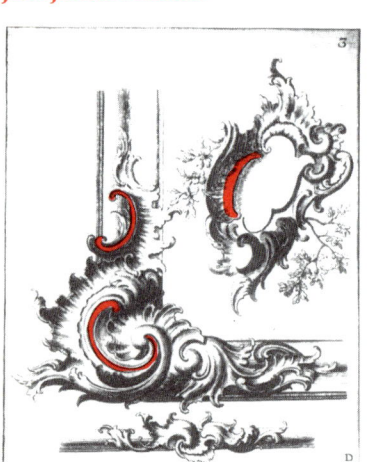

Paris, Hôtel de Soubise, nach 1726

Germain Boffrands Innendekoration (1735) des von Delamair erbauten Hôtel de Soubise gilt als der Höhepunkt des französischen Rokoko. Decken und Wände sind mit Girlanden, verschlungenen Bändern und Putten stuckiert, die Zwickelflächen über den Fenstern mit Wandgemälden Bouchers versehen. Der steife Pomp, das unnatürliche Zeremoniell, Intrigen und die ungesunden Wohnverhältnisse im hoffnungslos überfüllten Versailles bewegen den Adel, Anfang des 18. Jh. in Stadtpalais, sog. „hôtels", auszuweichen. Hier entwickelt sich eine unheroische, natürlichere Lebensart und wandelt den höfischen Barock in den Régence- und Rokoko-Stil um.

Joh. Michael Hoppenhaupt, Wandfüllung, 1753

Hoppenhaupt, der für Friedrich d.Gr. Raumdekorationen in Berlin und Potsdam (Sanssouci, Musikzimmer, 1746/47) schafft, zeichnet sich durch einen Hang zu naturalistischem Detail und überschäumender Rocaille aus, zwischen denen sich mythologische Figuren, spielende Putten und diverse Tiere tummeln.

Rocaille

Die französische Bezeichnung für Grotten- und Muschelwerk meint allgemein auch ein muschelförmiges Ornament, das seit den dreißiger Jahren des 18. Jh. charakteristisch und namen-gebend für das Rokoko ist. Die meist asymmetrische Rocaille verbreitet sich v.a. über den Ornamentstich von Frankreich aus und wird sowohl für die Innendekoration als auch für den Fassadenschmuck verwendet.

19. JAHRHUNDERT

Mit der Französischen Revolution 1789, die durch die großen Geister der Aufklärung vorbereitet wurde, bricht auch der Lebensstil zusammen, der das Barock und seine Ausläufer bestimmt hat. An die Stelle der Wertordnung des „ancien régime" treten Subjektivismus, Individualismus, Atheismus, Liberalismus, Demokratie. Ihnen stehen die handfesten Realitäten der beginnenden Industrialisierung gegenüber, die im 19. Jh. zur Vermassung des Proletariats führen.

Der Umbruch durch die Revolution hat in den Jahrzehnten um 1800 auch für die Kunst schwer wiegende Folgen. Seit Kirche und Aristokratie aus ihrer Aufgabe als Kulturträger entlassen sind, steht der Kirchenbau zum ersten Mal nicht mehr an der Spitze der stilbildenden Aufgaben. Mit der zunehmenden Demokratisierung tritt die weltliche und geistliche Aristokratie aber nicht nur als Auftraggeber, sondern auch als die geschmacksbildende Elite in den Hintergrund. Zwar wird der Bürger zum neuen Kulturträger, aber das breite Publikum ist zu uneinheitlich gebildet, um neue Kriterien für einen allgemein gültigen Geschmack zu verabreden.

So beginnt ein Jahrhundert, das aus dem Fundus der Kunstgeschichte lebt. Dass an seinem Beginn die Formensprache der Antike bemüht wird, hat mehrere Gründe. Seit der Renaissance hat es immer eine klassizistische Strömung, die sich vorwiegend auf die Bauregeln der römischen Antike beruft, gegeben. Der Palladianismus von Inigo Jones im 17. Jh., von Burlington, Campbell und Kent im 18. Jh. bereiten den englischen Klassizismus vor. Vom Rationalismus der französischen Aufklärer ausgehend, macht sich in ganz Europa gegen Mitte des 18. Jh. ein Verlangen nach festen Kunstregeln bemerkbar, die auf Naturgesetzen und Logik beruhen sollen. Ein Programm erhalten diese Tendenzen durch Joh. Joachim Winckelmanns „Gedanken über die Nachahmung der griechischen Werke in der Malerei und Bildhauerkunst" (1755). Seine Deutung des Wesens griechischer Kunst als „edle Einfalt und stille Größe" bestimmt das Schönheitsideal des „archäologischen Klassizismus". Schließlich sieht Napoleon in einer am antiken Rom orientierten klassizistischen Staatskunst ein repräsentatives Legitimationsvehikel seiner cäsarischen Ansprüche.

Das Bild der klassizistischen Architektur wird bestimmt durch die antike Tempelstirnwand. Lediglich Pilaster und Gesimse gliedern den blockhaften Baukörper. Die Säulenordnungen sind nicht mehr dekorativ, sondern konstruktiv bedingt, d.h. sie schmücken nicht nur die Wand, sondern sie tragen ein Gebälk. Die Unentschiedenheit, ob Rom oder Griechenland das Vorbild der neuen Architektur sein soll, lässt keine völlige Einheit des klassizistischen Stils zu. Zwar gehören beide Kulturen zur Antike, sind aber sowohl in den gesellschaftlichen Voraussetzungen und ihren repräsentativen Absichten wie in ihren Formensprachen und Bautechniken durch Welten getrennt.

Beim Schloss- und erst recht beim Kommunalbau muss die Divergenz zwischen einem antikisierenden äußeren Dekor und den Funktionen, die eine moderne Ausstattung erfordern, offen zutage treten. Die Organisation eines neuzeitlichen Rat- oder Wohnhauses lässt allenfalls eine „antike" Außenhaut und entsprechende Baudetails im Inneren zu. Der Mensch stülpt seiner modernen Lebens- und Arbeitstechnik eine antike Verkleidung über. Deshalb haben viele klassizistische Bauten ein eklektizistisches Flair. Wo sie dem antiken Formenkanon sehr nahe kommen, wirken sie seltsam kühl und unbewohnt, als genaue Kopien bleiben sie befremdlicher als alle anderen historisierenden Bauten. Dennoch sind die legitimierende Kraft der Staatsgebäude und die auf Distinktion bedachte Noblesse der Bürgerbauten noch heute spürbar.

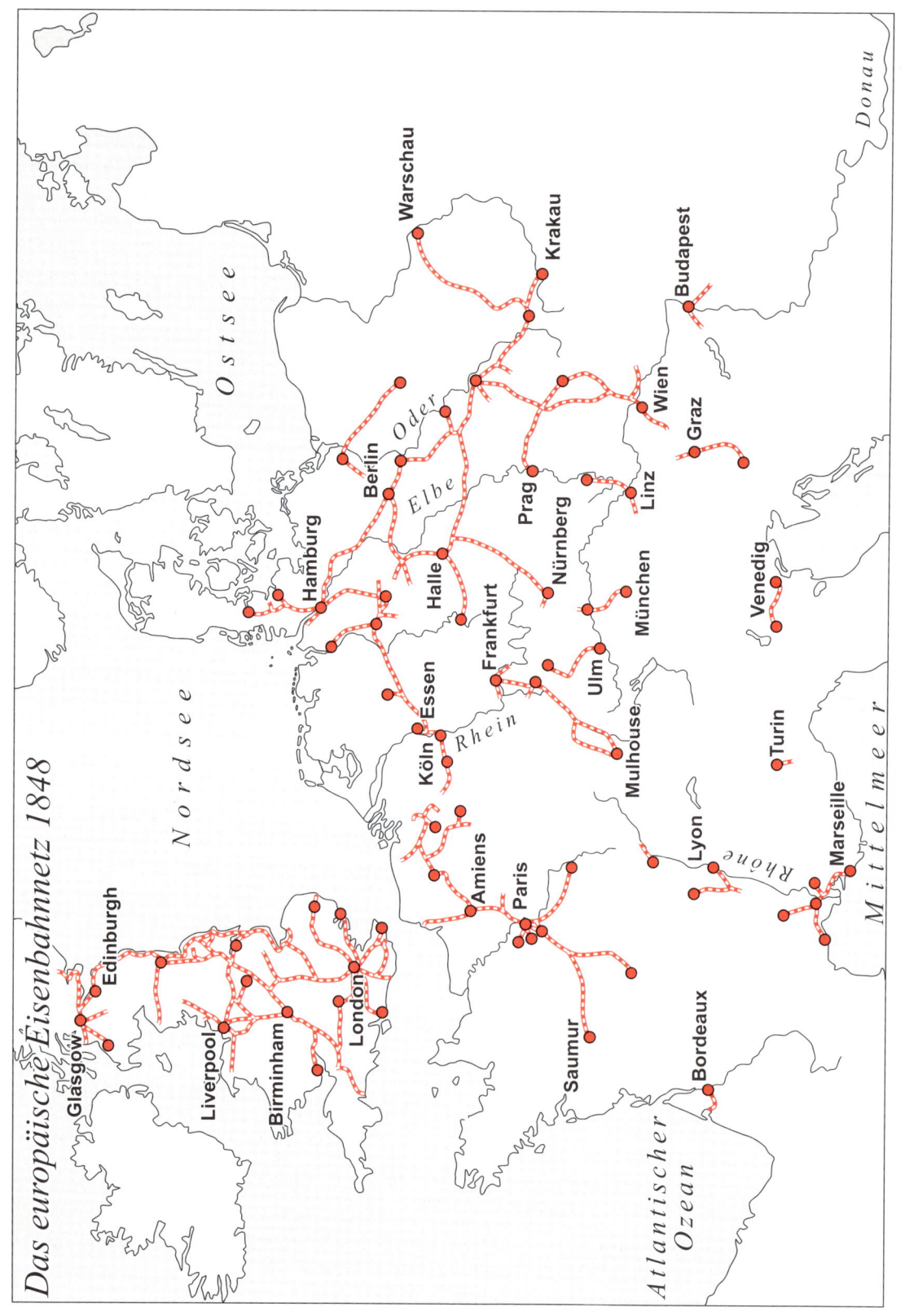

Das europäische Eisenbahnnetz 1848

Andererseits gelingt es K. F. Schinkel am Berliner Schauspielhaus erstmals, die wenig entwicklungsfähige kubische Form in tragende und füllende Teile zu gliedern. Dieses Prinzip lässt griechische Baumotive ebenso zu wie die Lösung neuzeitlicher Bauaufgaben. Am überzeugendsten ist die klassizistische Stadtplanung. Sie überwindet die palladianische Konzentration antiker Motive auf das isolierte Einzelgebäude und schafft die großzügigen, überschaubaren Achsen mit ihrer Symmetrie und Dominantenbildung (z.B. Karlsruhe, München, Bath oder Turin).

Im letzten Drittel des 18. Jh. beginnen in England, Deutschland und der Schweiz literarische Gegenbewegungen zum Rationalismus der Aufklärung. Der Sturm und Drang und die Romantiker schaffen ein neues Naturverständnis, aber auch ein neues Geschichtsbewusstsein. Aus der Verbindung dieser geschichtsbewussten Geisteshaltung mit der Systematisierung der Archäologie entstehen bald nach 1800 etliche Museen, zunächst noch im klassizistischen Stil. Aber schon das Rokoko und das englische Barock kennen vereinzelte Nachahmungen des gotischen Stils. Der wachsende Einfluss der Romantik zu Anfang des 19. Jh. verstärkt diese Tendenz: Schinkel bietet 1821 für die Werdersche Kirche in Berlin eine klassische, eine gotische und eine Renaissance-Version an. Gebilligt wird der gotische Entwurf.

In diese Entwicklung wirken außerdem die neuen Bautechniken hinein. Schinkel entwirft 1818 ein gusseisernes neugotisches Kriegerdenkmal für den Kreuzberg in Berlin. Hier werden die Bruchstellen zwischen Historie, Dekor, Funktion und Technik deutlich. Ist der Klassizismus schon nichts anderes als eine frühe Form des Historismus, bei der die antiken Vorbilder dominieren, so rutscht gegen 1830 seine bis dahin bemühte Einheitlichkeit des Stils mit der Nachahmung mehrerer Stile unverhohlen ins stilistische Chaos. Die enzyklopädische Katalogisierung früherer Bauformen durch Viollet-le-Duc und andere ermöglicht, dass die Versatzstücke vergangener Stile wie aus Baukästen hervorgeholt und entweder in eklektizistischer Mischung oder „stilistisch rein" zu neuen Bauwerken verschmelzen können, oft perfekter als die Vorbilder.

So erhalten die langen viktorianischen Straßenzeilen von Chester ein einheitliches Tudor-Gepräge, das neue München und die Ringstraße in Wien hingegen werden zu Freilichtmuseen der Architektur. Der Neugotik folgt bald die Neurenaissance. Der Rundbogenstil findet seine Hochburgen gegen die Jahrhundertmitte in München, Karlsruhe und am längsten in Hannover, und die wilhelminische Neuromanik läuft zeitlich zum Gründerstil parallel, der seit 1871 den protzigen Neubarock zeitigt. Aber auch exotische Stilformen mischen sich in die europäische Architektur. Schon in ihren Anfängen hat die Begeisterung für die Geschichte nationale Färbungen angenommen, deren am wenigsten umstrittene Auswirkung die Fertigstellung der gotischen Kathedralen ist (z.B. Köln, Wien, Regensburg).

Zeittafel

Frühklassizismus 1770–1800	Boullée, Ledoux, F. Gilly, F.W. v. Erdmannsdorf, Louis XVI (1760–1800), Directoire in Frankreich (1795–1799), Adam-Style in England (1760–1790)
Klassizismus 1800–1830	Schinkel, v. Klenze, Empire in Frankreich (1804–1830), Regency in England (1790–1830)
Historismus 1830–1910	G. Semper, E.-E. Viollet-le-Duc, Neugotik (seit 1820), Victorian Style in England (1840–1910), Gründerstil in Deutschland und Frankreich (1870–1920)

Arc-et-Senans, Saline Royale, 1774–1779

Ledoux' Entwürfe für die Salinenstadt Chaux in Arc-et-Senans zählen zu den Höhepunkten der Revolutionsarchitektur. Nur ein Teil der strahlen- und ellipsenförmig angelegten Idealstadt wird verwirklicht, darunter das von zwei Werkstadtgebäuden flankierte Haus des Direktors im Zentrum. Neben den für die Salzgewinnung notwendigen Anlagen und Verwaltungsbauten sind auch Wohnhäuser und Wirtschaftsbauten für alle Erfordernisse des Lebens der hier Beschäftigten vorgesehen (Kirche, Markthalle, Friedhof, „Tempel der Erinnerung", „Haus des Friedens").

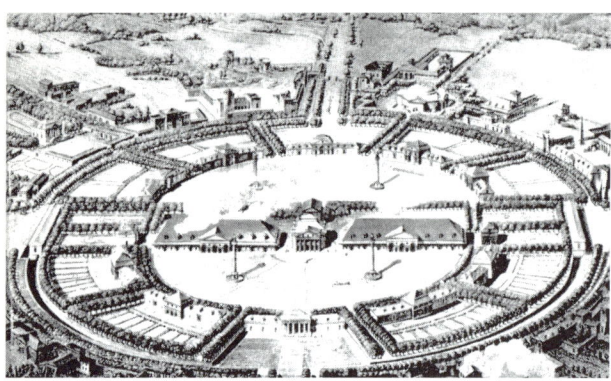
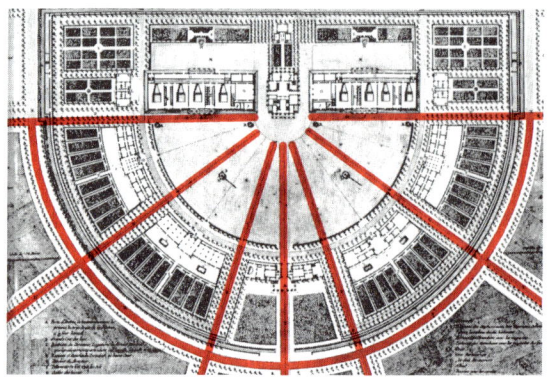

Étienne-Louis Boullée, Kenotaph für Isaac Newton, 1784

Zu Boullées berühmtesten (nicht ausgeführten) Entwürfen zählt das Newtonkenotaph, das er in der von ihm vollkommen empfundenen und als Symbol für das Universum verstandenen Form der Kugel gestaltet. Menschen werden nur als Staffage benutzt. Die Gigantomanie eines solchen Entwurfs steht in scharfem Kontrast zu den gleichzeitigen ländlichen Idyllen am Hof von Versailles und zum nahenden Finanzbankrott des Absolutismus. Sie entspringt der architektonischen Auseinandersetzung mit der neuen Erkenntnis der Unermesslichkeit des Weltalls.

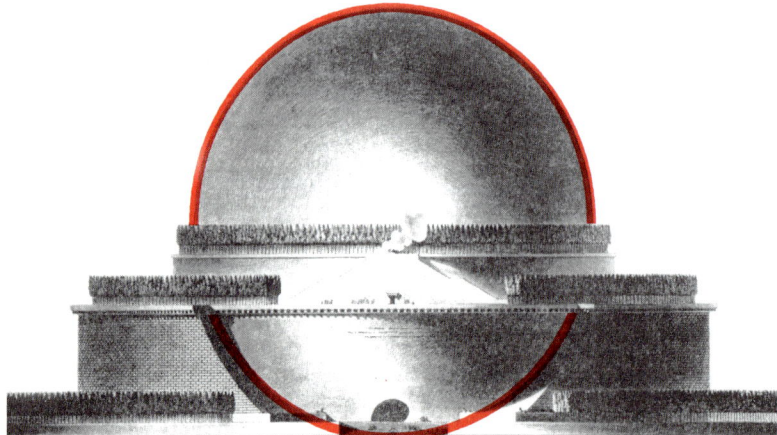

Revolutionsarchitektur

Dieser Architekturbewegung des späten 18. Jh. hat nicht etwa die Französische Revolution den Namen gegeben, sondern ihr Bestreben nach „revolutionären" Formen der Baukunst, die von jeder Tradition frei ist. Dennoch ist der Klassizismus formal zunächst von großem Einfluss. Palladios Architektur mit ihren kubusförmigen Baublöcken bietet den Revolutionsarchitekten Inspiration für ihre monumentalen, von strenger Nüchternheit gekennzeichneten Entwürfe. Der antike römische Massenbau vor allem, durch die Stiche Giovanni Battista Piranesis weitgehend bekannt, bietet ihnen Anregungen. Wie Piranesi übertreiben die Revolutionsarchitekten die Maßstäbe und schaffen megaloman zu nennende Entwürfe, die nur selten realisiert werden können.

Berlin, Stadtplan mit Schinkels Werken im Zentrum, ca. 1840

1 Schauspiel-
haus

2 Friedrich-
Werdersche
Kirche

3 Bau-
akademie

4 Neue Wache

5 Altes
Museum

6 Neuer
Packhof

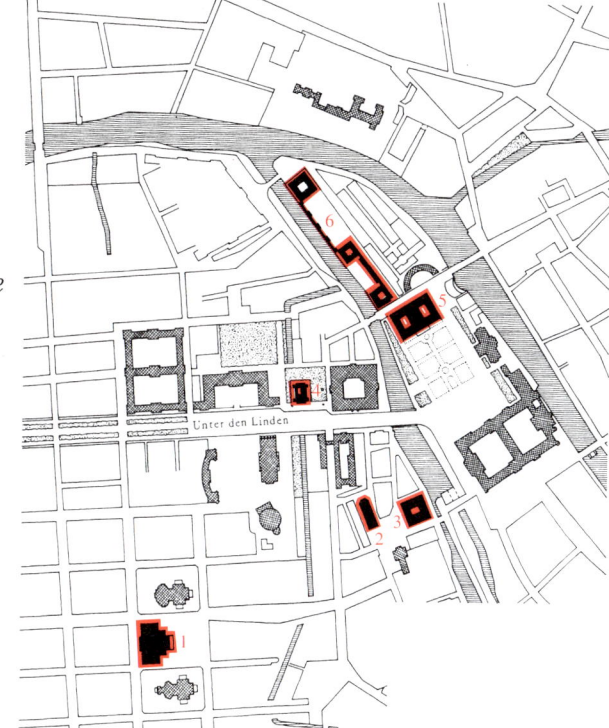

Berlin, Zuschauerraum des Schauspielhauses, 1819–1821

Beim Neubau des Schauspielhauses kann Karl Friedrich Schinkel mit der halbkreisförmigen Anordnung des Zuschauerraums und der leicht vortretenden Bühne mittlerer Tiefe seine Idee eines engeren Kontaktes zwischen Publikum und Bühne z. T. verwirklichen. Seine monumentalen Hintergrundsprospekte (z. B. zu Mozarts Zauberflöte) sind Teil der von Schinkel vertretenen Theaterrefomplänen, die, orientiert an der Antike, die bisherige tiefenräumliche Kulissenbühne durch eine flache Reliefbühne ersetzen.

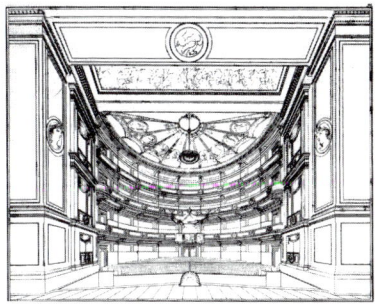

Berlin, Treppenhaus und Grundriss des Alten Museums, 1824–1828

Bei der Planung des Alten Museums zeigt sich Schinkels ausgeprägter Sinn für die Einbindung eines Gebäudes in eine städtebauliche Situation. Mit seiner Idee, das Museum am nördlichen Ende des Lustgartens, gegenüber dem Königlichen Schloss, zu errichten, gibt er dem Platz erst seinen würdigen Abschluss. Das Museum gehört zu den frühesten öffentlichen Museumsbauten in Deutschland. 18 ionische Säulen bilden eine Vorhalle, nur an den schmucklosen Seiten wird die Zweistöckigkeit des Gebäudes ablesbar. Im Inneren führt ein zum Garten hin offenes, lichtdurchflutetes Treppenhaus zur großen Mittelrotunde, dem Mittelpunkt des Baus, wo zwischen Säulen die wertvollsten antiken Statuen aufgestellt sind.

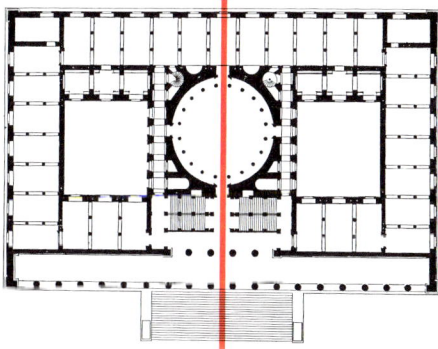

Charlottesville, University of Virginia, 1817–1826

Als Gesandter in Frankreich, 1784-1789, studiert der spätere 3. Präsident der USA, Thomas Jefferson, die Bauten der Antike und die zeitgenössische Revolutionsarchitektur. Mit der Universität von Virginia, einer akademischen Villenstadt im Pavillonsystem mit verbindenden Kolonnaden und einer dominierenden Kuppelrotunde, schafft Jefferson ein spätes Meisterwerk (weitere Bauten: Kapitol in Richmond, sein Wohnhaus in Monticello). Jefferson gehört zu den bedeutendsten Vertretern des Palladianismus, dessen nachhaltiger Einfluss auf die Architektur der USA bis zu dem 1893 wieder aufgenommenen Neoklassizismus reicht.

London, St. Mary-le-Bone, 1813–1817

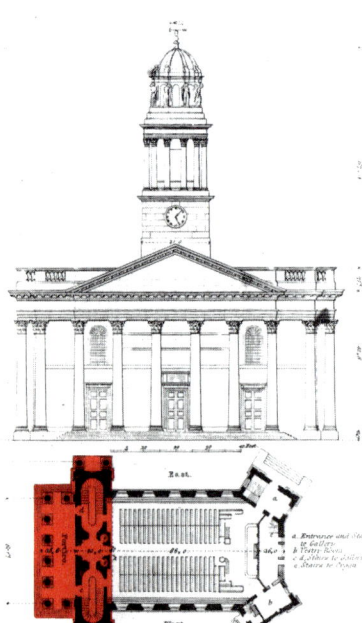

Die von Thomas Hardwick erbaute Pfarrkirche gehört zu den Londoner City Churches in der Nachfolge von Christopher Wren und James Gibbs. Ein eindrucksvoller korinthischer Säulenportikus mit Dreieckgiebel ist der Fassade vorgestellt, die zwei Treppenhäuser und den Glockenturm im Zentrum einschließt. Dessen quadratischer Grundriss mündet in eine Säulenrotunde, über der sich eine Tambourkuppel erhebt.

Hamburg, Jenischhaus, ab 1828

Schinkel errrichtet die Villa für Senator Martin Jenisch in Hamburgs erstem Park im englischen Stil als Sommersitz. Aus dem kubischen Baukörper ragen die Mittelrisalite mit ihre Loggien nicht hervor. Die Horizontalität wird durch ein Mezzaningeschoss mit Balustradenabschluss und die sich seitlich anschließenden Pergolen betont.

Kopenhagen, Frauenkirche, 1811–1829

Das Innere der vom dänischen Architekten Christian Frederik Hansen errichteten Kirche bildet einen einschiffigen, in eine Chorapsis mündenden Saal, an dem sich beiderseits, anstelle von Seitenschiffen, gedeckte Gänge hinziehen. Die Arkaden des Untergeschosses bestehen aus massiven Mauerpfeilern mit Rundbögen. Die kräftigen, unkannelierten dorischen Säulen des Emporengeschosses tragen das kassettierte Tonnengewölbe. Der Raum erhält sein Licht durch Fenster im Emporengeschoss und lukenförmige Öffnungen im Tonnenscheitel. Der Skulpturenschmuck Thorwaldsens ist von Anfang an Teil von Hansens Plan und von entscheidender Bedeutung für das Raumerlebnis.

München, Glyptothek, 1816–1830

Leo von Klenze baut die Glyptothek für die Antikensammlung Ludwigs I. von Bayern am neuen Königsplatz. Der Bau ist eine Synthese aus griechischer (ionischer Portikus), römischer und italienischer Renaissance-Architektur (breit gelagert, Ädikulanischen).

St. Petersburg, Neue Eremitage, 1839–1852

1839 wird Klenze als Spezialist für Museumsbauten nach St. Petersburg berufen, um an das Winterpalais einen Neubau für die kaiserlichen Kunstsammlungen zu errichten. Vier Trakte gruppieren sich um einen rechteckigen Binnenhof, der durch einen parallel zu den Schmalseiten verlaufenden Mitteltrakt halbiert wird. Die Fassaden sind im Gegensatz zum Inneren recht sparsam geschmückt, doch ist der Haupteingang durch eine wuchtige Vorhalle betont, deren Decke von zehn kolossalen Atlanten aus Granit getragen wird.

Paris, Louvre, Salle des Cariatides, 1805

Die Hauptleistung von Ch. Percier und P.F.L. Fontaine liegt in der Innendekoration. Ihr charmant-graziler Stil in der Pompeji-Nachfolge sticht wohltuend von dem offiziellen napoleonischen Dekor ab, das ohne Intimität und Grazie ist.

München, Alte Pinakothek, 1826–1836

Zur Gruppe der italienisch beeinflussten Bauten Klenzes gehört die Alte Pinakothek. Sie ist der erste konsequent von seiner inneren Organisation her geformte Museumsbau. Mit der an Enfilade und Kabinett orientierten Struktur überwindet Klenze die französischen Idealentwürfe und schafft den Prototyp der Bildergalerie des 19. Jh. mit Ober- bzw. Seitenlicht, deren Hochrenaissance-Formen unmittelbaren Bezug zum Sammlungsschwerpunkt nehmen.

Querschnitt

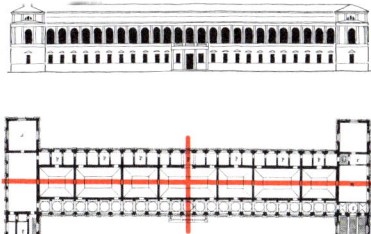

> ### *Museum*
>
> *von griechisch „museion" (= Musentempel): Gebäude, in dem Erzeugnisse der schöpferischen menschlichen Tätigkeit und der Natur aufbewahrt und der Öffentlichkeit zugänglich gemacht werden. Das Museum entwickelt sich im 18. Jh. aus privaten Kunstsammlungen. Französische Revolution und Säkularisation lassen vermehrt öffentliche Sammlungen entstehen. Der erste reine, aber noch einem Fürsten vorbehaltene Museumsbau ist das Fridericianum in Kassel.*

London, Houses of Parliament, 1836–1867

Für diesen neugotischen Bau sind mehrere Faktoren von Bedeutung: Neben der Hochschätzung der Gotik als „nationaler" Stil sind auch die unmittelbare Nachbarschaft von Westminster Abbey, das ehr-würdige Alter der erhalten geblie-benen Westminster Hall sowie die mittelalterlichen Traditionen des englischen Parlaments ausschlag-gebend. Charles Barry und A.W.N. Pugin errichten auf einem axial-symmetrischen Grundriss entlang der Themse den ausgedehnten Ge-bäudekomplex, an dem der Glo-ckenturm „Big Ben" und der Vik-toriaturm markante, asymmetri-sche Akzente setzen. Mittelpunkt des Bauwerks ist eine oktogonale Halle, von dem aus Korridore zu Ober- und Unterhaus führen. Die Fassade ist trotz ihrer fein geglie-derten Tudor-Struktur streng sym-metrisch.

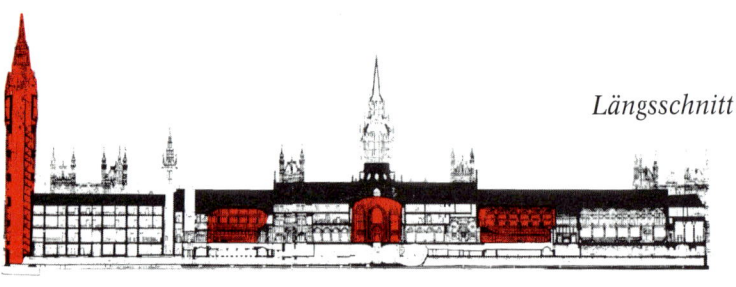

Längsschnitt

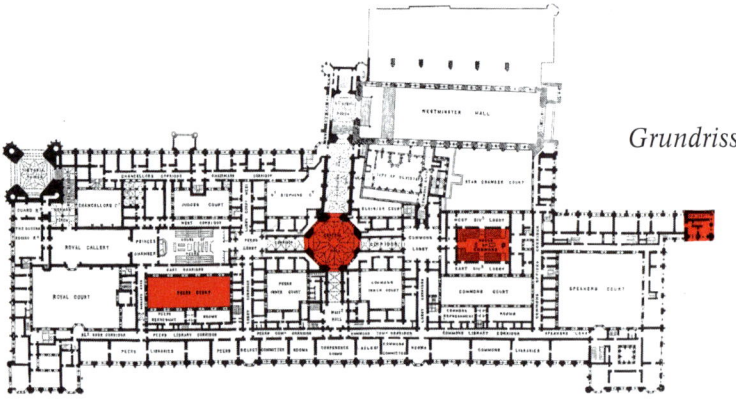

Grundriss

Eugène-Emmanuel Viollet-le-Duc, Idealentwurf einer Kathedrale, 1863–1872

Der Denkmalpfleger und Architek-turtheoretiker Viollet-le-Duc er-wirbt seine Kenntnis gotischer Ar-chitektur durch Untersuchungen und Restaurierungen mittelalter-licher Bauten. Er interpretiert die Gotik, v.a. des frühen 13. Jh., als ein materialgerechtes Konstruk-tionssystem aus Rippen, Bögen und Pfeilern mit Mauerfüllungen. Hier erkennt er Verbindungen zu den Eisenskelettkonstruktionen des 19. Jh., die er als Leistungen der Ingenieurskunst fördert.

Berlin, Friedrich-Werdersche Kirche, 1821–1830

Gleichzeitig mit den Plänen zum Alten Museum entstehen Schin-kels klassizistische und gotisie-rende Entwurfsvariante bei identi-schem Rohbau für die Werdersche Kirche, die schließlich als Back-steinbau in englisch beinflusster Neugotik ausgeführt wird. Der Klassizist verrät sich jedoch in den ausgewogenen Proportionen und der absoluten Symmetrie.

Paris, Stadtplanung durch Haussmann, 1858–1879

In seiner Funktion als Präfekt des Départements Seine führt Georges Eugène Baron Haussmann unter Napoleon III. ab 1853 die notwendig gewordene Modernisierung von Paris durch. Teilweise gewachsene Strukturen radikal zerstörend, reißt Haussmann 27.000 Häuser ab, errichtet mehr als 100.000 neue und legt breite Boulevards, auf sternförmige Plätze zulaufende Avenues, Parks und ein neues Abwasserkanalsystem an. Beispiele seiner meist diagonal durch das alte Straßennetz gezogene Boulevards, die von den bedeutendsten Architekten der Zeit mit möglichst einheitlichen Fassaden versehen werden und die neue urbanistische Akzente setzen, sind die Avenue d'Opéra (s. Abb.) und die acht radial zur Place de l'Étoile führenden Straßen. Sein Stadtplanungsstil ist bis 1900 vorbildhaft für die Modernisierung zahlreicher Städte.

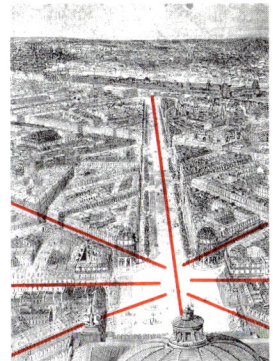

Eisenbahnen
Straßen von Haussmann geplant und durchgeführt
Straßen von Haussmann geplant aber später durchgeführt

A

Wien, Ringstraße, 1857 ausgeschrieben

Die Wiener Ringstraße ist eine gewollt historisierende Architektursynthese öffentlicher Gebäude. Bei der Wahl der Stile wird diesen eine moralisch-assoziative Bedeutung beigemessen: z. B. Romanik = Justiz; Gotik = Kirche, Rathaus, Schule; Antike = Verwaltung, Parlament; venezianisch = Handel.

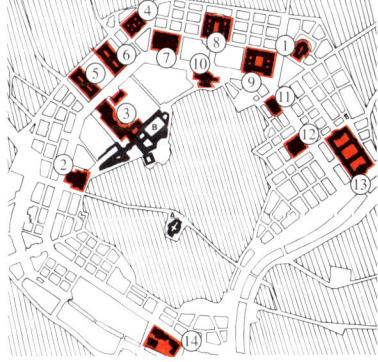

1 Votivkirche
2 Oper
3 Neue Hofburg
4 Justizpalast
5 Kunsthistorisches Museum
6 Naturhistorisches Museum
7 Parlament
8 Rathaus
9 Universität
10 Burgtheater
11 Bankverein
12 Börse
13 Kaserne
14 Kunst- und Gewerbeschule

Paris, Treppenhaus der Oper, 1862–1874

1861 gewinnt der bis dahin unbekannte Charles Garnier den Wettbewerb um das neue Opernhaus, den größten Bauauftrag des 19. Jh. in Paris. Garnier entwirft auch das Bildprogramm und die Ausstattung. Mit ihrer prunkvollen Fassade und der Abfolge von repräsentativen Innenräumen, v. a. dem großzügigen Treppenhaus, ist die Pariser Oper ein Paradigma des Neubarock, in dem Architektur, Skulptur und Ikonographie eine sinnlich-dekorative Einheit bilden.

London, St. Pancras Station, 1863–1876

St. Pancras Station ist einer der größten neugotischen Profanbauten der Welt. In unübersehbarer Grandezza erhebt sich der neogotische Palast des Bahnhofs als erstaunliche Gebäudeinszenierung. Die dahinter versteckte Bahnhofshalle von Henry Barlow ist ein Meisterwerk viktorianischer Ingenieurskunst. Funktional, hell, großräumig überspannt eine geschwungene Gusseisen- und Glaskonstruktion die Gleise. Sie ist mit 75 m Spannweite und ohne Trennung von Wand und Dach lange Zeit die größte Bahnsteighalle Englands.

Eisenbrücken

1 Balkenbrücke in Fachwerk- oder Gittertechnik

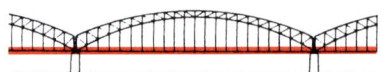

2 Brücke, deren Hauptträger über der Fahrbahn liegen, auch geschlossene Brücke genannt

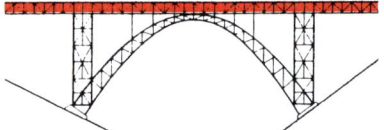

3 Brücke, deren Hauptträger unter der Fahrbahn liegen, auch Deckbrücke genannt

Wales, Brücke über die Menai Straits zwischen Caravonshire und der Insel Anglesey, 1818–1826

Der schottische Architekt und Ingenieur Thomas Telford entwirft neben zahlreichen Steinbrücken sehr früh Gusseisenkonstruktionen mit durchbrochenen Elementen zur Gewichtsreduktion und entwickelt mit der Brücke über die Menai Straits eine Hängebrücke für große Spannweiten.

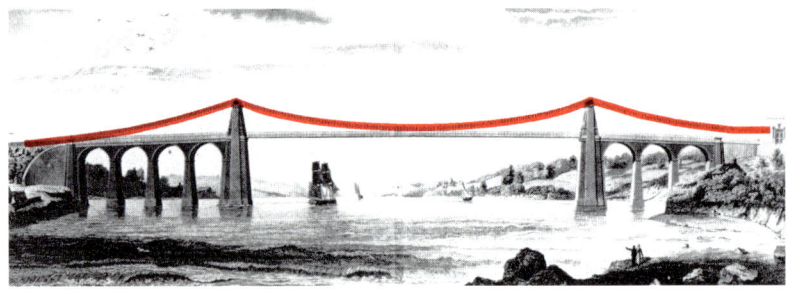

Berlin, Anhalter Bahnhof, 1872–1880

In den Formen des monumentalen Historismus Kaiser Wilhelms II. entwirft Franz Schwechten den Anhalter Bahnhof (Dachkonstruktion von Ingenieur Heinr. Seidel). Der große Bogen, der sich über die Fassade spannt, ist bedingt durch die dahinterliegende Gleishalle. In der Gestaltung der Ziegelfassade werden Dekor- und Konstruktionselemente kombiniert, wobei die klare Gliederung deutlich den Einfluss der Schule Schinkels zeigt.

London, Gefängnis Holloway, 1851/52

Die zinnenbewehrte, burgähnlich befestigte Anlage von James B. Bunning entsteht, wie 54 weitere Strafanstalten im ganzen Land, nach dem Vorbild von Parrys Pentonville Prison in London. Der Gebäudekomplex im Tudor-Revival-Stil, aus Backstein und Haustein errichtet, umfasst sechs radial vom Zentralbau ausgehende Zellentrakte.

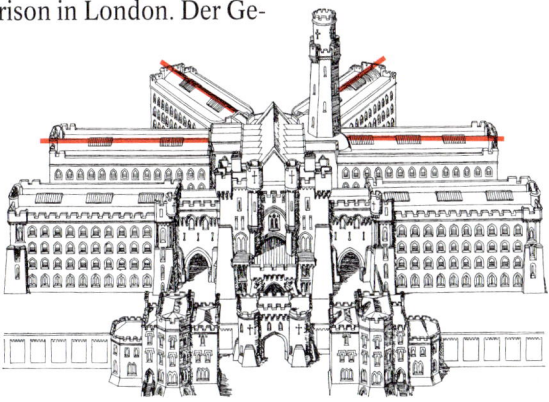

Zürich, Schweizerische Kreditanstalt, 1872

Bei Gottfried Semper tritt eine am Kolosseum und der römischen Hochrenaissance orientierte Formensprache nicht nur im Zug eines eklektischen Historismus an die Stelle von Schinkels griechischen Tempelfronten, sondern auch wegen ihrer funktionalen Bedeutung: Allein die römischen Großbauten erfüllen für Semper die Erfordernisse neuzeitlicher Bauaufgaben. Zwischen 1855 und 1871 entwirft er als Professor am Züricher Polytechnikum zahlreiche Bauten in der Schweiz.

Paris, Hôpital Ste-Anne, 1861–1867

In einer Achse plant Charles Auguste Questel die Verwaltungs-, Dienst- und Krankengebäude, links die Männer- und rechts die Frauenabteilung. Am Rand befinden sich drei Gebäude mit eigenen Höfen für „unruhige" Kranke.

Leipzig, Reichgerichtsgebäude, 1895 vollendet

Der Monumentalbau des ehemaligen Reichsgerichts ist ein Prachtstück der wilhelminischen Epoche. Entstanden nach Plänen von Peter Dybwand und Ludwig Hoffmann, erinnert der Bau äußerlich an die italienische Hochrenaissance, im Inneren mehr an süddeutsche Barockschlösser.

Mit seiner fast 70 m hohen Kuppel und einer Gesamtlänge von 176 m weist das Gebäude Ähnlichkeiten

mit dem Reichstag in Berlin (Wallot, 1884–1894) auf. Schon rein äußerlich soll dokumentiert werden, dass hier das Oberste Gericht des neu geschaffenen Deutschen Reiches residiert.

Das Portal zeigt sechs korinthische Säulen, aus dem Mittelbau ragt eine über 5 m hohe, in Kupfer getriebene Justitia-Statue empor. Andere Figuren erinnern an bedeutende Rechtswahrer der deutschen Geschichte.

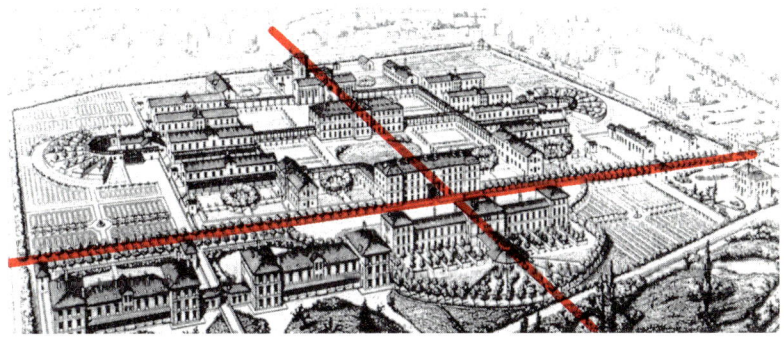

Berlin, Entwurf für ein Kaufhaus, 1827–1829

Zu Schinkels unausgeführten Projekten gehört auch ein Kaufhaus. Geplant ist eine zweistöckige Dreiflügelanlage mit extrem langen Seitenflügeln. Die Fassade ist fast vollständig durchfenstert und durchgehend in ein System aus vertikalen Stützen aufgelöst, der Bürgersteig wird durch Markisen aus Eisenblech beschattet. Von den Baumwollspinnereien Englands inspiriert, entwickelt Schinkel hier eine feuerfeste Architektur, bei der eine gitterartige Backsteinhaut um einen eisernen Rahmen gelegt ist.

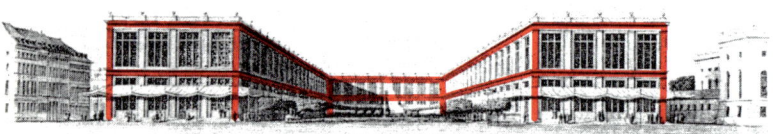

Paris, Les Halles Centrales, 1855–1866, 1971–1973 abgerissen

Ursprünglich will Victor Baltard die sich auf ca. 5 ha erstreckenden und von einem ausgeklügelten Straßensystem durchzogegenen Pavillons überwiegend aus massivem Stein errichten. Erst heftige Kritik zwingt den Architekten, das Großprojekt in den modernen Materialien Glas und Gusseisen über Ziegelsubstruktionen auszuführen.

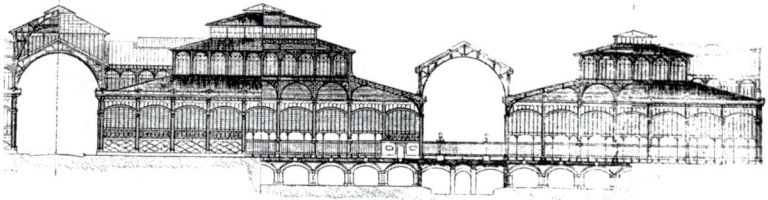

Schnitte durch Galerien

1 *Paris, Passage des Panoramas (1800)*
2 *London, Burlington Arcade (1818/19)*
3 *Paris, Galerie Vivienne (1825)*
4 *Paris, Galerie d'Orléans*
5 *Hamburg, Sillems Basar (1845)*
6 *Brüssel, Galerie St-Hubert*
7 *Mailand, Galleria Vittorio Emanuele II.*
   (1865–1877)
8 *Berlin, Kaisergalerie (1871–1873)*
9 *Cleveland, Cleveland Arcade (1890)*
10 *Neapel, Galleria*
   Umberto I. (1887–1890)

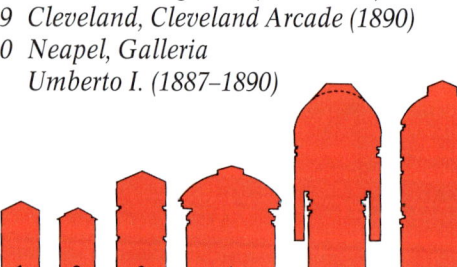

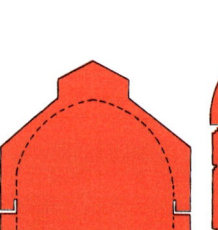
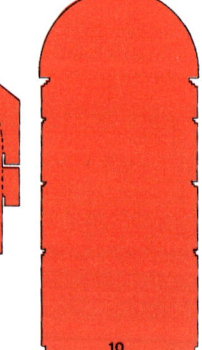

Mailand, Galleria Vittorio Emanuele II., 1865–1877

Die kreuzförmige Passage am Mailänder Domplatz wurde nach Entwürfen von Giuseppe Mengoni erbaut.

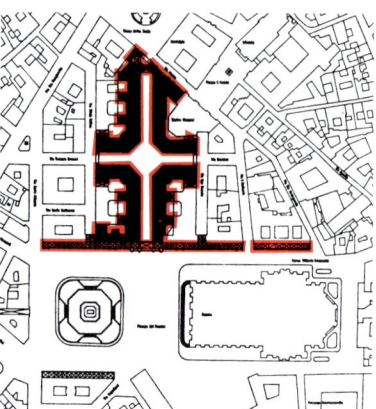

> ### *Galerie/Passage*
>
> *Die mit Glas überdachten Verbindungsgänge zwischen belebten Straßen werden auf beiden Seiten von Geschäften mit einheitlichen Fassaden gesäumt. Das ganze Jahrhundert hindurch entstehen solche Einkaufspassagen in den Städten Europas und den USA, die sich gegenseitig mit immer größeren und exklusiveren Glasgalerien zu übertrumpfen versuchen.*

London, Kristallpalast, 1850/51 (1936 abgebrannt)

Der „Crystal Palace" wird von Joseph Paxton für die Weltausstellung 1851 im Hyde Park konstruiert. Er ist bereits ein totaler Skelettbau, aus wenigen vorgefertigten Teilen in großer Serie montiert. Genaue Raster für den Grundriss und die Aufrisse bilden ein dreidimensionales Koordinatensystem mit vielen gleichen Konstruktionspunkten. Ihre Präzision entpricht den Normen des Maschinenbaus und ermöglicht eine Vorfertigung in Fabriken, Montage, Demontage und erneuten Aufbau an anderer Stelle. Die Struktur aus gereihten Elementen ist theoretisch nach allen Seiten unbegrenzt. Das Bauprogramm mit seinem Raumbedarf und seinen besonderen Bedingungen legt die Gestalt des Bauwerks fest. Paxton verwirklicht die völlige Einheit von Funktion, Konstruktion und Form.

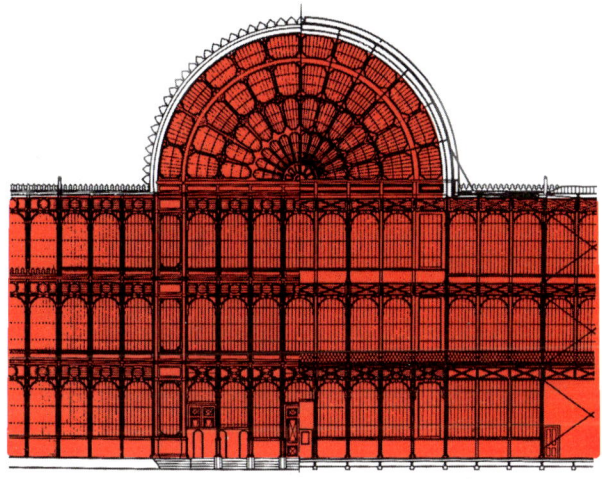

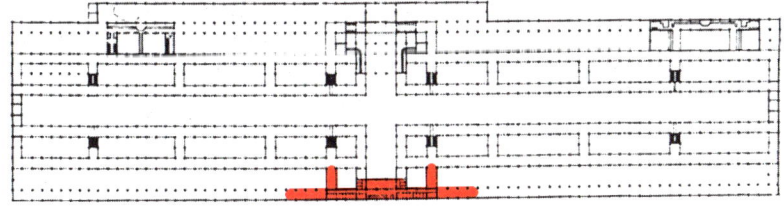

Paris, Eiffelturm im Größenvergleich mit berühmten Bauwerken

Gustave Eiffel konstruiert den Eisenfachwerkturm für die Weltausstellung 1889 auf dem Marsfeld, zu der 32 Mio Menschen aus aller Welt strömen. Der Eiffelturm, mit 300 m bis 1930 das höchste Bauwerk der Welt, wird zum Symbol des technischen Zeitalters und seines Optimismus und avanciert zum Wahrzeichen von Paris.

Industriearchitektur

Mit Beginn der industriellen Revolution Ende des 18. Jh. in England vollzieht sich der Wandel von der Agrar- zur Industriegesellschaft. Wirtschaftliche und soziale Veränderungen, der Übergang vom Manufaktursystem zum Industriebetrieb prägen von nun an die Industriearchitektur. Insbesondere wird sie durch die Art der Produktion und die Entwicklung neuer Materialien und Konstruktionen beeinflusst. Durch die Herstellung von Gusseisen und den Beweis, dass es sich für größere Konstruktionen eignet (Coalbrookdale Bridge, 1779), hat man ein Material, das die bis dahin verwendeten Holzkonstruktionen ersetzt und die Industriearchitektur stark verändert. So besitzt z. B. die Flachsspinnerei von Shrewsbury (1779) bereits ein vollständig gusseisernes Innenskelett. Trotz der Herstellung modernster Produkte mit modernen Maschinen, trotz neuartiger Materialien und Konstruktionen ist die Haltung der Architektur konservativ. Bereits im 19. Jh. wird industrielles Bauen mit Fertigteilen erprobt.

New York, Alexander T. Steward Department Store, 1859/60 (1954 abgebrannt)

Das fünfstöckige Kaufhaus, das die Fläche eines Häuserblocks einnimmt und um einen Lichthof angeordnet ist, ist ein Eisenskelettbau. Die gesamte Außenfront wie auch der innere Rahmen aus mit Bolzen verbundenen Stützen und Trägern besteht aus Gusseisen. Die Außenfront ahmt aber noch in Formgebung und Bemalung eine Hausteinfront nach, doch ist sie mit ihrer klaren Gliederung ein hervorragendes Beispiel einer Eisenrahmenfassade jener Zeit.

Liverpool, Oriel Chambers, 1864

Zur Konstruktion des Bürohauses verwendet Peter Ellis Stützen und Träger aus Gusseisen, doch bilden diese im Gegensatz zu den späteren Hochhausbauten in Chicago noch kein durchgehendes Eisenskelett. Jedes Stockwerk ist für sich gebaut. Die plastisch gegliederten Fassaden, ohne tragende Funktion, bestehen aus Stein. Auch das Rahmenwerk der erkerartig vorspringenden Fenster (oriels) ist aus Gusseisen.

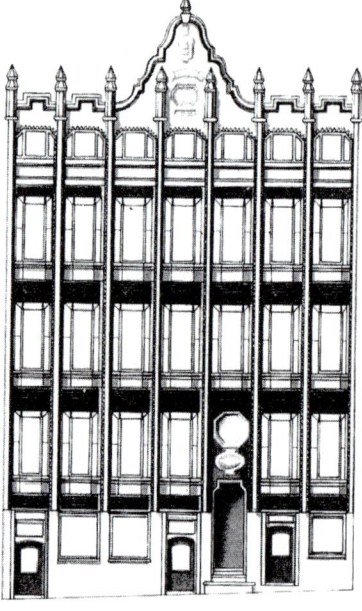

Louis, Wainwright Building, 1890/91

Der Hauptvertreter der Chicago School, Louis H. Sullivan, vertritt in seinen Bauten und theoretischen Schriften das Prinzip der Verwendung modernster Technik, z. B. der Stahlskelettbauweise. Die große Fassadenfläche wird proportioniert durch eine zweigeschossige Sockelzone für den Laden- und Lobbybereich sowie die darüber liegenden gleichartigen Stockwerke, die von einer übergreifenden vertikalen Gliederung zusammengefasst und von einem abschließenden Mezzaningeschoss mit Attika für die Technik der Aufzüge u.a. begrenzt werden. Sullivan übt in der Weiterentwicklung des Hochhaustyps großen Einfluss auf die folgende amerikanische Architektur (z.B. seinen Schüler F. Loyd Wright) aus, aber auch auf Architekten der europäischen Moderne (z. B. Adolf Loos, Otto Wagner).

20. JAHRHUNDERT

Wissenschaft und Technik machen gegen Ende des 19. Jahrhunderts gewaltige Fortschritte. Sie verändern Weltbild und Lebensstil. Von England geht um 1890 eine Bewegung aus, die eine neue Ästhetik der Kunst propagiert und bald ganz Europa und Nordamerika ergreifen wird. Ihre ersten Bemühungen richten sich auf das Ornament. Stilisierte Pflanzen- und Tierformen in weich gekrümmten, bewegten Linien, flächig und schattenlos, dadurch fern jedem Naturalismus oder Historismus, mit starken Einflüssen der japanischen Kunst assoziieren lyrische Stimmungen. Den Weg über Kunstgewerbe gehen William Morris und seine Freunde. Ihre Werkstätten für Möbel-, Stoff und Tapetendekore finden in vielen Städten Nachfolger mit eigenen Formensprachen (z. B. in München 1897, Dresden 1898, Wien 1900, Darmstadt 1900 und Nancy 1901).

In Deutschland gibt die Kunstzeitschrift „Jugend" der Bewegung ihren Namen: Jugendstil. Wie im Barock geht es wieder um das „Gesamtkunstwerk", diesmal inspiriert durch die Oper Richard Wagners, die eine Einheit von Handlung, Musik und Bild, ja sogar als Verkettung von Kunst und Leben in seinen sozialen und ästhetischen Formen realisieren soll. Architektonische Gesamtkunstwerke entstehen in der zweiten Phase des Jugendstils, als Ende der 1890er Jahre seine ersten Wohnhäuser gebaut werden. Ihre Architekten verstehen sich nicht als Handwerker, sondern als Genies. Aus ihrer Hand stammen Außen- und Innenarchitektur, Mobiliar und selbst die nebensächlichsten Gebrauchsgegenstände. Für solche Gesamtkunstwerke von Horta, Gaudi oder Van de Velde kommt allerdings nur eine finanzkräftige Elite als Käufer in Betracht. Es werden aber auch Projekte, wie z.B. die Künsterlerkolonie auf der Darmstädter Mathildenhöhe, mit volkspädagogischen Intentionen und bezahlbaren Arbeiterhäusern mit ästhetischem Anspruch ins Leben gerufen. Radikal neue Kunstströmungen zu Beginn des 20. Jahrhunderts (z. B. Expressionismus, Fauves, Kubismus) und schließlich der Ausbruch des Ersten Weltkriegs bedeuten das Ende des Jugendstils.

Die zweckmäßige, funktionelle Architektur ist ein Hauptziel des „technischen" Zeitalters. Sie beschränkt sich im Rahmen der Industriellen Revolution des 19. Jahrhunderts aber noch weitgehend auf die Mechanisierung der maschinellen Fabrikation. Noch sind die Fassaden der Fabrikgebäude historisierend verkleidet, neugotische Lagerhallen und Bahnhöfe im Rundbogenstil lassen keine Schlüsse über ihre Funktion zu. Natürlich weiß auch die Baukunst des 19. Jahrhunderts schon um die konstruktiven Vorteile der neuen Werkstoffe Glas, Eisen, später Stahl und schließlich Beton. Aber nur selten bestimmen diese neuen Werkstoffe auch die äußere Form und gelten dann – wie der Eiffelturm – als nackt und hässlich. Der Eisenskelettbau fängt durch seine Verstrebungen sowohl Druck als auch Seitenschub und Windknickung auf. Er erlaubt große Bauhöhen und spart Zeit. Beton, ein schon seit der römischen Antike als „opus incertum" bekanntes Gemisch aus Sand, Kies, Zement und Wasser, wird 1867 von Joseph Monier erstmals um ein Metallgerippe gegossen. Dieser Stahl- oder Spannbeton bewirkt eine höhere Belastbarkeit durch Druck und erlaubt ein dünnes Pfeilergerüst.

Die große Bildsamkeit des Betons ermöglicht in Verbindung mit seiner Spannfähigkeit den Guss von Formen, die mit Steinen nicht zu bauen wären. Vorgefertigte Bauteile erlauben Normierung, Zeit- und Kostenersparnis: Rahmen, Stützen, Deckplatten, Wandelemente. Die relative Unkörperlichkeit von Glas bildet eine durchsichtige Außenhaut (Kristallpalast), die äußere Erscheinung und innere Struktur eines Gebäudes gleichzeitig erfahrbar macht. Als „Curtain wall" wird sie

Städte im 20. Jahrhundert

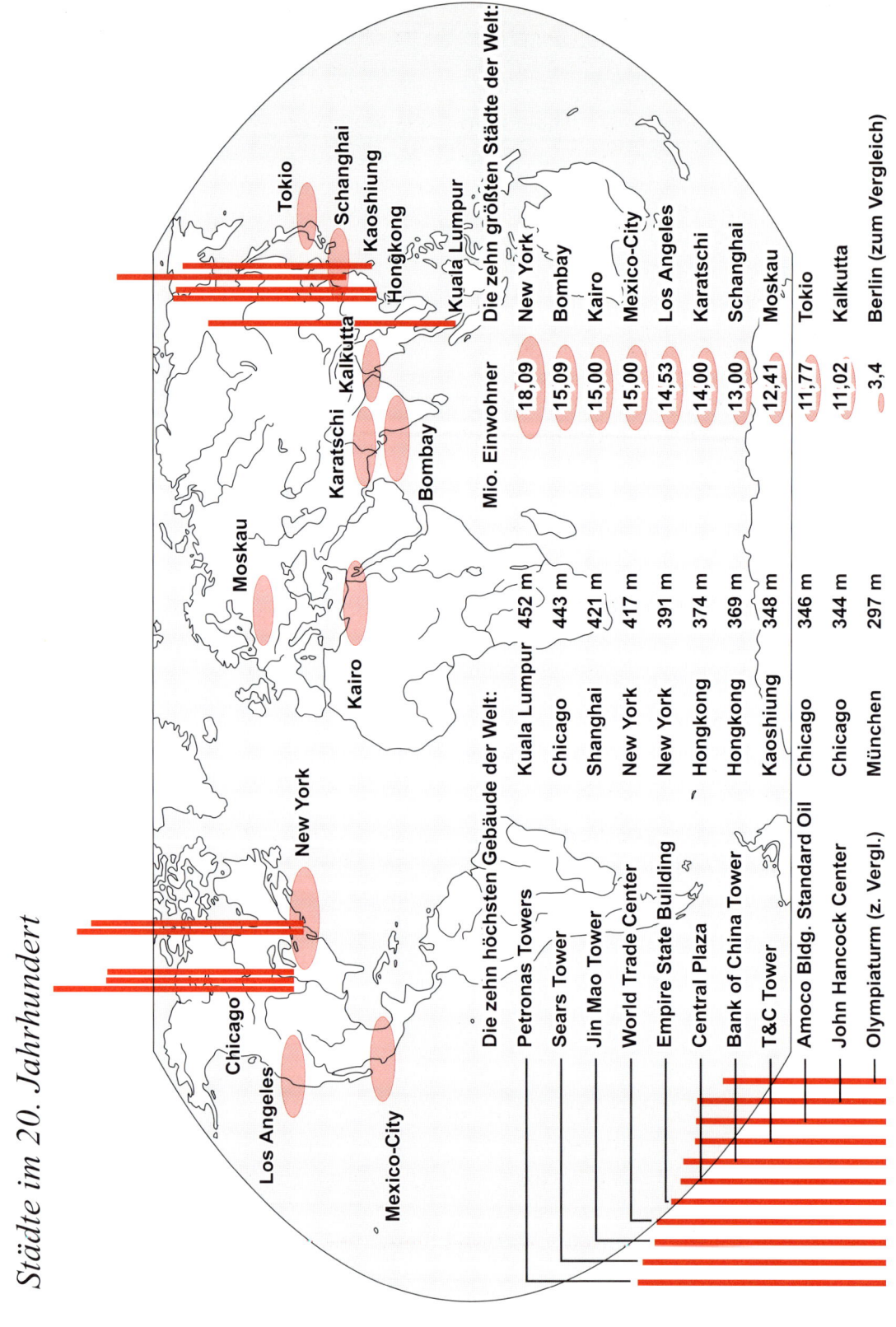

im 20. Jahrhundert einem Skelettbau vorgehängt. Aufgrund neuer mathematischer Erkenntnisse kann das konstruktive Gerüst eines Bauwerks auf sein körperliches Minimum reduziert werden. Kunststoffe spielen seit dem 20. Jahrhundert eine zunehmende Rolle im Bauwesen. Ihre Vorteile liegen v. a. in geringerem Gewicht, Wärmedämmung, Bildsamkeit, Reproduzierbarkeit und Widerstandsfähigkeit gegen Erosion.

Anfang des 20. Jahrhunderts gelingt die Verwirklichung einer neuen Ästhetik der Baukunst, die bis heute maßgebend wird. Gleich an ihrem Beginn steht ein Manifest des einflussreichen Wiener Architekten Otto Wagner, der zunächst selbst im Stil der Neurenaissance und des Jugendstils arbeitet. 1906 aber fordert er, dass Form und Motive aus Zweck, Konstruktion und Material herauszubilden sind. 1906 wird auch das Weimarer Bauhaus gegründet, 1907 der Deutsche Werkbund. Die italienischen Futuristen entwerfen seit 1907 ihre phantastischen, wenn auch nie realisierten Bilder der modernen lärm- und geschwindigkeitserfüllten Städte. Die holländische „Stijl"-Bewegung, Le Corbusiers frühe Postulate für eine menschenwürdige Wohnwelt und erst recht der sozialistisch gerichtete Konstruktivismus der 20er Jahre fordern den Funktionalismus. Das Ziel des Funktionalismus ist es, alle Bauteile auszuschalten, die nicht zugleich ein aktiver Bestandteil der Konstruktion sind. Die menschenfeindlichen Wohn-Hochhäuser der Zeit nach dem Zweiten Weltkrieg, die seelenlosen Trabanten- und Innenstädte und mancher kirchliche Seelensilo bestätigen allerdings auch die Erkenntnis, dass die technischen Möglichkeiten an sich wertfrei sind und erst durch Missbrauch schädlich werden.

Neben dem Funktionalismus, der Kubus und rechten Winkel bevorzugt, existiert eine Strömung, die den Grundriss weniger geometrischen Grundformen als vielmehr der organischen Bewegung des Menschen anpasst. Sie geht auf amerikanische Anregungen zurück. Vor dem Zweiten Weltkreig schafft sie einige wenige Bauten, v.a. Wohnhäuser, auch danach nur für eine kleine Bevölkerungsschicht (Villenbau) oder im Kommunal- und Kirchenbau. Davon leitet sich auch eine alternative Architekturströmung ab, die im Einklang mit der Natur stehen möchte und natürliche Materialien wie Haustein und Holz bevorzugt.

Gegen den International Style in der Nachfolge des Bauhauses entwickelt sich seit den 1960er Jahren die postmoderne Architektur, die sich auf klassische Vorbilder – u.a. des Palladianismus und der französischen Revolutionsarchitektur – beruft. Die pluralistischen Möglichkeiten bereichern seit den 1980er Jahren Architekten wie Frank O. Gehry oder Daniel Libeskind mit dekonstruktivistischen Architekturentwürfen.

Zeittafel

Jugendstil 1890–1910	A. Gaudi, V. Horta, A. Loos, P. Behrens; Arts and Crafts in England (1888–1910); Art Nouveau in Frankreich; Stile Liberty in Italien; Modernismo in Spanien (1880–1925)	
Moderne 1906–1970	W. Gropius, L. Mies van der Rohe, F. Lloyd Wright, Le Corbusier; Bauhaus in Weimar (1919–1924), Dessau (1925–1928) und Berlin (1929–1933); International Style	
Postmoderne seit 1959	Ph. Johnson, M. Botta, R. Venturi, Aldo Rossi, F.O. Gehry; Dekonstruktivismus	

Barcelona, La Sagrada Familia, 1883–1826

Antonio Gaudís sakrales Hauptwerk ist die bis heute unvollendete Votivkirche La Sagrada Familia. Gaudí plant eine fünfschiffige Kirche mit Chorumgang, Krypta und Kreuzgang. Die Fassaden zeigen seine äußerst persönlichen und originellen Gestaltungsprinzipien. Die Südfassade wird von vier Rundtürmen gebildet, in die drei grottenähnliche Portale gestellt sind. Deutlich greift Gaudí auf die gotische Sakralbaukunst zurück, formt sie aber auf höchst originelle Weise um. Als Alternative zum gotischen Strebewerk gelingt es ihm, mittels der Verstärkung der tragenden Elemente und v.a. deren Schrägstellung den Schub der hyperbolisch-paraboloiden Gewölbe aufzufangen.

München, Haus der Allgemeinen Zeitung, 1900/01

Martin Dülfer entwirft neben Vorstadtvillen Fassaden für Münchner Geschäfts- und Wohnhäuser, die wegen ihres farbigen Putzdekors sowie frei verwendeter historisierender Details heftige Diskussionen erregen. Der Jugendstilarchitekt bleibt aber nicht beim Dekorativen stehen, sondern versteht es, die Fragen des baulichen Organismus mit zu erfassen.

Wien, Ausstellungsgebäude der Secession, 1897/98

1897 entwirft Joseph Maria Olbrich, Mitbegründer der Wiener Secession, ihr Ausstellungsgebäude, einen klar gegliederten Bau, der von einer großen, durchbrochenen Metallkuppel aus 3.000 vergoldeten Lorbeerblättern beherrscht wird. Sie spielt ebenso wie die stuckierten Lorbeerbäumchen auf den „Ver sacrum", den Aufbruch der neuen Kunst, an. Die beabsichtigte sachliche Wirkung führt zu sparsamer Dekoration und praktischen Lösungen im Inneren (verstellbare Wände), die wegbereitend für rationale und funktionale Architektur werden.

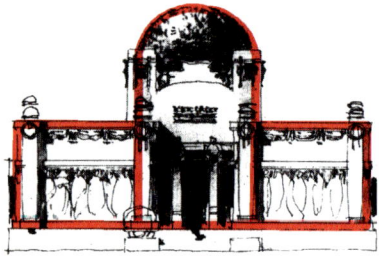

Jugendstil

Deutsche Bezeichnung für eine international verbreitete Kunstströmung um 1900, die sämtliche Bereiche der angewandten und bildenden Kunst erfasst. Außerhalb Deutschlands wird die Bewegung nach der Galerie des Kunsthändlers Salomon Bing in Paris als Art Nouveau, aber auch als Modern Style, Stile Liberty etc., in Österreich auch als Secessionsstil bezeichnet. Die entscheidenden Impulse kommen aus Großbritannien. Charles Rennie Macintoshs Stil ist gekennzeichnet durch verfestigte kubische Formen, welche die Vertikale betonen und von zarten gebogenen Ornamenten überzogen sind. Er regt besonders die Wiener Architekten Otto Wagner und Josef Hoffmann an. Im Idealfall sind die Bauten des Jugendstils Gesamtkunstwerke. Künstler wie Victor Horta oder Henry van de Velde entwerfen mit der Architektur auch die Inneneinrichtung. Im Wesentlichen ist die Architektur entweder von wucherndem organischen Ornament überzogen wie August Endells Fotoatelier in München (zerstört) oder ganz als plastische Masse modelliert wie die Gebäude Antonio Gaudís.

Helsinki, Hauptbahnhof, 1910–1914

Eliel Saarinens Wettbewerbsentwurf für den Hauptbahnhof von Helsinki erfährt beim Bau mancherlei Veränderungen. Mit seinen kühn gegliederten Mauerwerksmassen, seiner funktionellen Organisation, seiner ebenso sensiblen wie ausdrucksvollen Materialverwendung und seinen schlichten Details wird er zu einem exemplarischen Typus der Eisenbahnarchitektur (z. B. Stuttgarter Hauptbahnhof, 1914–1928).

Purkersdorf, Sanatorium, 1904

In seinen kunstgewerblichen Entwürfen und Ausstellungsgestaltungen für die Wiener Secession zeigt Josef Hoffmann das Bemühen um eine vollständig und harmonisch durchgestaltete Umwelt auf der Grundlage hochwertiger Handwerksarbeit. Zu dessen Verwirklichung gründet er 1903 mit Kolomann Moser die Wiener Werkstätte, die entscheidenden Einfluss auf das Kunsthandwerk hat. In seinen Bauten ab 1900 betont er die konstruktiven Bestandteile und reduziert die Formen auf geometrische Grundelemente.

Hellerau bei Dresden, Bildungsanstalt, 1910/11

In der Gartenstadt Hellerau errichtet Heinrich Tessenow neben einigen Reihenhäusern die Bildungsanstalt für rhythmische Gymnastik, deren Mittelpunkt das Festspielhaus bildet. Wie in den meisten seiner Bauten vor und während des 1. Weltkriegs nimmt er in dieser axialsymmetrischen Anlage Elemente eines spezifisch preußischen Klassizismus auf, die er aber ganz persönlich umgestaltet. Das Gebäude der Bildungsanstalt ist von größter Schlichtheit, ohne jeden Dekor.

Breslau, Jahrhunderthalle, 1912/13

Die Halle von Max Berg gilt als eine der Pionierleistungen des jungen Stahlbetonbaus. Mit einer Rippenkuppel von 67 m Durchmesser über vier Apsiden eines kreuzförmigen Grundrisses gelingt Berg die bis dahin größte stützenfreie Überspannung eines Raumes in Massivbauweise.

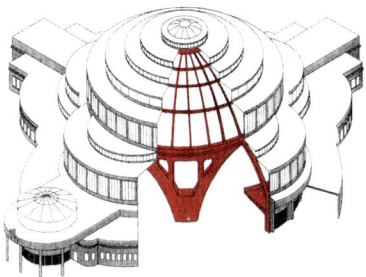

Berlin, AEG-Turbinenfabrik, 1909

In Deutschland beteiligt sich besonders Peter Behrens an der Verwirklichung einer vom Deutschen Werkbund (1907 gegr.) propagierten Kultur für das Industriezeitalter. Mit der Turbinenfabrik gelingt es ihm, den Industriebau in den Rang repräsentativer und von der Öffentlichkeit anerkannter Architektur zu erheben. Er schafft ein ebenso funktionales wie ästhetisch hochrangiges Gebäude, dessen Qualität die Selbstachtung der Arbeiter und ihre Identifizierung mit der Arbeitsstätte steigern soll. Die monumentale Wirkung durch die gemauerten Eckpylonen und den gebogenen Giebel sind ihm hier noch wichtiger als die totale Logik der Konstruktion.

Chicago, Robie House, 1909/10

Als Höhepunkt der 1901–1909 von Frank Lloyd Wright entworfenen Prärie-Haus-Reihe weist das lang gestreckte Robie House deren wesentliche Merkmale auf: kein Dach- und Kellergeschoss, die Auflösung der kompakten Mauern durch unmittelbar unter den sanft geneigten Dächern angebrachte Fensterbänder und einen mächtigen Kamin, der den Baukörper akzentuiert. Die in die Tiefe versetzten Stockwerke bestehen jeweils aus zwei schmalen, durch den Kamin getrennten und zugleich verbundenen Haupträumen, die Licht von beiden Seiten erhalten. Die die Backsteinmauern durchziehenden steinernen Streifen betonen die Horizontalität, so wird ein kühnes horizontales und vertikales Wechselspiel der vor- und zurückspringenden Baumassen erzeugt.

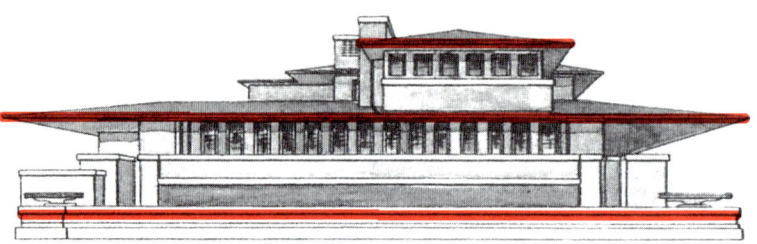

Dessau, Bauhausgebäude, 1925/26

Im Gebäudekomplex des Dessauer Bauhauses verwirklicht Walter Gropius seine Vorstellung einer rationalistischen, dem „Baukastenprinzip" entsprechenden Bauweise". Im Grundriss erscheint der Komplex als eine Komposition aus drei Winkeln, deren Schenkelspitzen sich in einem Punkt berühren, als imaginäre Drehung eines L-förmigen Körpers um seine Achse. Der Werkstattflügel öffnet sich an drei Seiten mit Vorhangfassaden, deren Spiegelglaswände über drei Stockwerke reichen. Am Berufschulgebäude sind die Fenster in langen Bändern zusammengefasst. Daneben sieht das fünfstöckige Ateliergebäude fast wie ein Turm aus. Die drei Haupttrakte sind durch den Aula- und Kantinenflügel verbunden. Die Funktionstrennung im Inneren wird durch die unterschiedlichen Baukuben nach außen sichtbar.

Bauhaus

Das staatliche Bauhaus wird 1919 von dem Architekten Walter Gropius in Weimar (später Dessau, dann Berlin) als neuartige Kunsthochschule gegründet. Das Bestreben ist, freie und angewandte Kunst wieder zu einer gemeinsamen qualitätsbewussten wie zeitbezogenen Arbeit zusammenzubinden. In nur 14 Jahren (1919–1933) werden am Bauhaus nicht nur eine für das ganze 20. Jh. gültige Architekturlehre und ästhetische Normen industrieller Produkte für den Wohnbereich (Design) entwickelt, sondern auch völlig neue kunstpädagogische Konzeptionen erarbeitet. Viele Bauhauslehrer (Gropius, Mies van der Rohe, Albers) und Schüler wandern nach 1933 in die USA aus. László Moholy-Nagy gründet in Chicago das New Bauhaus.

Le Corbusier, Dom-Imo-Skelett, 1914/15

Zur raschen Abhilfe gegen die Kriegszerstörungen entwirft Le Corbusier (eigent. Charles-Édouard Jeanneret) die „Dom-Imo-Häuser" aus vorfabrizierten Elementen, bei denen die Wände, die durch die Skelettbauweise aus der Tragekonstruktion herausgenommen sind, ein Maximum an Flexibilität gewähren. Das System bildet die Grundlage für die später von Le Corbusier entwickelte Formensprache.

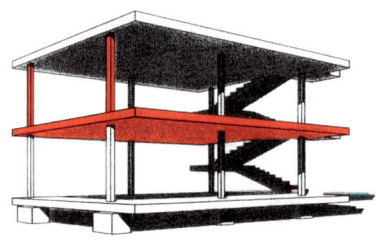

Antonio Sant'Elia, Entwurf für einen Hauptbahnhof und Flughafen, 1913/14

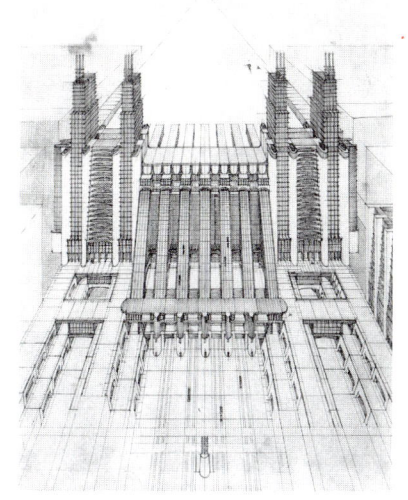

In den „Città nuova"-Entwürfen sieht Sant'Elia komplizierte Verkehrsbauten für Auto, Bahn und Flugzeug vor. Brücken, Aufzugstürme und Treppenhäuser sind herausgeschoben und oft mit Terrassenhäusern kombiniert. Wahrscheinlich kennt Sant'Elia das terrassierte Appartementhaus von H. Sauvage in Paris (1912/13). Die riesigen Baukörper sind als Stahlbetonbauten gedacht. In ihrem Manifest postulieren die Futuristen die Notwendigkeit eines Neuanfangs, fordern neue Formen, Linien, Harmonien, großzügigere Massengruppierungen und Grundrisse.

International Style

Die Bezeichnung fasst die innovativen Ansätze in der europäischen und nordamerikanischen Architektur der 1920er und 30er Jahre zusammen und wurde in den USA von Henry-Russell Hitchcock und Philip Johnson in ihrem 1932 erschienen Buch „The International Style" geprägt.

Allgemeine Charakteristika sind dabei u.a. die Betonung der Rechtwinkligkeit, die asymmetrische Anordnung einfacher kubischer Hauptformen ohne Ornament und Profilierung, die Vorliebe für weißen Verputz sowie weite, oft in horizontalen Streifen angeordnete Fensterfronten.

Zu den Pionieren des International Style zählen u.a. Frank Lloyd Wright, Tony Garnier, Adolf Loos, Walter Gropius und Ludwig Mies van der Rohe.

Mies van der Rohe, Entwurf eines Hochhauses für Berlin/Friedrichstraße, 1920/21

Der visionäre Entwurf für das Hochhaus aus Glas entwickelt Mies in konzeptionellen Formen, die vom Reflex des Lichtes auf einem Modell inspiriert sind. Die Konstruktion wird durch die Glashaut sinnlich erfahrbar.

New York, McCraw Hill Building, 1928–1930

Raymond M. Hood gibt beim Verlags- und Druckereigebäude des Konzerns McCraw Hill der Horizontalen den Vorzug. Hier sind die Stahlstützen des 34-stöckigen Traggerüsts nur leicht zurückver-

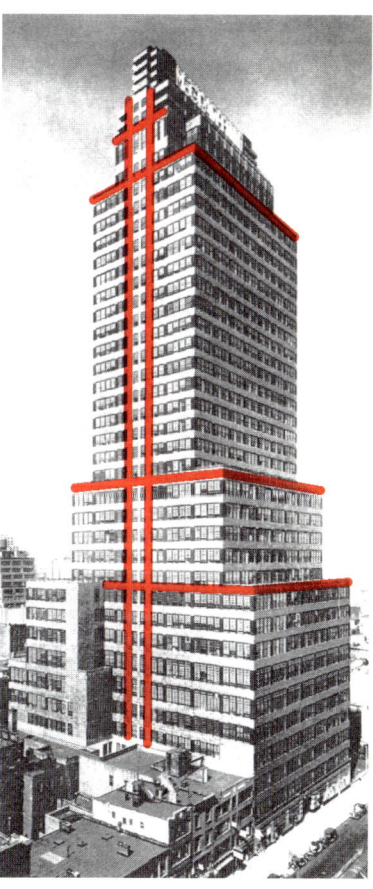

setzt. Sie erscheinen als mit schwarzgrün gestrichenem Stahlblech abgedeckte Pfosten, die von den blaugrün glasierten Terrakotta-Streifen der Brüstungen überschnitten werden. Apfelgrüne Fensterrahmen, orangene Jalousien und kleine Akzente in Zinnoberrot wirken den kühlen Farbtönen entgegen. Der Servicekern mit Lifts und Treppenhäusern ist entgegen dem Anschein am Außenbau nicht ablesbar.

El Lissitzky, Plan eines Wolkenkratzers, 1924

Der Entwurf für ein Moskauer Verwaltungsgebäude des bedeutenden russischen Konstruktivisten ist ein sog. „Wolkenbügel", d. h. Hochhäuser, die durch brückenähnliche Querhäuser verbunden sind. Das Notwendige (Türme mit Aufzügen) wird vom Nützlichen (Büros) getrennt, die Erdgebundenheit des Fundaments wird ästhetisch überwunden.

Hoek van Holland, Arbeitersiedlung, 1924–1927

Mit den Arbeiterhäusern in Hoek van Holland liefert Jacobus J.P. Oud ein Schulbeispiel für das Neue Bauen. Nach Verlassen der Stijl-Gruppe gelangt Oud auch von deren rechtwinklig-kubischen zu fließenden Formen. Die Ausnutzung des zur Verfügung stehenden Raumes stellt eine „technisch-rentable Lösung", im reinsten Sinne Funktionalismus dar.

Straßburg, Kino-Restaurant Aubette, 1926–1928 (zerstört)

Eine Abkehr vom orthogonalen Aufbau der Bildkompositionen Mondrians bedeutet die Einführung des diagonalen Liniengerüsts, das Theo van Doesburg seit 1924 in seine Projekte einführt. Er nennt diese Bilder Konter-Kompositionen und prägt 1926 dafür den Begriff Elementarismus. In der Zusammenarbeit mit Hans und Sophie Arp bei dem Umbau des Kinos, Restaurants und Tanzlokals „L'Aubette" verdeutlicht sich diese Tendenz.

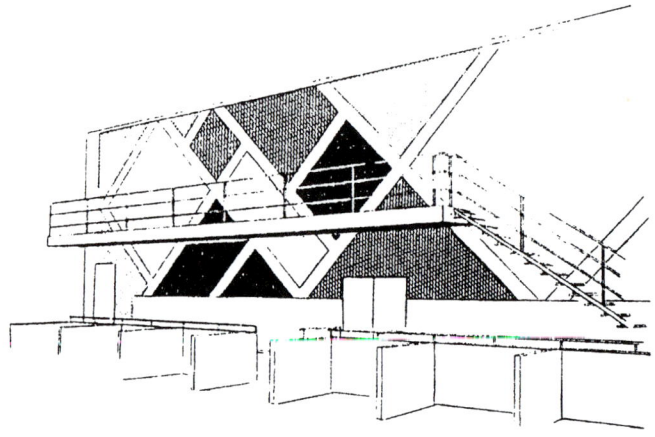

Vladimir Tatlin, Modell des Denkmals für die III. Internationale, 1919/20

Der (nie ausgeführte) Spiralenturm soll als Wahrzeichen der Revolution und als Symbol des technischen Zeitalters konstruktive, gesellschaftsbezogene Funktionalität mit revolutionären Formen vereinigen, in dem die rationelle Konstruktion zum ästhetischen Wert-

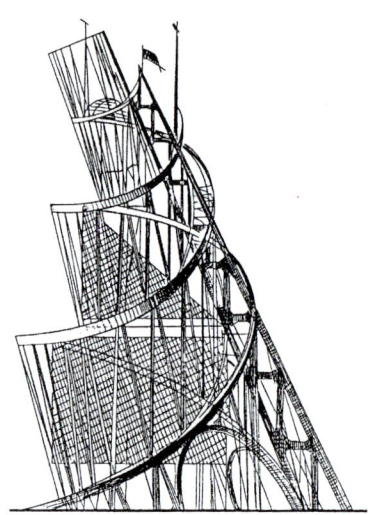

maßstab erhoben wird. Der stereometrische Körper ist als Stahl-Eisen-Konstruktion gedacht. Zylinder, Tetraeder und Halbkugel symbolisieren den Kosmos. Das Bauwerk ist höher als der Eiffelturm geplant.

Wassily Luckhardt, Entwurf für einen Kultbau, 1920

Die Utopie einer gesellschaftverändernden Baukunst prägt auch die expressionistische Architektur. Luckardts Kultbau erfüllt die Forderung nach einer „organhaften Struktur" der Architektur, hier im Anklang an kristalline Formen.

Otto Bartning, Projekt für eine Sternkirche, 1921/22

Bartnings expressive Tendenzen kulminieren in seinem bekannten Entwurf für einen sakralen Zentralbau in Berlin mit dem Grundriss eines 14-strahligen Sternes. Der Bau lehnt sich an gotische Konstruktionsprinzipien an. Dabei werden aber moderne Baumaterialien integriert, wie dies schon bei Anatol de Baudot (Innenraum von St-Jean de Montmartre, Paris 1894-1904) zu finden ist.

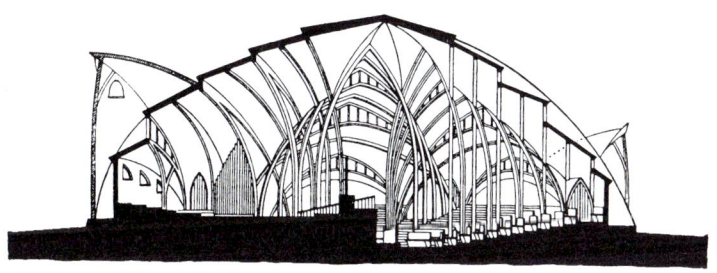

Dominikus Böhm, Projekt Messopferkirche „Circumstantes", 1923

Erneuerungsbestrebungen innerhalb der katholischen Kirche lenken das Interesse der Kirchenbauer auf den Zentralbau: Das gemeinsame Empfinden der Gottesdienstbesucher soll an die Stelle privater Andachtsübungen treten. Der Altar steht im östlichen Brennpunkt der Ellipse, der Taufstein im westlichen. Die Pfeiler sind nach den vom Altar ausgehenden Strahlenlinien geordnet, vier Kapellen treten kreisförmig aus dem Sockelgeschoss. Die Altarstelle ist durch acht schlanke Säulen, die zum Turm hinaufführen, ohne dessen Last zu tragen, betont.

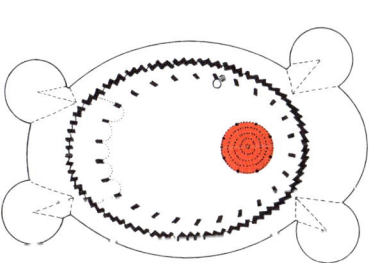

Erich Mendelsohn, Skizze zum Einsteinturm in Potsdam, 1917

Mendelsohn fasst das Observatorium für astrophysikalische Forschungen im Zusammenhang mit Einsteins Relativitätstheorie nicht als Labor des technisch-wissenschaftlichen Zeitalters auf, sondern als Sinnbild promethischer Urkraft. Der plastisch modellierte Bau („elastische Kontinuität") zeigt die Verwandtschaft zwischen Jugendstil und Expressionismus. In Beton konzipiert, wird der Turm 1920/21 wegen Materialmangels mit Ziegelkern gebaut.

Kopenhagen, Grundtvig-Kirche, 1920–1940

Der 1913 von Peder V. Jensen-Klint entworfene Backsteinbau ist eine expressionistische Variante der typischen dänischen Landkirchen und eine großzügig vereinfachte Version gotischer Vorbilder. Die Grundvig-Kirche symbolisiert nationales Verehrungsbedürfnis und geschichtliches Selbstbewusstsein durch einen plastischen und monumentalen Baustil.

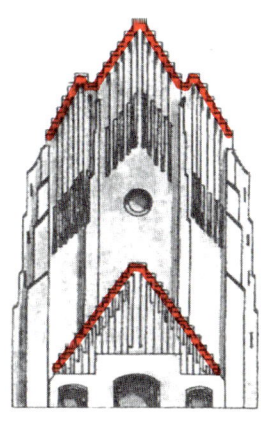

New York, Rockefeller Center, um 1960

Das Rockefeller-Center, das 21 Büro-Wolkenkratzer umfasst, ist die größte zusammenhängend geplante Wolkenkratzerstadt der Welt. Das Hauptgebäude ist das 250 m hohe General Electric Building (früher RCA-Building). Nordwestlich hinter dem GE-Building liegt die im Art déco erbaute Radio City Music Hall, der mit 6.200 Sitzplätzen größte Konzertsaal der Welt.

A Americas Building (1931/32)
B Radio City Music Hall (1931/32)
C Das 70-geschossige RCA Building (1931–1933)
E British Empire Building (1931–1933)
F La Maison Française (1932/33)
G Palazzo d'Italia (1933–1935)
H International Building (1933–1935)
J Time Life Building (1936/37)
K Associated Press Building (1938)
L Eastern Airlines Building (1938/39)
M Uniroyal Building (1939/40, 1954/55)
N Esso Building (1954/55)

Mies van der Rohe, Vorstudie zum Illinois Institute of Technology, Chicago, 1939

Die frühen Studien für den Campus werden im Laufe der Jahre erweitert und abgeändert, Raster und ursprüngliche Anordnung der Einzelbauten werden aber beibehalten. Die halbe Rastereinheit von 7,3 x 7,3 m wird auch als Modul für die Höhe der Innenräume aller Bauten (bis auf Bibliothek und Verwaltungsgebäude) gewählt. Ein Großteil der Gebäude ist auf Stützen gestellt („floating space").

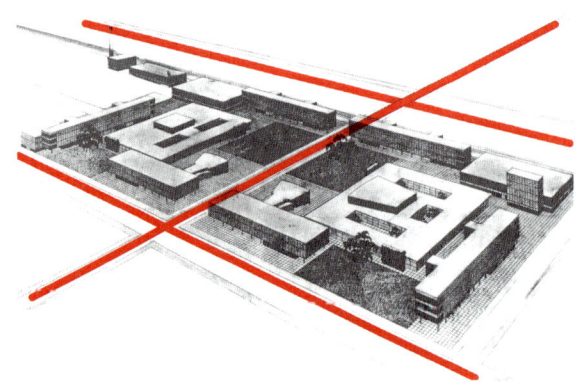

New York, Empire State Building, 1929–1932

Das mit Kalkstein und Granit verkleidete Gebäude mit einer Höhe von ca. 381 m und 100 Stockwerken ist eine Art vertikale Stadt für sich. Bei seiner Errichtung werden 60.000 t Stahl verwendet, 72 Fahrstühle verkehren in 11 km Aufzugschächten. Ursprünglich ist der Mast als Ankerplatz für Luftschiffe vorgesehen. Die Fensterkreuze sind aus rostfreiem Stahl angefertigt. Art-déco-Details wie die abgeschrägte Seemuschelform und die zikkuratartige Abstufung des oberen Gebäudeteils sind typisch für die Wolkenkrazerarchitektur der 1920er und 30er Jahre.

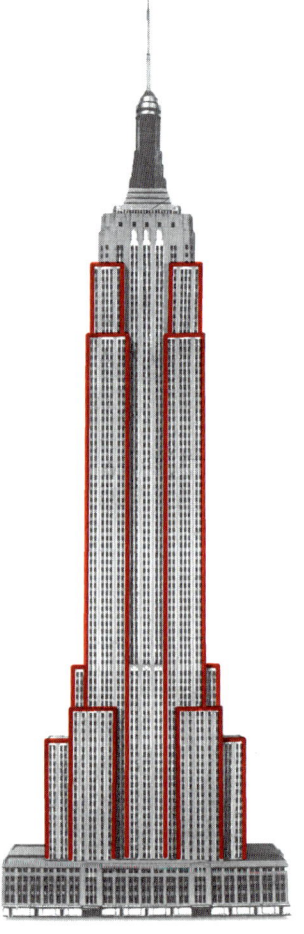

Le Corbusier, Modulor, 1942–1948

Das von Le Corbusier und seinen Mitarbeitern entwickelte Proportionssystem beruht auf dem Goldenen Schnitt mit dem menschlichen Körper als Basis. Die Körpergröße ist mit 183 cm angenommen, woraus die Grundmaße 226 cm (Mensch mit erhobener Hand) und 113 cm (Solarplexus) abgeleitet sind. Dem Maß 113 cm ist eine „rote Reihe" und dem Maß 226 cm eine „blaue Reihe" zugeordnet.

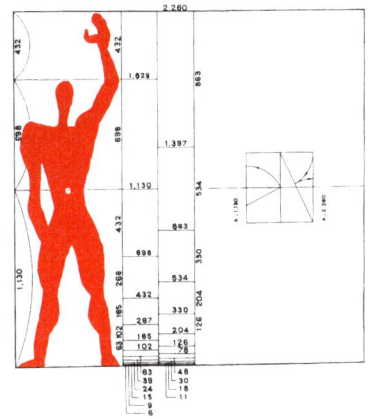

Pampulhe/Brasilien, Kapelle São Francisco, 1943

Die von Oscar Niemeyer gebaute Kapelle ist ein typisches Beispiel für die manchmal ans Exzentrische grenzende Phantasie des Architekten. Der Glockenturm aus Beton verjüngt sich nach unten. Die Wände sind mit bemalten Kacheln von Paulo Werneck verkleidet.

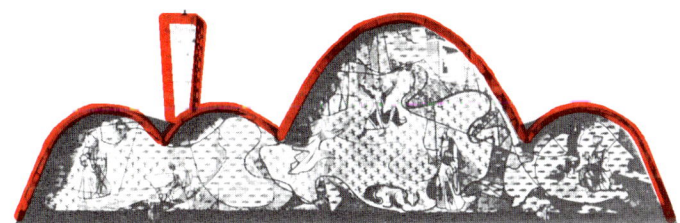

Paris, UNESCO-Hauptgebäude, 1953–1958

Der Architekt und Designer Marcel Breuer baut zusammen mit Pier Luigi Nervi und Bernard Zehrfuss das UNESCO-Gebäude in Paris. Als Grundrisslösung wird die platzsparende Reihung der Räume in drei schmalen, langen Armen um eine zentral angeordnete Erschließungsebene gewählt. Die strenge Horizontalität seiner Formen und Fenster wird durch konkav geschwungene Fassaden gemildert.

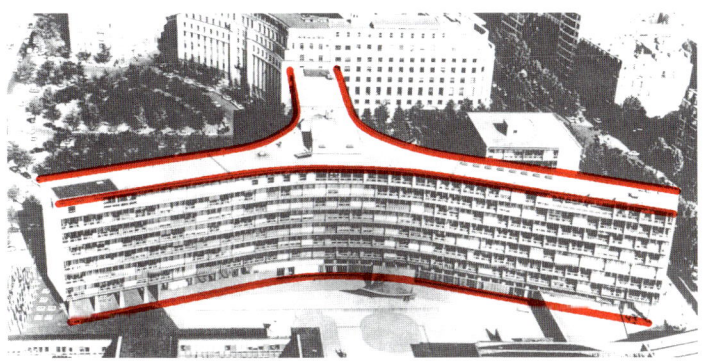

Ronchamp, Notre Dame du Haut, 1950–1955

Die Wallfahrtskirche wird von Le Corbusier als eine Zusammenfügung geschmeidig geformter Bauteile aus hohlen Beton-Doppelschalen geschaffen. Die plastisch-körperliche Wirkung des Sichtbetons wird als „béton brut" bzw. Brutalisme bezeichnet. Für die wechselnde Zahl der Wallfahrer ist sie folgerichtig als Außen- und Innenkirche konzipiert.

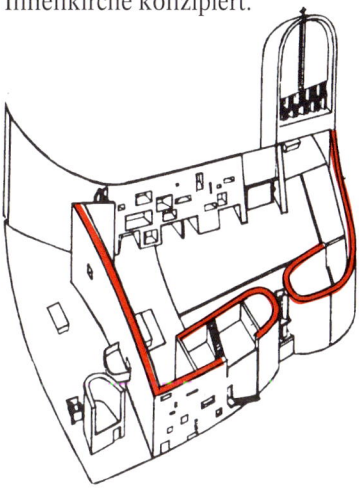

Brasilia, Kongressgebäude, 1958–1960

Niemeyers Parlamentsgebäude der brasilianischen Hauptstadt, das den Senats- und den Abgeordnetensaal beherbergt, liegt am Fluchtpunkt der Monumentalachse des Kapitolgeländes. Der Grundriss zeigt einen rechteckigen Flachbau, der als Basis für Kuppel und Schale dient, die die beiden Kammern verkörpern. Im Mittelpunkt stehen die beiden schlanken Bürotürme.

Warren Chalk / Peter Cook, Plug-in Capsule Homes, 1964

Die runde Konstruktion des Turmes umschließt einen zentralen Kern. In den Sektoren des Kreises liegen die relativ kleinen Wohnungen, die aus gleichförmigen Kapseln bestehen. Decke und Wände sind aus vorfabrizierten, glasfaserverstärkten Polyesterteilen in einem Stück gefertigt.

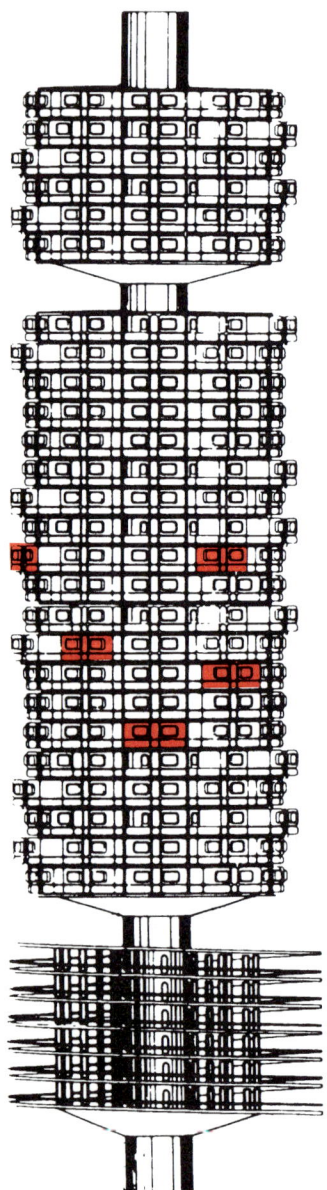

Sydney, Opernhaus, 1951–1966

Seit 1958 beschäftigen den dänischen Architekten Jorn Utzon Projekte mit erhöhten Plattformen, Terrassen und außergewöhnlichen Dachformen, die in sein Hauptwerk, die Oper von Sydney, einfließen. Auf einer künstlichen Plattform im Wasser entwirft er die kühne Konstruktion von aufgefächerten, ca. 60 m hohen paraboloiden Schalen, die Opernhaus und Konzertsaal umfassen. Der Bau gilt als ein bedeutendes Werk der „Organischen Architektur".

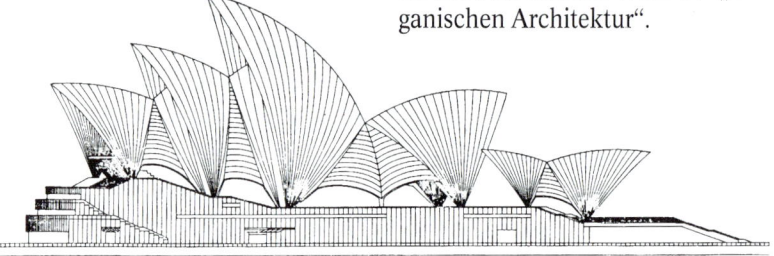

Mexiko-City, Palacio de los Deportes, 1968

Zur Olympiade konstruiert Félix Candela zusammen mit Enrique Castañeda und Antonio Peyri den grandiosen Kuppelbau des Sportpalastes. Als Schöpfer neuartiger, dünnwandiger Wölbkonstruktionen aus Stahlbeton gelingt es ihm, äußerst wirtschaftlich zu arbeiten.

Berlin, Philharmonie, 1956–1963

Das Konzerthaus des Berliner Philharmonischen Orchesters hat eine bis dahin einzigartige Konzeption. Hans Scharoun geht von der ursprünglichen Form des Musizierens in der Mitte der Zuhörer aus. In dem etwa längsrechteckigen Saal ist das trapezförmige Orchesterpodium derart verschoben, dass der Dirigent genau im Zentrum steht. Die 2.200 Sitzplätze steigen, in Gruppen zusammengefasst, allseitig gestaffelt auf.

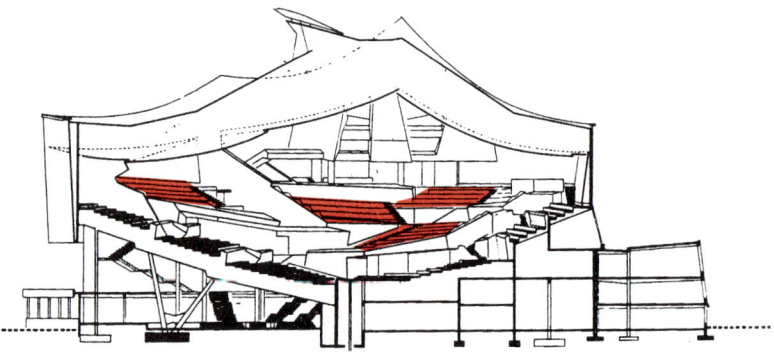

New York, A.T.&T. Building, 1980

Als ursprünglicher Verfechter des International Style entwirft Philip Johnson völlig konträr dazu ein Hochhaus für die American Telephone and Telegraph Company. Mit der eigenwilligen Mischung aus gotischen, klassizistischen, Renaissance- und Art-déco-Elementen und mit einem Chippendale-Giebel evoziert Johnson einen radikal neuen Hochhausstil in postmodernen Formen.

Alençon, ZUP Perseigne, 1978

Lucien Knoll bildet in Alençon die ursprüngliche Form eines Wohnblocks im International Style mit traditionell anmutenden Formen in eine komplexe neue Anlage mit organischer und malerischer Atmosphäre um. Bedürfnissen nach Wohnqualität, Erholung und Gemeinschaft werden Raum geschaffen, der vorher durch Konformismus beschränkt war. Knoll nennt es „ethnologische Architektur".

Cergy-Pomntoise bei Paris, Les colonnes de St-Christophe, 1981–1986

Ricardo Bofill gründet 1962 die Gruppe Taller de arquitectura, eine Vereinigung von Architekten, Designern, Philosophen und Schriftstellern, die sich zum Ziel setzen, das Verhältnis von Mensch und gestalteter Umwelt kritisch zu überdenken. Als „Versailles für das Volk" werden die Fassaden der schlossähnlich konzipierten halbrunden Anlage mit kolossalen Säulen rhythmisiert und ins Monumentale gesteigert.

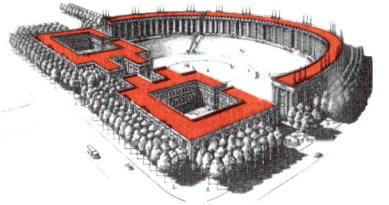

London, Lloyd´s Building, 1979/80

Richard Rogers entwirft das Londoner Versicherungsgebäude in kühner Funktionalität: Sechs Satellitentürme flankieren das Zentralgebäude, das von einem tonnenförmigen Glasdach gekrönt wird. Wie schon im Centre Pompidou sind alle Innereien (Fahrstühle, Heizungsrohre, Belüftungsanlagen und Versorgungsleitungen) nach außen gestülpt.

Das ästhetische Prinzip, die glatt gemauerte Schönheit zugunsten der Betonung des Technisch-Funk-

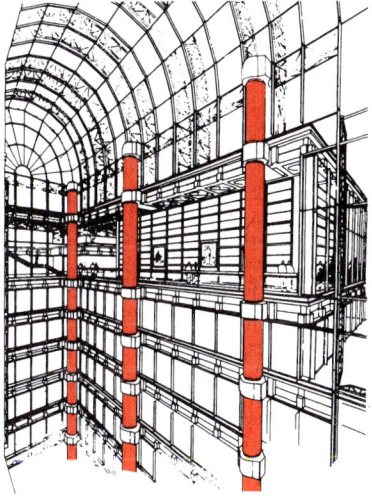

tionalen aufzugeben, ist hier von praktischem Vorteil: Auf einem beengten Grundstück wird der zur Verfügung stehende Innenraum optimal genutzt.

Zentrum des Gebäudekomplexes ist „The Room", der die gesamte Fläche des doppelstöckigen Erdgeschosses einnimmt. Die Lutine-Glocke bildet den Mittelpunkt der 2.800 qm großen Atriumhalle, die sich mit 73 m Höhe über 12 Etagen nach oben hin öffnet.

Borgo/Tessin, Haus, 1973

Die vier länglichen, tonnengewölbten Aussichtsstege des Wohnhauses von Aldo Rossi und Gianni Braghieri gewähren als überdimensionierte Balkone Ausblicke auf die Bergwelt des Tessin. Die Anlage erinnert an Badeanstalten oder Bootsstege der Belle Epoque.

Portland, Public Services Building, 1980–1982

Michael Graves' Beschäftigung mit historischen Vorbildern führt ihn in den 1970er Jahren über die Revolutionsarchitekten Ledoux und Boulée zurück zur Formensprache der ägyptischen, griechischen und römischen Antike, die er neohistorisch interpretiert (z.B. riesige Girlanden mit Schleifen an der Fassade). Dabei liegt sein Augenmerk in erster Linie auf der Einbindung eines Bauwerks in die Umgebung und daher auch auf der Einbeziehung der Umgebungsfarben in die Gestaltung seiner Bauten.

Noordwijk/Niederlande, Europäisches Zentrum für Raumfahrtforschung und Technologie, 1986–1989

Die Aneinanderreihung hermetischer, geometrischer Groß- und Kleinformen (Kreis, Halbkreis) auf quadratischem Raster erweckt bei dem ESTEC von Aldo Rossi und Marnie van Eyck den Eindruck einer kleinen Weltraumstadt.

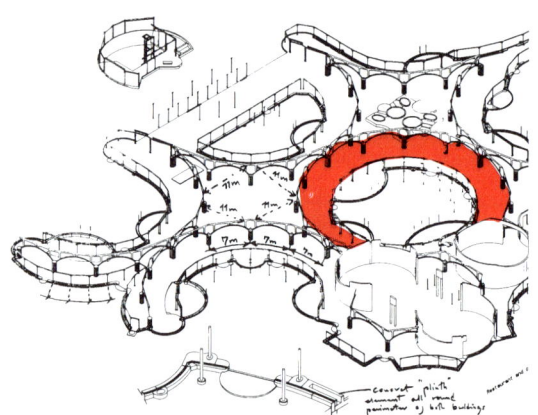

Mailand, Industrie- und Bürokomplex an der Via Kuliscioff, 1982–1988

Nach dem Vorbild der französischen Dienstleistungsindustrien („hôtels industriels"), konzipiert Mario Bellini den Mailänder Komplex. Zur Reindustrialisierung der Stadt gibt Bellini den Produktionsstätten, Büro- und Lageräumen ein architektonisches Gesicht.

München, Olympiastadion, 1972

In München gelingt die Erweiterung des Olympiageländes zu einer Erholungslandschaft inmitten der Großstadt. Günter Behnisch und Partner erheben die Integration von Landschaft und Architektur zum leitenden Prinzip. Die Erscheinung der Sportstätten wird bestimmt durch zwei unterschiedliche Systeme: Das eine umfasst die prinzipiell als Freianlagen überwiegend in den Boden eingelassenen Sportstätten. Es erscheint als modellierte Geländeoberfläche und organische Gestaltungsform. Das andere verkörpert sich im Dach, dem „Schirm über der Landschaft". Es überspannt als zusammenhängende technische Struktur in weit ausschwingenden Kurven alle Sportstätten und das Theater so, dass der Zusammenhang mit der Landschaft erhalten bleibt und der Bereich des Sports in der Landschaft als besondere Zone akzentuiert wird.

Swindon/England, Zentrale Ersatzteilauslieferung Renault, 1980–1983

Norman Fosters Gestaltungsprinzipien werden oft als ikonoklastische Umsetzung beispielloser Erfindungen betrachtet. Dieser Eindruck entsteht durch die kühne Verwendung industriell vorgefertigter Elemente, die scharf hervorgehobenen, schattenlosen Konturen des Volumens und die schrillen Farben, die manchmal an ein Architektur gewordenes Gemälde Fernand Légers erinnern. Zur Aufhängung des Daches der Vertriebszentrale werden Masten verwendet.

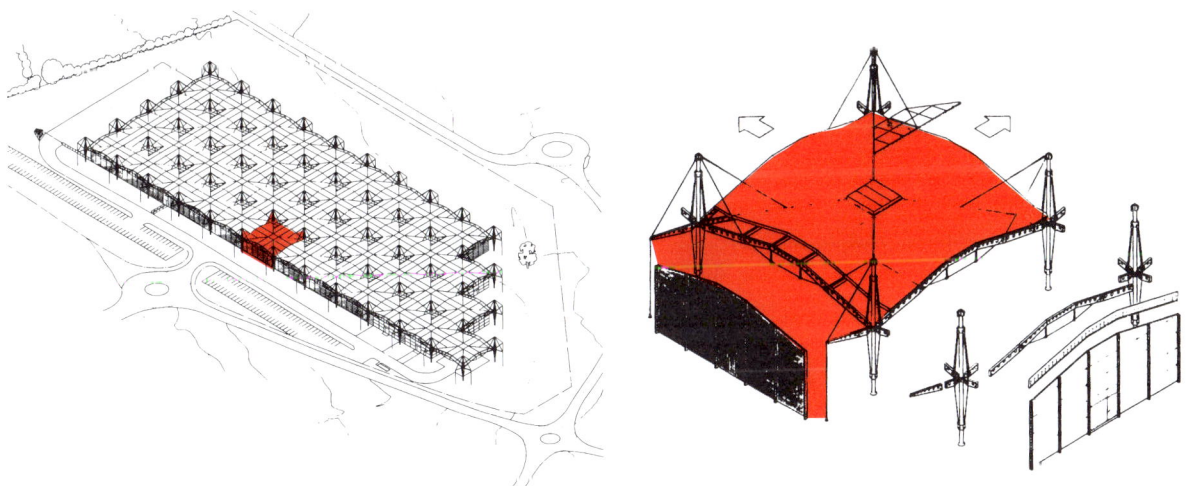

Cambridge, Forschungslaboratorium für Schlumberger, 1984

Laboratorien, Bohrteststation und Cafeteria werden von einer aufgehängten Zeltdachkonstruktion überspannt, die ein angenehmes Arbeitsklima mit Übersichtlichkeit und Ausblick bietet. Michael Hopkins sorgt für ein Lüftungssystem, das Frischluft ansaugt und in alle Räume leitet.

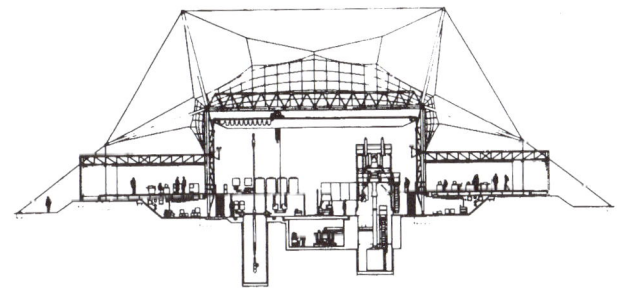

Frankfurt/Main, Deutsches Architekturmuseum, 1981–1984

Das Haus im Haus, Vitruvs „Urhütte" mit Giebel und Satteldach, ist das Herzstück unter den Expo-

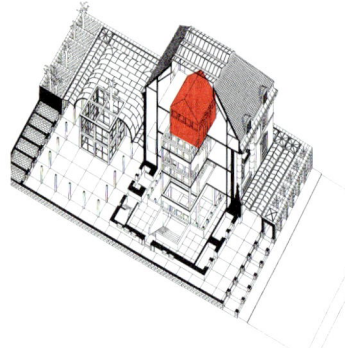

naten des Architekturmuseums. Oswald Mathias Ungers stellt es ins Zentrum, wodurch es erscheint wie das Samenkorn, dem alle Architektur wie die umschließende historische Villa entsprießt.

Stuttgart, Neue Staatsgalerie, 1977–1984

Ein Hauptwerk James Stirlings ist die Neue Staatsgalerie in Stuttgart mit angegliederter Musikhochschule und Kammertheater. Der in mehrere Ebenen gestaffelte, mit zahlreichen Durchgängen und -blicken gestaltete Bau mit seiner gestreiften Natursteinverkleidung wird akzentuiert durch Installationselemente (Drehtüren, Säulen, Aufhängungen, Sprossen der geschwungenen Glasfront der Eingangshalle). Details zitieren benachbarte Bauten und die Architekturgeschichte, so dass das Gebäude selbst zum Erlebnisraum wird.

Paris, Centre Georges Pompidou, 1971–1977

Als Kulturzentrum gewaltigen Ausmaßes liegt das Centre Pompidou mitten in Paris. Die Architekten Renzo Piano und Richard Rogers haben zusammen mit Ingenieuren versucht, nur gerade eine Hülle für die verschiedenen kulturellen Aktivitäten zu liefern, einen Supermarkt der Kultur mit größtmöglicher Flexibilität und Transparenz. Um diesen Ansprüchen gerecht zu werden, sind das Haupttragwerk, die Erschließungssysteme und die haustechnischen Anlagen nach außen genommen. Im Inneren liegen sechs Hallen (48 x 168 m) übereinander, konstruiert aus 14 identischen sechsgeschossigen Rahmen.

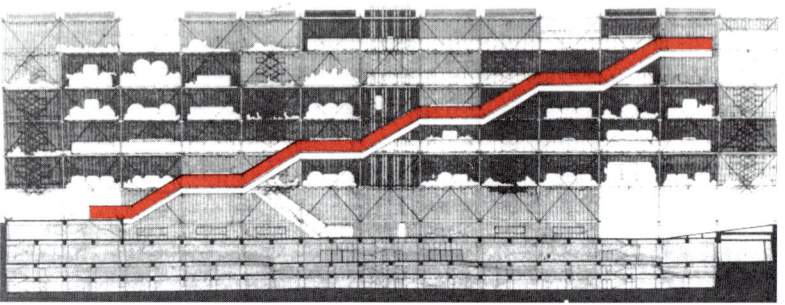

Weil am Rhein, Vitra-Design-Museum, 1987–1989

Wie in seinem Wohnhaus in Santa Monica (1977–1979), dem Initialbau seiner dekonstruktivistischen Architektur, löst Frank O. Gehry hier die herkömmliche Tektonik auf. Er bricht feste Strukturen und Raumgrenzen auf, um sie dann vielschichtig, einander überlagernd oder kontrastierend zu kombinieren. Die expressionistische Architektur (z. B. Steiners Goetheanum in Dornach, 1923/24) und Le Corbusiers Ronchamp stehen hier Pate. Die mächtigen Volumina sind wohl bemessen und ausbalanciert, die unbändigen Kurven finden ihre Entgegnung und Kontrapunktierung in gebrochenen Prismen.

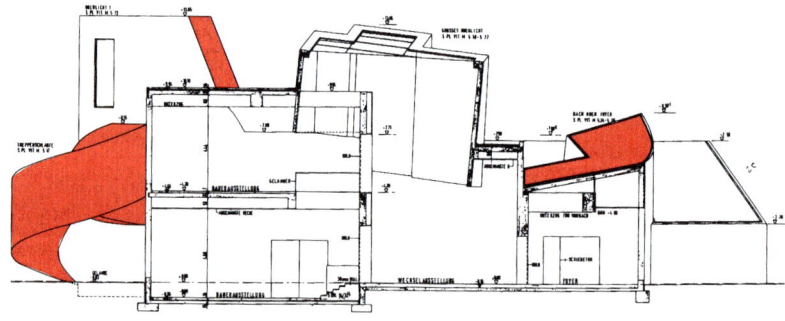

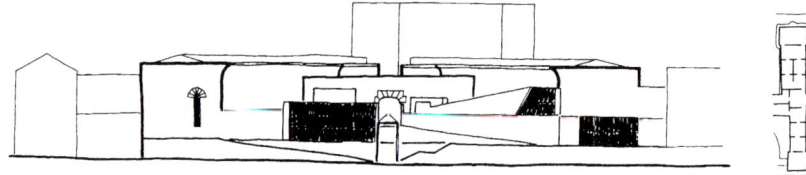

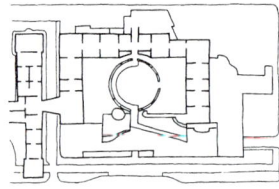

ALTES AMERIKA

Hinter der Bezeichnung „Präkolumbische Kunst" verbirgt sich der Sammelbegriff für eine mehr als 300-jährige Kunstentwicklung auf dem amerikanischen Doppelkontinent vor der Entdeckung Amerikas durch Christoph Kolumbus 1492 bzw. der Eroberung Südamerikas durch die Spanier. Die Niederlage der Inka in Peru und der Azteken in Mexiko gegen die Spanier bescherte das Ende der präkolumbischen Hochkulturen.

Man unterscheidet vier Kulturräume mit Nordamerika, Mesoamerika (Zentral- und Südmexiko sowie Guatemala), den zirkumkaribischen Raum (Costa Rica, Panama, Venezuela, Kolumbien und Ecuador) und den zentralen Andenraum (Peru, Bolivien). Wesentliche Träger der präkolumbischen Kunst sind die Hochkulturen Mesoamerikas (Olmeken, Maya, Zapoteken, Tolteken, Mixteken und Azteken) und im Bereich der Zentrallanden (Chavin, Mochica, Nazca, Tihunaco, Chimu und Inka). Ihre künstlerische Tätigkeit ist durch Funde aus Gräbern und Ruinenstädten überliefert. In beiden Kulturkreisen veränderten die Nutzpflanzen wie Mais und Bohnen die archaischen Lebensgewohnheiten: Man ging zum Ackerbau über, installierte Bewässerungssysteme und ließ den Überschuss der Ernten durch eine Elite umverteilen. So konnten Arbeitskräfte für den Pyramidenbau oder das Kunsthandwerk freigestellt werden. Es entstanden Klassengesellschaften, und daraus entwickelten sich Staatsgebilde. Während in Mesoamerika die Kulturleistung mit den jeweiligen Völkern verknüpft ist, differiert sie im Zentralandenbereich von Stadt zu Stadt, von Region zu Region. Dabei verfügen einige mesoamerikanische Kulturen über ein eigenes Kalendersystem, mathematisches Wissen und eine eigene Schrift.

Die Architektur in Mesoamerika war geprägt von monumentalen sakralen Bauten, hauptsächlich Pyramiden mit aufgesetzten Tempeln oder Schreinen, sowie von Versammlungs- und Ballspielplätzen. Das Ballspiel hatte rein rituellen Charakter im Sinne eines Agrarritus, es begann mit einer feierlichen Zeremonie und endete mit der Opferung des Kapitäns.

Viele Städte waren in der Anlage symmetrisch angelegt und rationell aufgebaut. Pyramiden waren selten Grabmonumente, meist dienten sie dem Sonnenkult, wobei die Schrägen ihrer Seiten den auf- und absteigenden Lauf der Sonne nachzeichnen sollten. Außerdem symbolisierten sie auf diese Weise die tägliche Wiedergeburt der Götter. Die den Spitzen der Pyramiden aufgesetzten Tempel stellten die Behausungen der Götter dar. Im olmekischen La Venta zum Beispiel bildete eine kegelförmige Pyramide das beherrschende Monument.

Wesentliches architektonisches Prinzip war die Geschlossenheit der einzelnen Ensembles, wie sie zum Beispiel im Komplex der Zitadelle in Teotihuacan sichtbar wird. Dort führen alle Plattformen und Treppen zur Mitte eines großen Platzes, der den verschiedenen ethnischen Gruppen Gelegenheit bot, in ihren Götterkulten gleichberechtigt mit den anderen in Erscheinung zu treten.

Die architektonischen Relikte der zentralen Anden gehören zu den frühesten künstlerischen Zeugnissen dieses Kulturraumes überhaupt. Im Gegensatz zur Nazca-Kultur an der Südküste von Peru finden sich an der Nordküste mächtige zur Mochica-Kultur zählende Bauwerke, die aus Lehmziegeln errichtet worden sind, darunter die Sonnenpyramide Huaca del Sol oder die Mondpyramide Huaca del Luna. Mit Cham-Cham (um 1200–1478), der Hauptstadt der Chimu, entstand die umfangreichste Stadtanlage der präkolumbischen Zeit.

Die gewaltige, aus großen Steinblöcken errichtete Architektur der Inka blieb auf das südliche

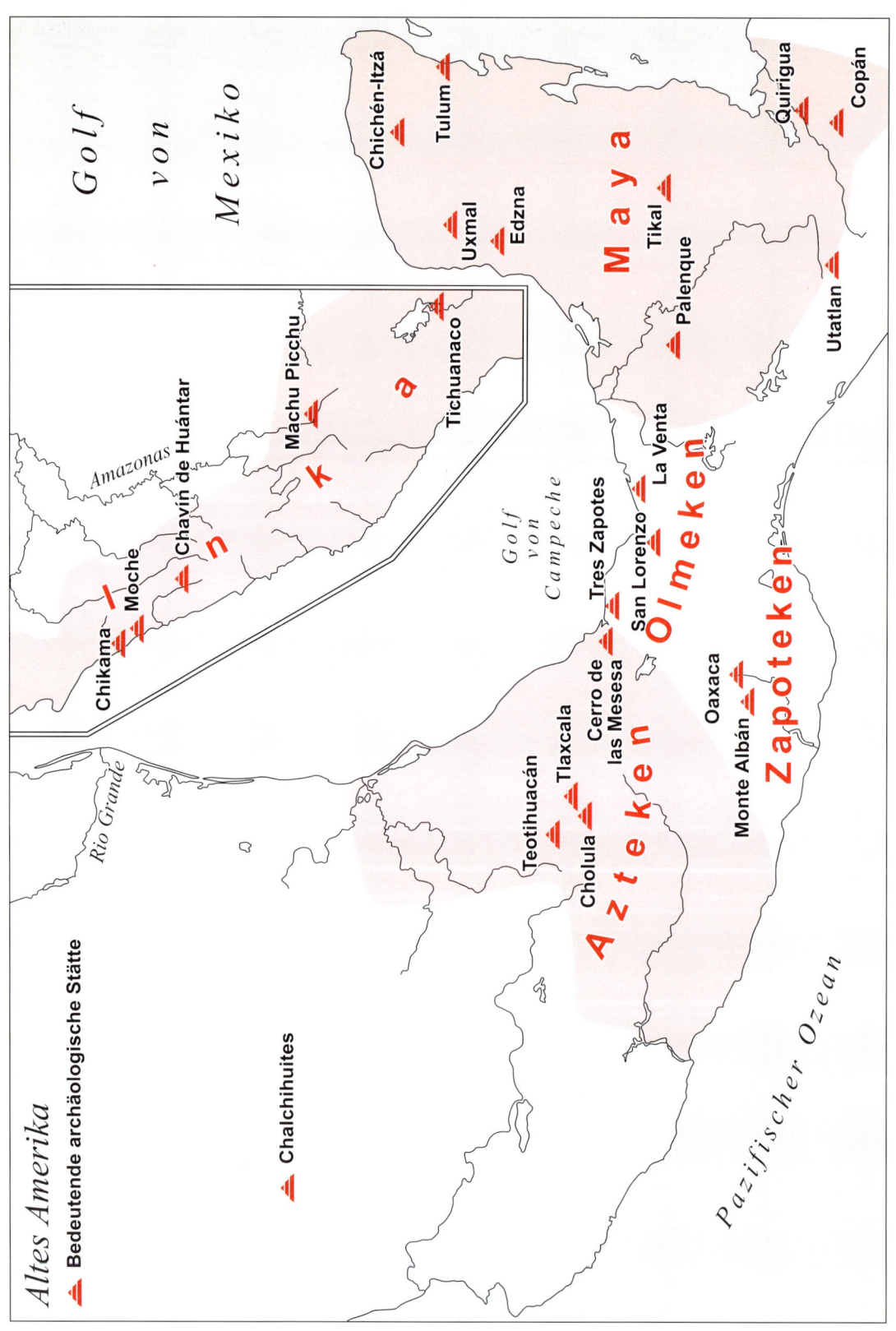

Altes Amerika

▲ Bedeutende archäologische Stätte

▲ Chalchihuites

Golf von Mexiko

Golf von Campeche

Pazifischer Ozean

Amazonas

Rio Grande

Chichén-Itzá
Tulum
Uxmal
Edzna
Quirigua
Copán
Maya
Tikal
Palenque
Utatlan

Machu Picchu
Chavín de Huántar
Moche
Chikama
Tichuanaco
Inka

Tres Zapotes
San Lorenzo
La Venta
Olmeken
Cerro de las Mesesa
Tlaxcala
Teotihuacán
Cholula
Azteken
Oaxaca
Monte Albán
Zapoteken

204

Hochland von Peru beschränkt. Die Inka verzichteten auf farbige Fassaden, belebten ihre Mauern vielmehr durch Setzungen unterschiedlich großer Steine.

Nach der frühen keramischen Zeit ging, kulturgeschichtlich betrachtet, von den Olmeken der geistige Anstoß für alle späteren mesoamerikanischen Kulturen aus. Der aufwendige religiöse Kult und groß angelegte Residenzen, wie San Lorenzo Tenochtitlan (1200–800 v. Chr.), weisen die olmekische Kultur als Mutterkultur aller mesoamerikanischen Hochkulturen aus. Die sich anschließende Kultur der Maya kennzeichnet eine kontinuierliche Entwicklung. In der Klassischen Periode erreichten drei große Zentren, Teotihuacan; El Tajin und Monte Alban, ihre Blütezeit.

In der mexikanischen Tiefebene kam eine lebensbejahende, keramisch betonte Volkskunst auf, die sich von den sakral gebundenen Schöpfungen der anderen mexikanischen Kulturen abhebt. Im letzten Drittel des 1. Jahrtausends fanden die durch die Priesterfürsten geprägten Zentren durch Einwanderer aus dem Norden, den Tolteken und Azteken, ein Ende. Vermutlich begannen unter dem Kriegervolk der Tolteken auch die Menschenopfer, da sie die Menschen als Erhalter und Ernährer der Götter ansahen. Hauptstadt wurde Tollan.

Die Chavin-Kultur war die erste panperuanische Hochkultur (ab 1200 v. Chr). Das religiöse Weltbild verkörperte die Stabträgergottheit, auch Raubkatzengottheit bezeichnet. Um 300/200 v. Chr. brach dieser Horizont zusammen. Lokale Kulturen prägten nun das Bild einer Zwischenzeit. Die letzte Hochkultur ging von den Inka aus.

Zeittafel

Mesoamerika	
Vorklassische Periode ca. 1500 v. Chr. – 200 n. Chr.	Olmeken
Klassische Periode ca. 200–900 n. Chr.	Maya
Nachklassische Periode ca. 900–1500 n. Chr.	Tolteken, Azteken
Zentraler Andenraum	
Früher Horizont ca. 1200–300 v. Chr.	Chavin-Kultur
Mittlerer Horizont ca. 600–1000 n. Chr.	Kulturen von Tihuanaco und Huari
Später Horizont 1476–1535	Inka

Teotihuacan/Mexiko, Mondpyramide, um 1–150 n. Chr.

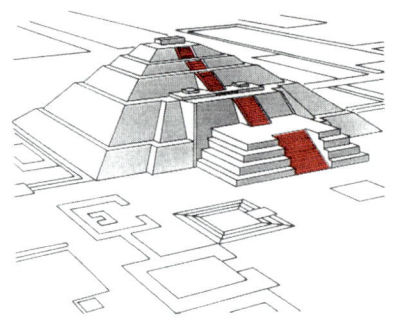

Die 65 m hohe Mondpyramide zählt zur späten Vorklassischen und Klassischen Periode; sie ist das Gegenstück zur noch höheren Sonnenpyramide. Ihren 204,5 m langen und 237 m breiten Vorplatz umstehen weitere große Pyramiden und Plattformen. Breiten mächtige Stufen und Absätze kennzeichnen das Bauwerk. Auch der Aufbau im Kleinen erweist sich als ortstypisch: Ein niedriger geschrägter Sockel, der Talud, trägt jeweils eine vorkragende senkrechte Wandpartie, den Tablero. Er wird von einem im Querschnitt quadratischen Profilrahmen umfasst. Dessen Formen lassen tiefe Schatten entstehen. Beide Bauelemente, Talud und Tablero, werden durch ein einheitliches Muster verbunden.

Teotihuacan, Ablauf der Konstruktion von Talud und Tablero

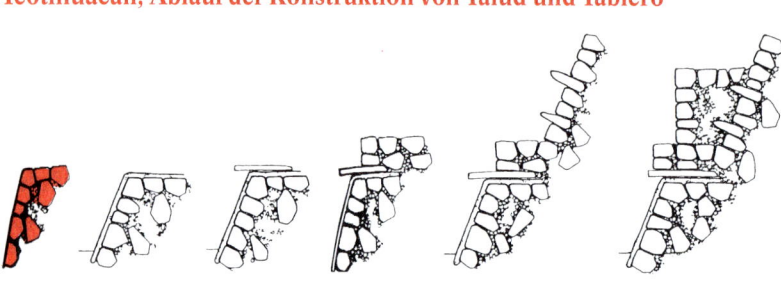

Cholula/Mexiko, sog. Große Pyramide, um 150–750

Die Pyramide von Cholula ist die gewaltigste Pyramide Mesoamerikas, sie übertrifft mit 300 qm Grundfläche sogar die Cheopspyramide. Ursprünglich besaß sie eine Steinverkleidung und war mit bemaltem Stuck oder Mörtel überzogen. Der Baukörper ist in scharf gezeichnete Flächen aufgeteilt., so dass die plastische Wirkung noch gesteigert wird.

Monte Alban/Mexiko, Sistema IV, 300/600

Wie in Mexiko üblich, ist die Treppe der Anlage aus kleinen Feldsteinen gemauert. Die Hauptpyramide überdeckt ein Bauwerk, aus früherer Periode. Der Cella-Eingang des Tempels war von Säulen flankiert. Der Pyramide selbst war ein quadratischer Hof (Patio) vorgelegt, mit einer niedrigen Plattform in der Mitte. Auch hier sind die Pyramiden in Stufen angelegt.

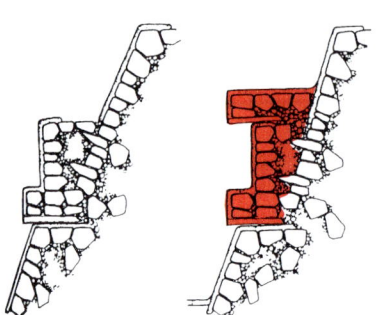

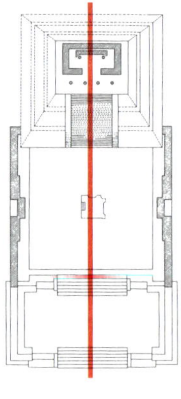

El Tajin, Nischenpyramide, 6. Jh. n. Chr.

Das größte Bauwerk in El Tajin ist die Nischenpyramide, deren Architektur weit vorkragende Gesimse und als Abschluss der Tableros große tiefe Nischen, reliefierte Rundpfeiler und große Relieftafeln besitzt. Die überhängenden Gesimse beweisen, dass sehr bewusst in der Architektur Licht- und Schatteneffekte einbezogen worden sind. Wahrscheinlich diente die Pyramide astronomischen Berechnungen.

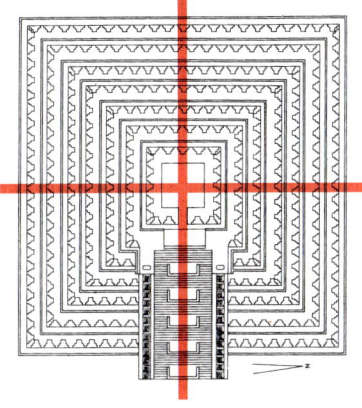

Tenayuca/Mexiko, Pyramide, 1299–1507

Die Pyramide war das religiöse Zentrum der Chichimeken. Das Bauwerk wuchs im Laufe der Zeit zwiebelartig nach außen, wie der Schnitt deutlich macht, indem man den Unterbau siebenfach überbaute. Eine Schlangenmauer umzieht auf drei Seiten die Anlage. Die Gestalt des Bauwerks macht deutlich, dass hier Entfaltung und Wirkung von Masse beabsichtigt war.

Xochicalco, Pyramide des Quetzalcoatl, um 700/800

Das großartige Flachrelief der gefiederten Schlange auf dem Talud der Pyramide ist der vorhandenen Wandfläche angepasst. Die rückwärts gewandten Köpfe fügen sich in die Winkel der oberen Talud-Ecken. Die Schlangenleiber dienen den in sie gesetzten Figuren gleichzeitig als Rahmung und füllen die Fläche gleichmäßig.

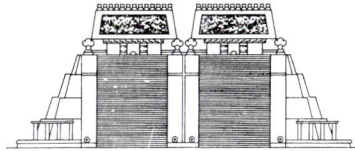

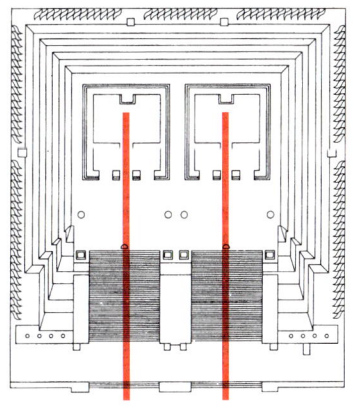

Tenochtitlan/Mexiko, um 1325/1521

In knapp 300 Jahren entwickelte sich die auf Inseln, Sandbänken und Pfählen erbaute Aztekenstadt zu einem mexikanischen Venedig. Drei befestigte Dammwege verbanden sie mit dem Festland. Parallel zu den meisten Straßen verliefen Kanäle. Mit Ausnahme der öffentlichen Gebäude waren alle Häuser einstöckig.

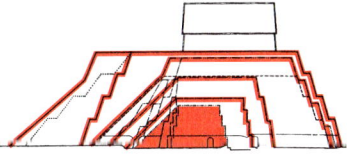

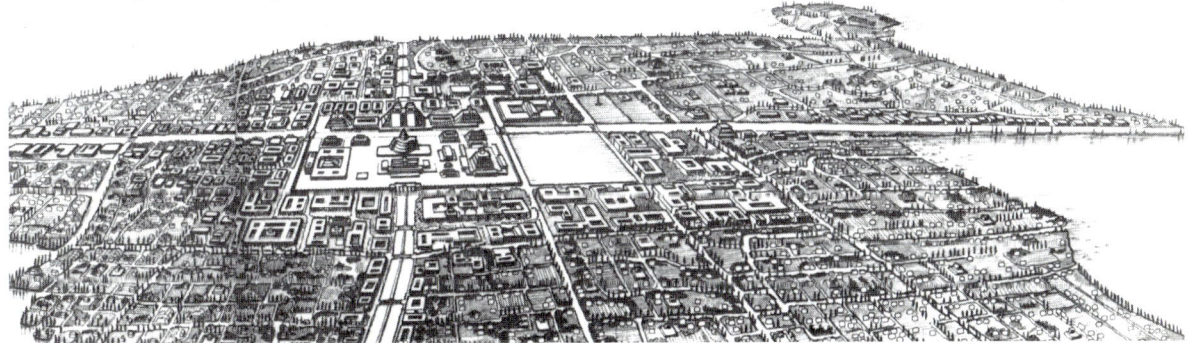

Uaxactun/Guatemala, Bau A–V, um 300–900

In seiner ersten Gestalt bestand der Bau aus drei aus Stein gemauerten Bauten mit gewölbten Innenräumen auf einer niedrigen Plattform. Man pflegt sie als Tempel zu bezeichnen. Nach sieben Veränderungen hatte der Komplex in der achten Gestalt nur noch einen der Urtempel bewahrt, weil die Entwicklung zu niedrigen Palästen mit Binnenhöfen führte. Dieser Bauvorgang ist für die Kultur der Maya charakteristisch.

Erste Anlage

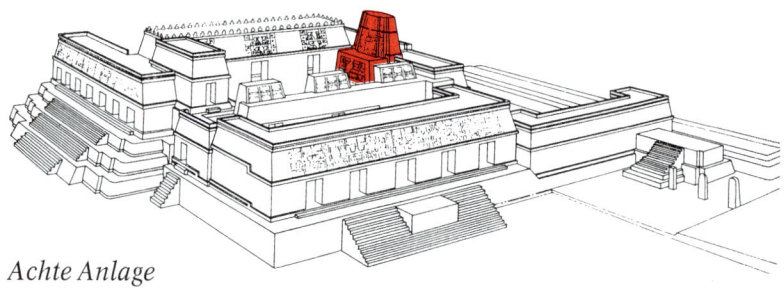

Achte Anlage

Tikal/Guatemala, Große Plaza, Zentrum 200 v. – 900 n. Chr.

Tikal zählt zu den bedeutendsten Kultstätten der Maya. Den zeremoniellen Mittelpunkt bildete die Große Plaza. Hier entfaltete sich auf 16 qkm die Riesenhaftigkeit der Bauten zu überwältigender Wirkung. Die gesamte Stadt hatte eine Fläche von 63 qkm. Die Rekonstruktion zeigt im Vordergrund den sog. Ostplatz. Er wird südlich von der Zentralakropolis begrenzt und im Westen durch den Tempel des Großen Jaguar vom Großen Platz getrennt. Links oben erhebt sich die Südakropolis, der ganz rechts die Nordakropolis antwortet.

Tikal, Zwillingspyramidenkomplex, um 771 n. Chr.

Insgesamt siebenmal treten in Tikal Zwillingspyramidenkomplexe auf, die nur hier zu finden sind. Meist stehen die zwei Pyramiden an der Ost- und Westseite der Plaza einander gegenüber. An der Südseite erhebt sich ein Palast mit neun Eingängen. Die Ummauerung ist an der Nordseite durch ein Tor unterbrochen. Zweck und Aufgabe dieser Anlage sind unbekannt.

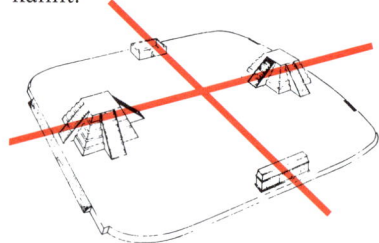

> **Akropolis**
>
> griech. „Oberstadt", hoch gelegener, befestigter Stadtteil, zugleich wichtiger Kultplatz oder auch Herrschersitz. Der im antiken Griechenland geprägte Begriff (s. S. 33) wurde von den Archäologen auf vergleichbare Anlagen in Mesoamerika übertragen.

Palenque, sog. Tempel der Inschriften, um 600–900

Der Tempel der Inschriften schließt sich an den Palast von Palenque an. Die vierstufige, breit gelagerte Pyramide mit steiler, in Absätze unterteilter Treppe trägt den Tempel, der sich über einer Plattform erhebt. Die Tempelfassade ist mit fünf Durchgängen geöffnet, die in den vorderen Raum führen.

Palenque, Zentrum, um 600–900

Eingebettet in den tropischen Regenwald erstreckt sich die einstige Maya-Stadt. Nur das Zentrum ist ergraben und umfasst ein Areal von 100 x 600 m. Dabei erscheinen die Bauten lose gruppiert und weiträumig verstreut. Eine Akropolis existiert nicht, Mittelpunkt des Ensembles ist der Palast. Er besitzt einen Turm, dessen Bedeutung unklar bleibt. Er dürfte jedoch ein frühes Beispiel eines Belvedere sein, von dem aus man die faszinierende Aussicht genießen konnte. Hohe Tempel-Pyramiden begrenzen das Areal, rechts die der Inschriften.

Copan, Bau 26, Hieroglyphenstele M, um 745 n. Chr.

Die Stele enthält 14 Hieroglyphen, die Hieroglyphentreppe, zu der sie gehört, umfasst insgesamt 2500 Hieroglyphen. Architektur, Skulptur und Inschrift verschmelzen hier zu einer Einheit.

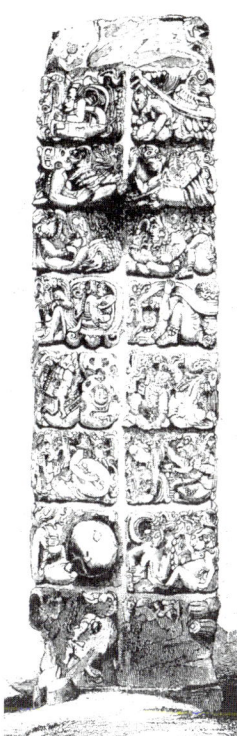

> ### Stele
> *Griechische Bezeichnung für Inschriftentafel, Grabdenkmal oder Weihegeschenk in Form einer aufrecht stehenden monolithischen Steinplatte.*

Copan/Honduras, Zentrum 300–900

Das Zentrum von Copan, einer Ruinenstätte der Maya, ist unterteilt in die Akropolis im Süden und die Große Plaza im Norden. Beide Teile waren durch den Ballspielplatz verbunden. Die Große Plaza setzt sich aus mehreren Freiflächen zusammen, die durch lang gestreckte Treppen begrenzt sind. Sie erinnert an eine Freilichtbühne für rituelle Aufführungen oder Prozessionen. Die Akropolis dagegen besitzt eine Pyramide im Zentrum und gruppiert ihre Bauten um einen östlichen und westlichen Hof.

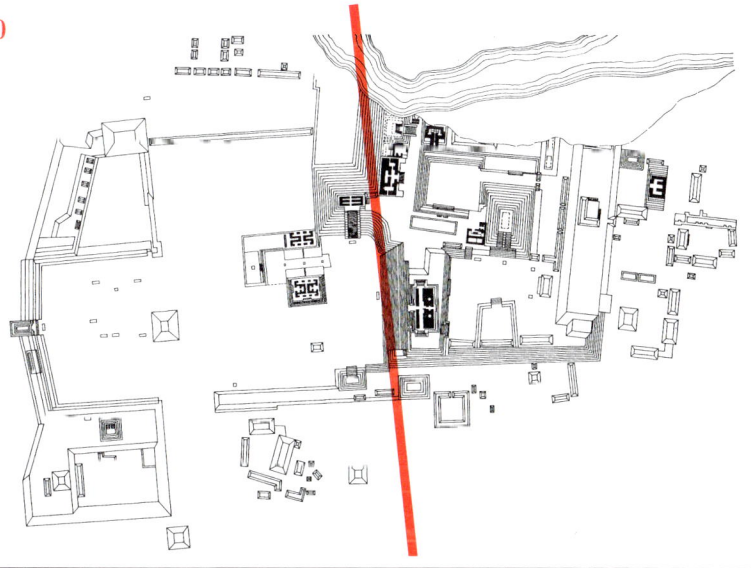

Piedras Negras/Guatemala, Akropolis der Westgruppe, um 600–900

Die Stadt über dem Usumacinta nutzt die geographischen Gegebenheiten geschickt aus. Ein typisches Beispiel dafür ist die Anlage der Akropolis der Westgruppe. Die unterschiedlichen Höhenlagen werden durch Treppenfluchten von großer Weite, Steilheit und Länge unterstrichen. Sie führen zu pylonenartigen langen Trakten mit sieben bis neun Öffnungen in den Außenwänden. Dabei wird die Form des Propylons immer wieder wiederholt. Die Form des „Tempels" ist hier kaum zu finden.

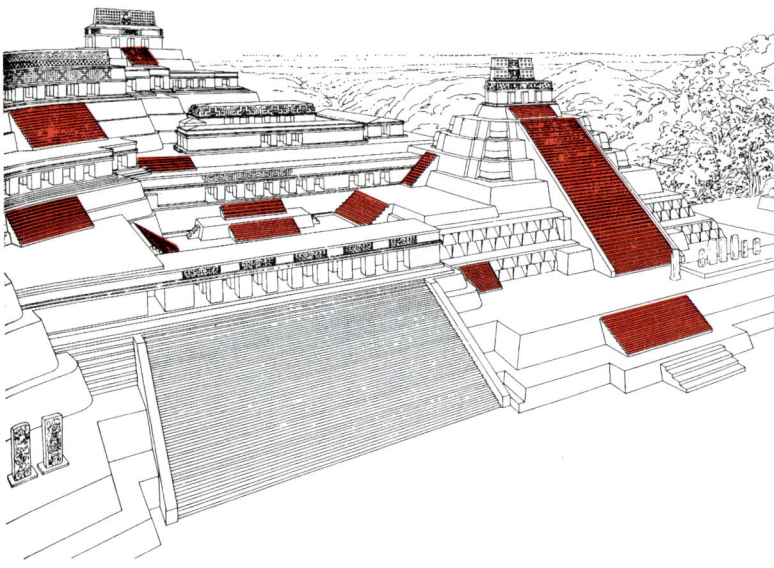

Xpuhil/Mexiko, Rekonstruktion von Bau 1, um 600–900

Den Rio-Bec-Stil verkörpert exemplarisch der Bau 1 von Xpuhil.

Rio-Bec-Stil

Der Begriff leitet sich von der gleichnamigen Stadt im Grenzgebiet von Quintana Roo in Mexiko ab. Bei diesem Stil werden palastartige Trakte mit hoch aufragenden, pyramidenähnlichen Bauwerken verbunden. Die obere Plattform ist jeweils von einem Tempel bekrönt.

Uxmal/Mexiko, sog. Pyramide des Wahrsagers, um 600–900

Die nur bescheidenen Schmuckformen an den Wandflächen und Gesimsen dieser Pyramide bilden einen auffallenden Gegensatz zu der Steinmosaikfassade der unterhalb des Tempels liegenden Wand. Den Treppenaufgang flankieren Masken. Die Substruktion besitzt eingezogene und abgeschrägte Kanten, so dass ein Oval entsteht. Der Bau ist ein vereinzelt dastehendes Beispiel für Einfachheit und Geschlossenheit, die einen Abstrahierungsvorgang im architektonischen Denken der Baumeister voraussetzt.

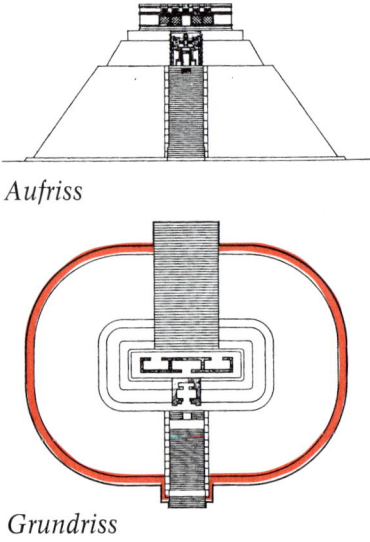

Aufriss

Grundriss

Chichen-Itza/Mexiko, um 975–1200

Als die Tolteken im letzten Viertel des 10. Jh. die Macht übernommen hatten, bauten sie Chichen-Itza aus. Die Stadt unterscheidet sich von den Maya-Städten wie Tikal oder Copan durch die weiträumige Streuung der Bauten inmitten ausgedehnter offener Flächen. Der einzelne Bau wirkt aber dadurch als isoliertes Element monumentaler, was durch die Beziehung der Bauten zueinander noch verstärkt wird. Im nördlichen Teil befindet sich der Ballspielplatz, die Pyramide „El Castillo" und der Tempel der Krieger mit den Pfeilerhallen. Im südwestlichen Teil findet sich ein zylindrisch-turmartiger, „Schnecke" genannter Bau. Man denkt bei seiner Funktion an ein Observatorium.

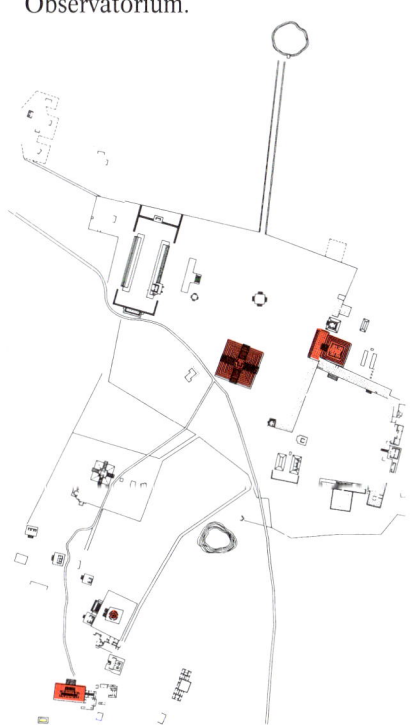

Chichen-Itza, El Castillo, um 975–1200

Der als Castillo bezeichnete Bau bildet den Mittelpunkt der weiten Plattform, die westlich den Ballspielplatz und östlich die Stufenhalle zum Tempel der Krieger aufnimmt. Der 30 m hohe Bau ist als Stufenberg errichtet. Er erhebt sich über quadratischem Grundriss. Vier steile Treppenläufe führen zur Cella hinauf. Dabei ist die axialsymmetrische Anlage in ihrer for-

malen und optischen Einheit wohl weniger aas religiösen Vorstellungen als vielmehr aus ästhetischem Vollkommenheitsstreben entwickelt worden.

Chichen-Itza, Tempel des Jaguar, um 975–1200

Der Tempel des Jaguar erhebt sich am verbreiterten Südende der östlichen Mauer. Die Außenwände sind reich verziert und tragen den namengebenden Fries mit schreitenden Jaguaren.

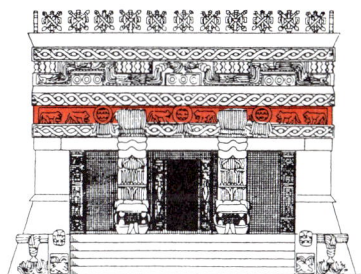

Chichen-Itza, Kriegertempel, um 975–1200

Pfeiler und Säulen sind die vorherrschenden Elemente in der Architektur von Chichen-Itza. Sie kulminieren in der Anlage des Tempels der Krieger. Die Kolonnade vor dem Tempel geht über in eine Kolonnade aus Rundpfeilern, die den Vorplatz umgibt. Die leichte Konstruktion zeigt sich wegen des großen Gewichtes des Gebälks auf den Pfeilern als gewagt.

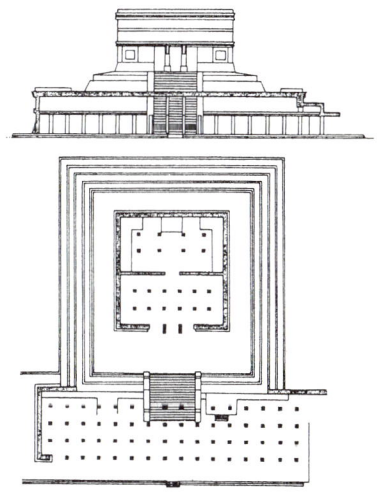

Chavin/Peru, sog. Tello-Obelisk (Abrollung), 1500–1300 v. Chr.

Auf den vier Seiten (a–d) dieser Stele von der Plaza des Neuen Tempels sind zwei Kaimane dargestellt, bei denen es sich um zwei Gottheiten oder zwei Verkörperungen einer Gottheit handelt. Da sie mit Fischschwänzen versehen sind, hat der Künstler wahrscheinlich diese Tiere nie im Original gesehen, oder aber es liegen der Tierform mythologische Vorstellungen zugrunde.

d   a   b   c   d

Cahuachi/Peru, Lehmziegelmauer, 420–370 v. Chr.

Die luftgetrockneten Lehmziegel sind von konischer Gestalt und weisen Rillen auf, die das bessere Haften des Mörtels gewährleisten. Sie wurden mit der flachen Basis nach außen verlegt, mit der Spitze zum Zentrum der Mauer hin.

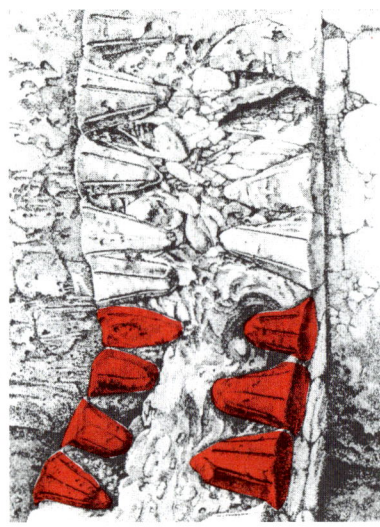

Mojeque/Peru, Tempel, 1500–1300 v. Chr.

Zu den Bauten im Chavin-Stil zählt auch der Tempel von Mojeque, der als ein terrassiertes Heiligtum errichtet worden ist.

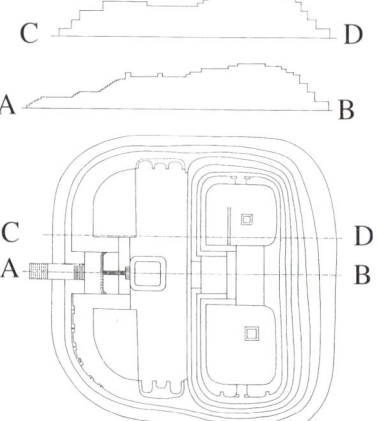

Chavid de Huantar/Peru, Gesimsplatte, 1500–1300 v. Chr.

Die Platte stand angelehnt an die Ostfassade des zum älteren Tempel gehörenden Südflügels. Sie zeigt Reste von zwei in Ritztechnik ausgeführten identischen Adlern. Allerdings hat die Vogelgestalt mythologische oder übernatürliche Bedeutung, zumal der Körper des Adlers durchaus auch ein Gesicht darstellen kann.

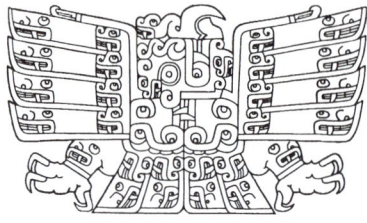

Chavin-Kultur

Bezeichnung für die älteste präkolumbische Hochkultur im Andengebiet (ca. 1200–300 v.Chr.), benannt nach dem Fundort Chavin de Huantar. Typisch ist das sorgfältig aus behauenen Granitblöcken verschiedener Größe gefügte Mauerwerk ohne Mörtelbindung. Von hoher hünstlerischer Qualität sind die Reliefs in Ritztechnik, die Säulen oder Steinplatten mit mythischen Wesen zieren, die Naturgewalten versinnbildlichen.

Tiahuanaco/Bolivien, Plan des Zentrums, um 540 n. Chr.

1 und 2 *Spuren der*
   Umfassungsmauern
3 *Palast der Sarkophage*
4 *Qalasasaya (erhöhte*
   Plattform)
5 *Sonnentor*
6 *El Fraile*
7 *Innerer Bezirk*
8 *monolithische Treppe*
9 *Gebäude der Bauzeit I*
10 und 11 *Akapana-Pyramide*
12 *Kanal der Bauzeit II*

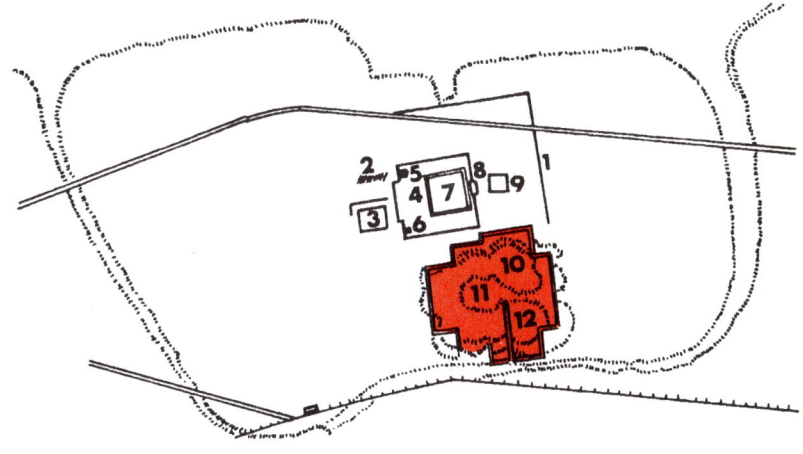

Tiahuanaco/Bolivien, Akapana-Pyramide, um 540 n. Chr.

Am Monolithtor der Pyramide nimmt ein Zepter schwingender Gottpriester die Huldigung maskierter menschlicher Figuren entgegen.

Chanchan/Peru, Grundrisse von zwei Palästen, 1400 v. Chr.

Chanchan ist die Hauptstadt der Chimukultur. Sie bedeckte ein Areal von 18 qkm und war in zehn Bezirke eingeteilt. Zu jedem Bezirk gehörte ein Palast. Diese demonstrieren durch ihre labyrinthischen und kleinteiligen Grundrisse den autarken Charakter der Wohnanlagen.

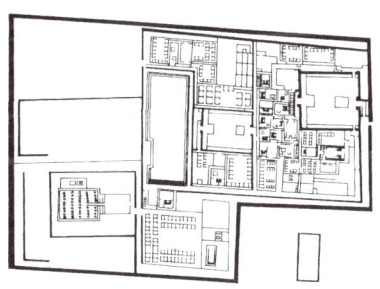

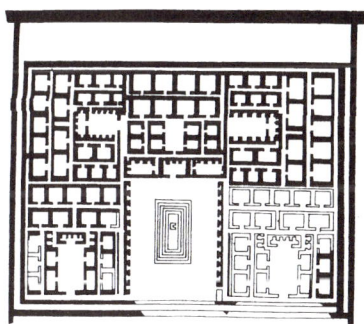

Cuzco/Peru, Festung Sacsahuaman, um 1438 n. Chr.

Die Inka-Festung liegt auf einem zur Siedlung hin steil abfallenden Berg. Zur Verteidigung genügten auf dieser Seite Terrassen, an dem sanft abfallenden, der Stadt abgewandten Hang hingegen waren Mauern vonnöten. Ihre zickzackartige Linienführung erschwerte das Erstürmen. Zwei Quellen sicherten die Wasserversorgung im Belagerungsfall. Der hier abgebildete Hauptzugang besteht aus großen, zum Teil polygonal zugehauenen Blöcken.

Abiseo (ehem. Pajaten) / Peru, Bau 1, nach 1438 n. Chr.

Von 18 Bauten Abiseos zeigen 16 eine runde Gestalt, wobei Bau 1 den reichsten Dekor besitzt. Ein Gesims umzieht das Rund in 167 cm Höhe, unter dem sich stilisierte menschliche Figuren aneinander reihen. Der Bau wurde mit in Lehmmörtel verlegten Schieferplatten ausgeführt. Stilistisch sind diese Bauwerke im Inkareich ohne Parallele.

Festung Ollantaytambo bei Cuzco/Peru, 1536/37 n. Chr.

Ollantaytambo war kurzfristig Hauptstadt des Inkareiches, nachdem die Spanier Cuzco erobert hatten. Aber auch diese Festung musste nach Verstärkungen der spanischen Truppen 1537 aufgegeben werden. Die Festungmauern sind aus großen Blöcken so gearbeitet, dass an den Fugen nur eine geringe Vertiefung geblieben ist.

Pisac/Peru, Turm des Viracocha

Pisac war ein nicht allzu ausgedehntes religiös-politisches Verwaltungszentrum im Inkareich, um das sich in respektvoller Entfernung auch Wohnhäuser gruppierten. Der Turm war dem Schöpfergott geweiht, den bereits die Ureinwohner Perus verehrt hatten und dem die Inka an der Seite ihres Sonnengottes einen Platz einräumten.

Machu Picchu/Peru, Stadtplan nach 1438

Die Stadt gilt als das vollkommenste Zeugnis der Inka. In der Provinz Urubamba gelegen, umfasst sie nur etwa 200 Gebäude, wobei alle Bauten aus dem Granit der Umgebung errichtet worden sind. Die Anlage erfolgte nach einem wohldurchdachten Plan.

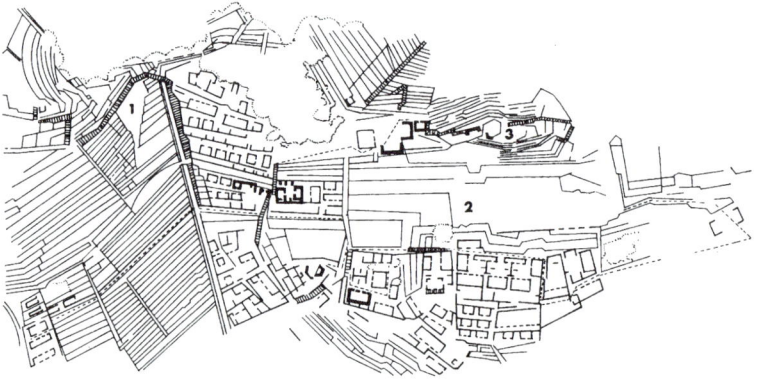

1 Zugangstreppe zur Stadt
2 Große terrassierte Plätze
3 Intihuatana (Sonnenobservatorium)

INDIEN UND SÜDOSTASIEN

Indische Kunst bezeichnet die Kunst des indischen und hinterindischen Raumes über einen Zeitraum von 4500 Jahren hinweg. Die frühesten Beispiele haben sich in den Ruinen der prähistorischen Stätten der Harappa-Kultur im Nordwesten des indischen Subkontinentes erhalten. Diese Epoche währte von der Mitte des 3. bis zur 2. Hälfte des 2. Jahrtausends v. Chr. Bezüglich der nun folgenden auffälligen Lücke von mehreren Jahrhunderten ohne nachgewiesene Kunstproduktion erfahren wir aus literarischen Zeugnissen, dem Veda, von der Einwanderung der Aryas, halbnomadischen Viehzüchtern, die in einem von einem König geführten Vierständesystem lebten. Als oberste Kaste galten die Brahmanen, die für die korrekte Durchführung der Riten zuständig war.

Mit der arischen Einwanderung gelangten auch vedische Glaubensvorstellungen nach Indien. Nach einem langen Verdrängungsprozess des Buddhismus wurde der Hinduismus für die Architektur Indiens prägend, der auch den Brahmaismus ablöste. Anstelle der bilderlosen brahmanischen Religion trat nun eine Verehrung vielfältiger Götterbildnisse in den Vordergrund.

Chronologisch lässt sich die Geschichte Indiens in die Vorharappazeit sowie die Harappazeit, ferner die Antike (4. Jh. v. Chr. – 6. Jh. n. Chr.), die mit dem Zerfall des Guptareiches ihr Ende in der Völkerwanderungszeit fand und deren Kennzeichen der zentralistische Großstaat war, das Frühmittelalter mit seinen Regionalstaaten (bis ins 13. Jh. n. Chr.) und das bis zum Beginn der Kolonialzeit reichende Hoch- und Spätmittelalter einteilen. Ab 1818 folgt die Neuzeit.

Charakteristisch für die harappazeitlichen Stadtanlagen ist das Fehlen von Tempeln, Palästen und anderen Monumentalbauten, dafür existierten eine Akropolis und in Nord-Süd-Achse ausgerichtete und entsprechend strukturierte Anlagen wie ein großes Bad oder ein Kornspeicher. Nach dem Niedergang der Harappakultur gab es nur noch Lehmziegelhäuser mit Fachwerk. Die so gebauten Städte des 7.–6. Jh. v. Chr. waren in der Ebene angelegt und von Wällen umgrenzt. Pataliputra, heute Patna, war die Hauptstadt des Maurya-Reiches (321–185 v. Chr.); sie ist die erste genau beschriebene Stadtanlage Indiens.

Nun kamen Formen von Sakralarchitektur auf, wie der Stupa I von Sanchi als ein herausragendes Beispiel belegt, in dem sich Buddhismus und Jainismus miteinander verbinden. Unter Ashoka (268–236/32 v. Chr.) entstanden monolithische Säulen, die der Herrscher im ganzen Reich aufstellen ließ. In der Andhra-Kunst unter den Shunga- und Andra-Herrschern entstanden frei stehende, von Zäunen umgebene Stupas, Klosteranlagen und aus dem Felsen geschlagene Höhlen, die als Kulthallen dienten. Sog. Freibaustupas existieren zum Beispiel noch in Bharut, Sanchi, Bodhgaya usw. Höhlentempel entstanden in Bedsa oder Karla. Erste hinduistische Kulttempel in rechteckiger bzw. apsidialer Form wurden in Nagarjunikonda errichtet. Im Unterschied zu den bisherigen Sakralbauten ist der Hindutempel als Abbild des Kosmos konzipiert und nicht nur Haus Gottes. Deswegen besitzt die Architektur die gleiche Bedeutung wie das Götterbild.

In der Guptazeit (320–546 n. Chr.) entstand seit dem 5. Jh. in Nordindien der ganz aus Stein errichtete Tempel mit einfachem Grundriss. Eine Experimentierphase wischen dem 5. und dem 8. Jh. endete im 9. Jh. mit der Shikara, einer Turmform mit kurvilinearem Umriss, die aus übereinander angeordneten Schichten besteht. Sie wird immer gegenüber dem Sanctuarium mit dem Götterbild aufgestellt. Den südindischen Tempelturm charakterisiert dagegen eine waagrechte Stufung und ein pyramidenförmiger Aufbau.

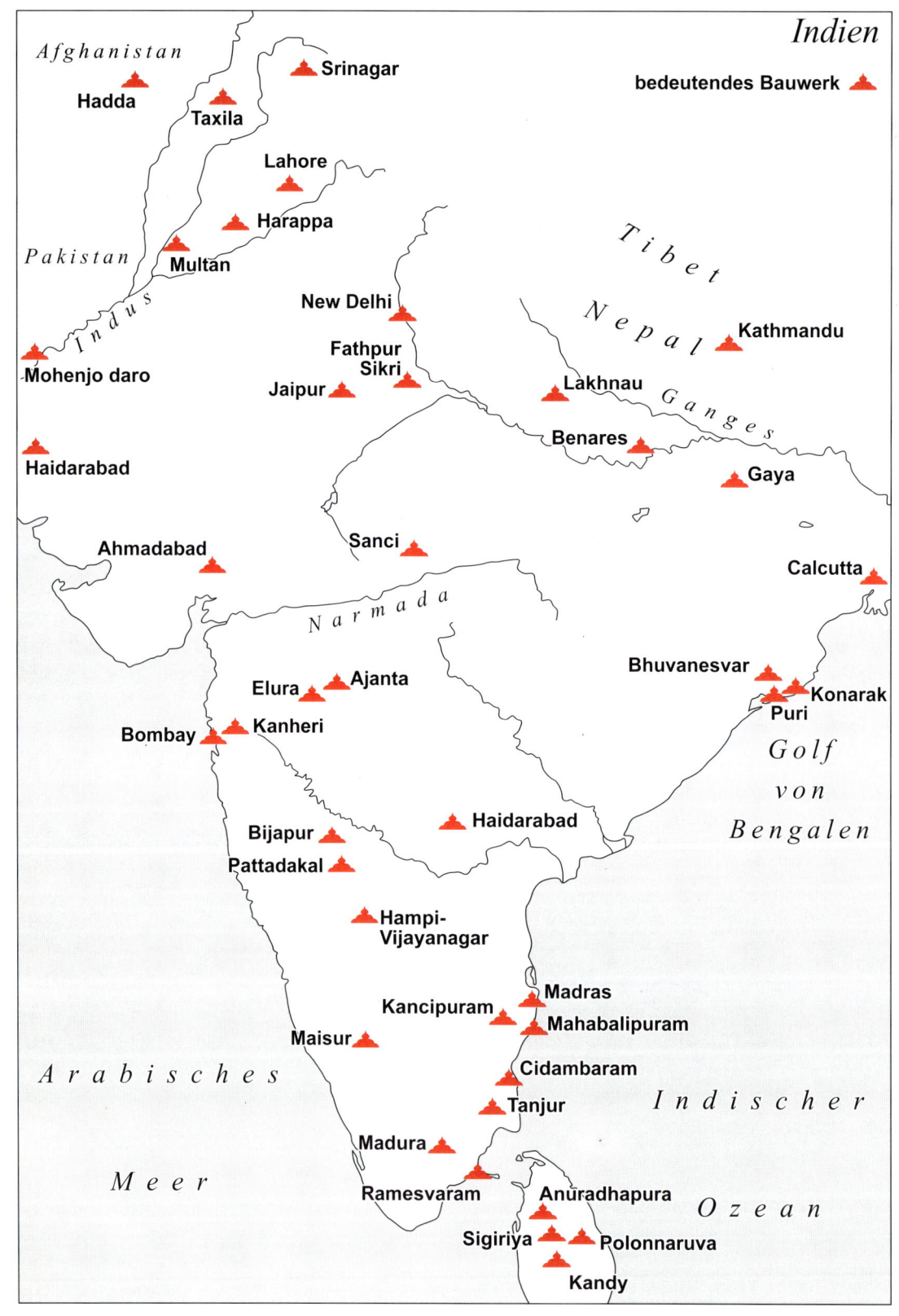

Indien

Afghanistan

Hadda

Srinagar

Taxila

Lahore

Harappa

Pakistan

Multan

Indus

Mohenjo daro

New Delhi

Fathpur Sikri

Jaipur

Haidarabad

Tibet

Nepal

Kathmandu

Lakhnau

Ganges

Benares

Gaya

Ahmadabad

Sanci

Narmada

Calcutta

bedeutendes Bauwerk

Bhuvanesvar

Konarak

Puri

Elura   Ajanta

Golf

von

Kanheri

Bengalen

Bombay

Haidarabad

Bijapur

Pattadakal

Hampi-Vijayanagar

Arabisches

Kancipuram

Madras

Mahabalipuram

Maisur

Cidambaram

Indischer

Tanjur

Meer

Madura

Ozean

Ramesvaram

Anuradhapura

Sigiriya   Polonnaruva

Kandy

Zur Zeit der Pallavas (500–897 n. Chr.) errichtete man Freibautempel, doch hat erst die Dynastie der Cholas Klarheit in die Struktur der Tempel gebracht, wie der Brihadishvara-Tempel in Tanjavur zeigt. Im Süden waren besonders Tore in den Umfassungsmauern der Kultbauten kennzeichnend, die regelrecht zu Wandelgängen und zu großen lang gestreckten Türmen (Goupra) ausgebaut werden konnten. Sie übertrafen die Kultbauten beträchtlich an Höhe. Im indischen Kerala an der Westküste suggerieren die Dächer Mehrstöckigkeit.

Die südostasiatische Baukunst umgreift Java, Bali, Indonesien, Thailand und Birma. Alle javanischen Tempel sind aus Stein gebaut. Eine Besonderheit stellen die so genannten „durchschnittenen Türme" dar, die aber nur diesen Anschein erwecken. In der volkstümlichen Holzkunst auf Bali sind die einzelnen Etagen in steter Verkleinerung zu dünnen und zugespitzten Bauwerken geworden.

In Indochina sind die frühesten aus Ziegelstein errichteten Monumente die Sanktuarien in der Stadt Sambor. Die Entwicklung reicht von der funanesischen bis zur Kunst der Khmer, darunter als berühmtes Beispiel der Tempel von Angkor Vat, errichtet unter der Regierung des Königs Suryavarman II. (1113–1150 n. Chr.).

Zeittafel

Harappa-Zeit	Mitte 3. Jahrtausend – 2. Hälfte 2. Jahrtausend v. Chr.
Zwischenzeitlich	kein Kunstschaffen überliefert
Maurya-Zeit	321–185 v. Chr.
Andhra-Kunst	2. Jh. v. Chr. – 2. Jh. n. Chr.
Gupta-Zeit	320 n. Chr. – 546 n.Chr.
Chalkuya-Zeit	550–753 n. Chr
Pallavas-Zeit	um 750–900
Chola-Zeit	900–1100
Pandyas-Zeit	1100–1350
Tughluk-Zeit	1320–1414
Lodi-Sultane	1451–1526
Mogul-Zeit	1556–1707

Indische Säulenkapitelle, Ende des 2. Jh. v. Chr. – 50 n. Chr.

In der indischen Baukunst wurden die Säulen in den alten Höhlentempeln mit dekorativen, gegenständigen, oft geflügelten Tieren geschmückt. Die Beispiele stammen aus Pitalhora, Höhle 4, aus Mathura und aus Karla.

Indische Säulenkapitelle, 5. Jh. n. Chr.

Die Kapitelle aus Sanchi, Guptatempel 17 (Anf. 5. Jh.), aus Tigawa, Guptatempel (Mitte 5. Jh.) und aus Ajanta, Viharahöhle (um 500), zeigen den Wandel vom Glockenkapitell persischen Ursprungs zum rein indischen Motiv des vollen Topfes (purnakalasa). Die Einschnürung im konkaven Teil bewirkt, dass die obere Rundung als topfförmiger Wulstkörper hervortritt.

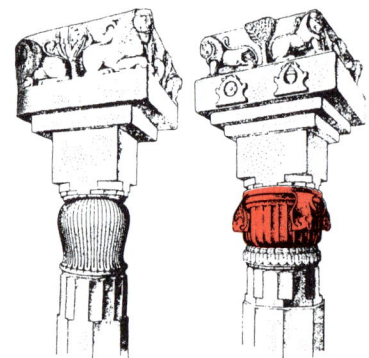

Indische Mauertechniken, 1. Jh. v. Chr. – 5. Jh. n. Chr.

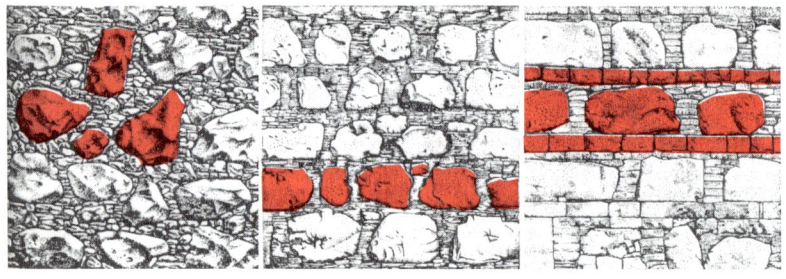

Kragstein am Osttor der Großen Stupa von Sanchi, 1 Jh. v. Chr. – 1. Jh. n. Chr.

Die hier dargestellte Baumgöttin Yakshi wurde zum Lieblingsmotiv der indischen Plastik.

Technik der Felsbearbeitung, 2. Hälfte 7. Jh.

Im ersten Stadium wurde die Struktur der zukünftigen Fassade skizziert und durch ein Netz von Ritzlinien in Felder von 60 x 60 cm unterteilt. Anschließend wurden mit dem Spitzmeißel tiefe Furchen gezogen. Diese Bossenquader waren relativ leicht abzukeilen. Anschließend ritzte man die Säulenstellungen auf die Felswand und sparte sie beim Aushöhlen der Felsenkammer aus. Dann wurden die Rohsäulen plastisch bearbeitet.

 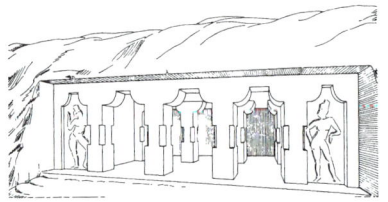

Sanchi/Indien, Stupa, 2. Jh. v. Chr.

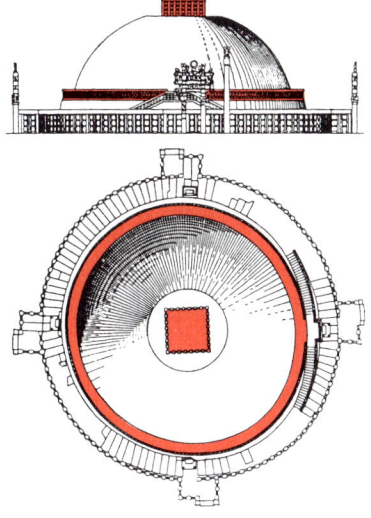

Sanchi, Torana der Großen Stupa, 1. Jh. v. Chr. – 1. Jh. n. Chr.

Unter Torana versteht man den Torbau im den Stupa umgebenden Zaun. Er besteht aus Pfosten, die durch mehrere übereinander angeordnete Querbalken miteinander verbunden sind. Im Buddhismus haben sie Torfunktion, im Hinduismus Triumphbogencharakter.

Mamallapuram/Indien, Dharmaradsha Rath, 7. Jh. n. Chr.

Mit Rath oder Ratha bezeichnet man einen kleinen, den Götterwagen nachgebildeten Steintempel, der als Monolith aus dem Felsen gehauen ist und zum Zeichen seiner Herkunft als Ornament steinerne Räder aufweist.

Hadda/Afghanistan, Stupa, 5. Jh.

In Hadda bestehen die Stupas aus zwei Sockelgeschossen und zwei Zylindergeschossen. Sie werden durch gedrungene Pilaster mit breiten korinthisierende Kapitellen gegliedert. Die Nischen dazwischen wurden mit zwei oder drei aus Stuck modellierten Buddhafiguren versehen.

Mathura, Baumheiligtum, 2. Jh. n. Chr.

Das Baumheiligtum (bodhi-gara) wurde im 3. Jh. v. Chr. als buddhistischer Sakralbau entwickelt. Nach heiliger Tradition errang der Religionsstifter Gautama Buddha unter einem Pipalbaum die Erleuchtung. Später nahmen die Baumheiligtümer die Form von Pavillons bzw. Tempeln an. Durch die offene Pforte ist der Stamm des Baumes erkennbar. Zweige ragen auch aus den engen Fensteröffnungen.

> ### Stupa
>
> *Mit Stupa wird ein wichtiger Typus des buddhistischen und jamaistischen Kultbaus bezeichnet. Formal geht er auf prähistorische Kuppelgrabhügel zurück und diente ursprünglich wohl der Reliquienverehrung. Der Kuppelbau ist als ein halbkugelförmiger, leicht abgeflachter Bau (anda) auf zylindrischem Sockel mit Umgang (pradakshina) errichtet. Darauf ruht ein würfelförmiger Aufsatz (harmika) zur Aufnahme der Reliquien. Er ist von einem Ehrenschirm (chattra) bekrönt. Zu dem Umgang führt eine zweiläufige Treppe (sopana).*

Aihole/Indien, Tempel 9, um 625 n. Chr.

Dieser Tempel folgt einem sehr klaren Grundplan. Eine Eingangsveranda von 3 x 5 m führt in den quadratischen Hauptraum (mandapa), dem das Sanctuarium (garbhagra) in gleicher Größe angefügt ist. Vier Mittelsäulen tragen Architrave, auf denen die Steinplatten des Daches aufliegen. Über dem Sanctuarium erhebt sich ein Turm (sikhara), der außen sichtbar den Standort des Götterbildes markiert. Er steigt im Sinne des nördlichen Stils in konvexem Bogen auf.

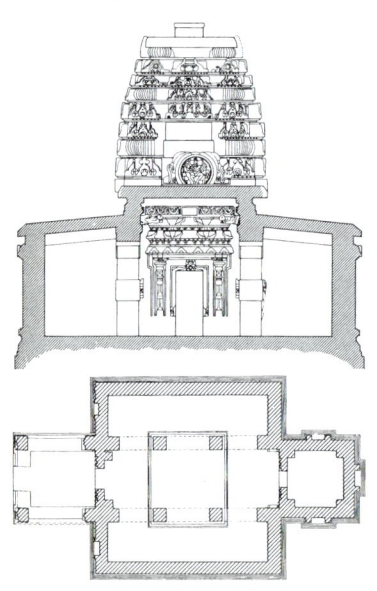

Asana

Der Begriff bedeutet im Sanskrit „sitzend" und bezeichnet einen Tempeltypus, der über der Cella statt des Turmes ein flaches Kuppeldach besitzt. Hinter einer solchen Anlage verbirgt sich die Absicht, schon am Außenbau auf ein im Yogasitz dargestelltes Götterbild aufmerksam zu machen.

Bhuvanesvar/Indien, Rajarani-Tempel, 17. Jh.

Beispiel eines reich gegliederten späten Sikhara. Dabei wird immer eine ungerade Stockwerkszahl aufgetürmt. Ein Wulst (amalaka) dient mit einem vasenförmigen Aufsatz (kalasa) als Bekrönung.

Bhuvanesvar, Lingaraja-Tempel, um 1000

Im monumentalen Haupttempel wurde Siva unter dem Symbol des Linga als Herr der drei Welten verehrt. Der Sandsteintempel steht, von kleinen Schreinen umgeben, inmitten eines ummauerten Hofes. Der Kubus des Sanctuarium ist gegenüber dem Turm nicht mehr abgegrenzt, sondern geht in ihn über, da die Vertikalrippen unmittelbar vom Boden aus aufsteigen.

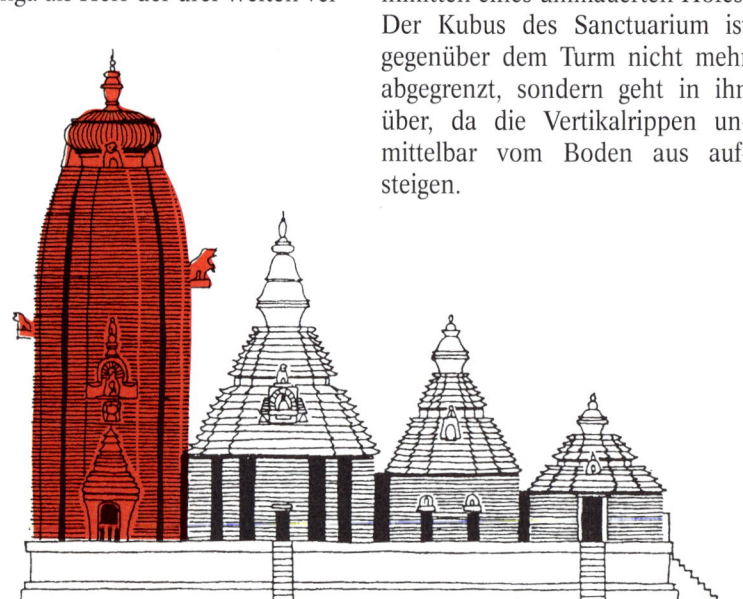

Haupttypen kambodschanischer Tempel vor Angkor Vat

Der viereckige Grundriss des ersten Typus (Prasat Preah Theat Toch) wird durch äußere Pfeiler markiert. Die Bedeckung erfolgt aus stufenartig sich verkleinernden Terrassen. Beim zweiten Typ (Prasat Preah Theat Thom) ist der Grundriss durch große Eckpfeiler markiert. Der Tempel besitzt stark profilierte Türgewände. Die Bedeckung variiert ein nach oben sich verjüngendes Fassadenmotiv.

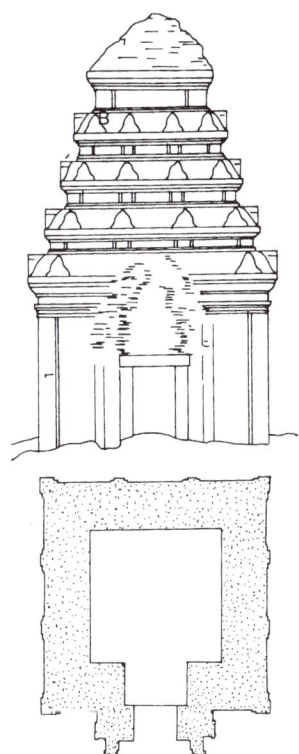

Einige kambodschanische Stützentypen

a Prasat Prei Kmeng (rund)
b Prasat Trapeang Phong, Tempel 4 (rund)
c Sambor Trapeang Phong, Tempel 1 (sechseckig)
d Prasat Trapeang Phong, Tempel 1 (sechseckig)

> **Prasat**
> Tempel in Kambodscha, dessen turmartige Cella sich auf einem Stufenberg erhebt und durch eine steile Treppenanlage erschlossen wird (in Thailand: Prang, siehe S. 224).

Angkor Vat/Kambodscha, Grundriss des östlichen Mebon

Inmitten des unter König Yasovarman, dem Gründer von Angkor Vat, angelegten Stausees ließ König Rajendravarman (944–968) einen Tempel errichten, mit dessen Hilfe die Legitimität des Khmer-Königtums untermauert werden sollte. Der Mebontempel weist als neues Element vier weitere aus Backstein um den Mittelturm gruppierte Türme auf, ferner nicht räumlich miteinander verbundene Bauten, aus denen sich später durchfensterte Galerien entwickeln.

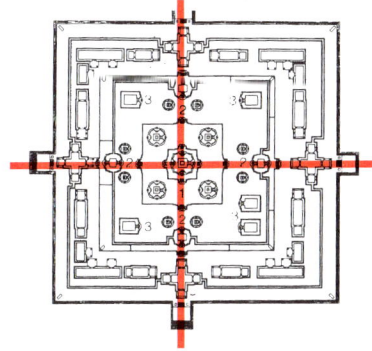

1 Tempeltürme in Quinkunxstellung (5 Augen auf Würfel)
2 acht kleinere Prasats
3 Bibliotheken

Angkor Vat, Große Tempelanlage

Der Khmer-König Yasovarman (889–900) verlegte seine Residenz von Roluoh nach Nagkor. Der Tempelberg stellt sich als pyramidenartig ansteigender Sandsteinbau über fünf Terrassen dar. In der Achsenrichtung eines schräg liegenden Kreuzes erheben sich die fünf Türme des Hauptheiligtums, die aus Sandstein erbaut sind. Auf den Absätzen der Treppen befinden sich weitere Türme.

Angkor Vat, Schnitt durch die westliche Galerie der ersten Stufe

Angkor Thom, nach Delaporte

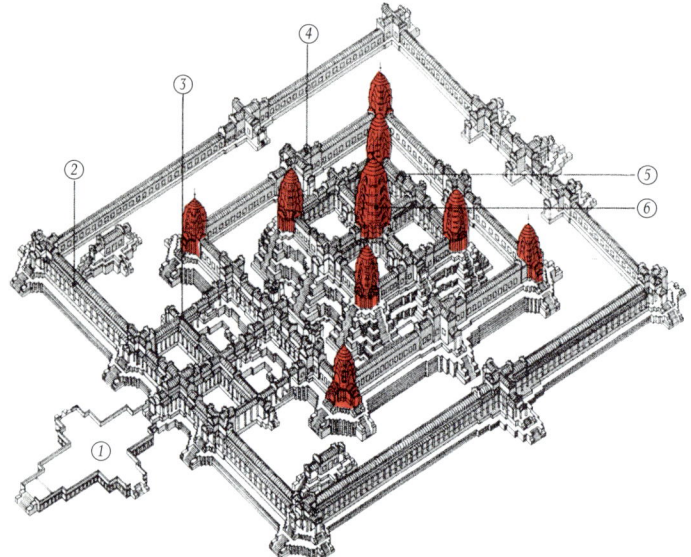

1 *Kreuzförmiger Eingang*
2 *Vishnu-Galerie*
3 *Hof mit in Kreuzform angelegten Galerien*
4 *Erste Terrasse mit Ecktürmen*
5 *Mittlere Terrasse mit Ecktürmen*
6 *Mittlerer Turm*

Angkor Thom, Zentraler Teil des Bayon

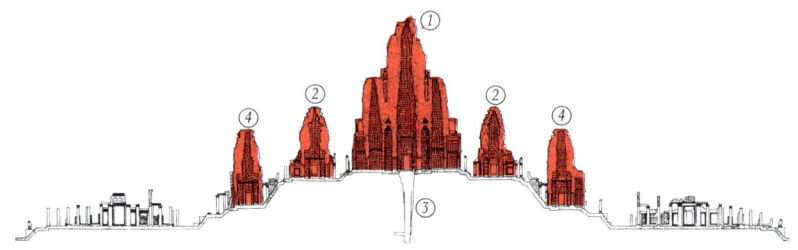

1 *Mittleres Heiligtum*
2 *Kreuzförmige Prasats*
3 *Zentralmassiv*
4 *Kreuzförmige Galerie*

Hauptfassade des Tempels von Angkor Vat

Stich von Louis Delaporte, 1867 gezeichnet, 1889 in Paris herausgegeben.

Borobudur/Indonesien-Java, Schnitt durch eine Tempelberghälfte und den Haupt-Stupa, 8./9. Jh.

Die unteren Balustraden des Tempelbergs weisen Nischen auf. Die 16 Figuren des Jina auf der fünften Terrasse illustrieren die Gabe der Erörterung und der Argumentation. Die 72 Stupas auf den darüber befindlichen drei Rundterrassen sind konzentrisch angelegt und auf den Haupt-Stupa am Gipfel ausgerichtet. Die Statuen vollziehen die Bewegung des Gesetzesrades, ein Vorgang in der Ikonographie des höchsten Jina. Die Anlage gehört zu den wichtigsten Bauten der Gupta-Zeit.

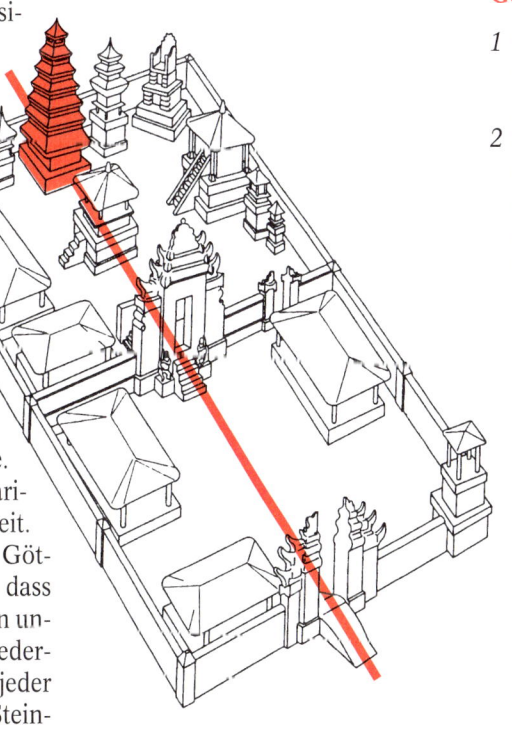

Grundriss des Borobudur

Der Borobudur stellt sich als Stufenpyramide mit vier Galerien über einem dem Quadrat angenäherten Grundriss dar. Auf der Plattform erheben sich drei kreisförmig angelegte Terrassen, die 72 Stupas tragen.

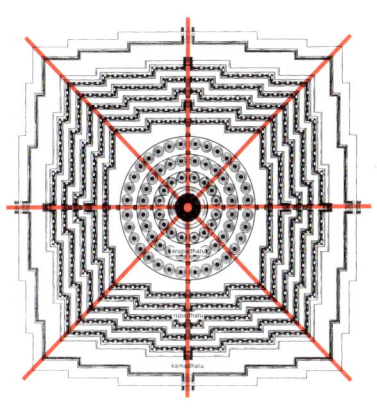

Mengwi, Schema einer indonesischen Tempelanlage vom Bali-Typus

Die Grundform des balinesischen Tempels besteht aus drei von Mauern umschlossenen Höfen, die durch Tore miteinander verbunden sind.
Innerhalb der dritten Umfassung befindet sich das Hauptheiligtum mit dem „merus" (= kosmischer Berg) genannten, auf steinernem Sockel mit vielen Dachetagen sich erhebenden turmartigen Gebilde. Die Anzahl der Geschosse variiert nach Ranghöhe der Gottheit. Die Balinesen kennen keine Götterstatuen, glauben vielmehr, dass sich die Götter bei ihren Festen unsichtbar auf den Thronen niederlassen. Deswegen besitzt jeder Tempel einen dreisitzigen Steinthron.

Borobudur, Mudra – symbolische Gesten Buddhas, 760/80

1 *Buddha dreht das Rad des Gesetzes, d.h. er offeriert heilbringende Wahrheit (Kreisterrasse).*
2 *Er weist mit der Rechten nach unten und beschwört die Erde als Zeugin seiner Askese (unterste Balustrade der Ostseite).*

Die Gestalt der Chedis in Thailand

Thailand übernahm die Gestalt der Stupas von Ceylon. Dort erhebt sich der „Dagoba" (a) auf einer quadratischen Basis mit Aufgängen in der Mitte jeder Seite. Den halbkugeligen Baukörper (anda) umrunden Wandelpfade (paradáksina – patha), an die in alle Himmelsrichtungen vorspringende Kapellen angebaut waren. Auf dem Scheitel des Baus ruht der würfelförmige Schrein (harmika), aus dessen Mitte der Mast mit den Ehrenschirmen (chatta) aufwächst. Bereits die ältesten Thai-Chedis in Sukhotai (b) wandeln das ceylonesische Vorbild ab, weniger die Bestandteile, wohl aber die Proportionen, die schlanker ausfallen. Den Unterbau schmücken Nischen mit Buddha-Figuren oder Elephanten. In der Ayuthia-Zeit (c) werden dem Baukörper in die vier Himmelsrichtungen angeordnete Schreine hinzugefügt, wie es bereits in Ceylon üblich war. Die letzte Entwicklungsstufe zeigt Chedis mit quadratischem, an den Ecken mehrfach gebrochenem Querschnitt.

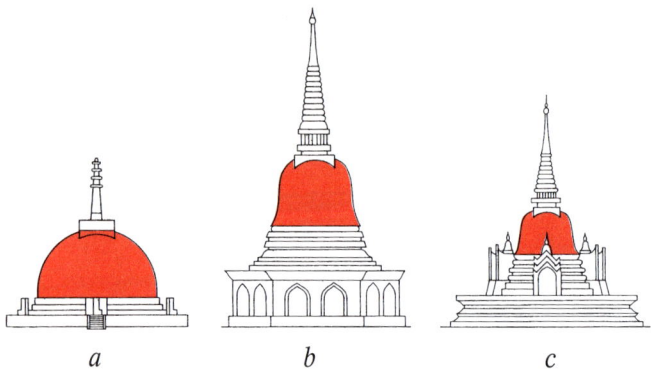

a   *b*   *c*

> ### Pagode
> *Unter Pagode versteht man einen Tempel in Form eines Stockwerkbaus, der sich aus dem schirmförmigen Aufbau des Stupa entwickelt hat. Die an der Basis ausgeweitet Glocke steht auf einem mehrstufigen, oft sehr hohen Unterbau und läuft nach oben in einer schlanken Spitze aus.*

Prang, Entwicklung und Formen

Der Prang ist deutlich als Abkömmling der Tempeltürme der Khmer (Prasat) zu erkennen. Er hat einen rechteckigen Grundriss, einen hohen Unterbau und die Cella, auf der sich der Turm erhebt. Seine Gestalt ist jedoch gegenüber den Khmer-Vorbildern wesentlich schlanker. An allen vier Seiten führen sehr steile Treppen zur Cella hinauf, die nur einen Zugang besitzt. Ihre Außenwände schmücken Nischen mit Buddha-Figuren. Den Prang krönt meist der dreifache Dreizack Shivas (pinaka). Der Prang dient dem gleichen Zweck wie der Chedi, jedoch trifft man ihn seltener an, da ausschließlich die Könige Auftraggeber eines Prang waren.

Pagoden-Formen

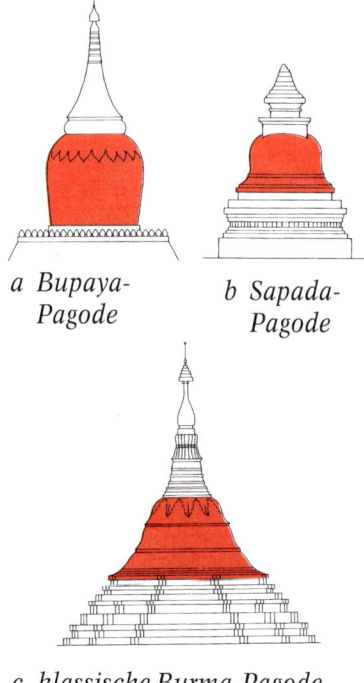

a Bupaya-Pagode   *b Sapada-Pagode*

c klassische Burma-Pagode

a Prasat der Khmer   *b Prang bis um 1500*   *c Prang ab dem 16. Jh.*

China – Korea – Japan

In China haben sich nur wenige Zeugnisse früher Architektur erhalten, da das bevorzugte Baumaterial Holz war und Kriege sowie klimatische Bedingungen für frühzeitige Zerstörung sorgten. Erst aus der Sung-Dynastie (960–1279 n. Chr.), vor allem aber aus der Ming-Dynastie (1368–1644) und der Ch'ing-Dynastie (1644–1911) ist noch eine Vielzahl der hölzernen Gebäude vorhanden.

Aus dem Neolithikum sind in Ho-mu-tu Spuren hölzerner Pfahlbauten ergraben worden. Man entdeckte dabei, dass diese Siedlungen über große Versammlungshäuser verfügten, deren rechteckiger Grundriss für die Halle als Grundform der chinesischen Architektur über Jahrtausende hinweg bestimmend blieb. Aus der Shangzeit (18.–12. Jh. v. Chr.) bestand eine Halle in Anyang aus einem hölzernen Ständerbau auf einer erhöhten Plattform. Die anfangs durch den Raum verlaufende Pfostenreihe wurde schon früh durch Konsolen ersetzt. Abbildungen aus der Chou-Zeit (11. Jh. – 249 v. Chr.) belegen dies.

Die breit gelagerte chinesische Halle ist in der Regel eingeschossig, eine Dachkrümmung lässt sich erst in der T'ang-Zeit (618–917 n. Chr.) nachweisen. In Südchina wurden später die Dachecken in langen Spitzen nach oben gebogen. In festgelegter Farbgebung sind die Dächer einfacher Häuser mit grauen, die der Ahnentempel mit grünen, die der kaiserlichen Paläste mit gelben und die des Himmelstempels mit blauen Dachziegeln gedeckt. Die Konsolkapitelle waren meist bunt gefasst.

Eine weitere Hauptform der chinesischen Architektur bildet der Zentralraum mit Zelt- oder Kegeldach. Die runde Form symbolisiert bei den Chinesen das Prinzip des Himmels, die quadratische das Prinzip der Erde. Auch die Pagode als Träger von Reliquien gehört zu den Zentralbau-

ten. Die älteste Ziegelpagode befindet sich in einem Tempel am Sung-Berg.

Das Innere der Hallen und Zentralbauten besteht aus einem einzigen Raum, der mit Hilfe von Trennwänden unterteilt werden kann. Laternen oder Kuppel bilden den Raumabschluss der Zentralbauten. Die einzelnen Gebäude stehen immer in Beziehung zueinander, ebenso wie die Hallen zu einem Baukomplex zusammengefasst waren. Angeordnet sind sie fast immer in der Nord-Süd-Achse, die das Gesicht vieler chinesischer Städte geprägt hat. Die große Bedeutung der harmonischen Integration von Gebäuden und Landschaft ist Ausdruck einer philosophisch-transzendentalen Grundhaltung und kündet zugleich von gesteigertem ästhetischen Empfinden. Neben den Holzbauten entstand eine Reihe von Massivbauten, darunter das größte Festungsbauwerk der Erde, die chinesische Mauer im 3. Jh. v. Chr.

Die koreanische Kunst bildete ab dem 3. Jh. v. Chr. wegen ihrer geographischen Lage ein wichtiges Bindeglied zwischen der chinesischen und der japanischen Kunst. Dabei blieb sie eigenständig. Von der Architektur des Groß-Silla-Reiches im 8. Jh. sind die Fundamente eines Tempels erhalten, der sich an den chinesischen Höhlenklöstern orientiert. Dies belegt auch die Sokkuram-Grotte mit ihrem 3,5 m hohen Buddha aus Stein.

Nach Gründung der Koryo-Dynastie (918–1392) herrschte der Chusimp'o- Stil vor, der dem indischen Stil südchinesischen Ursprungs in Japan ähnelt und bei dessen Bauten die Dachpfetten direkt von den vom Boden aufragenden Pfeilern getragen werden. Herausragendes Bauwerk dieser Zeit ist die Kyongch'onsa-Pagode aus dem 14. Jh. Paläste, Wehranlagen und konfuzianische Altäre haben sich aus der Yi- Zeit erhalten (1392–1910), beispielsweise der Duksoo-Palast und das Große Südtor.

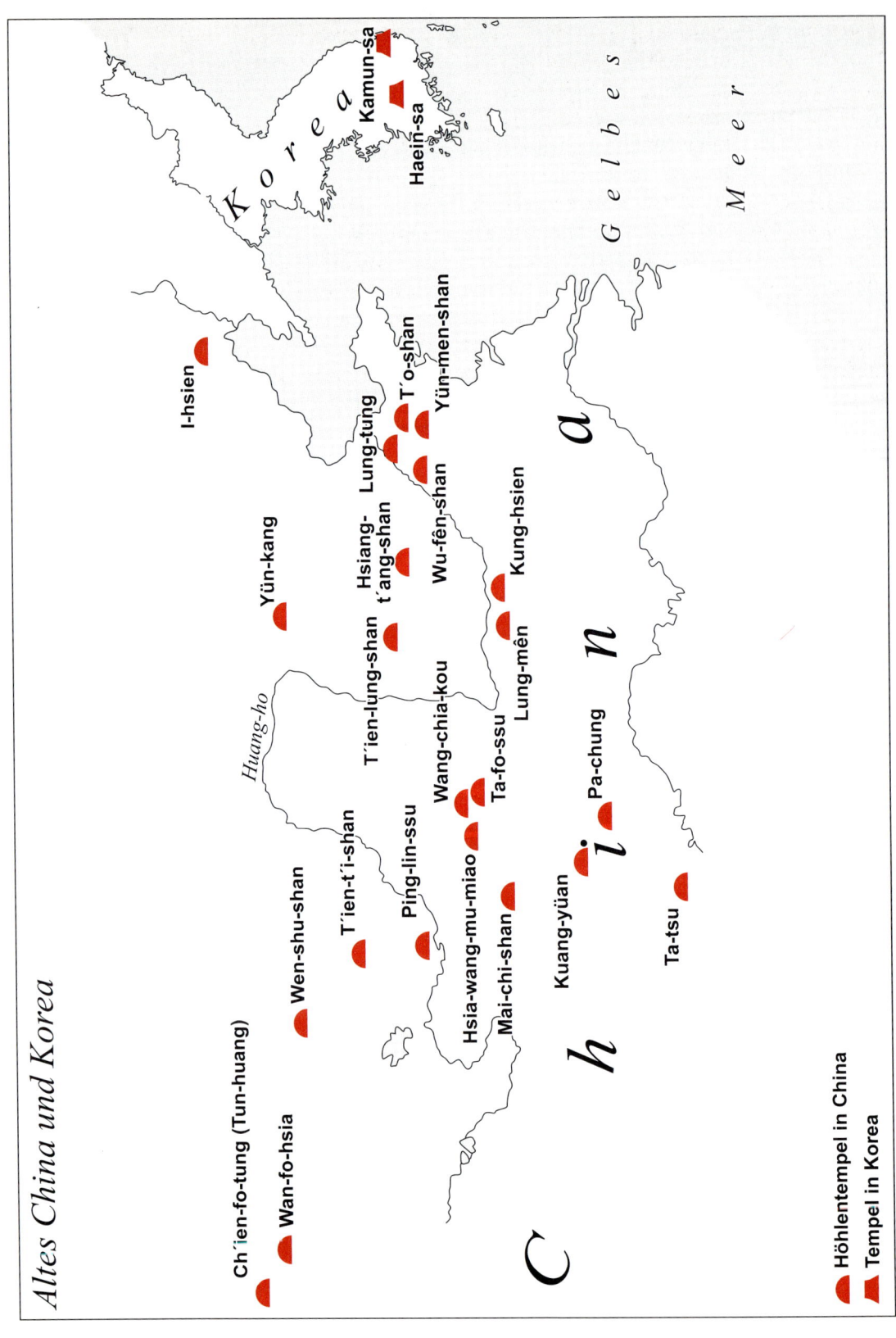

Altes China und Korea

Höhlentempel in China
Tempel in Korea

In Japan waren in der Jomon-Zeit (7500–300 v. Chr.) sog. Grubenhäuser üblich, deren Dach von Stangen getragen wurde und einen seitlich für den Rauchabzug geöffneten Giebel trug. Ab der Yayoi-Zeit erwähnen Quellen hohe Pavillons und Palasttürme. Seit 300 v. Chr. hat sich auch in der Architektur der Shintoschreine der archaisierende Holzpfahlbau bis heute unverändert erhalten. Die Shintoarchitektur kannte viele Konstruktionstypen von Pfahlbauten.

Neue Architekturformen kamen während der Asuka-Zeit (552–646) im Sakralbau auf. Dabei wurde das von der nordchinesischen Architektur entwickelte Tragbalkensystem mit dem Gerüst senkrechter Pfosten für die Dachkonstruktion übernommen. Repräsentatives Beispiel ist der Hauptschrein der Sonnengöttin Amaterasu in Ise um 300. Aus rituellen Gründen wird er alle 20 Jahre, räumlich versetzt, wieder errichtet, bewahrt dabei aber seine traditionelle Gestalt.

Grundlegende Veränderung erfuhr die Baukunst durch die buddhistische Durchdringung des Landes. Berühmtestes Beispiel hier für ist das Tempel-schatzhaus, das seine Wurzel in Südchina hat, wie das Shosoin im Todaiji belegt (8. Jh.). Die Gestalt der Pagoden wandelt sich von der Dreigeschossigkeit im 8. Jh. zur Fünfgeschossigkeit in der Heiran-Zeit (897–1185), wie Daigoji von 951 zeigt.

Stile konnten auch importiert werden, wie der T'ang-Stil aus China, von dem die Goldene Halle des Toshodaiji geprägt ist. Am Anfang der Kamakura-Zeit (1185–1336) trat dagegen ein indisch beeinflusster Stil in Erscheinung, wie das 1195 wieder errichtete Südtor des Todaiji belegt. Sein Dach wird von zehn übereinander angeordneten Konsolarmen getragen. Zu gleicher Zeit wurde auch ein sog. Chinesischer Stil eingeführt. Ihn charakterisiert die axiale Ausrichtung der Tempel. Er wandelte sich aber rasch zu einer Art Mischstil, dem sog. Japanischen Stil. Die Gartenkunst erreichte in der Muromachi-Zeit (1392–1568) unter Zen-Einfluss mit dem Steingarten ihre Blüte. Dabei ist eine besonders feinfühlige Interaktion von Natur und Architektur, wie in Kyoto, zu beobachten. Seit der Meiji-Zeit (1868–1912) gewann die europäische Architektur in Japan an Einfluss.

Zeittafel

China		Japan	
Chou-Dynastie	11. Jh. v. Chr. – 249 v. Chr.	Joman-Zeit	7500 v. Chr. – 300 v. Chr.
Chin-Dynastie	221 v. Chr. – 207 v. Chr.	Yayoi-Zeit	3. Jh. v. Chr. – 3.Jh. n. Chr.
Han-Dynastie	206 v. Chr. – 265 n. Chr.	Konfun-Zeit	3. Jh. n. Chr. – 6. Jh. n. Chr.
Chin-Dynastie	265 n. Chr. – 420 n. Chr.	Asuka-Zeit	552 – 646
Sui-Dynastie	581 – 618	Hakuho-Zeit	646 – 710
Tang-Dynastie	618 – 917	Nara-Zeit	710 – 794
Liao-Dynastie	907 – 1125	Heian-Zeit	794 – 1185
Sung-Dynastie (nördl. China)	960 – 1127	Kamakura-Zeit	1185 – 1336
Chin-Dynastie	1125 – 1234	Ashikaga-Zeit	1392 – 1568
Sung-Dynastie (südl. China)	1127 – 1279	Momoyama-Zeit	1568 – 1603
Yüan-Dynastie	1276 – 1368	Edo-Zeit	1603 – 1868
Ming-Dynastie	1368 – 1644	Meiji-Zeit	1868 – 1912
Ch'ing-Dynastie	1644 – 1911		

Gesimskonsolen und Sparrenenden

Schon früh beginnt man in China, die Eintönigkeit der Horizontalen am Dach aufzulockern, so dass das Dach seine Schwere verliert und einen schwebenden Charakter erhält. Dies wird durch Knickung der Sparrenenden und die Benutzung von Aufschieblingen erreicht.

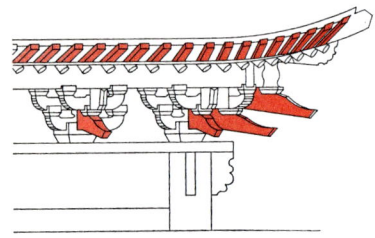

Querschnitt durch eine einschiffige chinesische Halle

Sie ist ein typischer Ständerbau aus Holz, der auch ohne Wände und Decken konstruktiv vollendet ist.

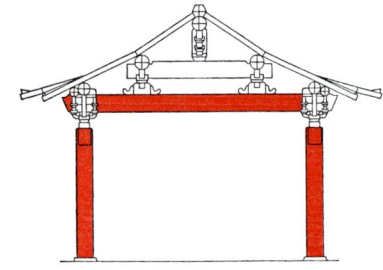

Beispiele von Holzverbindungen

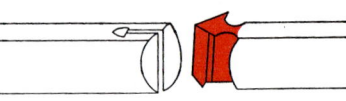
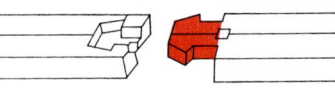
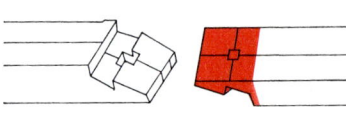

Fünfschiffige chinesische Halle

Der Aufriss stammt aus dem Architekturhandbuch „Yinzao fa shi", das in der Sung-Zeit (960–1127) entstanden ist. Die chinesische Architektur verleugnet nie Zweck und Konstruktion. Beide machen ihre Schönheit aus. Architektur bedeutet zugleich Raumordnung und Darlegung von Gesetzmäßigkeit.

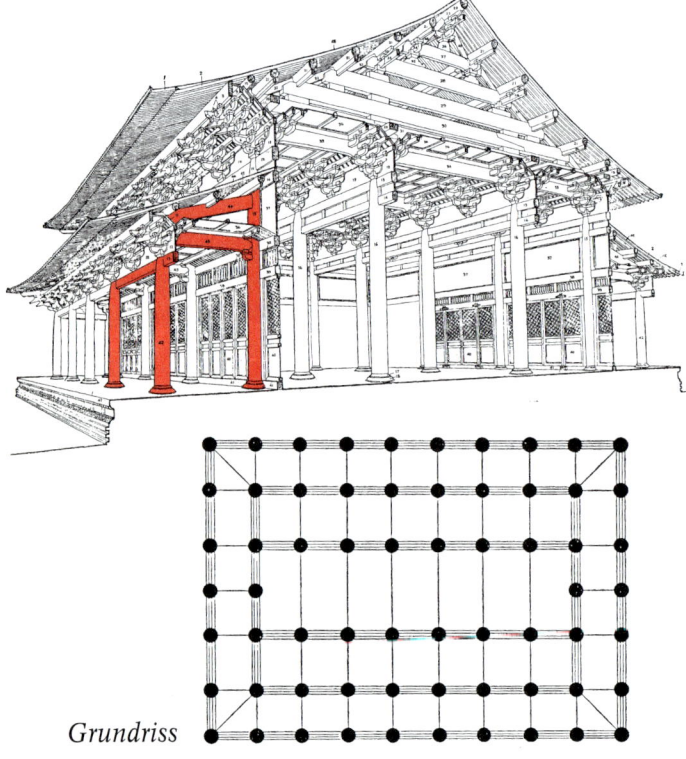

Grundriss

Wichtige Dachformen in China

1 Sattel- oder Giebeldach

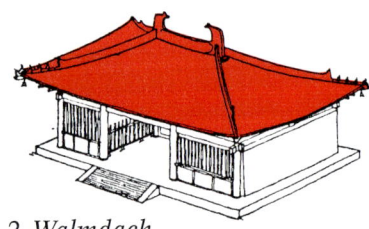

2 Walmdach

3 Sattelwalmdach

Rekonstruktion einer Han-zeitlichen Tempelanlage, 206 v. Chr. – 220 n. Chr.

In der Han-Dynastie konnten Prachtbauten auf Grund der Erfindung neuer Konstruktionstechniken errichtet werden: Die Tragfähigkeit des Holzkonstruktionssystems erlaubte nun schwerere Ziegeldächer aufzusetzen. Neben den Palästen bildeten die speziell gestalteten buddhistischen Tempel einen Höhepunkt der chinesischen Architektur. Dabei waren die Pavillons zweigeschossig als eine Folge aus Quadraten und Kreisen konstruiert, um Erde und Himmel zu verdeutlichen.

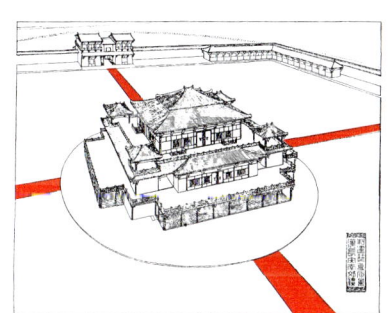

Jehol/Mandschurei, Cheng-te-fu, 1751–1764

Da der „Tempel der Ewigen Zuflucht" innerhalb der Mauern des Sommerpalastes liegt, war er wohl Ausflugs- und Andachtsziel der Hofgesellschaft. In der Hauptachse stehen neben dem Torbau die Hallen für Kultbilder und Gottesdienst. Trommelturm, Glockenturm und Fahnenmast sind im ersten Hof symmetrisch angeordnet, die Seitenhallen dienen für das Kultgerät und als Kapellen, Bibliotheken und Pilgerunterkünfte. Hinter der neunstöckigen Pagode, erbaut nach südchinesischen Vorbildern, schließen der zweigeschossige Wohnbau und niedrige Wirtschaftsgebäude die Achse ab. Auf hohem massigem Unterbau steht im Hintergrund der Pavillon, „Halle der Vollkommenen Freude".

Tang-zeitliche Architektur, 581–907

Wie die Abbildung aus den Höhlen von Dunhuang zeigt, weisen die Bauten der Tang-Zeit ein größeres Volumen auf, sie streben nach Monumentalität und verraten eine Vorliebe für lineare Strukturen. Das Konzept von Symmetrie, Reihung, Harmonie und Rhythmus wird betont.

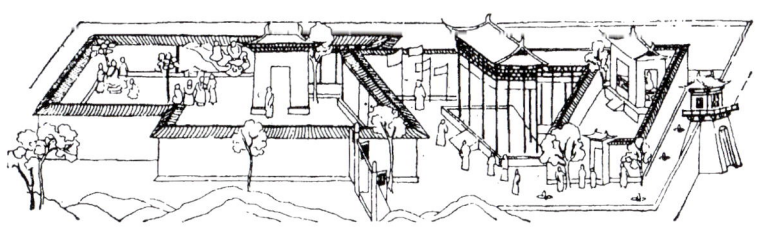

Entwicklung vom indischen Stupa zur chinesischen Pagode

Der vom Grabhügel abgeleitete indische Stupa (links), dann der spätere indische Typus (2./3. Jh. n.Chr.) am Beispiel von Gandhara und schließlich zwei Formen der von Wachtürmen der Han-Zeit inspirierten chinesischen Stockwerkspagoden, die in Holz, aber auch Stein mit Ziegeldächern errichtet wurden.

Plan des Ch'ing-zeitlichen Peking

In der Mitte liegt der Kaiserpalast, umgeben von der für die Mandschuren reservierten Stadt; im unteren Teil Altäre und die Chinesenstadt.

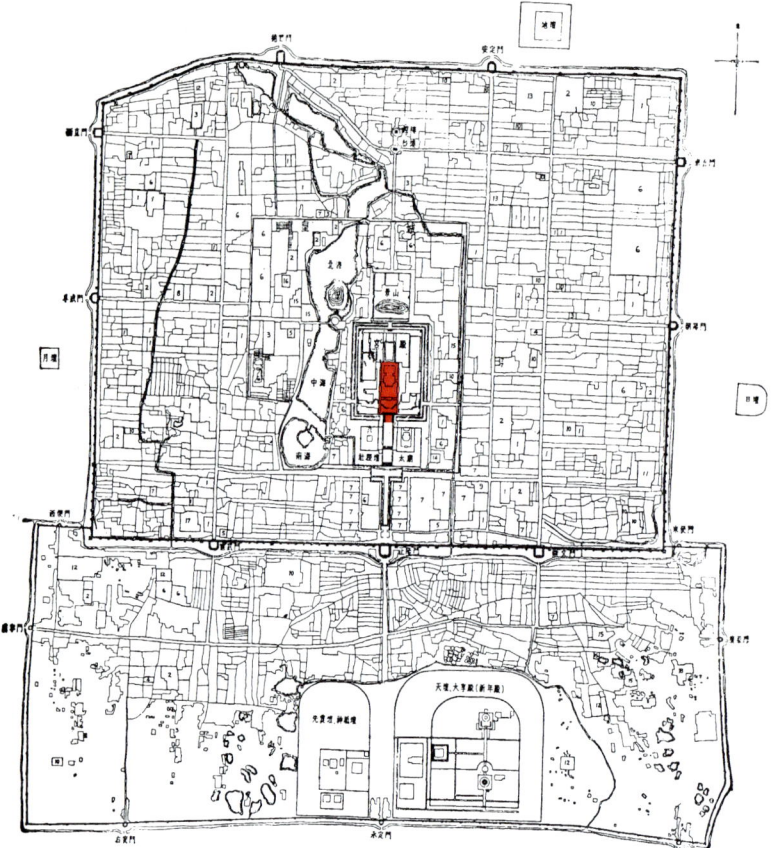

P'ai-lou bei Peking

Die fünftorige Ehrenpforte erhebt sich am Beginn der Straße, die zu den Gräbern der Ming-Dynastie (1368–1644) führt.

Ch'ang-an, Thronsaal im Damingpalast, 634

Der Palast wurde von Kaiser Tai erbaut. Der wichtigste Bauteil war die Thronhalle Han-Juan-Dian. Die einzelnen Bauten standen auf hohen trapezförmigen Ziegelterrassen. Die schweren Dächer ruhten auf einer komplizierten Dachstuhlkonstruktion aus Holz. Gedeckte Gänge mit gelben (kaiserlichen) Dachziegeln verbanden die einzelnen Gebäude.

Peking, Kaiserpalast; Gesamtplan

Alle großen, offiziellen Gebäude bis hin zum Torbau liegen in der Nord-Süd-Achse. Sie bildet die Mittellinie der Stadt Peking. An die drei Zeremonialhallen schließen sich nach Süden zu drei Haupthallen an. Im Osten und Westen füllen Verwaltungsbezirke, die in sich geschlossen sind, die Areale der 1 qkm großen „verbotenen Stadt". Strenge Symmetrie ist nur dort anzutreffen.

1 *Tor des Mittags*
2 *fünf Marmorbrücken*
3 *Tor des Großen Friedens*
4 *Palast des Großen Friedens*

Seoul, Eingangstor zum Changgyong-Palast

Nach chinesischem Vorbild leiten drei Türen ins Innere: Die mittlere war dem König vorbehalten, die seitlichen, Sonne und Mond sym- bolisierenden Pforten konnten Zi- vil- und Militäradel als Träger des konfuzianischen Staates durch- schreiten.

Seoul, Thronhalle des Changdok-Palastes, 1611

Ein Doppeldach war in der korea- nischen Architektur hochrangigen Gebäuden vorbehalten.

Architektur Koreas

Sie ist eng an die chinesische gebunden. Eigen erscheinen die offenen Säulengänge und die weit ausladenden Dächer, die als Strukturen des chinesi- schen Hauses zwar beibehal- ten worden sind, aber durch leichte Holztafeln oder dünne Steinwände einen geschlosse- neren Eindruck hervorrufen.

Grab von Kangso/Nordkorea, 7. Jh.

Von den drei koreanischen Köni- greichen besaß Koguryo die präch- tigsten Grabanlagen. Die Wandma- lereien zeigen Reiterszenen und mythische Schutztiere des Alls: Drachen, Phönix, Tiger und die schlangenumwundene Schildkröte.

Sokkuramgrotte bei Kyongju, Mitte 8. Jh.

Felsskulpturen lassen sich überall in Korea finden, aber eine Be- sonderheit stellen die Plastiken in der Rotunde von Sokkuram dar. Einem Vestibül folgt ein kurzer Korridor; dann öffnet sich nach zwei Achteckpfeilern der zylindri- sche Grabbau. 37 Relieffiguren zei- gen ein buddhistisches Pantheon.

Kloster Pulguk-sa, Granitpagode, Mitte 8. Jh.

Die klassische Silla-Pagode mit fünffach nach unten getreppten Dachkränzen ruht auf einem zwei- stufigen quadratischen Sockel. Sie soll Reliquien des historischen Buddha Shakyamuni umschlossen haben.

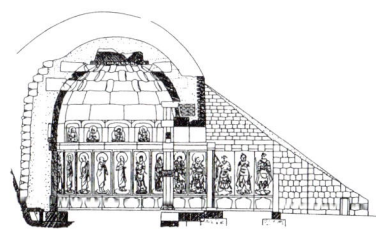

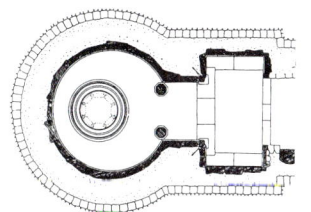

Kloster Pusok-sa, Halle des Ewigen Lebens, spätes 14. Jh.

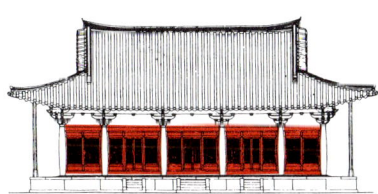

Izumo/Japan, Schrein nach dem Einsturz 1744

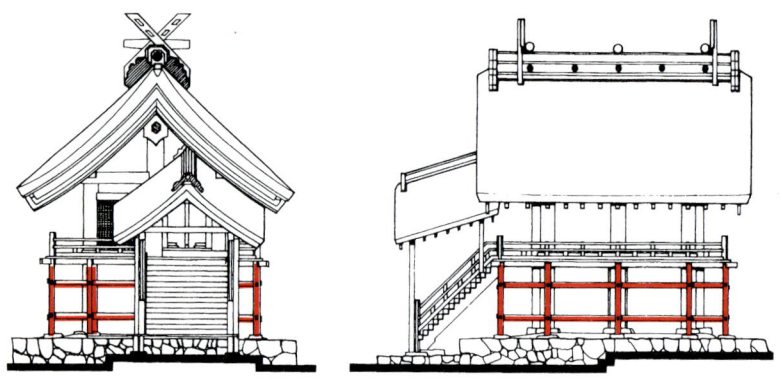

Ise/Japan, Schrein, 3. Jh.

Die Shinto-Heiligtümer von Ise und von Izumo sind der Sonnengöttin Amaterasu geweiht, der Ahnherrin des Kaiserhauses. Der innere Schrein (Naiku) von Ise wurde erstmals Ende des 3. Jh. errichtet; der von Izumo bewahrte seine ursprüngliche Gestalt bis ins 12. Jh., seine heutige stammt von 1744. Um der kultischen Reinheit willen wird der hölzerne Kultbau von Ise seit 685 alle 20 Jahre abgerissen und daneben neu errichtet.

Torii

Eine solche türlose Ehrenpforte ziert in einem Shinto-Heiligtum den Weg zum Schrein (Naiku).

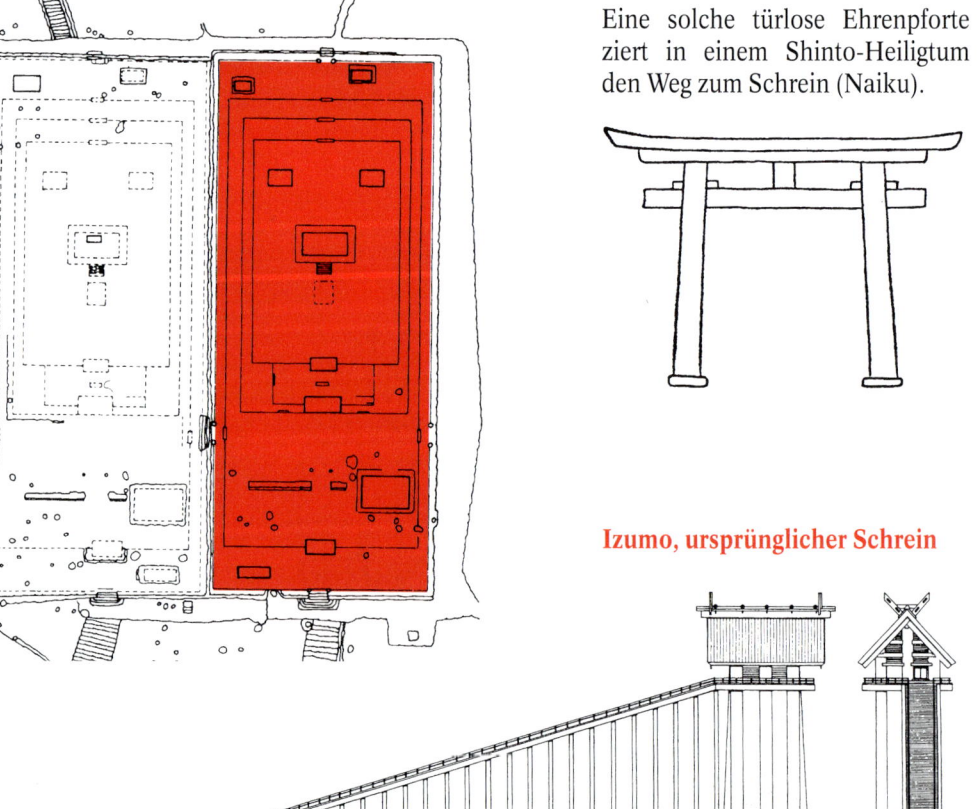

Izumo, ursprünglicher Schrein

Nara/Japan, Kloster Horyuji, 2. Hälfte 7. Jh.

Kaiserin Suiko und Prinz Shotoku gaben 607 den Befehl zur Errichtung der Kloster- und Tempelanlage von Horyuji. Nach einem Brand 670 neu errichtet, ist sie die bedeutendste buddhistische Tempelanlage Japans. Die als Meisterwerk ihrer Zeit gefeierte Pagode (2) nimmt in Abkehr von symmetrischer Ausrichtung einen gleichgewichtigen Platz neben der Golde-nen Halle (Kondo) ein. Diese Hauptkulthalle (3), obwohl zweigeschossig, umschließt nur einen engen, hohen Raum. Ein wichtiges konstruktives Element sind die Dreiecksverstrebungen und Gesimskonsolen an der Balustrade zwischen den Dächern. Im östlichen Tempelbezirk erhebt sich die aus dem 8. Jh. stammende „Halle der Träume".

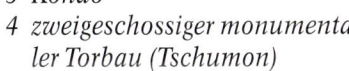

1 Laubengang
2 fünfgeschossige Pagode
3 Kondo
4 zweigeschossiger monumentaler Torbau (Tschumon)

Gesamtanlage

Fassade der „Halle der Träume"

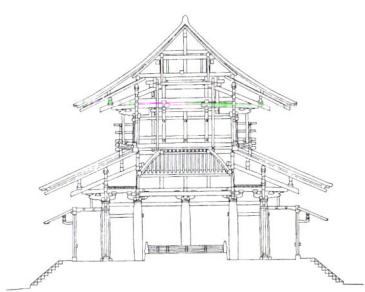

Schnitt durch den Kondo (3)

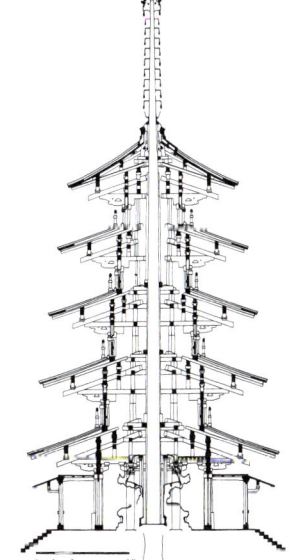

Schnitt durch die Pagode (2)

Kondo

Hauptkulthalle einer buddhistischen Tempelanlage. Ihren Namen „Goldene Halle"(= Kondo) hat sie daher, weil sie die vergoldete Buddhastatue birgt.

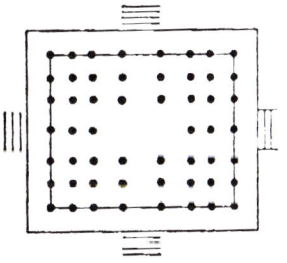

Grundriss des Kondo (3)

Kyoto, Kaiserpalast, nach 794 (Wiederherstellung 19. Jh.)

Nachdem der 794 durch den Kammu-Tenno errichtete Palast in der von ihm gegründeten Hauptstadt Heian 1288 eingeäschert war, gelang 1788 dem Hofbeamten Uramatsu (1736–1804) durch Quellenforschung eine Rekonstruktion. Die Thronhalle im Shinden-Stil enthält einen einzigen großen Raum, der von einen Umgang umgeben ist. Die Bedeutung der Halle wird durch die Höhe des mit Schindeln gedeckten Daches gesteigert.

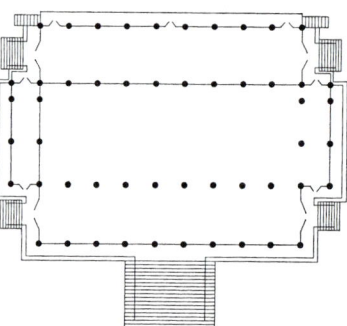

Ishiyama-dera, Tahoto, 1194

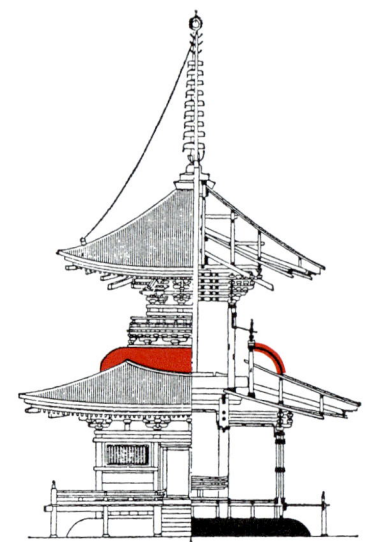

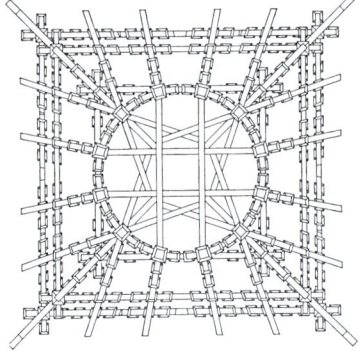

Muroji, Pagode, Anf. 8. Jh.

Tahoto

Die Shingon-Sekte in Japan bevorzugte diese Pagodenform mit der weiß verputzten Rundung über dem Pultdach und dem schmalen ringförmigen Geschoss darüber. Kompliziert war die Konstruktion für das sich daran anschließende quadratische Dach. Der Bau verbindet indische und chinesische Einflüsse mit dem traditionellen Pfahlbau.

Kyoto, Pagode, 951

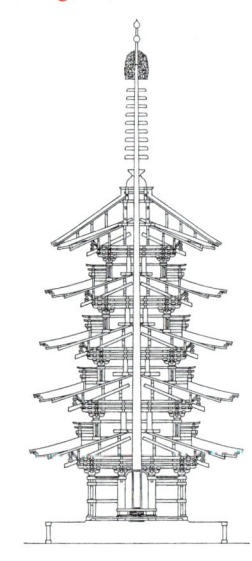

Uji, Hoodo (Phönixhalle) des Byodoin, 1053

Auf dem Platz am Uji-Fluss wurde 1052 durch den Staatsmann Fujiwara Yorimichi ein Kloster der Tendai-Sekte gegründet, das den Namen „Byodoin" (Palast des Gleichgewichts) erhielt. Das Vorbild für die Haupthalle (Hoodo) auf einer Insel im Lotusteich war das Amida-Paradies, das ein beliebtes Motiv in der chinesischen Malerei bildete. Der Hoodo birgt das Kultbid des Jocho. Sein Name „Phönixhalle" geht auf die beiden den First bekrönenden bronzenen Vögel zurück, aber auch die Gesamtanlage selbst mit den Galerien als Flügeln und dem korridorartigen Anbau als Schwanz symbolisiert den Phönix. Die 32 m breite Haupthalle besitzt gestaffelte Pultdächer. An den Ecken und Wendepunkten der Galerien erheben sich zierliche Türme.

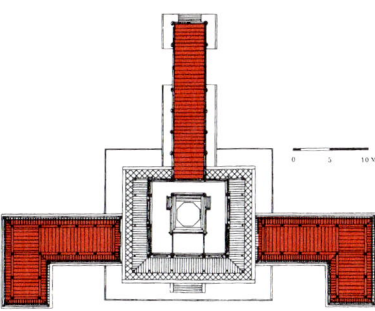

Uji, Kloster Manpukuji, Butsuden 1661

Ein Zweig der chinesischen Chan-Buddhisten erbaute unter dem Priester Ingen das Kloster Manpukuji im Süden Kyotos. Der Tempel war bis 1738 in chinesischer Hand und bildet heute den Hauptsitz des Obaku-Zweigs der Zen-Buddhisten. In den Konstruktionselementen und im dekorativen Beiwerk mit den ungewöhnlichen Rundfenstern und Dachformen ist der Bau von der chinesischen Ming-Architektur geprägt. Daneben werden auch Züge des Karayo erkennbar. Nur die Dächer weisen die japanische Konstruktion des Doppelschalendachs auf.

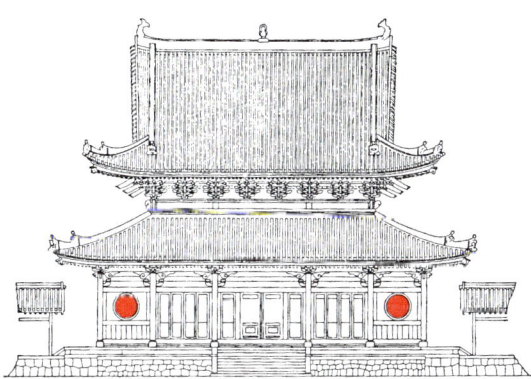

Todaiji-Tempel, Großes Südtor, 1199

Das System der Kragbalen verdeutlicht, dass man in Japan eine neue Konstruktion entwickeln konnte, mit deren Hilfe die Traufen gestützt worden sind.

Kyoto, Kiyomizu-dera, Kondo, 1633

Der heutige, nach einem benachbarten Wasserfall Kiyomizu-dera genannte Tempel gehört zu den späten Beispielen japanischer Architektur. Die weiche Kurve der Schindeldächer mit den mehrfach eingezogenen Decken und die offenen Galerien sind Elemente des Wohnbaus der Fujiwara-Zeit. Besonders das Holzgerüst, das eine Geländefalte überbrückt und die Haupthalle (Kondo) über einen steilen Berghang hinauskragen lässt, gehört zu den bedeutenden Beispielen japanischer Ingenieurkunst. Die Anlage wächst so gleichsam aus dem Berg heraus.

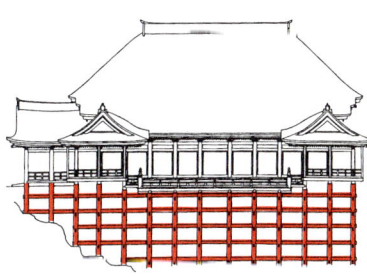

Katsura bei Kyoto, Kaiserliche Villa, 1620–1653

Kronprinz Toshihito (1579–1629) und sein Baumeister Nakanuma Sakyo (1580–1639) entwarfen ein ländliches Anwesen im Park in der Shoin-Bauweise, durchdrungen vom Geist des Teehausstils. An den Wohnbau (Goten, Nr. 3) schließt sich der Mittelbau (5) und ein weiteres Wohnhaus (6) an, so dass sich ein abgetreppter Grundriss ergibt. Alle Räume haben Ausblick in den Garten. Die Zimmer bilden abgesetzte Einheiten mit rhythmischen Akzenten. Die gleichbleibende Boden- und Tragkantenhöhe ermöglicht die Wandelbarkeit der Räume durch Schiebwände.

1 *Inneres Tor*
2 *Eingang*
3 *Goten*
4 *Bambus-Terrasse für die*
   Mondbetrachtung
5 *Chu-Shoin*
6 *Shin-Shoin*
7 *Privatgemächer*
8 *Frühere Verwaltungsräume*

Edo, Palastbezirk, Große Empfangshalle

Die Innenräume konnten mittels Schiebewänden in mehrere Zimmer unterteilt werden. Matten wurden zum Maßstab für die Pfeilerabstände, die deswegen nicht mehr von Pfostenmitte zu Pfostenmitte gemessen werden mussten, sondern von Rand zu Rand. Dadurch konnte mit mehr Freiheit bei der Konzeption der Hallen und Wohnanlagen vorgegangen werden, als man sie bisher in Japans Architektur kannte. Die Gebäude sind nun frei in die Landschaft eingegliedert, wie die Palastanlagen der Edo-Zeit belegen. Es entsteht das viel gerühmte harmonische Zusammenspiel von Natur und Architektur, ein Rückkehr zu den Wurzeln architektonischer Vorstellungen.

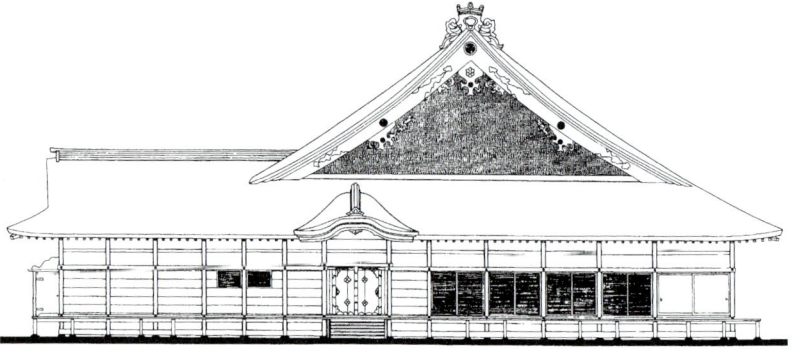

GLOSSAR

ÄDIKULA Giebelbekrönter Rahmen um Portale, Fenster, Grabmäler usw.

AKANTHUS
Mittelmeerische Pflanze mit gefiederten Blättern, liegt seit der Antike den meisten Formen des Blattkapitells zugrunde.

AKROTERION
Aus der Antike übernommene, dann hauptsächlich im Klassizismus verwendete Schmuckform auf der Spitze oder an den Ecken eines Giebels, zumeist Palmette.

ALTAN
Balkonartiger Austritt mit Stützen- oder Mauerverbindung zum Erdboden.

AMBO
Lesepult zur Verlesung von Epistel und Evangelium in christlichen Kirchen.

APSIS
Halbrunder oder polygonal gebrochener Chorabschluss.

ARCHITRAV
Durchlaufender Stein-„Balken" über den Stützen. Hauptteil des Gebälks.

ARCHIVOLTE
Bogenlauf.

ARKADE
Auf Pfeilern oder Säulen ruhender Bogen.

ATLANT
Stütze in Gestalt eines Mannes.

ATTIKA
Brüstungsartige Aufmauerung über einem Gesims; dient häufig dazu, ein Dach zu verdecken.

BALUSTRADE
Von untersetzten Säulchen (Balustern) aus Stein oder Holz getragene Brüstung oder Geländer.

BANDELWERK
Dekorationsmotiv aus miteinander verschlungenen Bändern, in Süd- und Westdeutschland um 1720/1730 stilprägend.

BASE, BASIS
Säulenfuß.

BASILIKA
Drei- oder mehrschiffige Kirche, deren erhöhtes Mittelschiff eine eigene Belichtung besitzt.

BAUHAUS
1919 gegründetes Institut, das den bis dahin noch wirksamen Historismus durch Klarheit, Sachlichkeit und Zweckmäßigkeit unter Angleichung an Formen der Technik überwunden hat.

BELETAGE
Das Repräsentationsräume enthaltende Hauptgeschoss eines Wohnhauses, in der Regel das erste Obergeschoss.

BESCHLAGWERK
In der deutschen und niederländischen Renaissance und Neurenaissance beliebtes Ornament, das metallene Zierbeschläge nachahmt.

BIFORIENFENSTER
(lat. biforium = Zwillingsbogen). Fensteröffnung mit zwei von einer Säule getragenen Bögen.

BLENDBOGEN, BLENDARKADE
Bogen und Arkade, die keine Öffnung überdecken, sondern einer Wand als Gliederung vorgeblendet sind.

BLENDMASSWERK
Siehe Maßwerk.

BOSSE
Quader mit roh bearbeiteter Stirnfläche.

BUNDPFOSTEN
In einem Fachwerkverband Pfosten, an den eine Innenwand ansetzt.

CHOR
Im Kirchenbau ein der Geistlichkeit vorbehaltener Bauteil oder Raum.

DACHSTUHL
Traggerüst eines Daches.

DACHREITER
Türmchen auf dem First eines (Kirchen-)Daches, das konstruktiv in den Dachstuhl eingebunden ist.

DIAMANTQUADER
Quader, dessen Gestalt an die eines geschliffenen Diamanten erinnert.

DIENST
Für die mittelalterliche Architektur charakteristisches dünnes „Säulchen", das in Verbindung mit der Wand oder stärkeren Stützen auftritt und in der Regel die Gewölberippen vorbereitet.

DOCKE
Gedrechselte oder geschnitzte Stütze einer hölzernen Brüstung oder eines Treppengeländers.

DREIPASS
Aus drei Kreisbögen (Pässen) zusammengesetzte Maßwerkfigur.

EPITAPH
An einer Kirchenwand oder einem Pfeiler stehendes oder hängendes Denkmal, das den Verstorbenen alleine oder eingebunden in eine religiöse Darstellung zeigt oder nennt.

ERKER
Ein- oder mehrgeschossiger, geschlossener Anbau, der im Gegensatz zu einem Standerker nicht vom Erdboden aufsteigt, sondern frei auskragt.

FASE
Abgeschrägte Ecke.

FIALE
Zierliches spitzes Türmchen zur Bekrönung und statischen Belastung eines Pfeilers, charakteristisch für gotische und neugotische Baukunst.

FRESKO
Fest mit dem Putzgrund verbundenes Wand- oder Deckenbild.

FRIES
Waagerecht verlaufender ornamentierter Streifen am oberen Rand einer Wandfläche oder als Teil eines Gebälks.

GAUBE, GAUPE
Kleines, aus der Dachfläche vorgebautes Fenster.

GESIMS
Architekturglied zur horizontalen Unterteilung einer Fassade. Man unterscheidet Fuß-(Sockel-), Gurt-(Geschoss-), Sohlbank- und Dachgesimse. Sonderformen sind das Kaff- und das Kranzgesims (siehe dort).

GEWÄNDE Einfassung einer Tür oder eines Fensters, meist aus Werkstein.

GIEBELHAUS
Mit der Giebelseite, d.h. in der Regel mit der Schmalseite zur Straße gerichtetes Haus.

GIEBELREITER
Schlankes Türmchen über einem Giebel.

GRÜNDERZEIT
Stilbezeichnung der deutschen Kunst für die mit der Gründung des Deutschen Reiches (1871) beginnende Generation.

HALLENKIRCHE
Mehrschiffige Kirche mit gleicher Höhe von Mittelschiff und Seitenschiff, Fenster nur in den Seitenschiffen.

HAUSTEIN
Vom Steinmetz bearbeiteter Werkstein.

HEIMATSTIL
Kurz nach 1900 aufkommende Architekturbewegung mit reformerischem Anspruch, die gegen die historisierende Bauweise des späten 19. Jahrhunderts die Rückkehr zu einer schlichten, handwerklich-soliden, landschaftstypischen Architektur propagierte.

HERMENPILASTER
Figürlich gestalteter, sich nach unten verjüngender Pilaster.

HISTORISMUS
Stilbezeichnung der abendländischen Kunst, die durch die bewusste Nachahmung historischer Stile gekennzeichnet ist, typisch für das 19. Jahrhundert.

INKRUSTATION
Einlegearbeit aus verschiedenfarbenen Steinen.

IONISCH
Klassische Säulenordnung mit Volutenkapitell.

JOCH
Gewölbeeinheit innerhalb einer Folge solcher Einheiten, auch der durch eine Gewölbeeinheit bestimmte Raumabschnitt.

JUGENDSTIL
Stilströmung der europäischen Kunst um 1900, die sich gegen die Nachahmung historischer Stile wandte und durch eine flächenhafte und lineare Dekoration gekennzeichnet ist.

KÄMPFER
Vorspringende Deckplatte einer Säule oder eines Pfeilers, die als Auflager von Bogen und Gewölbe dient, auch Querholz von Tür oder Fenster.

KANNELIERUNG
Gliederung eines Säulen- oder Pilasterschaftes mit eingetieften senkrechten Rillen (Kanneluren).

KANTONIERTER PFEILER
Pfeiler, dessen Schaft von Diensten begleitet wird.

KAPITELL
Kopfstück einer Stütze, zumeist verziert.

KARTUSCHE
Gerahmtes Zierbild zur Aufnahme von Inschriften, Wappen, Emblemen etc.

KARYATIDE
Weibliche Statue als Gebälkträgerin anstelle einer Säule.

KASSETTENDECKE
Flache oder gewölbte Decke mit symmetrisch angeordneten vertieften Feldern geometrischer Form.

KEHLE
Rinnenartige Vertiefung als Teil eines Gesims- oder Kämpferprofils.

KEILSTEIN
Keilförmiger Schlussstein eines Bogens.

KENOTAPH Grabmal eines Verstorbenen, der an einem anderen Ort bestattet ist.

KIELBOGEN
Für die Spätgotik charakteristischer, doppelt geschweifter Spitzbogen, auch Eselsrücken genannt.

KLASSIZISMUS
Stilepoche der europäischen Kunst, ca. 1770–1830, die das heitere Rokoko ablöst und durch eine strenge Handhabung der antiken Form eine Erneuerung der Kunst im Geiste der Antike anstrebt.

KLEEBLATTBOGEN
Bogen in Kleeblattform.

KNAGGE
Kurze hölzerne Strebe zur Unterstützung anderer Konstruktions-Teile.

KOLOSSALORDNUNG
Säulen- oder Pilasterordnung, die mehrere (meist zwei) Geschosse übergreift.

KONSOLE
Kragstein.

KORBBOGEN
Gedrückter Halbkreisbogen.

KORINTHISCH
Klassische Säulenordnung mit Akanthusblattkapitell.

KRANZGESIMS
Stark ausladendes, umlaufendes Dachgesims.

KREUZRIPPENGEWÖLBE
Gewölbe mit sich kreuzenden Rippen.

KRÜPPELWALM
Im oberen Teil dachförmig abgewalmter Giebel, auch Halbwalm genannt.

KRYPTA
Halb unterirdischer Raum unter dem Chor einer Kirche; dient zur Aufbewahrung von Reliquien und als Ort ihres Kultes, ferner als Grabstätte.

KUPPEL
Aus der Halbkugel entwickelte Überwölbung zentraler Räume, oft in Verbindung mit Tambour und Laterne.

LATERNE
Turm- oder Kuppelaufsatz in Form einer monumentalen Laterne.

LEIBUNG, LAIBUNG
Durch Einschnitt einer Tür oder eines Fensters entstehende Schnittfläche in der Stärke der Mauer.

LISENE
Wandvorlage ohne Basis und Kapitell.

LOGGIA
Von Pfeilern oder Säulen getragene, meist gewölbte Bogenhalle; im Wohnungsbau ein innerhalb der Bauflucht liegender Freiraum.

LÜNETTE
Bogenförmig begrenztes Feld über Türen und Fenstern, oft bildlich ausgeschmückt; auch bogenförmiges Fenster.

MANIERISMUS
Stilepoche der europäischen Kunst, etwa 1530–1600, auch als Spätstil der Renaissance bezeichnet.

MANSARDDACH
Nach dem französischen Baumeister François Mansart benanntes Dach, das über den Traufseiten gebrochen ist und somit eine günstige Ausnutzung des Dachraumes gestattet.

MASSWERK
Geometrische Schmuckform der Gotik zur Unterteilung des Fensters, später übertragen auf andere Architekturglieder wie Giebel, Turmhelme, Brüstungen.

MENSA
Altartisch.

MEZZANIN
Halb- oder Zwischengeschoss.

MUSCHELNISCHE
Nische mit muschelförmigem Abschluss.

NARTHEX
Schmale Vorhalle in altchristlichen Kirchen.

NETZGEWÖLBE
Spätgotisches Gewölbe mit netzförmigen Rippenfiguren.

OBERGADEN
Hochwand des Mittelschiffes einer Basilika, enthält die Fenster.

OCULUS
Kleine runde Wandöffnung.

OHREN;OHRUNG
In der manieristischen und barocken Epoche charakteristische ohrenartige Verkröpfung der Profile an den Ecken von Fenster- und Türgewänden.

ORTGANG
Begrenzungslinie der Dachfläche am Giebel.

PALLADIOMOTIV
siehe Serliana

PILASTER
Wandpfeiler, im Gegensatz zur Lisene mit Basis und Kapitell.

PORTIKUS
Von Stützen getragener Vorbau der Fassade.

PRESBYTERIUM
Altarraum.

PULTDACH
Nur nach einer Seite flach geneigtes Dach.

RÄHMBALKEN
Waagerechtes Holz, in welches die Stiele des Fachwerks oben einzapfen.

REMISE
Wagenhalle.

RIEGEL
Beim Fachwerkbau zwischen den Stutzen befindliches waagrechtes Holz, das je nach Lage in Brust-, Sturz- oder Kopfriegel unterschieden wird.

RISALIT
Vor die Fassadenflucht vorspringender Gebäudeteil mit eigener Verdachung, vornehmlich in der Mitte und an der Ecke auftretend.

ROCAILLE
Muschelformen ähnliches Ornamentmotiv, kennzeichnende Schmuckform des Rokoko.

ROLLWERK
Schmuckform mit eingerollten Enden, charakteristisch für die Renaissance nördlich der Alpen.

ROSETTE
Ornament in Form einer stilisierten Blüte.

RUSTIKA
Roh behauene Quaderung, vor allem an Bauten mit wehrhaftem Charakter verwendet. Putzrustika = in Putz vorgetäuschte Quaderung.

SAALKIRCHE
Einschiffiger, d.h. ungeteilter Kirchenraum.

SATTELDACH
Giebeldach, bei dem zwei geneigte Flächen gegen einen gemeinsamen First stoßen.

SCHEIDBÖGEN
Bögen, die das Mittelschiff einer Kirche von den Seitenschiffen scheiden.

SCHEITELSTEIN
Stein im Scheitel eines Bogens (Schlussstein).

SCHLEPPGAUBE
Gaube mit abgeschlepptem Pultdach.

SCHOPFWALM
Abgeschrägte Spitze eines Giebels.

SCHWEIFHAUBE
Dachhelm mit geschweiftem Umriss.

SEGMENTBOGEN
Flacher, aus dem Kreissegment gewonnener Bogen.

SERLIANA, PALLADIOMOTIV
nach dem italienischen Architekten Sebastiano Serlio (bzw. Andrea Palladio) benannte Fenster- oder Tür-